Annette Kielholz

Online-Kommunikation

Die Psychologie der neuen Medien für die Berufspraxis

Annette Kielholz

Online-Kommunikation

Die Psychologie der neuen Medien für die Berufspraxis

Mit 35 Abbildungen und 9 Tabellen

Annette Kielholz, lic. phil.
Rudenzweg 20
8048 Zürich, Schweiz

ISBN 978-3-540-76328-4 Springer Medizin Verlag Heidelberg

Bibliografische Information der Deutschen Nationalbibliothek
Die Deutsche Nationalbibliothek verzeichnet diese Publikation in der Deutschen Nationalbibliografie;
detaillierte bibliografische Daten sind im Internet über http://dnb.d-nb.de abrufbar.

Dieses Werk ist urheberrechtlich geschützt. Die dadurch begründeten Rechte, insbesondere die der Übersetzung, des Nachdrucks, des Vortrags, der Entnahme von Abbildungen und Tabellen, der Funksendung, der Mikroverfilmung oder der Vervielfältigung auf anderen Wegen und der Speicherung in Datenverarbeitungsanlagen, bleiben, auch bei nur auszugsweiser Verwertung, vorbehalten. Eine Vervielfältigung dieses Werkes oder von Teilen dieses Werkes ist auch im Einzelfall nur in den Grenzen der gesetzlichen Bestimmungen des Urheberrechtsgesetzes der Bundesrepublik Deutschland vom 9. September 1965 in der jeweils geltenden Fassung zulässig. Sie ist grundsätzlich vergütungspflichtig. Zuwiderhandlungen unterliegen den Strafbestimmungen des Urheberrechtsgesetzes.

Springer Medizin Verlag
springer.de
© Springer Medizin Verlag Heidelberg 2008

Die Wiedergabe von Gebrauchsnamen, Warenbezeichnungen usw. in diesem Werk berechtigt auch ohne besondere Kennzeichnung nicht zu der Annahme, dass solche Namen im Sinne der Warenzeichen- und Markenschutzgesetzgebung als frei zu betrachten wären und daher von jedermann benutzt werden dürften.

Produkthaftung: Für Angaben über Dosierungsanweisungen und Applikationsformen kann vom Verlag keine Gewähr übernommen werden. Derartige Angaben müssen vom jeweiligen Anwender im Einzelfall anhand anderer Literaturstellen auf ihre Richtigkeit überprüft werden.

Planung: Joachim Coch
Projektmanagement: Meike Seeker
Lektorat: Achim Blasig, Heidelberg
Einbandfotos: www.photos.com
Illustrationen: Daniel Frick, Zürich
Layout und Einbandgestaltung: deblik Berlin
Satz: TypoStudio Tobias Schaedla, Heidelberg

SPIN: 11834090

Gedruckt auf säurefreiem Papier   2126 – 5 4 3 2 1 0

Vorwort

Eigentlich sollte dies ja »nur« ein Buch über die psychologischen Hintergründe der Online-Kommunikation und über deren praktische Anwendung im Berufsalltag werden. Die Phänomene, die sich im Internet zeigen, sind aber oft Ausdruck tiefer gehender gesellschaftlicher Prozesse. Gerade die psychologischen Fragestellungen haben meinen Blick darum immer wieder auch auf größere Zusammenhänge gelenkt und mir bewusst gemacht, dass wir im kompetenten Umgang mit diesem Medium erst ganz am Anfang stehen. Ich empfinde es als Privileg, in dieser Zeit zu leben, die in Bezug auf die Internetnutzung oft immer noch Pioniercharakter hat.

Meinen Leserinnen und Lesern wünsche ich, dass sie hoffentlich viel praktischen Nutzen für den Kommunikationsalltag aus meinem Buch ziehen können, und dass meine Ausführungen dazu dienen, Online-Kommunikationsprozesse verständlich zu machen und die neuen Medien gezielt und effizient einzusetzen. Daneben hoffe ich aber auch, dass etwas von meiner Faszination für das Internet in diesem Buch sichtbar wird und ich vielleicht die eine oder den anderen damit anzustecken vermag. Nicht mit Begeisterung auf eine unkritische und vorbehaltlose Art – aber indem vielleicht sichtbar wird, welche Tragweite und Veränderungskraft die Online-Welt für unsere gesellschaftliche und wirtschaftliche Realität hat, und wie lohnenswert und wichtig es ist, sich aktiv mit diesen tief greifenden medialen und gesellschaftlichen Veränderungsprozessen auseinanderzusetzen und sie mitzugestalten. Wenn mir dies gelingt, freue ich mich – und natürlich besonders, wenn ich sogar das eine oder andere Feedback dazu erhalte.

Aufbau und Ziel dieses Buches

Das Buch ist in zwei Teile gegliedert: die psychologischen Grundlagen der Online-Kommunikation einerseits und die Anwendung dieser Erkenntnisse in der Praxis andererseits. Die theoretischen Ausführungen sind nach Möglichkeit mit praktischen Beispielen ergänzt, so dass sie auch für Nicht-Psychologen verständlich und nachvollziehbar sein sollten. Im zweiten Teil steht die Anwendung der neuen Medien im Berufsalltag im Vordergrund. Dies immer aus der Perspektive der Psychologie, die dazu beitragen kann, viele Wirkmechanismen des Internets besser zu verstehen und gezielt im Berufsalltag einzusetzen.

> ❗ **Ziel dieses Buches ist es, Ihnen als Leserinnen und Lesern in kompakter Form einen möglichst umfassenden Einblick in die professionelle Nutzung der neuen Medien zu geben. Das bedeutet, dass viele Themen nicht in aller Tiefe abgehandelt werden, jedoch immer so ausführlich, dass Sie fähig sein sollten, damit sinnvoll im Alltag zu arbeiten und sich bei Bedarf an den richtigen Stellen vertieft zu informieren. Am Ende jedes Kapitels finden Sie darum Hinweise auf geeignete weiterführende Literatur.**

Das Buch kann Ihnen außerdem eine Entscheidungsgrundlage bieten, um bestehende Entwicklungen im Internet besser beurteilen zu können und die Planung von Online-Angeboten als Firma effizienter, gezielter und vielleicht auch unabhängiger von momentanen Strömungen vorzunehmen.

Dank

Danken möchte ich in erster Linie meinem Mann Martin, der mich während der Entstehungszeit dieses Buches immer wieder unterstützt und ermutigt hat. Einerseits durch seine kritische Reflektion des Inhalts und viele wertvolle Anregungen. Andererseits dadurch, dass er sich während der vielen Stunden und Tage des Buchschreibens um unsere Tochter Paula kümmerte, die noch nicht abschätzen konnte, was es heißt, ein Buch zu schreiben, wohl aber die Erfahrung machte, dass sie deshalb an manchen Tagen auf das gemeinsame Familienleben verzichten musste. Auch meinen Eltern danke ich herzlich für ihre Unterstützung und das häufige Babysitten.

Mein ganz besonderer Dank gilt außerdem Prof. Friedemann Mattern von der ETH Zürich für die horizonterweiternden Gespräche über die Zukunft des Internets und für seine Bereitschaft, mein Manuskript kritisch durchzulesen. Seine zahlreichen substanziellen Hinweise und Rückmeldungen sind in dieses Manuskript eingeflossen. Der Online-Pionierin und Medienpsychologin Prof. Nicola Döring von der TU Ilmenau danke ich für viele praktische Tipps, wissenschaftliche Hinweise und Hilfestellungen im Bereich Online-Psychologie. Dem Werbepsychologen Prof. Georg Felser von der Hochschule Harz für sein Feedback und wichtige Anregungen zum Thema Marketing. Ebenso danke ich Sabrina Würth für ihre inhaltliche Unterstützung beim Lektorat und bei administrativen Arbeiten.

Der Illustrator Daniel Frick aus Zürich hat mit seinen gelungenen und humorvollen Illustrationen viele Botschaften des Buches verdeutlicht und verdichtet, auch ihm danke ich herzlich für seinen wertvollen Beitrag.

Danken möchte ich außerdem Joachim Coch vom Springer-Verlag und meinem Lektor Achim Blasig für die angenehme, produktive und konstruktive Zusammenarbeit.

Ganz herzlich danke ich Prof. Daniel Süss von der Zürcher Hochschule für Angewandte Wissenschaften (ZHAW) für seine tatkräftige Unterstützung und für viele wertvolle Gespräche. Außerdem seinen Studierenden im Bachelorstudiengang Angewandte Psychologie ZHAW (1. Semester 2006/2007) für ihre Bereitschaft, in 50 Interviews mit Managern und Führungskräften eine Bestandsaufnahme zur Nutzung der neuen Medien zu machen und mir die Transkripte für das Buch zur Verfügung zu stellen.

Des Weiteren danke ich meinen Interviewpartnerinnen und -partnern für die Bereitschaft, zu verschiedenen Bereichen vertiefend Auskunft zu geben: Jost Wirz (Wirz-Gruppe – ihm auch für viele weitere nützliche Hinweise), Fred Kindle (ehemals ABB), Samy Liechti (BLACKSOCKS), Katharina Brandt (Vibrant Media), Leo Keller (Netbreeze), Dr. Hannes Lubich (ETHZ), Prof. Friedemann Mattern (ETHZ), Dr. Cathrin Senn (Dow Jones) und der Bloggerin Lanu (The BooCompany).

Auch die folgenden Personen haben zum erfolgreichen Erscheinen dieses Buches beigetragen: Mein Chef Daniel Heinzmann, der mein Buchprojekt unterstützte und mir für das Schreiben mehrmals eine längere Auszeit am Stück ermöglichte. Andreas Widmer (Futurecom interactive) und Regula Meili (NZZ Online) mit wichtigem Input zum Thema Online-Marketing und Social Networks. Margret Bärtsch und Ursula Suter, die mir die Möglichkeit boten, mich fürs Schreiben an einen ruhigen Ort zurückzuziehen. Herzlichen Dank!

Nun wünsche ich Ihnen, liebe Leserin, lieber Leser, viel Vergnügen beim Eintauchen in die Online-Welt – und ich hoffe, dass Sie ebenso bereichert wie ich wieder daraus auftauchen werden.

Annette Kielholz
kielholz@gmx.ch
Im Frühling 2008

Über die Autorin

Annette Kielholz

Geb. 1972, Diplompsychologin (lic. phil.), studierte in Bern Psychologie und Volkswirtschaft mit Spezialgebiet Psychologie und Internet. Nach der Diplomarbeit über die Internetnutzung von Jugendlichen (1998) erfolgte auch der Berufseinstieg im Bereich Kommunikation und Neue Medien. Zuerst während zwei Jahren als Beraterin, Redaktorin und Verantwortliche für interne Kommunikation in Internet-/Kommunikationsagenturen, danach fünf Jahre bei der Swiss Re im Knowledge & Information Management, zuletzt als Senior Information Specialist. Seit 2006 ist Annette Kielholz als Kommunikationsverantwortliche bei den Informatikdiensten der Stadt Zürich (Organisation und Informatik) und als freie Dozentin/Kursleiterin tätig. Sie ist verheiratet und lebt mit ihrer Familie in Zürich.

Inhaltsverzeichnis

1	**Einleitung**	**1**	2.5	Das digitale Datenformat und seine psychologischen Folgen	21
1.1	Warum dieses Buch?	2	2.5.1	Entlastung und Überlastung	21
1.2	Wer soll das Buch lesen?	4	2.5.2	Kontrolle und Kontrollverlust	22
1.3	Die Rolle der Psychologie in der Online-Kommunikation	4	2.5.3	Entscheidungsmöglichkeiten und Entscheidungszwang	25
1.3.1	Paradigmenwechsel: Web 2.0	4	2.5.4	Erweiterter Teilnehmerkreis	25
1.3.2	Perspektivenwechsel: Vom Gruppen- zum Individualverhalten	5	2.5.5	Gesteigerte Transport- und Bearbeitungsgeschwindigkeit	26
1.3.3	Perspektivenwechsel: Von der Informations-beschaffung zur Informationsselektion	6	2.5.6	Variable Empfängerzahl bei gleich bleibenden Bearbeitungsressourcen	26
1.3.4	Perspektivenwechsel: Von der Technologiegläubigkeit zum inhaltlichen Verständnis	7	2.5.7	Die Sorgfaltspflicht bei Online-Texten	27
1.4	Der Nutzen dieses Buches	8	2.6	In der Praxis: Wie sich die Eigenschaften der Online-Medien auswirken	28
1.4.1	Strategien für die Website- und Newslettergestaltung	8	2.6.1	Hierarchien in der Online-Kommunikation	28
1.4.2	Strategien für den erfolgreichen Kundendialog	8	2.6.2	Wo die neuen Medien traditionelle Hierarchien in Frage stellen	28
1.4.3	Den DAU (»dümmster anzunehmender User«) kennen lernen	9		*Interview mit Fred Kindle, ehem. CEO ABB Group: »Die menschliche DNA erlaubt uns nicht, uns vom hierarchischen Denken zu entfernen«*	*30*
1.4.4	Kompetenz in der persönlichen Kommunikation	9	2.6.3	Kulturübergreifende Online-Kommunikation	33
1.4.5	Strategien gegen die Informationsflut	9	2.6.4	Übersicht: Kulturübergreifend online kommunizieren	34
1.4.6	Zusammenfassung: Was bringt mir dieses Buch?	10	2.7	Zusammenfassung: Die Eigenschaften der Online-Kommunikation und ihre Vor- und Nachteile	35
2	**Die Eigenschaften der Online-Kommunikation**	**11**	**3**	**Online, telefonisch oder face-to-face? Die Medienwahl**	**37**
2.1	Erscheinungsformen der Online-Kommunikation	12	3.1	Medienwahl als Voraussetzung erfolgreicher Kommunikation	38
2.2	Der Kommunikationsinhalt und die Schwierigkeit der Interpretation	14	3.1.1	Kommunikationsaufgaben und ihnen angemessene Medien	39
2.2.1	Ent-Emotionalisierung	14		*Interview mit Jost Wirz, Wirz Partner Holding AG: »Ich wurde von vielen als Exot belächelt«*	*41*
2.2.2	Interpretationsspielraum	15			
2.2.3	Effiziente und »schlanke« Informationsübermittlung	17	3.1.2	Reichhaltige Medien für komplexe Situationen: Das Media-Richness-Modell	42
2.3	Fehlendes Hintergrundwissen und (in-)adäquates Verhalten	17			
2.3.1	Enthemmung	17			
2.3.2	Aggressives Verhalten	18			
2.4	Die Rolle von Bildern in der Online-Kommunikation	19			
2.4.1	Wie sich Bild und Text ergänzen	19	3.1.3	Übersicht: Fragen zur Medienwahl	44

3.2	Medienanalyse: Kommunikationskanäle im Vergleich 45		5	**Informationsflut und der Kampf um die Aufmerksamkeit – Psychologische Grundlagen der Aufmerksamkeitssteuerung 75**	
3.2.1	Gedruckt oder online kommunizieren? 45				
3.2.2	Mündlich oder per E-Mail? 47		5.1	Psychologische Grundlagen des Online-Verhaltens 76	
3.3	Medienwahl in der Praxis – Beispiele 49				
3.3.1	Instant Messenger in der firmeninternen Kommunikation 49		5.2	Die Aufmerksamkeit als knappes und kostbares Gut 77	
3.3.2	Das Internet für unterwegs: Podcast 50		5.3	Wahrnehmung 78	
3.3.3	Videokonferenz, Telefonkonferenz oder face-to-face? 52		5.3.1	Wie funktioniert Wahrnehmung? 78	
			5.3.2	Die Reizwahrnehmung steuern 81	
3.3.4	Chat mit dem CEO? 53		5.3.3	Beiläufige und unterschwellige Wahrnehmung 82	
3.4	Zusammenfassung: Merkpunkte für die Medienwahl 56				
			5.3.4	Übersicht: Wahrnehmungsprozesse im Internet beeinflussen 83	
4	**Das soziale Internet (Web 2.0) 57**				
4.1	Das Internet als sozialer Raum 58		5.4	Informationsverarbeitungsprozesse 84	
4.2	Online-Gruppen 59		5.4.1	Schemageleitete Informationsverarbeitung 84	
4.2.1	Grundsätzliche Merkmale von Gruppen 59				
			5.4.2	In der Praxis: Selektive Wahrnehmung bei Online-Newsletters 86	
4.2.2	Warum bilden sich Online-Gruppen? 60				
4.2.3	Welche Eigenschaften haben Online-Gruppen? 60		5.4.3	Bottom-up- und Top-down-Informationsverarbeitung 87	
4.2.4	Wie wird man akzeptiertes Mitglied einer Online-Gruppe? 63		5.4.4	In der Praxis: Lesen und Verstehen von Online-Texten 89	
4.3	Online-Netzwerke 64		5.4.5	Übersicht: Informationsverarbeitungsprozesse bei der Internet-Nutzung 89	
4.3.1	Wie Businessnetzwerke funktionieren 64				
4.3.2	Nutzen und Risiken von Businessnetzwerken 65		5.5	Operante Konditionierung: erwünschtes Verhalten belohnen 90	
4.4	Wie Online-Gruppen auf die Unternehmenswelt wirken 66		5.5.1	Klassische und operante Konditionierung 90	
4.4.1	Online-Meinungsbildung als Qualitätskontrolle 66		5.5.2	Operante Konditionierung und digitale Medien 91	
	Interview mit Dr. Hannes P. Lubich, ETH Zürich: »Die Kommunikationsleute sind sich der Dynamik von Online-Diskussionen kaum bewusst« *66*		5.5.3	Übersicht: Belohnungen und Verhaltensverstärker im Internet 91	
			5.6	Gedächtnis und Verarbeitungstiefe: Wie man sich unvergesslich macht 92	
			5.6.1	Konzeptionen von Gedächtnis 92	
4.4.2	Sich unkontrollierbar ausbreitende Inhalte 68		5.6.2	Die Erinnerungsleistung verbessern 95	
4.4.3	Selbstdarstellung und die Vernetzung nutzerbezogener Daten 69		5.6.3	Übersicht: »Unvergessliche« Online-Angebote 96	
4.5	Communities und Netzwerke im Fokus von Unternehmen 70		5.7	Motivation 98	
			5.7.1	Bedürfnishierarchie nach Abraham Maslow 98	
4.5.1	Eine kommerzielle Community selber aufbauen 70				
			5.7.2	Erwartungs-Wert-Theorien 99	
4.5.2	Communities analysieren und beobachten 72		5.7.3	Motivationale Entscheidungskonflikte: Lewins Feldtheorie 99	
4.6	Zusammenfassung: Das soziale Internet und seine Wirkmechanismen 73		5.7.4	Übersicht: Die Rolle der Motive bei der Internet-Nutzung 102	

5.8	Stress und Leistungsfähigkeit: Kontrolle ist alles 103		7.6.1	Gründe für E-Mail-Konflikte 130	
5.8.1	Stress als moderierender Faktor für die Leistungsfähigkeit 103		7.6.2	Zusammenfassung: Virtuelle Konflikte vermeiden oder deeskalieren 130	
5.8.2	Das Stressmodell von Lazarus 104		7.7	Spam 132	
5.8.3	Stress durch die Infolut im Internet?! 105		7.7.1	Wie entsteht Spam? 132	
5.8.4	Übersicht: Stressbekämpfung in der Online-Kommunikation 106		7.7.2	Spam vermeiden 132	
5.9	Zusammenfassung: Merkpunkte zur Aufmerksamkeitssteuerung 106		7.8	Schulung zum E-Mail-Gebrauch 133	
			7.8.1	Modul 1: Empfängerzentriertes Senden 134	
			7.8.2	Modul 2: Projektkommunikation 135	
			7.8.3	Modul 3: Vertraulichkeit – Rechtliche Aspekte 135	
6	**Der DAU in der Online-Kommunikation 109**		7.9	Der DAU in der E-Mail-Kommunikation ...136	
6.1	Der DAU (dümmster anzunehmender User) – Ihr wichtigster Kunde 110		7.10	Zusammenfassung: Erfolgreiche E-Mail-Kommunikation 137	
6.2	Wer ist der DAU? 110				
6.3	Kulturunterschiede im Umgang mit dem DAU 112		**8**	**Professionelle Website-Gestaltung 139**	
6.4	Wer kann es sich leisten, den DAU nicht zu beachten? 113		8.1	Gibt es die »gute« Website? 140	
6.5	Zusammenfassung: Der DAU 114		8.1.1	»Gut« als Funktion der Zielerreichung 140	
			8.1.2	»Gut« als Synonym für »gut besucht« 141	
			8.1.3	»Gute« visuelle Gestaltung und Gestaltungsstandards 143	
7	**Erfolgreiche E-Mail-Kommunikation 115**		8.1.4	»Gute« Gestaltung aus psychologischer Sicht 143	
7.1	E-Mail als treibende Kraft in der geschäftlichen Kommunikation 116		8.2	Kundenbindung auf Websites herstellen 144	
7.2	Warum E-Mails Stress verursachen 116		8.3	Online-Vertrauen aufbauen 145	
7.2.1	Große Volumen mit wenig Struktur 116		8.3.1	Vertrautheit der Marke 145	
7.2.2	Unerwidertes Kommunikations-angebot 117		8.3.2	Verlässliche Inhalte 146	
7.2.3	Verantwortungsdiffusion 118		8.3.3	Transparente Prozesse 146	
7.3	Der Aufbau einer »idealen« E-Mail 119		8.3.4	Visuelle Gestaltung und Informations-strukturierung 146	
7.3.1	Aufmerksamkeit erhalten 119		8.3.5	Online-Bewertungssysteme 147	
7.3.2	Textgestaltung 120		8.4	Die Konzeption einer Website 149	
7.3.3	Attachments 123		8.4.1	Zieldefinition 149	
7.3.4	Cc-Mail (Kopie) 123		8.4.2	Zielgruppenorientierung 150	
7.3.5	Bcc-Mail (Blindkopie) 126		8.4.3	Inhalte 151	
7.3.6	E-Mails weiterleiten 126		8.4.4	Bessere Nutzung durch Analyse von Zugriffsstatistiken 152	
7.3.7	Zusammenfassung: E-Mail-Gestaltung ...127		8.4.5	Präsentationsform (Rich oder »Poor« Media?) 152	
7.4	Reaktionszeit für E-Mail-Antworten 128				
7.4.1	Kundenkontakt 128				
7.4.2	Persönlicher Mailverkehr 128		8.4.6	Grundsätze der Informations-strukturierung 153	
7.5	Vertraulichkeit von E-Mails 128				
7.5.1	Informationssicherheit und Verschlüsselung 128		8.4.7	Die Einstiegsseite 154	
			8.4.8	Verlinkung und Textgestaltung 155	
7.5.2	Rechtliche Aspekte der E-Mail-Nutzung 129		8.4.9	Stolperstein Aktualität 157	
7.6	Konfliktpotenzial von E-Mails 129		8.4.10	Wie viel Interaktivität? 157	

8.4.11	Bekanntmachung und Suchmaschinenoptimierung 158	**10**	**Effizientes Online-Marketing** **191**	
8.4.12	Spamgefahr: Öffentlich zugängliche E-Mail-Adressen 159	10.1	Was ist Online-Marketing? 192	
8.5	Ressourcenplanung 159	10.1.1	Online- vs. traditionelles Marketing 192	
8.6	Nutzungshindernisse und Motivationskiller für Websites 162	10.1.2	Psychologische Aspekte des Online-Marketings 192	
8.7	Beispiele psychologisch wirksamer Websites 163	10.2	Wann wird Online-Werbung akzeptiert? 193	
8.8	Der DAU auf der Website 165	10.2.1	Freiwilligkeit und die Möglichkeit zur Kontrolle 193	
8.9	Übersicht: Kommunikationsziele von Websites und entsprechende Maßnahmen 165	10.2.2	Verständnis für die Notwendigkeit der Werbung 194	
		10.2.3	Subjektive Nützlichkeit und Relevanz 194	
		10.3	Das spezifische Potenzial von Online-Marketing 194	
9	**Gestaltung von Newsletters** **169**	10.3.1	Aufmerksamkeit durch personalisierte Ansprache 195	
9.1	Der Newsletter: Belästigung auf freiwilliger Basis 170	10.3.2	Vertiefte Auseinandersetzung durch Interaktivität 195	
9.1.1	Motive, einen Newsletter nicht abzubestellen 170	10.3.3	Exkurs: »Mere-exposure-Effekt« und beiläufige Informationsverarbeitung 195	
9.1.2	Die fehlende zweite Chance 172	10.3.4	Weiterverbreitung durch freiwillige Aktivität 196	
9.1.3	Erwartungen an einen Newsletter 173			
9.2	Newsletter-Konzeption 174	10.3.5	Exkurs: Weiterverbreitung durch virtuelle Filialnetzwerke (Affiliate Marketing) 197	
9.2.1	Entscheidungshilfe: Newsletter – Ja oder nein? 174	10.4	Psychologische Wirkmechanismen im Online-Marketing 197	
9.2.2	Zielgruppenorientierung 175			
9.2.3	Inhalte 175	10.4.1	Prozess und Inhalt einfach gestalten 198	
9.2.4	Personalisierung der Inhalte 176	10.4.2	Relevanz erzeugen und die Zielgruppe finden 199	
9.2.5	Relation zur Website 176			
9.2.6	Periodizität und Ressourcenplanung 177	10.4.3	Durch Interaktivität die Verarbeitungstiefe erhöhen 202	
9.2.7	Den Newsletter bekannt machen 177			
9.3	Newsletter-Gestaltung 178	10.4.4	Die Kunden als Botschafter involvieren ... 203	
9.3.1	In der Mailbox auf sich aufmerksam machen 178	10.4.5	Zusammenfassung: Psychologische Wirkmechanismen im Online-Marketing 205	
9.3.2	Gestaltung des Inhaltsbereichs 180			
9.3.3	Personalisierte Ansprache – Ja oder nein? 181	10.5	Online-Werbung in der Praxis 206	
		10.5.1	Einfachheit: Bannerwerbung und Online-Videowerbung 206	
9.3.4	Schreibstil und Textlänge 182			
9.3.5	Die Verwendung von Bildern 182	10.5.2	Relevanz: Kontextbasierte Werbung 206	
9.3.6	An- und Abmeldung 182		*Interview mit Katharina Brandt, Vibrant Media GmbH:»Oberstes Ziel ist es, den User mit relevanter Werbung zu versorgen«* *207*	
9.4	Spamfilter 184			
9.5	Beispiele wirksamer Newsletters 185			
9.5.1	HTML-Newsletters 185	10.5.3	Relevanz: Werbung vor einem nützlichen Angebot 209	
9.5.2	Plain-Text-Newsletters 185			
9.6	Der DAU liest Newsletter 188	10.5.4	Relevanz: Eigene Aktivitäten zur Relevanz-Erzeugung 210	
9.7	Zusammenfassung: Idealtypischer Aufbau eines Newsletters 188			
		10.5.5	Verarbeitungstiefe erhöhen: Interaktive Website-Gestaltung 211	
9.8	Zusammenfassung: Erfolgsfaktoren für einen Newsletter 189			

10.5.6	Verarbeitungstiefe erhöhen: Werbung in Online-Spielen (In-Game-Werbung) 213	11.4	Der DAU in der Online-PR 244
10.5.7	Der Kunde als Botschafter: FRoSTA-Blog .. 214	11.5	Zusammenfassung: Wirksame Online-PR 245
10.5.8	Der Kunde als Botschafter: Mentos und Coca-Cola 214	**12**	**Professionelle Kundenkommunikation 247**
10.5.9	Der Kunde als Botschafter: Virales Marketing 215	12.1	Kundenkommunikation in der Online-Welt 248
10.6	Der DAU im Online-Marketing 216	12.1.1	Eigenschaften der Kunden-kommunikation im Internet 248
10.7	Zusammenfassung: Psychologische Aspekte des Online-Marketings 216	12.1.2	Was will man mit der Kunden-kommunikation erreichen? 249
11	**Public Relations im Online-Zeitalter 219**	12.1.3	Was macht Online-Kunden glücklich? 250
11.1	Erfolgsfaktoren für die Öffentlichkeits-arbeit im virtuellen Raum 220	12.1.4	Bereiche der Online-Kunden-kommunikation 251
11.1.1	Transparenz 221	12.2	Kundenkontakt via E-Mail 251
11.1.2	Authentizität 222	12.2.1	Die Rolle der E-Mail-Kommunikation im Kundendialog 251
11.1.3	Dialogbereitschaft 222	12.2.2	Der Erstkontakt 251
11.2	Meinungsbildung und Issue Management im Internet 223	12.2.3	Bearbeitungsgeschwindigkeit 252
11.2.1	Eigenschaften von Online-Meinungsbildungsprozessen 223	12.2.4	Gestaltung von E-Mails 252
11.2.2	Psychologische Grundlagen der Meinungsbildung 223	12.2.5	Steuerung von E-Mail-Anfragen 252
11.2.3	Wo im Internet findet Meinungsbildung statt? 224	12.3	Kundenkontakt auf Websites 254
		12.3.1	Funktionale Gestaltungselemente 254
	Interview mit Leo Keller, Netbreeze: »Das Internet ist als Frühwarnsystem sehr gut geeignet« 226	12.3.2	Transparenz über wichtige Punkte 256
		12.4	Kundenkontakt pflegen und aufrecht erhalten 257
11.2.4	Warum erhalten Blogs so viel öffentliche Aufmerksamkeit? 229	12.4.1	Kundendaten gewinnen: Konzeption 257
	Interview mit Lanu, The BooCompany: »Unternehmen nehmen Blogger meist erst in Krisensituationen wahr« 230	12.4.2	Möglichkeiten für längerfristigen Online-Kundenkontakt 258
		12.4.3	Reklamationsmanagement 258
		12.4.4	Die Tücken des viralen Marketings 259
11.2.5	Issue Management in der »Blogosphere« 232	12.5	Das richtige Maß an Interaktivität im Online-Kundenkontakt 261
11.2.6	Auf Kritik aus dem Internet richtig reagieren 232	12.5.1	Welche Formen von Online-Interaktivität gibt es? 262
11.3	Professionelle Online-PR-Maßnahmen 234	12.5.2	Das geeignete interaktive Angebot finden 263
11.3.1	Der klassische »Media Corner« auf der Website 234	12.6	Beispiele für Kundenkommunikation 265
		12.6.1	Online Shopping als Einkaufserlebnis: BLACKSOCKS 265
11.3.2	Unternehmensblog (Corporate Blog) – Chancen und Risiken 235		*Interview mit Samy Liechti, BLACKSOCKS: »Erlebnisse sind wichtiger als Versprechen«* 266
11.3.3	Sponsored Blogposts (Fremdfinanzierte Blogeinträge) 239	12.6.2	Professionelles Online-Beratungs-angebot: Qualimedic 268
11.3.4	PR auf Social-Networking-Plattformen 241		
11.3.5	Mitarbeiterschulung und Firmen-Leitlinien als PR-Maßnahme 242	12.6.3	Praxistipps für Online-Beratungs-angebote 269

12.6.4	Offener Online-Dialog mit Kunden: Microsoft Technical Communities 270	14.6	These 6: Der gläserne Mensch ist erst am Anfang 298
12.6.5	E-Mails mit individueller Note: CD Baby 271	14.7	These 7: Neue Technologie führt nicht zwingend zu Verbesserung 299
12.7	Der DAU als Kunde 272		*Interview mit Prof. Friedemann Mattern,*
12.8	Zusammenfassung: Professionelle Kundenkommunikation 273		*ETH Zürich: »Bei jedem Effizienzzuwachs droht ein Bumerang-Effekt« 300*
		14.8	These 8: Das Internet und die »reale« Welt werden sich immer mehr vermischen 303
13	**Der digitalisierte Arbeitsplatz 275**	14.9	These 9: (Online-)Kommunikation ist nicht bis ins Letzte kontrollierbar 304
13.1	Informationsflut am Arbeitsplatz 276		
13.2	Stressursachen bei digitaler Arbeit 276		
13.2.1	Permanente Veränderungsprozesse 277		**Literaturverzeichnis 307**
13.2.2	Druck zur ständigen Erreichbarkeit 277		
13.2.3	Laufende Priorisierung von Informationen 279		**Quellenverzeichnis 313**
13.3	Digitalen Stress bekämpfen 279		**Stichwortverzeichnis 315**
13.3.1	Kontrollmöglichkeiten bei sozialem Stress in der E-Mail-Kommunikation 279		
13.3.2	Stressbekämpfung bei großem E-Mail-Volumen 280		
13.3.3	Kontrollmöglichkeiten im digitalen Arbeitsprozess 281		
13.3.4	Kontrollmöglichkeiten bei Internet-Recherchen und Informationssuche 282		
13.3.5	Veränderung als Chance – Die stressresistente Persönlichkeit 285		
13.4	Informationsmanagement als Unternehmensaufgabe 286		
	Interview mit Dr. Cathrin Senn, Dow Jones: »Es ist enorm schwierig, über heterogene Strukturen hinweg einen Überblick zu erhalten« 286		
13.5	Der DAU am digitalen Arbeitsplatz 290		
13.6	Zusammenfassung: Strategien im Umgang mit digitalem Stress 290		
14	**Neun Thesen zur Online-Kommunikation 293**		
14.1	These 1: Weniger ist mehr 294		
14.2	These 2: Ein kleines Detail kann den Erfolg verhindern 294		
14.3	These 3: Der Kontext wird für die Präsentation von Internet-Inhalten von zentraler Bedeutung 295		
14.4	These 4: Online kommunizieren heißt, dem Empfänger Wahlfreiheit zu geben ... 296		
14.5	These 5: Die Online-Welt fordert Firmen zu einer neuen Art Dialog heraus 297		

Einleitung

1.1 Warum dieses Buch? – 2

1.2 Wer soll das Buch lesen? – 4

1.3 Die Rolle der Psychologie in der Online-Kommunikation – 4

1.4 Der Nutzen dieses Buches – 8

> > **Lesen Sie in diesem Kapitel:**
> - Was die Psychologie zum Thema Internet zu sagen hat und
> - warum Ihnen dieses Wissen im beruflichen Alltag nützlich sein kann.

1.1 Warum dieses Buch?

Das World Wide Web ist Normalzustand geworden – im Privatleben ebenso wie in der Berufswelt, um die es in diesem Buch geht. Über grandiose Visionen und Erlösungsphantasien, die in den späten 90er-Jahren dem Internet aufgestülpt wurden, spricht heute niemand mehr, und das ist auch gut so.

Das Internet als sozialer Raum

Dennoch hat die Online-Welt ihre Faszination nicht verloren. **Neue Phänomene**, ja gar Paradigmenwechsel geben **neue Blickwinkel auf das Internet** frei. So sind wir seit einigen Jahren daran, das Netz als sozialen Raum kennen zu lernen, der ein faszinierendes und teilweise auch bedrohliches Eigenleben entwickelt. Wie und warum entstehen Online-Gemeinschaften im Internet, und in welcher Form nehmen sie auf die Unternehmenswelt Einfluss?

Neben den ganz neuen Themen gibt es aber auch **Dauerbrenner**, die uns als Internet-Nutzer, v. a. aber auch als Online-Anbieter beschäftigen: Wie gewinne ich die Aufmerksamkeit einer Zielgruppe, die ich ansprechen will? Warum werden die einen Internet-Angebote gut frequentiert, andere nicht? Wie kann man die E-Mail-Kommunikation effizient gestalten und eine Mailflut vermeiden? Für welche Kommunikationsaufgaben sind Online-Medien überhaupt geeignet? Wie werden Online-Medien zur Kundenbindung eingesetzt?

Zu all diesen Themen hat die Psychologie viel zu sagen (◘ Abb. 1.1). Denn so wie das Internet eine personalisierte Welt ist, die den One-to-One-Kontakt zwischen Anbieter und Nachfrager ermöglicht, genauso ist auch die Psychologie eine **personenzentrierte Wissenschaft**. Sie beobachtet das Verhalten des Menschen auf der Ebene des Individuums und erforscht die kognitiven und emotionalen Prozesse, die es begründen.

> ❗ Will man Online-Kommunikation effizient anwenden, kommt man daher um die Psychologie nicht herum.

Dies ist die Thematik des vorliegenden Buches. Mit starkem Fokus auf die Anwendung im Berufsalltag, werden die relevanten Grundprinzipien des menschlichen Verhaltens und der Informationsverarbeitungsprozesse aufgezeigt. Fallbeispiele und praktische Tipps vertiefen und veranschaulichen die Inhalte zusätzlich.

In ▶ Kap. 2–5 werden Sie in die psychologischen Grundlagen der Online-Kommunikation eingeführt:
- **Medieneigenschaften:** Welche Eigenschaften haben die Online-Medien und was bewirken diese in der Kommunikation?
- **Medienwahl:** Welche Medien (online oder traditionell) soll man in welchen Kommunikationssituationen wählen?

1.1 · Warum dieses Buch?

Abb. 1.1. Das Internet im Fokus der Psychologie

- **Soziale Prozesse (Web 2.0):** Warum entstehen im Internet soziale Gruppen und welche Chancen und Risiken ergeben sich daraus für Unternehmen?
- **Aufmerksamkeitssteuerung:** Welche psychologischen Prozesse liegen ihr zugrunde, und wie kann man das Wissen darum in der Gestaltung von Online-Angeboten anwenden?

In ▶ Kap. 6–13 geht es um die Anwendung der vorher behandelten Grundlagen in der Berufspraxis:

- **Der DAU:** Warum ist der »dümmste anzunehmende User« der wichtigste Online-Kunde?
- **E-Mail-, Website- und Newslettergestaltung:** Was ist dabei aus psychologischer Sicht zu beachten?
- **Online-Marketing:** Welche psychologischen Wirkmechanismen sind speziell im Internet zu finden und mit welchen Marketingmaßnahmen kann man sie gezielt nutzen?
- **Online-PR:** Wie und wo finden Meinungsbildungsprozesse im Internet statt und wie sollen Unternehmen aktiv werden?
- **Kundenkommunikation:** Wie spricht man seine Kunden im Online-Kontakt professionell an? Wie findet man das geeignete (nicht das maximale) Maß an Interaktivität für diesen Dialog?

Der DAU ist der wichtigste Online-Kunde

▶ Kapitel 14 fasst die im Buch behandelten Themen in neun Thesen zusammen – als Übersicht und als Ausblick auf mögliche zukünftige Entwicklungen.

1.2 Wer soll das Buch lesen?

Dieses Buch ist ein Ratgeber für die Praxis. Sie lernen psychologische Forschung kennen, die mit Aufmerksamkeits- und Informationsverarbeitungsprozessen zu tun hat. Sie werden vertraut mit den psychologischen Mechanismen, die den neuen Medien zugrunde liegen. Dies alles nicht als wissenschaftliche Abhandlung, sondern so, dass Sie diese Erkenntnisse konkret in Ihrem Berufsalltag umsetzen können.

Psychologisches Wissen für den Berufsalltag

> **Checkliste: Wer soll das Buch lesen?**
> Dieses Buch richtet sich an alle Personen, die beruflich mit dem Internet zu tun haben und ein vertieftes Verständnis für dieses Medium mit seinen unterschiedlichen Facetten erwerben wollen:
> - Personen im Management oder in der Geschäftsführung,
> - Kommunikationsfachleute und Kommunikationsbeauftragte von Unternehmen,
> - Personen, die für die Planung und Konzeption von Online-Angeboten verantwortlich sind,
> - Personen, die andere im Umgang mit neuen Medien schulen,
> - Personen, die ihre eigenen Kompetenzen in der Online-Kommunikation professioneller gestalten wollen.

1.3 Die Rolle der Psychologie in der Online-Kommunikation

1.3.1 Paradigmenwechsel: Web 2.0

Seit einiger Zeit hat ein neues Schlagwort die Internet-Welt erreicht: **Web 2.0**. Ein Paradigmenwechsel wird proklamiert, der Anbruch einer neuen Ära. Web 2.0 heißt, dass das Internet nicht mehr eine bloße Informationsdrehscheibe oder Verkaufsplattform für Anbieter und Nachfragende ist. Web 2.0 bedeutet: die Online-Welt ist sozial geworden. Social Software ermöglicht die Zusammenarbeit einer unbeschränkten Zahl von Menschen an einem gemeinsamen Online-Projekt. Ein weit bekanntes Beispiel ist Wikipedia, die Online-Enzyklopädie, die ganz auf freiwilliger Basis von unzähligen Fachleuten und Spezialisten betrieben wird. Aber auch das Blogging, das Führen von persönlichen Internet-Tagebüchern, die für jedermann zugänglich sind, oder Online-Plattformen wie YouTube, Flickr oder Second Life gehören zu diesem neuen Zeitalter.

Die Online-Welt ist sozial geworden

Aus psychologischer Sicht ist der Ausdruck »Paradigmenwechsel« etwas hoch gegriffen, denn das Internet war schon immer ein ausgesprochen **soziales Medium**, und genau dieser Aspekt wird seit etwa Mitte der 90er-Jahre auch psychologisch intensiv erforscht. Die E-Mail zum Beispiel gehört zu den allerersten Internet-Diensten, die überhaupt existieren – erste E-Mails wurden bereits Ende der 60er-Jahre gesendet. Der soziale Aspekt, nämlich

1.3 · Die Rolle der Psychologie in der Online-Kommunikation

die Möglichkeit, sich via Netzwerk mit anderen auszutauschen, hat ihr zum Durchbruch verholfen. Chats, deren einziger Existenzgrund oft der soziale Austausch ist, gibt es seit den 90er-Jahren. Auch damals schon schlossen sich Privatpersonen mit ähnlichen Interessen in Webrings (Verbindung mehrerer Websites zum gleichen Thema) zusammen. Gästebücher auf privaten Homepages waren die Vorgänger der heutigen Blog-Kommentare.

Neu ist jedoch, dass das Internet jetzt auch einfache technologische Hilfsmittel bietet, um die Partizipation vieler auf einer Website zu ermöglichen. Und neu ist, dass die Massenmedien, aber auch viele Unternehmen, ein stärkeres Augenmerk auf das Online-Geschehen legen. Ein einzelner Blogger kann Indiskretionen über eine Firma ausplaudern und damit großen Imageschaden anrichten. Dies macht die Internet-Community zu einem ernst zu nehmenden »**Stakeholder« in der Unternehmenskommunikation**. Communities haben auch ein ökonomisches Potenzial erhalten. Zum Beispiel mit der immer stärkeren Vernetzung verschiedener Online-Netzwerke und Communities untereinander, was attraktive und gezielte Werbestrategien möglich macht. Oder indem sich in virtuellen Spielwelten mit Avatars, wie »World of Warcraft« oder »Second Life«, Geld verdienen lässt.

Sozialer Austausch als treibende Kraft der Online-Medien

> **❗** So wird ein Phänomen, nämlich die Besiedelung einer rein künstlichen Medienwelt mit realen Personen, vom ursprünglich psychologischen Forschungsobjekt und Kuriosum zu einer ökonomisch interessanten und relevanten Größe.

1.3.2 Perspektivenwechsel: Vom Gruppen- zum Individualverhalten

Um als Unternehmen die Bedürfnisse von potentiellen Kunden kennen zu lernen, setzt man traditionellerweise in erster Linie auf Marktforschung und Meinungsumfragen. Gezwungenermaßen, denn es ist schwierig, aus dem Verhalten einer einzelnen Person gültige Rückschlüsse darauf zu ziehen, wie ein Produktangebot für die Zielgruppe zu gestalten ist. Produktionsprozesse und die Größe der Absatzmärkte – nicht individuelle Vorlieben – waren bestimmend für die Ausgestaltung eines Artikels. Das **Internet als Distributionskanal** eröffnet hier faszinierende neue Möglichkeiten, da ein Anbieter sein sehr spezifisches und ausgefallenes Produkt weltweit vertreiben kann und somit seine Chancen vergrößert, genügend Abnehmer zu finden. Immer mehr Unternehmen geben den Kunden die Möglichkeit, im Internet ein Produkt genau den eigenen Wünschen entsprechend im Baukastensystem zusammenzustellen und es dann individuell ausgefertigt geliefert zu bekommen. Diese Individualisierung von Angebot und Nachfrage hat ein immenses ökonomisches Potenzial und eröffnet neue Absatzmärkte, die bisher nicht bedient werden konnten.

Individualisierung von Angebot und Nachfrage

Auch auf der Ebene der **Kommunikationsgestaltung** ist der gleiche Trend festzustellen. Hochrechnungen, die angeben, wie viele Personen wahrscheinlich eine bestimmte TV-Sendung gesehen haben, werden im digitalen Zeitalter durch exakte Nutzungszahlen ersetzt. Es ist jetzt möglich, das Nutzungsverhalten einer einzelnen Person bis ins letzte Detail zu verfolgen, aufzuzeichnen und dieser Person anhand des bisherigen Konsums neue Inhalte anzubieten, die wahrscheinlich ebenfalls auf ihr Interesse stoßen.

Dies macht die Kommunikation allerdings nicht einfacher. Denn auch die Bandbreite des Informationsangebots ist immens gewachsen. Die Wahrscheinlichkeit, dass eine bestimmte Person genau meine Website besucht, ist dadurch viel kleiner geworden. Digitale Kommunikation ist anspruchsvoll, denn die Online-Informationsanbieter stehen im Wettbewerb um die Aufmerksamkeit eines jeden einzelnen Individuums. Um in diesem Wettbewerb zu gewinnen, ist es notwendig, jene Prozesse zu kennen, die Menschen motivieren und zu einem bestimmten Verhalten bewegen. Meinungsumfragen mit standardisierten Fragebögen sind hierzu weniger geeignet als Forschungsansätze, die das Verhalten des Menschen auf individueller Ebene analysieren.

1.3.3 Perspektivenwechsel: Von der Informationsbeschaffung zur Informationsselektion

Aufmerksamkeit ist ein knappes Gut

Der Begriff »Informationsflut« wird gegenwärtig so inflationär verwendet, dass man schon allein von diesem Phänomen eine Überdosis bekommen könnte. Aber es stimmt: wir sind einer steigenden Anzahl von Informationen ausgesetzt. Der Kampf um die Aufmerksamkeit des Menschen ist darum teilweise fast aggressiv geworden. Die derart »bombardierten« Menschen reagieren mit Ärger, Gereiztheit und Stress oder mit dem systematischen Ausblenden von Unwichtigem. Es hat aber auch eine Gewöhnung stattgefunden; man kann heutzutage besser mit dieser Vielzahl von Informationen umgehen, als das noch vor drei Generationen der Fall war. Dennoch ist die **Wahrnehmungsfähigkeit** des Menschen beschränkt, und diese Limitierung macht die Aufmerksamkeit zu einem wertvollen Gut. Kommunikations- und Marketing-Fachleute haben schon viel erreicht, wenn sie ein paar Sekunden lang effektiv zu einer Person sprechen können.

Die neue Situation zwingt uns, auch im Internet Informationen nicht mehr in möglichst großer Zahl zu beschaffen, sondern schon von Anfang an eine mehr oder weniger strenge **Selektion** vorzunehmen. Auch technologische Mechanismen schaffen eine Selektion, ohne dass man sich dessen als Internetnutzer unbedingt bewusst ist. Bei einer Online-Suche erhalte ich zum Beispiel je nach Suchbegriff 10.000 Suchantworten zurück, schaue aber höchstens 8–10 an. Alle anderen – und mögen sie in meinem speziellen Fall noch so relevant sein – fallen von vornherein durch die Maschen. Auch mit Cookies, Filtern oder individualisierten Websites wird eine Vorselektion geschaffen, die gewisse Informationen nicht auf meinen Radar gelangen lässt. Mit dieser verschärften Selektion sind auch die Anbieter von Online-Inhalten konfrontiert, die sowohl technische als auch inhaltsbezogene Aspekte beachten müssen, um die Aufmerksamkeit ihrer Zielgruppen zu erhalten.

1.3.4 Perspektivenwechsel: Von der Technologiegläubigkeit zum inhaltlichen Verständnis

Als breite Schichten der Bevölkerung in den späten 90er-Jahren das Internet zu entdecken begannen, geschah das mit einem ans Irrationale grenzenden **Enthusiasmus**. Das Netz wurde dargestellt als jenes Medium, das uns endlich von all dem errettet, was bisher auf unserer Erde schief lief. Es werde im Online-Zeitalter keine Hierarchien mehr geben, keine Unterschiede zwischen Geschlechtern und Rassen, das Wissen aller Menschen werde sich zu einem gigantischen Superhirn zusammenschließen und auf diese Weise werde endlich das Böse in der Welt ausgerottet. Schüler sollten durch E-Learning endlich wirklich intelligent werden, der Lehrer würde zum Coach und Teleworkerinnen könnten endlich Beruf und Familie ideal vereinbaren.

Das Internet hat die Welt nicht besser gemacht.

Auf technologischer Seite wurden Milliarden in New-Economy-Firmen investiert, weil man an ein fast unendliches Potenzial dieser neuen Business-Plattform glaubte. Die **Ernüchterung** folgte einige Jahre später und schwappte Anfang des neuen Jahrtausends fast ins Gegenteil über. Niemand wollte mehr investieren, die Angst vor einem erneuten Verlustgeschäft war groß. Auch in der Unternehmenskommunikation wichen die aufwändig gestalteten Websites mit technologischen Spielereien eher nüchternen und schlichten Auftritten, und im Marketing investierte man lieber in die bestehenden, vertrauten Werbekanäle.

Ein positiver Aspekt dieser Ernüchterung ist, dass der vorbehaltlose Glaube an die Technologie ein Ende gefunden hat. Denn: das Internet ist zwar technologiebasiert, aber für die gezielte und kosteneffiziente Nutzung ist ein Verständnis der inhaltlichen Prozesse und Mechanismen genau so wichtig.

Die Psychologie rückt den **Nutzer ins Zentrum** und schaut, warum er sich auf eine bestimmte Weise verhält und warum das manchmal sogar paradox und irrational erscheinen mag. Damit lässt sich handfest Geld sparen, denn Unternehmen können für teure Online-Applikationen Millionenbeträge in den Sand setzen, wenn sie sich vorher keine Gedanken darüber machen, ob diese benötigt und auch wirklich angewendet werden. So ist z. B. die mangelnde Motivation der Zielgruppe, ein Angebot auch wirklich zu nutzen, ein zentrales Problem, das oft nicht in die Planung miteinbezogen wird. Weil man sich unter Umständen gar nicht vorstellen kann, dass seine eigenen Projekte und Ideen für andere weniger attraktiv sind. Oder weil man von den technologischen Möglichkeiten so beeindruckt ist, dass man darüber vergisst, auch entsprechende Inhalte anzubieten.

Geld sparen durch inhaltliches Verständnis

Am Beispiel von Wikipedia lässt sich das **Verhältnis von Technologie und Inhalt** schön aufzeigen. Die Wiki-Technologie ermöglicht es, auf einfachste Art im Internet Inhalte aufzuschalten oder an Inhalten anderer zu partizipieren. Dass diese neue Möglichkeit wie ein Lauffeuer um sich gegriffen hat, ist zwar der Technologie zu verdanken, aber das zentrale Element bleiben die Inhalte. Das Internet wird immer mehr zu einem inhaltsgetriebenen Medium. Das zeigen auch die rechtlichen Probleme rund um Autorenrechte und Copyright, die zu einer zentralen Fragestellung im Netz geworden sind.

1.4 Der Nutzen dieses Buches

> Die zentrale Frage dieses Buches ist, welchen Beitrag die Psychologie zur effizienten Nutzung der neuen Medien leistet. Andere relevante Bereiche (wie Technologie, Marketing, PR) werden immer aus dieser Perspektive betrachtet und analysiert.

1.4.1 Strategien für die Website- und Newslettergestaltung

Was hat die Psychologie zur effizienten Nutzung der neuen Medien zu sagen?

Dieses Buch soll Ihnen ganz handfeste Hilfestellungen bieten, wenn Sie mit der **Konzeption und Realisierung** von Online-Angeboten betraut sind. Es stehen dabei aber weniger die technischen oder visuellen Gestaltungsfragen im Vordergrund, sondern die konzeptionellen. Im Fokus ist einerseits der Kunde, der User, die Person, die ihre Angebote nutzen soll. Wer sind die Kunden, was wollen sie, und wie erreicht man sie? Wie bindet man sie an eine Website oder macht sie zu treuen Newsletterlesern? Ebenso wichtig ist andererseits der Fokus auf die Inhalte. Was soll man online überhaupt anbieten, und in welcher Form? Welche inhaltlichen Elemente tragen zu einem gut genutzten Online-Auftritt bei? Und, ganz wichtig: Welchen **Ressourcenaufwand** bringen die unterschiedlichen Konzeptionen im längerfristigen Unterhalt mit sich? Gerade die letzte Frage wird bei der Planung von Online-Angeboten oft vergessen. Eine sorgfältige Konzeption und Zielgruppenanalyse kann dazu führen, dass man seine Online-Pläne redimensioniert und Kosten sparen kann, ohne dass die Kunden dadurch unzufriedener sind als vorher.

1.4.2 Strategien für den erfolgreichen Kundendialog

Nicht immer ist mehr Interaktivität besser

Der Dialog mit Kunden verlagert sich in vielen Bereichen zunehmend auf das Internet. Gerade seit Web 2.0 (mit Blogs, Foren, Netzwerken) verfügen Unternehmen über eine immer größere Bandbreite möglicher Kommunikationsmittel. Dieses Buch bietet eine Hilfestellung, diese verschiedenen **Interaktionsformen mit ihren Chancen und Risiken** zu verstehen und im Kundendialog richtig einzusetzen. Mehr Interaktivität führt nämlich nicht zwingend auch zu erfolgreicherer Kommunikation.

In dem Zusammenhang erhält auch das **Internet-Reputation-Management** zunehmend Bedeutung. Immer häufiger geraten Top-Manager namhafter Unternehmen in die Schlagzeilen, weil sie in Blogs oder Foren öffentlich kritisiert werden. Kann man erste Warnsignale ausfindig machen? Wie soll man dieser Kritik begegnen? Kann man überhaupt aktiv steuern und beeinflussen, wie im Netz über sein Unternehmen geredet wird?

Auch Online-Kommunikation hat Regeln

Das interaktive Medium Internet bietet gute Möglichkeiten, mit Kunden in einen konstruktiven Dialog zu treten, eine Kundenbeziehung zu vertiefen, Werbebotschaften zu verankern oder die Werbewirkung zu vergrößern, indem man Kunden selbst als Werbeträger einsetzt. Der Erfolg solcher Maßnahmen basiert aber immer auf der Einhaltung gewisser **Regeln**. Sie zu kennen heißt, das spezifische Potenzial des Internets effektiv zu nutzen.

1.4.3 Den DAU (»dümmster anzunehmender User«) kennen lernen

Die Perspektive des Endusers zu kennen, ist eine zentrale Bedingung für erfolgreiche Online-Kommunikation. Wer aber ist der **typische Enduser**? In diesem Buch wird er DAU genannt – dümmster anzunehmender User – in Anlehnung an das Wort GAU (größter anzunehmender Unfall).

Der DAU ist nicht Teil einer kleinen Gruppe von Internet-Greenhorns. Nein, eigentlich müssen wir davon ausgehen, dass die allermeisten Personen, mit denen wir es im Netz zu tun haben, zu den DAUs gehören – und dass wir uns sogar selber ab und zu so verhalten. Deshalb wird in diesem Buch ausführlich und liebevoll über den DAU gesprochen. Denn wenn wir mit ihm erfolgreich kommunizieren, können wir sicher sein, dass alle anderen, weniger »dummen« User, uns ebenfalls verstehen. Leider richten viele Online-Anbieter ihr Angebot genau auf die andere Zielgruppe aus: auf die gebildeten, unendlich motivierten und wissbegierigen Zeitgenossen mit einem unbeschränkten Zeitbudget. Und wundern sich dann, dass sie ihr Publikum nicht erreichen.

Dieses Buch hilft zu verstehen, in welcher Hinsicht der DAU »dumm« handelt und welche Gründe er dafür hat, und gibt konkrete Beispiele für sein unerwartetes und überraschendes Verhalten.

Der DAU ist eine weit verbreitete Spezies

1.4.4 Kompetenz in der persönlichen Kommunikation

Ein großer Teil der privaten oder geschäftlichen Online-Kommunikation läuft nicht institutionalisiert ab, sondern im alltäglichen, informellen Informationsaustausch. Auch wenn wir E-Mails inzwischen selbstverständlich nutzen, besteht gerade für die **arbeitsbezogene Kommunikation** noch Optimierungsbedarf. Mitarbeiter beklagen sich zu Recht über Unmassen von E-Mails, die sie täglich zu bewältigen haben. Welche Ursachen hat diese Mailflut, und wie kann man ihr beikommen? Bei näherer Betrachtung zeigt sich, dass Nutzungsregeln und die klare Zuweisung von Verantwortung Abhilfe schaffen können.

Auch im zwischenmenschlichen Bereich sorgt die schriftbasierte Kommunikation oft für Zündstoff: Missverständnisse und Konflikte eskalieren schneller, hierarchische Unterschiede werden übersehen oder gezielt (und falsch) genutzt, negative Emotionen verbreiten sich wie ein Lauffeuer weiter. Das Konfliktpotenzial zu kennen und einschätzen zu können, führt zu Kommunikationskompetenz nicht nur im persönlichen E-Mail-Kontakt, sondern auch im schriftlichen Dialog mit Stakeholdern im öffentlich sichtbaren Raum (Foren, Blogs und andere Online-Plattformen) des Internets.

1.4.5 Strategien gegen die Informationsflut

Untersuchungen zeigen, dass der »information overload« nicht ein unabänderlicher Sachverhalt ist, dem wir schutzlos ausgeliefert sind. Ob wir

Informationsflut ist keine feste Größe

unter Informationsflut leiden, hat v. a. damit zu tun, wie ausgeprägt unsere **Kompetenzen im Umgang mit Informationen** sind.

Strategien gegen die Informationsflut lassen sich **angebots- und nachfrageseitig** erlernen. Auf der Seite des Informationsempfängers geht es darum, die Stressursachen zu verstehen und gezielt Bewältigungsstrategien zu entwickeln, die das Gefühl von Kontrolle über die Stress auslösenden Faktoren ermöglichen. So wird im Buch erläutert, wie man durch E-Mails verursachten Stress bekämpft oder wie man den Wert unterschiedlicher Online-Informationen besser einschätzt.

Auf der Senderseite können die Kommunikationsverantwortlichen die Attraktivität ihrer Angebote steigern, indem sie genau diesen Aspekt ebenfalls beachten und ihren Kunden Informationen so präsentieren, dass diese ein möglichst hohes Maß an Kontrolle erhalten. Dazu gehört u. a. die Transparenz, die für professionelle Kundenkommunikation ein Muss darstellt.

> ❗ Je weniger Stress die Kundschaft empfindet, desto größer die Sympathie, die sie dem Unternehmen entgegenbringt, und desto größer auch die Wahrscheinlichkeit, dass sie ihm über lange Zeit treu bleibt.

1.4.6 Zusammenfassung: Was bringt mir dieses Buch?

Checkliste: Was bringt mir dieses Buch?
- Sie entwickeln ein vertieftes Verständnis der psychologischen Prozesse und Mechanismen, die den Online-Medien zugrunde liegen.
- Sie erhalten ein Instrumentarium und viele praktische Tipps, um diese Erkenntnisse in Ihrem Geschäftsalltag umzusetzen: in der Unternehmenskommunikation, im Kundenkontakt, bei PR und Online-Marketing, aber auch in der Gestaltung von Newsletters und im persönlichen E-Mail-Verkehr.
- Sie kennen die Möglichkeiten, mit denen Sie die Aufmerksamkeit Ihrer Zielgruppe erregen und ihr nachhaltig in Erinnerung bleiben.
- Sie können den Ressourcenbedarf für Ihren Online-Auftritt besser abschätzen und Ihre Aktivitäten entsprechend priorisieren.
- Sie wissen, welchen psychologischen Gesetzmäßigkeiten die Internet-Kommunikation folgt und was Sie beachten müssen, um erfolgreich mit anderen in Dialog zu treten.
- Sie lernen, wie sich Communities und Social Networks im Internet bilden, wie sie Meinungsbildungsprozesse auslösen, welchen Einfluss diese auf Ihr Unternehmen haben und wie Sie damit kompetent umgehen können.
- Sie erwerben Strategien, um angebots- und nachfrageseitig den kompetenten Umgang mit der Informationsflut zu fördern.
- Sie können anhand der im Buch erworbenen Kenntnisse neue Trends im Online-Bereich besser einschätzen und deren effektiven Wert für Ihr Unternehmen beurteilen.

Die Eigenschaften der Online-Kommunikation

2.1 Erscheinungsformen der Online-Kommunikation – 12

2.2 Der Kommunikationsinhalt und die Schwierigkeit der Interpretation – 14

2.3 Fehlendes Hintergrundwissen und (in-)adäquates Verhalten – 17

2.4 Die Rolle von Bildern in der Online-Kommunikation – 19

2.5 Das digitale Datenformat und seine psychologischen Folgen – 21

2.6 In der Praxis: Wie sich die Eigenschaften der Online-Medien auswirken – 28

2.7 Zusammenfassung: Die Eigenschaften der Online-Kommunikation und ihre Vor- und Nachteile – 35

▶ ▶ Lesen Sie in diesem Kapitel:
— Welche spezifischen Vor- und Nachteile die Eigenschaften der Online-Medien mit sich bringen,
— welche unterschiedlichen Aufgaben Text und Bilder in der Online-Kommunikation haben,
— warum im Online-Dialog ein erhöhtes Potenzial für Missverständnisse besteht und wie man damit umgehen kann,
— wie sich Online-Kommunikation auf bestehende Hierarchien auswirkt und was dies für Führungskräfte bedeutet und
— was man im Online-Kontakt mit anderen Kulturen beachten sollte.

In Kommunikations- oder Medientrainings werden oft psychologische Prozesse erläutert, weil sie die Kommunikation in unterschiedlicher Weise beeinflussen. Diese Verwandtschaft von Kommunikation und Psychologie gilt für den Online-Bereich genauso. Auch wenn es heute noch etwas ungewohnt ist, von einem **Online-Medientraining** zu reden, gibt es doch Aspekte und Themen des Internets, die man kennen sollte, wenn man die Kommunikation erfolgreich gestalten will. In den nun folgenden Kapiteln 2–4 lernen Sie Online-Medien aus drei verschiedenen psychologischen Perspektiven kennen:

— In diesem Kap. 2 die **spezifischen Eigenarten** der Online-Medien und ihre psychologische Relevanz.
— In ▶ Kap. 3 die Perspektive auf den **Nutzer**, der für bestimmte Kommunikationsaufgaben bestimmte Medien auswählt.
— In ▶ Kap. 4 folgt der Blick auf die **sozialen Gruppen**, die sich im Internet bilden, und ihre Merkmale und Gesetzmäßigkeiten.

Döring, N. (2003). Sozialpsychologie des Internet. Göttingen: Hogrefe.

Diese Aufteilung erfolgt in Anlehnung an das **Standardwerk** von Döring (2003), das einen umfassenden Überblick über die psychologische Online-Forschung verschafft.

2.1 Erscheinungsformen der Online-Kommunikation

Bevor von den Eigenschaften gesprochen wird, lohnt es sich, erst einmal die verschiedenen Erscheinungsformen systematisch anzuschauen. Im Laufe der Jahre hat sich eine beachtliche Vielfalt entwickelt. Anhand dieser Auflistung können auch bereits gewisse Merkmale definiert und abgegrenzt werden (◘ Tab. 2.1).

◘ Tabelle 2.1 zeigt, dass sich die Online-Dienste grob in zwei Gruppen aufteilen lassen: die synchronen und die asynchronen Dienste. **Synchron** heißt, dass mindestens zwei Personen zeitgleich online sind. **Asynchron** ist die zeitlich versetzte Online-Kommunikation. Gerade die Asynchronizität

2.1 · Erscheinungsformen der Online-Kommunikation

Tab. 2.1. Erscheinungsformen der Online-Kommunikation. (Nach Döring, 2003, S. 125, mit eigenen Ergänzungen)

Kommunikationstyp	Asynchroner Internet-Dienst	Synchroner Internet-Dienst
Individuelle Kommunikation (1:1)	E-Mail	Internet-Telefonie Instant Messaging
Gruppenkommunikation (n:n)	Mailinglisten Newsgroups Messageboards Diskussionsforen Weblogs (Blogs)	Chats: IRC, webbasiert, grafisch Internet-Videokonferenzen Online-Spiele Online-Rollenspiele: textbasiert (MUDs) oder graphisch (MMORPGs) Online-Tauschbörsen
Uni- oder Massenkommunikation (1:n)	Websites Online-Videos Weblogs (Blogs), Video-Blogs (Vlogs) Podcasts	Livevideos (auf Websites), Firmenfernsehen (Business TV)

hat z. B. der E-Mail-Kommunikation zu ihrem rasanten Aufstieg verholfen: Kein anderes Medium hat bisher die Möglichkeit geboten, nachts um 23.30 Uhr eine Nachricht abzusenden, ohne den Empfänger zu belästigen, der die Nachricht am nächsten Morgen um 6 Uhr, oder wann auch immer er will, in der Mailbox abrufen kann. Aber auch Newsgroups und Blogs leben von der schnellen und einfachen Möglichkeit des asynchronen Informationsaustausches.

Synchrone Kommunikation findet nur statt, wenn mehrere Personen gleichzeitig online sind. Sie bietet eine faszinierende Art von Lebendigkeit: Weil Online-Partner schnell reagieren, herrscht eine gesprächsnahe Atmosphäre, die das eigene Verhalten und Empfinden trotz fehlender Sinnesreize maßgeblich beeinflussen kann. Der Übergang zwischen asynchron und synchron ist manchmal fließend. Auch E-Mails und Newsforen können – bei rascher Reaktionszeit des Gegenübers – fast synchronen Charakter haben.

Auf der anderen Achse werden drei verschiedene Arten von **Kommunikationspartnern** (1:1, 1:n, n:n) definiert. Bemerkenswert ist, dass die Massenkommunikation (1:n) nicht nur von einer »Institution« (Fernsehanstalt, Verlag) ausgehen kann, wie das traditionellerweise der Fall war, sondern auch von einer einzelnen, unbekannten Person, die nur über marginale Infrastruktur verfügt. Hier hat das Internet die Kommunikation revolutioniert, denn durch diese 1:n-Kommunikation entsteht eine ganz neue Dynamik, die gerade auch für Unternehmen von Bedeutung ist.

> Massenkommunikation ist nicht mehr nur Institutionen vorbehalten

2.2 Der Kommunikationsinhalt und die Schwierigkeit der Interpretation

> **Beispiel**
>
> **Falsche Interpretation**
> »Ich habe vor einiger Zeit einen Fall gehabt, als ein Außendienstmitarbeiter eine komplizierte Offerte hätte schreiben sollen. Ich habe ihm dann per E-Mail mitgeteilt, er solle mir die Unterlagen schicken, ich würde die Offerte schreiben. Zwei Tage später ist er gekommen und verlangte ein Gespräch, weil er nicht erkannt hatte, dass ich ihm helfen wollte. Er hatte das Gefühl, ich wolle ihn auf die Seite schieben und habe vor, ihn zu entlassen.«
> *Sales Manager, international tätiges Unternehmen für Arbeitsschutzprodukte, m, 58.*

Die Ausdrucksfähigkeit ist online eingeschränkt

Ein großer Teil der Online-Kommunikation findet textbasiert statt – zumindest bis zum heutigen Zeitpunkt. Diese Reduktion auf Buchstaben führt zu einer Reduktion der Ausdrucksfähigkeit – da man eben »nur« Text zur Verfügung hat, um eine Botschaft weiterzugeben. Gerade diese Einschränkung wird häufig als negativer Aspekt der neuen Medien hervorgehoben, der zu einem verantwortungslosen Umgang mit anderen und zu mehr Oberflächlichkeit im zwischenmenschlichen Kontakt führe. Dies ist eine falsche und undifferenzierte Pauschalisierung. Auch die schriftliche Online-Kommunikation kennt Zwischentöne, und eine textbasierte Kommunikationsform ist – je nach Aufgabenstellung – besser geeignet für die Übermittlung einer Nachricht (▶ Kap. 3). Dennoch entstehen durch die Textbasiertheit spezifische Problemstellungen, die im Folgenden erläutert werden.

2.2.1 Ent-Emotionalisierung

Wenn ich einer Person »face to face« gegenüberstehe und ihr etwas Schwieriges mitteile, übermittle ich nicht nur Informationen über den **verbalen Kanal**, sondern auch über den **paraverbalen** (Stimmlage, Wortwahl) und den **nonverbalen** (Körpersprache) **Kanal**. Die Person sieht, wie ich die Stirn runzle, hört, wie ich die Stimme senke und seufze, und sie merkt, wie sehr ich jedes Wort abwäge, bevor ich es verwende. Bei einer E-Mail findet der Austausch ausschließlich auf der Ebene der geschriebenen Sprache statt. Man spricht deshalb von einer **Kanalreduktion**. Mit dem Aufkommen der computervermittelten Kommunikation wurde dieser Sachverhalt in den 80er- und 90er-Jahren ausführlich diskutiert und kritisiert. Man sprach von Ent-Sinnlichung, Ent-Emotionalisierung und sogar von Ent-Menschlichung, und man befürchtete, dadurch würde die psychosoziale Ebene des Austausches gänzlich verkümmern (s. auch Winterhoff-Spurk & Vitouch, 1989; Mettler-von Meibom, 1994).

Mit der Online-Erfahrung von mehr als einem Jahrzehnt lässt sich sagen, dass diese Befürchtungen sich nicht bestätigt haben. Die meisten von uns verwenden heute E-Mail und Internet, ohne dabei psychisch Schaden zu nehmen.

Schriftbasierte Kommunikation bietet Interpretationsspielraum

Und dennoch ist an der Kritik etwas dran: denn sie legt den Finger auf jene Schwierigkeiten, denen wir in der Online-Kommunikation begegnen und die uns vorher in dieser Ausprägung unbekannt waren. Wenn wir z. B. – wie im eingangs erwähnten Beispiel – plötzlich einen total verstörten Mitarbeiter am anderen Ende der Netzwerkverbindung haben und gar nicht verstehen, warum dieser so aus der Fassung geraten ist.

2.2.2 Interpretationsspielraum

Warum eine freundlich gemeinte und knapp verfasste E-Mail so viel auslösen kann, erklären zwei **Kommunikationsregeln** von Watzlawick et al. (1969, 2000).

Man kann nicht nicht kommunizieren (1. Axiom)

Watzlawicks Kommunikationsregeln

Diese Regel ist darauf begründet, dass es zu »Verhalten« kein Gegenteil gibt. Das heißt, wie auch immer man sich benimmt, macht man damit eine Aussage. Wenn man schweigt und sich abwendet, heißt das z. B., dass man in Ruhe gelassen werden will. Oder allgemeiner ausgedrückt: **Auch wenn ich schweige, sage ich etwas aus.** Nur ist diese Art von Aussage viel schwieriger zu deuten, als wenn ich eine explizite Botschaft sende.

Jede Nachricht hat eine Inhalts- und eine Beziehungsebene (2. Axiom)

Wann immer wir kommunizieren, sagen wir damit etwas über unsere Beziehung zum Kommunikationspartner aus. Die Beziehungsebene ist sogar prägend dafür, wie wir den Inhalt der Kommunikation interpretieren. Beispiel: Die Frage »Sind das echte Perlen?« kann Neid, Staunen oder Respektlosigkeit ausdrücken. Auch wenn der Fragende vielleicht Staunen zum Ausdruck bringen wollte, ist nicht gesagt, dass die Gefragte das auch so interpretiert.

In der **Face-to-face-Kommunikation** haben beide Partner Gelegenheit, zur richtigen Interpretation der Beziehungsebene beizutragen und Missverständnisse schnell aus dem Weg zu räumen (◘ Abb. 2.1). In der Online-Welt ist das aber sehr schwierig, da die unmittelbare Reaktion des Empfängers nicht sichtbar ist. Es ist ja nicht so, dass wir absichtlich »schweigen«. Aber die (para- und nonverbalen) Kanäle, die wir online nicht aktiv mit Informationen bedienen, lassen der Person auf der Empfängerseite großen Interpretationsspielraum. Das kann besonders dann zu Problemen führen, wenn unterschwellig bereits ein Konfliktpotenzial vorhanden ist. Die Interpretation wird dann von früheren Erfahrungen, schlechten Erwartungen und Ängsten geprägt, und auch wenn wir gute Absichten haben, werden uns sehr rasch schlechte unterstellt.

Abb. 2.1. Fehlende para- und nonverbale Informationen führen zu Missverständnissen

In jeder Online-Nachricht sind ein **Inhalts-** und ein **Beziehungsaspekt** vorhanden. Das Fehlen von para- und nonverbalen Gesprächsinformationen erschwert die korrekte Interpretation des Beziehungsaspekts. Darum wird die Botschaft vom Empfänger gemäß seiner Erfahrungen, seines Vorwissens und seiner aktuellen Stimmung **interpretiert** – zu Gunsten oder Ungunsten des Senders.

Darum sollten wir uns immer genau überlegen, wen wir als Empfänger einer Online-Botschaft vor uns haben.

> **Wenn das Verhältnis zwischen Kommunikationspartnern durch Misstrauen oder Konkurrenzdenken geprägt ist oder zwischen ihnen ein starkes Machtgefälle besteht, erhöht sich die Bereitschaft des Empfängers zur negativen Interpretation einer Botschaft.**

Die Internet-Gemeinschaft ist sich dieses Konfliktpotenzials durchaus bewusst. Im Netz sind deshalb unzählige Netiquettes zu finden, die Verhaltensregeln bieten und vor den drohenden Gefahren warnen. Dies sind wirklich nützliche Instrumente, die man auch für den privaten E-Mail-Verkehr verwenden kann. Mehr zur professionellen E-Mail-Kommunikation ▶ Kap. 7.

> Online-Verhaltensregeln:
> de.wikipedia.org/wiki/
> Netiquette

2.2.3 Effiziente und »schlanke« Informationsübermittlung

Die Kanalreduktion hat aber auch handfeste Vorteile. Durch den **Wegfall der »Zwischentöne«** wird die Informationsübermittlung effizient und schnell. Alle textbasierten Medien profitieren von diesem Effekt:
- Zeitungslesen ist für die Vermittlung detaillierter Sachverhalte effizienter als Fernsehen, weil Inhalte schriftlich präziser beschrieben werden können.
- Schriftliche Online-Newsdienste sind effizienter als Podcasts, weil man die wichtigsten News lesend schneller im Überblick hat als hörend.
- etc.

Natürlich kommt es stark darauf an, welche Art von Botschaft man zu transportieren hat. Nicht immer ist die sachbezogene, effiziente Informationsvermittlung das Hauptkriterium. Als Beispiel sei hier **Business TV** angeführt, das man z. B. dazu einsetzen kann, in der internen Kommunikation den Mitarbeitenden die Jahresziele zu erläutern. Durch die persönliche Präsenz des Topmanagements (wenn auch nur am Bildschirm) kann man Nähe zu den Mitarbeitenden zeigen und Vertrauensbildungsprozesse unterstützen. Dies geschieht jedoch immer auf Kosten der Effizienz, denn die Angestellten müssen, wenn sie alle Unternehmensziele kennen wollen, die Sendung von A–Z schauen. (Außerdem könnte es sein, dass sie durch eine unpassende Krawatte des Finanzchefs oder einen nervösen Tick des CEOs vom Inhalt abgelenkt werden.) Es gilt also, immer abzuwägen, welche Anteile man höher gewichten bzw. welches Ziel man in erster Linie erreichen will.

Für schnelle, detaillierte und rein sachliche Informationsübermittlung eignet sich die **kanalreduzierte**, textbasierte **Kommunikationsform** besser als die »**kanalreiche**«, die mit Ton und Bildern arbeitet.
Mehr zu diesem Thema ▶ Kap. 3, das sich mit der Medienwahl befasst.

2.3 Fehlendes Hintergrundwissen und (in-)adäquates Verhalten

2.3.1 Enthemmung

Die Vertreter der **Filtertheorien** sehen Online-Kommunikation nicht als grundsätzlich verarmt und problematisch, sondern legen den Fokus darauf, dass online weniger Information zum sozialen und soziodemografischen Hintergrund des Gegenübers vorhanden ist (Dubrovsky, Kiesler & Sethna, 1991). Gerade diese Informationen sind aber entscheidend für das

Verhalten und die Einstellung gegenüber einer Person. Wenn sich jemand z. B. sehr gut kleidet oder diese Person vom Fernsehen als Top-Managerin bekannt ist, benimmt man sich ihr gegenüber sehr wahrscheinlich respektvoller, als wenn sie in zerrissenen Kleidern und ungepflegt daherkommt.

Dieses Hintergrundwissen fällt online fast gänzlich weg. Einzig das Bildungsniveau kann man anhand des Schreibstils und der Fehlerfreiheit eines Textes einigermaßen abschätzen. Alle anderen Hinweise (sozialer Status, Alter, Geschlecht, Aussehen etc.) fehlen aber erst einmal, wenn das Gegenüber sie nicht aktiv mitteilt.

> Online geben Menschen mehr von sich preis als offline

Das **Filtermodell** besagt nun, dass durch das Fehlen dieser soziodemografischen Informationen Kontrollmechanismen abgebaut werden und ein **enthemmender Effekt** entsteht. Man ist offener, ehrlicher als im realen Leben, Hierarchien werden (zumindest vordergründig) nivelliert, die Partizipation aller wird gefördert. Man kennt diese Wirkung von der »Stranger-on-the-train«-Situation, denn einer Person, die man nicht kennt und vermutlich auch nie wieder sieht, vertraut man viel schneller intime Geheimnisse an als dem Nachbarn oder einer Arbeitskollegin. Von dieser Anonymität (und der Faszination dafür) profitieren auch Diskussionsforen, Chats und Blogs im Internet.

Die Bereitschaft zu größerer Offenheit kann in der **Online-Beratung** (z. B. Kaufberatung, Unterstützung bei spezifischen Themen) große Vorteile haben. In gewissen Bereichen sind Menschen unter der Voraussetzung der Anonymität viel eher bereit, über ihre persönlichen Anliegen zu sprechen (z. B. medizinische oder Gesundheitsthemen). Hier kann man sich die Eigenschaften der Online-Medien zunutze machen und einen neuen Kundenkreis gewinnen, den man anders schwer erreicht hätte.

> ❗ **Firmen, die Online-Beratung anbieten, sollten schon beim Aufbau dieses Angebots klar definieren, ob und unter welchen Umständen mit den Rat suchenden Personen auch Kontakte außerhalb der Anonymität stattfinden, und diese Bereiche klar trennen (z. B. anonymer Beratungsbereich vs. Online-Shop).**

So können sie verhindern, dass Kunden sich eine Blöße geben und mit Ärger auf die Firma reagieren, falls sie sich aufgrund der Enthemmung (zu) sehr geöffnet haben und das im Nachhinein bereuen.

Auf jeden Fall aber müssen Online-Berater den potentiellen Kunden auf der Website die **absolute Vertraulichkeit** der preisgegebenen Informationen zusichern und auch technisch die Voraussetzungen für diese Vertraulichkeit schaffen (Verschlüsselung, Anonymisierung). Mehr zu Beratungsangeboten im Internet ▶ Kap. 12.6.2.

2.3.2 Aggressives Verhalten

> Unfreundliches Online-Verhalten ist teilweise systembedingt

Die Kehrseite der größeren Offenheit ist auch ein verstärktes **aggressives Potenzial** der Online-Kommunikation. Durch die **Anonymität** ist die Sicherheit gegeben, dass man nicht mit Sanktionen rechnen muss, wenn man sich ausfällig verhält. Weil soziale Informationen über eine Person fehlen, fällt es schwerer, sich diese Person überhaupt auszumalen und sich vorzustellen, wie sie reagiert, wenn man sie beleidigt.

Offenkundiger Ausdruck dieses aggressiven Verhaltens sind verletzende E-Mails oder Forenbeiträge, in denen jemand bloßgestellt wird. Döring (2003) zählt aber z. B. auch das Verbreiten von Computerviren oder von Spam zum **antisozialen Benehmen im Netz**.

Die Filtertheorien lassen außer Acht, dass ein großer Teil der Online-Kommunikation nicht mit Fremden stattfindet, sondern mit Menschen, die wir kennen oder in irgendeiner Weise einem sozialen Hintergrund zuordnen können. Arbeitskollegen in Übersee können wir etwas besser als gänzlich Fremde einschätzen, weil sie in der gleichen Firma wie wir arbeiten. Kunden verraten zumindest teilweise etwas über sich durch ihr Interesse an unseren Produkten. Dies nimmt dem enthemmenden Effekt und dem Aggressionspotenzial einen Teil der Brisanz.

Dennoch erleben wir immer wieder Situationen, in denen wir mit dem enthemmenden Effekt konfrontiert sind. Gerade im **Kundenkontakt mit Unbekannten**, wenn wir z. B. schnoddrig geschriebene Kundenreklamationen per E-Mail erhalten. Es ist daher nützlich, das Wissen um mögliche systembedingte Ursachen unfreundlichen Verhaltens im Hinterkopf zu behalten.

2.4 Die Rolle von Bildern in der Online-Kommunikation

Durch die zunehmend größeren Kapazitäten für die Datenübertragung ist Online-Kommunikation heute nicht mehr zwingend auf die Schriftlichkeit reduziert. Sie wird durch komplexere Kanäle (Ton, Bild, Video) ergänzt und eröffnet dadurch ein **breiteres Spektrum an Ausdrucksmöglichkeiten**. Es ist anzunehmen, dass sich dieser Trend weiter verstärken wird und in vielen Bereichen – die heute rein textbasiert sind – immer häufiger ergänzend auf Bilder gesetzt wird. Das Bedürfnis zu dieser Erweiterung ist in den unterschiedlichen kommunikativen Möglichkeiten von Text und Bild begründet.

2.4.1 Wie sich Bild und Text ergänzen

Um die spezifische Wirkung von Bild und Text zu verstehen, kann man auf eine weitere Kommunikationsregel von Watzlawick et al. (1969, 2000) zurückgreifen.

Menschliche Kommunikation bedient sich digitaler und analoger Modalitäten (4. Axiom)

Das bedeutet: Bild und Text haben ein unterschiedliches Potenzial und unterstützen jeweils das Verständnis verschiedener Aspekte einer Botschaft.

Text ist präzise beschreibend, Bilder übermitteln Emotionen und Zusammenhänge

Digitale Kommunikation (Text). »Digital« wird hier nicht im Sinne von »computerunterstützt« verwendet, sondern steht für alle Arten von zeichenbasierter, abstrakter Kommunikation, für Konventionen, die festlegen, wie ein Inhalt kodiert wird (Zahlen, Buchstaben, Kodierungssysteme). Die festgelegten Zeichen haben keine äußere Ähnlichkeit mit dem Inhalt, den sie beschreiben. Beispiel: K a t z e ist eine Reihenfolge von Zeichen, die ein Tier definiert. Digitale Kommunikation kann Inhalte exakt und logisch beschreiben.

Analoge Kommunikation (Bild). »Analog« heißt, dass zwischen der Darstellung eines Gegenstandes und ihm selbst eine Ähnlichkeit, eben eine Analogie besteht. Diese Kommunikationsform ist viel älter als die digitale, und wir teilen sie mit den Tieren, die ebenfalls und ausschließlich analog kommunizieren. Analoge Kommunikation ermöglicht die treffsichere Deutung von emotionalen Zusammenhängen und Beziehungsaussagen. Beispiel: Unaufrichtigkeit wird in der Körperhaltung einer Person relativ rasch festgestellt, in einem Text hingegen ist das sehr schwierig.

Die digitale Kommunikation (Text) gibt also Auskunft über den Inhalt einer Nachricht, der Beziehungsaspekt wird analog vermittelt (Bild).

> Rein textbasierte Kommunikation hat den Nachteil, dass emotionale Aspekte zu kurz kommen, die bildbasierte Kommunikation wiederum ist nicht exakt genug, um komplexe Sachverhalte treffend zu beschreiben.

Ergänzend zu Watzlawick kann man sagen, dass die bildbasierte Kommunikation auch das **schnelle Erfassen** eines Zustandes, eines Sachverhalts in der Einbettung seines Umfelds ermöglicht – wenn auch vorwiegend intuitiv und ohne den Detaillierungsgrad eines Textes. Bilder können somit eine ähnliche Funktion übernehmen wie Inhaltsverzeichnisse in einem Text – als konzeptionelle »Oberbegriffe« –, die die Einordnung von Informationen in ein größeres Ganzes erleichtern (zum menschlichen Informationsverarbeitungsprozess ► Kap. 5.4.3).

Bilder können Text im Internet nicht ersetzen, sie können aber die Kommunikation um wichtige Aspekte ergänzen. Die analoge (Bild-) Kommunikation entspricht dem menschlichen Grundbedürfnis, **Inhalte emotional einordnen** zu können und auf ihre Glaubwürdigkeit zu überprüfen. Sie kann außerdem die konzeptgesteuerte Verarbeitung von Informationen unterstützen.

Online-Newsanbieter kommen diesem Bedürfnis vermehrt entgegen, indem sie zu wichtigen Themen »**Bildstrecken**« anbieten. Auch für die Online-Vertrauensbildung (► Kap. 8.2.2) haben Bilder eine wichtige Bedeutung, z. B. die Präsentation von Fotos der Unternehmensleitung auf der Website, um emotionale Informationen zu übermitteln.

Bildbeschaffung verursacht Kosten

Die Verwendung von Bildern im Internet hat allerdings auch gewisse **Nachteile**, sie ist z. B. oft mit zusätzlichen Kosten verbunden (Bildbeschaffung). Je nach Kommunikationsaufgabe machen Bilder die Informationsübermittlung unnötig kompliziert (► Kap. 3.1.2, Medienwahl und Kommunikationsaufgabe). Suchmaschinen können rein bildbasierte Informationen – zumindest bisher – nur schwer auffinden (► Kap. 8.4.11, Suchmaschinenoptimierung). Außerdem sind wichtige Online-Kommunikationskanäle nach wie vor mehrheitlich textbasiert, z. B. der E-Mail-Verkehr, Newsforen oder Blogs. Es ist darum trotz der Tendenz zur vermehrten Verwendung von Bildern wichtig, die Eigenschaften und Folgen von rein textbasierter Kommunikation zu kennen.

2.5 Das digitale Datenformat und seine psychologischen Folgen

Die digitalisierte Informationsübermittlung ist die augenfälligste Eigenschaft der Online-Kommunikation. Im Unterschied zu den Kanal- und Filtertheorien steht hier nicht die Nachricht oder der Sender im Zentrum, sondern das technische Datenformat. Die Digitalisierung hat eine ungemein starke Effizienzzunahme bei der Informationsübertragung zur Folge. Inhalte können fast beliebig **schnell** und sehr **kostengünstig** an jeden gewünschten Ort geschickt, vervielfältigt, verändert und archiviert werden. Dies ist auch eine wichtige Ursache für die viel zitierte Informationsflut.

Das digitale Datenformat hat ambivalente Auswirkungen, das heißt – je nach Nutzungsart – positive und negative Folgen. Dies gilt gerade auch für psychologische Prozesse und das menschliche Verhalten als Reaktion auf die neue Art der Informationsaufbereitung. Die nun folgende Beschreibung der verschiedenen Folgen digitaler Kommunikation basiert auf der Kategorisierung von Döring (2003, S. 157ff), mit eigenen Ergänzungen.

Die Folgen der Digitalisierung sind ambivalent

2.5.1 Entlastung und Überlastung

Suchmaschinen und andere **Strukturierungshilfen** wie Taxonomien, Online-Verzeichnisse oder Newsreader spielen im Internet und auch in unternehmensinternen Netzwerken mehr und mehr eine zentrale Rolle. Sie ermöglichen es, Informationen nach den eigenen Bedürfnissen zu gliedern, zu kanalisieren und somit überhaupt erst nutzbar zu machen (▶ Kap. 13.4).

Die Strukturierung von Informationen macht diese erst nutzbar

Dies ist dann auch die erste ambivalente Folge der Digitalisierung: Wer neue Medien nutzt, hat einerseits fast unbeschränkte Möglichkeiten zur Gewinnung von Daten, die ihm für verschiedene Zwecke nützlich sind. Andererseits muss er sich dafür durch eine Unzahl von Informationen hindurchkämpfen und wird permanent dazu gezwungen, sich für die einen Informationswege zu entscheiden und andere auszulassen (◘ Abb. 2.2). Dadurch entstehen **Überlastungsgefühle**.

Online-Foren oder andere Netzwerke sind gute Beispiele, um den **entlastenden Effekt** aufzuzeigen. Angenommen, jemand hat eine seltene Krankheit, die in seinem eigenen Land vielleicht nur fünfmal vorkommt. Auch wenn er bis jetzt noch nie jemanden kennen gelernt hat, der in der gleichen Situation ist, findet er im Internet im Nu mindestens eine Gruppe von ebenfalls Betroffenen, mit der er sich austauschen kann und die ihm gezielte Unterstützung gibt. Oder er kann selbst eine Gruppe gründen und ist dank der Suchmaschinen für andere schnell auffindbar.

◘ Abb. 2.2. Unterwegs im digitalen Dschungel

Diese schnelle und unkomplizierte Vernetzung macht einen großen Teil der Attraktivität des Internets aus und wird durch das digitale Datenformat überhaupt erst möglich. Dass die Zahl von »Social Networks« und Interessengruppen im Internet rasant zunimmt, ist ein Beweis dafür, dass trotz der Gefahr drohender **Informations-Überlastung** viele Menschen die Möglichkeiten zur **Entlastung** gut zu nutzen wissen.

2.5.2 Kontrolle und Kontrollverlust

Die Kontrollierbarkeit digitaler Informationen birgt auch Risiken

Die Tatsache, dass digitale Informationen einfacher zu kontrollieren sind, ist ebenfalls ambivalent. Drei Ebenen sind dabei relevant (Döring, 2003):
– Die persönliche Möglichkeit zur Kontrolle von Informationen,
– die persönliche Notwendigkeit, Kontrolle über Informationen zu erreichen und zu erhalten sowie
– die Möglichkeit und das dadurch implizierte Risiko, dass andere Personen über meine Informationen Kontrolle ausüben.

2.5 · Das digitale Datenformat und seine psychologischen Folgen

Im Folgenden werden diese Aspekte der Anschaulichkeit halber anhand der persönlichen Ebene illustriert. Sie gelten aber ebenso für Unternehmen, denn diese haben im digitalen Zeitalter z. B. neue Archivierungsmöglichkeiten und -pflichten für geschäftsrelevante Informationen, und sie müssen ihre Mitarbeitenden für die Gefahren der Kontrollierbarkeit digitaler Informationen sensibilisieren.

> ❗ Seit der gesamte E-Mail-Verkehr eines Unternehmens als Beweismaterial in Gerichtsprozessen verwendet werden kann, ist die Diskrepanz zwischen der schnellen Erstellung einer E-Mail und ihrer beinahe unbeschränkten Haltbarkeit besonders fatal.

Persönliche Möglichkeit zur Kontrolle

Aus der psychologischen Forschung weiß man, wie wichtig es für den Menschen ist, **Kontrolle ausüben** zu können. Dies nicht negativ gemeint, im Sinne der Machtergreifung über einen anderen Menschen, sondern als Beherrschung der alltäglichen Pflichten und Herausforderungen. Das Gefühl, eine Aufgabe meistern zu können, stärkt das Selbstwertgefühl, vermittelt Befriedigung und gibt den Mut, neue Dinge in Angriff zu nehmen. Der Verlust von Kontrolle führt zu Stress und Hilflosigkeitsgefühlen und je nachdem zur Vermeidung der Tätigkeiten, die zum Kontrollverlust geführt haben (► Kap. 13).

Kontrolle vermeidet Stress

Digitale Informationen erlauben durch die einfache Suchbarkeit, Beschlagwortung und Archivierung ein hohes Maß an Kontrolle. Die Tendenz, digitale Informationen länger aufzubewahren als physische, wird zusätzlich durch die **hohe Speicherkapazität** von Festplatten und anderen Speichermedien begünstigt. Wenn man z. B. vor drei Jahren eine E-Mail an eine Person geschrieben hat, von der man nur noch weiß, dass sie »Rita« heißt, kann man mittels Suchfunktion in der Mailbox binnen kurzer Zeit genau diese E-Mail finden (vorausgesetzt, man hat das E-Mail-Archiv nie gelöscht). Dies kann eine große Erleichterung bedeuten, weil man Daten wieder finden oder **Sachverhalte rekonstruieren** kann, die früher verloren gegangen wären, weil der Aufwand zur systematischen Aufbewahrung physischer Briefe viel größer ist.

Anbieter von Suchmaschinen ermöglichen heute, die gesamte Arbeitsumgebung eines Unternehmens nach Stichworten abzusuchen. Wo Informationen strukturiert abgelegt sind, bedeutet dies Effizienzgewinn und Arbeitserleichterung.

> **Beispiel**
>
> **Ungeliebter Kontrollversuch: automatische E-Mail-Empfangsbestätigung**
> Die meisten E-Mail-Dienste ermöglichen es, den Empfang einer E-Mail bei der Zielperson automatisch bestätigen zu lassen. Diese Option sollte man nur sehr sparsam einsetzen und keinesfalls als permanente Einstel-

Empfangsbestätigung als Misstrauensvotum

lung der Mailbox. Sie kann beim Empfänger leicht ein unerwünschtes Bild entstehen lassen: nämlich dass der Sender Kontrolle über ihn ausüben will. Die Asynchronizität gibt einem die freie Wahl, eine E-Mail genau dann zu lesen, wann man dazu Lust hat. Indem man als Sender eine Empfangsbestätigung verlangt, tastet man diese freie Wahlmöglichkeit an und zwingt das Gegenüber, etwas über seine Lesegewohnheiten zu verraten.

Viele Nutzer haben die Empfangsbestätigung **optional** gesetzt, das heißt, sie entscheiden sowieso bei jeder E-Mail frei, ob sie jemandem diesen Einblick ins Leseverhalten gewähren. Daraus entstehen für den Sender gleich zwei negative Folgen:

- Einerseits hat man beim Empfänger einen schlechten Eindruck als Kontrollfanatiker hinterlassen,
- andererseits fehlt oft trotzdem die Sicherheit, dass die E-Mail gelesen wurde.

Besser ist es, inhaltlich statt mit technischen Empfangsbestätigungen zu arbeiten: einen klaren Termin für eine zu erledigende Aufgabe setzen und in der Formulierung einer Anfrage exakt und verbindlich sein. So kann man rechtzeitig nachfragen, wenn man keine Reaktion erhält. Man kann auch zum Telefon greifen und so gegebenenfalls Verständnisprobleme beseitigen.

Vermeiden sollte man Empfangsbestätigungen v. a. für die Kommunikation mit einer tieferen Hierarchiestufe – das kann als **Misstrauen** oder **autoritärer Führungsstil** ausgelegt werden. Im Normalfall werden E-Mails eines Vorgesetzten sowieso rasch bearbeitet – aus Respekt vor der Führungsperson.

Persönliche Notwendigkeit zur Kontrolle

Auch Unbefugte können über digitale Informationen einfacher Kontrolle erlangen

Kontrolle über seinen »Informationshaushalt« zu halten, bedingt viel **Selbstdisziplin**. Das stetige Abwägen, welche Informationen man behalten soll und welche gelöscht werden können, ist zeitintensiv und auch inhaltlich anspruchsvoll. Tendenziell neigt man darum dazu, eher zu viele Informationen aufzubewahren – zusätzlich begünstigt durch den Umstand, dass die digitale Ablage weder viel Platz noch viel Geld kostet. Mittelfristig ist es aber nicht unbedingt vorteilhaft, Informationen ungefiltert liegen zu lassen, weil die nachträgliche Sichtung von Daten viel aufwändiger ist.

Auch die Verwaltung der eigenen Mailbox stellt uns permanent vor das Problem, dass wir trotz Zeitknappheit die relevanten Informationen nicht verpassen dürfen.

Dies bedeutet, dass man am digitalen Arbeitsplatz permanent gefordert ist Kontrolle auszuüben, um den langfristigen Kontrollverlust zu vermeiden. Daraus resultierende **Stressgefühle** können die Arbeitsleistung beeinträchtigen.

2.5 · Das digitale Datenformat und seine psychologischen Folgen

> **Beispiel**
>
> **Digitale Entscheidungssituationen**
> »Allein schon die Entscheidung zu treffen, ob du eine E-Mail löschst oder nicht, ist eine größere Sache. Wenn du dich entscheidest, sie nicht zu löschen, dann muss sie ja archiviert werden, und man stelle sich vor, was das für eine riesige Datenmenge ist, wenn alle Mitarbeiter pro Tag 50–100 Mails kriegen. Die Frage ist dann auch wieder, hebt man die Mails auf, um irgendwas für später einmal zu dokumentieren. Aber das ist dann wieder wie ein Vertrauensbruch. Man hat wahrscheinlich eine große Angst, dass Informationen verloren gehen und man etwas nicht mehr nachweisen kann. Man fühlt sich so in einer Pseudosicherheit, man hat ja alles da. Dabei gibt es kein vernünftiges System, die Information wieder rauszusuchen. Es ist jedes Mal eine Aktion, im Archiv etwas zu finden.«
> *W, 43, Mittleres Management, global tätiges Pharmaunternehmen*

Kontrolle anderer über meine Informationen

Ein Aspekt von großer Tragweite ist die Kontrollierbarkeit von Informationen durch andere. Der »**gläserne Mensch**« im Internet ist eine Realität geworden, der wir uns nicht entziehen können (▶ Kap. 14.6). Aber auch für Unternehmen ist das Thema brisant, denn vertrauliche Informationen können nicht mehr so einfach gegen Zugriff geschützt werden wie früher, und eine einzige Person als Sicherheitslücke reicht aus, um Indiskretionen in Windeseile weltweit zu verbreiten und dadurch unkontrollierbar zu machen. Die Digitalisierung bewirkt einen nie da gewesenen **Multiplikatoreffekt**. Mehr dazu ▶ Kap. 11 (Online-PR).

2.5.3 Entscheidungsmöglichkeiten und Entscheidungszwang

Die Informationsaufbereitung im Internet in Form von Hyperlinks ermöglicht neue Arten von assoziativer Recherche. Aber auch wenn Informationen leicht zugänglich sind, ist es nicht immer einfach, gute Quellen zu finden und sie von schlechten zu unterscheiden. Die erfolgreiche **Selektionsarbeit** bedingt Kenntnisse über Suchstrategien und z. B. auch den Aufbau von Internet-Adressen. Hilfestellungen zu diesem Thema sind in ▶ Kap. 13.3.4 zu finden. Eine Übersicht über psychologische Forschung im Zusammenhang mit Informationssuche und Entscheidungsprozessen bei der Informationsauswahl findet sich bei Wirschum (2006).

2.5.4 Erweiterter Teilnehmerkreis

Wie oben bereits angedeutet, können Informationen praktisch ohne Mehraufwand an beliebig viele Personen gesendet werden. Mit jedem zusätzlichen Empfänger wächst aber das **Risiko von Komplikationen**. Im harmlo-

Je mehr Teilnehmer, desto größer das Komplikationsrisiko

sesten Fall ist das ein Beitrag zur Überflutung einer fremden Mailbox. Es können aber auch Missverständnisse, Unsicherheiten und Ärger entstehen, und dies proportional zur Anzahl der Empfänger.

> ❗ Die problemlose Erweiterung des Teilnehmerkreises ist ein Grund dafür, dass man wirklich vertrauliche Dinge nicht via E-Mail übermitteln sollte. Sogar eine verschlüsselte E-Mail kann von einem gedankenlosen Empfänger an Unbefugte weitergesendet werden.

Dies zwingt den verantwortungsbewussten Sender, sich vor dem Abschicken immer **Gedanken** darüber zu **machen**:
- Wen die Mitteilung tatsächlich etwas angeht,
- ob er mit einer Veröffentlichung der Mitteilung in einer Tageszeitung leben könnte,
- ob er abschätzen kann, welche unterschiedlichen Gefühle, Stimmungen und Reaktionen seine Nachricht bei den Empfängern auslöst und ob er mit diesen angemessen umgehen kann.

Die Verwendung von **Cc** (Kopie) und **Bcc** (Blindkopie) bei E-Mails birgt nicht selten ein zusätzliches Konfliktpotenzial, da die Rollen der Kopie-Empfänger nicht immer klar definiert sind. Hier kumuliert sich die einfache Erweiterung des Teilnehmerkreises mit der Schwierigkeit, eine kanalreduzierte Nachricht zu interpretieren (▶ Kap. 2.2.1). Mehr zur richtigen Anwendung von Cc und Bcc ▶ Kap. 7.3.

2.5.5 Gesteigerte Transport- und Bearbeitungsgeschwindigkeit

Arbeitsaufträge können mittels E-Mail innerhalb von Sekunden übermittelt werden. Dadurch fallen **räumliche und zeitliche Filter** weg, die bis jetzt den Empfang neuer Aufträge strukturiert und getaktet haben. Räumliche Filter bedeuteten früher höhere Kosten der Kommunikation. Heute findet dank der praktisch kostenlosen digitalen Informationsübermittlung eine Beschleunigung des Transports statt, die auch nach erhöhtem Bearbeitungstempo verlangt. Die Mailbox zwingt heute zum permanenten Sichten und Priorisieren von sich stetig verändernden Aufgaben. Dadurch können Projekte schneller vorangetrieben werden. Aber auch der Stress für die Empfänger von Aufgaben nimmt im gleichen Maß zu (▶ Kap. 13, digitaler Stress am Arbeitsplatz).

Aufgaben müssen permanent neu priorisiert werden

2.5.6 Variable Empfängerzahl bei gleich bleibenden Bearbeitungsressourcen

Bei digitaler Kommunikation nimmt nicht nur die Geschwindigkeit der Aufgabenübermittlung zu.

2.5 · Das digitale Datenformat und seine psychologischen Folgen

❗ Durch die Erweiterung des Teilnehmerkreises kann das Arbeitsvolumen rasch überproportional ansteigen. Dessen muss man sich besonders dann bewusst sein, wenn man über wenig variable Ressourcen zur Betreuung von interaktiven Online-Angeboten verfügt.

Zum Beispiel ist es einer Einzelperson ein Leichtes, ein Dienstleistungsangebot an eine Gruppe von 200 Personen zu senden. Sie muss nachher aber grundsätzlich die Anfragen all dieser 200 Leute bewältigen können, und zusätzlich solche von Dritten, denen das Angebot weiterempfohlen wurde. Auch der Unterhalt von Blogs oder anderen stark interaktiven Elementen einer Website kann aus diesem Grund eine unerwartet ressourcenintensive Aufgabe werden. Dieser Aspekt muss bei der Gestaltung von Online-Dialogangeboten unbedingt berücksichtigt werden (▶ Kap. 12.5, das richtige Maß an Interaktivität).

Interaktive Angebote wie Blogs oder Foren sind ressourcenintensiv

2.5.7 Die Sorgfaltspflicht bei Online-Texten

Die textbasierte Online-Kommunikation verlangt von den Benutzern eine hohe Kompetenz für die schriftliche Ausdrucksfähigkeit. Diese ist nicht immer gegeben. Trotzdem hat sich E-Mail in der geschäftlichen Kommunikation als meistverwendetes Medium durchgesetzt. Dies – kombiniert mit einem erhöhten Zeitdruck und der Schnelligkeit der digitalen Übermittlung – führt dazu, dass man häufig Online-Texten begegnet, die schlecht geschrieben sind, Tippfehler und grammatikalische Schwächen enthalten. Dies muss nicht gezwungenermaßen bedeuten, dass eine »Verarmung« unserer Sprachkultur stattgefunden hat. Es ist vielmehr so, dass heute z. B. auch technisch ausgerichtete Informatiker ohne ausgeprägtes Sprachflair um das schriftliche Kommunizieren nicht mehr herumkommen. So gesehen, kann die Online-Schreibkultur auch als Chance gesehen werden, weil Leute **zum Schreiben »gezwungen«** werden, die das sonst nicht oder seltener tun würden.

Trotzdem hat die **Nachlässigkeit im Schreibstil** auch ihre Tücken, gerade in der Kommunikation mit Kunden. Bei Briefen, die gedruckt verschickt werden, stellt der Ausdruck auf Papier einen Filter dar, eine natürliche Barriere, die verhindert, dass der Text allzu schnell geschrieben und nicht auf Fehler überprüft wird. Auch die strengeren Gestaltungsvorschriften (Briefkopf, Corporate Identity) mahnen den Sender zu erhöhter Sorgfalt. Diese natürlichen Filter fallen bei der E-Mail-Kommunikation weg. Trotzdem sind viele Empfänger nicht bereit, über Tippfehler und mangelhafte Formulierungen in schlampig geschriebenen E-Mails hinwegzusehen. Die fehlende Sorgfalt wird als mangelnde Wertschätzung empfunden, im schlimmsten Fall (wenn es keine äußeren Möglichkeiten gibt, das Fehlverhalten zu entschuldigen) wird der Sender als unseriös betrachtet oder nicht ernst genommen. Auch Spam- oder Phishing-E-Mails erkennt man oft daran, dass sie Tippfehler und falsche Formulierungen enthalten.

Fehlende Sorgfalt wird als mangelnde Wertschätzung empfunden

Es ist äußerst wichtig, gerade in der offiziellen Kommunikation mit Kunden, eine E-Mail, einen Newsletter oder eine Website mit der **gleichen Sorgfalt** zu gestalten **wie einen gedruckten Brief** oder eine Print-Broschüre.

Dies gilt grundsätzlich auch im persönlichen E-Mail-Kontakt mit Leuten, die man noch nicht oder nicht gut kennt. Erst bei besserer Bekanntschaft kann man sich erlauben, einen unkomplizierteren Schreibstil anzuschlagen. Zur Textgestaltung in E-Mails ▶ Kap. 7.3.2.

2.6 In der Praxis: Wie sich die Eigenschaften der Online-Medien auswirken

2.6.1 Hierarchien in der Online-Kommunikation

Seit dem ersten Internet-Hype in den 90er-Jahren wurde immer wieder angeführt, dass das Internet die bisherigen Hierarchien aufbrechen und Machtstrukturen auf den Kopf stellen werde. Ganz so radikal, wie man sich das damals vorstellte, hat sich diese Prophezeiung nicht bewahrheitet. Nach wie vor ist nicht jeder Mitarbeiter mitspracheberechtigt bei den Entscheiden der Geschäftsleitung, und er erhält auch weiterhin nicht alle Informationen, die ein Chef zur Verfügung hat. Aber in gewisser Weise ist es online tatsächlich einfacher geworden, sich als Angehöriger einer Minderheit oder einer hierarchisch tiefer gestellten Gruppe Gehör zu verschaffen. Dies hat einerseits mit der Digitalisierung zu tun (▶ Kap. 2.5), die die technischen Grundlagen für die **Nivellierung der Online-Kontakte** schafft. So sind z. B. oft alle E-Mail-Adressen eines Unternehmens gleich aufgebaut und jeder Mitarbeiter weiß, wie er den CEO direkt ansprechen kann. Andererseits können auch die oben genannten Filter-Effekte (▶ Kap. 2.3) mitspielen: Ich vertraue mich meinem CEO eher an, wenn ich ihn nicht sehe und er mich dann auch nicht durch seine Präsenz einschüchtert (was sonst vielleicht der Fall wäre).

> Eine Einzelperson kann ein Online-Erdbeben auslösen

❶ Den wichtigsten Einfluss auf Hierarchien haben die neuen Medien durch die unkontrollierbare Verbreitung von Informationen und die Schwierigkeit, unerwünschte Inhalte zu zensieren.

Das Internet ist für jedermann sehr leicht zugänglich, was dazu führt, dass die Kritik einer lokalen Einzelperson oder Gruppe gegenüber einer global tätigen Firma potentiell ein Erdbeben auslösen kann. Da sind Manager heute gefordert, offensiver zu kommunizieren und – wenn die Kritik berechtigt ist – mit solchen Stakeholdern **aktiv in Dialog zu treten**. Dieser Zwang bestand früher in der Form weniger, weil es für Anspruchsgruppen schwieriger war, sich mit Gleichgesinnten zu organisieren und öffentlich wahrgenommen zu werden. Siehe dazu auch die Ausführungen in ▶ Kap. 4 (Web 2.0) und ▶ Kap. 11 (Online-PR).

2.6.2 Wo die neuen Medien traditionelle Hierarchien in Frage stellen

Führungskräfte sind heute mit veränderten hierarchischen Strukturen durch das Internet konfrontiert. Dies zeigt sich in unterschiedlicher Weise im Unternehmensalltag.

2.6 · In der Praxis: Wie sich die Eigenschaften der Online-Medien auswirken

> **Checkliste: Neue Medien und traditionelle Hierarchien**
>
> **Auf individueller Ebene**
> - Der Chef erhält persönliche Mails von einfachen Angestellten zu möglicherweise für ihn irrelevanten Themen (Regel).
> - Der Chef erhält persönliche Mails von einfachen Angestellten zu höchst relevanten Themen, von denen er sonst nie erfahren hätte (Ausnahme, weil das auch per E-Mail sehr viel Zivilcourage voraussetzt).
> - Der Chef erhält Spam und Werbemails in seine persönliche Mailbox.
> - Der Chef wird in E-Mails nicht seinem Status gemäß angesprochen (sondern salopp oder schnoddrig).
> - Der Chef wird ungefragt als Druckmittel gegenüber Dritten eingesetzt (indem man ihn ins Cc: einer Mail setzt).
> - Der Chef wird innerhalb des E-Mail-Adressverteilers seiner hierarchischen Höherstellung beraubt (im Adressfeld ist sein Name gleichrangig mit denjenigen der einfachen Mitarbeitern aufgeführt).
> - Der CEO wird ungefragt von Kunden oder Verkäufern angegangen, auch wenn tiefer gestellte Vorgesetzte die richtigen Ansprechpersonen wären, und muss darauf reagieren.
>
> **Auf Firmenebene**
> - Die Firma wird von einer hierarchisch »unbedeutenden« Einzelperson in einem Internet-Forum kritisiert, was einen Medienrummel auslöst und die Firma zum Handeln zwingt.
> - Die Firma unterhält einen eigenen Corporate Blog und wird mit bösen Kommentaren von Dritten öffentlich bloßgestellt.
> - In einem Forum im Firmen-Intranet kommt Kritik am neuen Lohnsystem der Firma auf. Immer mehr Leute schließen sich den Unzufriedenen an und die Stimmung unter den Angestellten verschlechtert sich dramatisch.

Es kann für einen Vorgesetzten entlastend sein, zu merken, dass die »Attacken« auf seine hierarchische Stellung ein Phänomen sind, das mit der Nutzung der neuen Medien im Unternehmensalltag zu tun hat und nicht mit seiner Person. Gleichzeitig fordert es ihn aber zu einem neuen Umgang mit seinen Angestellten heraus: Er soll anzeigen, wo eine Grenzüberschreitung nicht akzeptabel ist, aber auch partnerschaftlich mit seinen Untergebenen in Austausch treten und ihre Anliegen ernst nehmen. Beziehen sich die Angriffe auf das Unternehmen, sind ebenfalls neue **Kommunikationskompetenzen** und ein neuer Umgangston gefragt. Mehr dazu ▶ Kap. 11.

Attacken auf die Hierarchie sind systemimmanent

»Die menschliche DNA erlaubt uns nicht, uns vom hierarchischen Denken zu entfernen«

Interview mit Fred Kindle, zum Zeitpunkt des Interviews CEO ABB Group

Herr Kindle, welche Rolle spielen E-Mail und Internet im Unternehmensalltag von ABB?
Wir sind bei ABB weltweit vernetzt und synchronisiert, E-Mails bleiben nicht lange liegen, sie sind zentraler als der Schriftverkehr. Alle Mitarbeiter haben einen Laptop oder einen Personal Organiser, ähnlich dem Blackberry. Innerhalb unserer Gebäude kann man mit Wireless LAN überall ins Netz und seine E-Mails abrufen. Dies ist sehr bequem und nützlich für ein globales Unternehmen.

Diese Vernetzung hat aber auch negative Konsequenzen: Unsere Leute sind teilweise fast süchtig danach. Es kommt sogar in Verwaltungsrats- und Geschäftsleitungssitzungen vor, dass Sitzungsteilnehmer, während ein anderer spricht, ihre E-Mails herunterladen und lesen. Das geht natürlich zu weit und ist der internen Effizienz abträglich. An meinen Meetings habe ich darum kurzerhand Laptops und Organisers verboten, außer wenn einer selbst eine Präsentation hält oder Protokoll führen muss.

Ein weiterer Nachteil von E-Mail hängt mit der Auswahl der Adressaten zusammen. Ich stelle fest, dass viele E-Mail-Sender nicht rigoros genug sind bei der Wahl ihrer Ansprechpartner. Sie senden ihre Mails an zu viele Empfänger, dadurch ergibt sich ein dramatisches Wachstum des Adressatenkreises und der Anzahl E-Mails in der In-Box. Auch Attachments werden oft zu großzügig hinzugefügt, so dass man mit der Informationsmenge gar nicht mehr wirklich etwas anfangen kann.

Gibt es etwas, worauf Sie persönlich besonders Acht geben, wenn Sie eine E-Mail senden?
Ich achte immer darauf, dass ich meine E-Mails möglichst präzise formuliere. Gerade für einen CEO ist das sehr wichtig, damit ich Missverständnisse verhindern kann. Wenn ich mit jemandem spreche, frage ich ja oft nach: Verstehen Sie, was ich meine? Und wenn der andere es nicht verstanden hat, kann ich noch mal mit anderen Worten das Gleiche sagen. Bei E-Mails geht das eben nicht, darum muss man sich umso mehr Mühe geben, was und wie man etwas sagt. Auch den Adressatenkreis wähle ich sehr bewusst. Nicht maximieren, sondern beschränken.

Die Internet-Gründergeneration hat in den frühen 90er-Jahren prophezeit, das Netz werde alle Hierarchien und Standesunterschiede aufheben und die totale Demokratie herbeiführen. Wie sehen Sie das aus heutiger Sicht?
Trotz vieler moderner Kommentare zu Netzwerken und nichthierarchischen Arbeitsgruppen glaube ich nicht, dass die menschliche DNA uns erlaubt, uns vom hierarchischen Denken und Handeln zu entfernen. Der Mensch ist ein Rudeltier wie der Hund, er ist geprägt von der Hierarchie, er sucht sie auch und scheint manchmal verloren ohne eine hierarchische Einbindung. Die Hierarchie ist ein sinnvolles Mittel, um eine Gruppe zu koordinieren, so dass sie gewisse Ziele erreichen kann. Selbstverständlich gibt es bei der Anwendung von hierarchischen Strukturen oft Probleme mit Wissens- und Machtmissbrauch. Im geschäftlichen Alltag geht es genau darum, diesen zu vermeiden und die Hierarchie »Nutzen stiftend« und transparent einzusetzen.

Ich glaube darum nicht, dass das Internet Hierarchien aufheben kann. Aber es entsteht dank dem Internet eine hohe Transparenz. Für einzelne Personen wird es immer schwieriger, eine hierarchische Position auszunutzen, ohne entdeckt zu werden. Missbräuche werden schneller bekannt, Manipulation gelingt nicht mehr so einfach, die Kontrolle von geheimen Informationen wird schwieriger.

Interessant ist auch der Umstand, dass nicht mehr nur große Systeme wie Medienverlage oder Unternehmen den Meinungsbildungsprozess prägen, sondern im Extremfall eine einzelne Person in einem Blog so einen Prozess auslösen kann. Diese zunehmende Transparenz im Netz ist sicher Demokratie fördernd. Die Gesellschaft wird in ihrem Meinungsbildungsprozess noch pluralistischer. Ich glaube aber, dass die Hierarchien an sich weiter bestehen bleiben.

Leider gibt es auch einen unerwünschten Nebeneffekt, den ich »Exzess an Transparenz« nenne: Durch die globale Real-Time-Zugänglichkeit von Informationen haben wir keine »Gnadenfrist« mehr, auf überraschende Entwicklungen zu reagieren. Das SARS-Phänomen z. B. hätte früher keinen Kollaps von Fluggesellschaften und Reisevermittlern ausgelöst. Wir hätten gar nicht rasch genug gemerkt, dass eine potenzielle Gesundheitsgefährdung besteht, bevor sie bereits wieder verschwunden wäre. Die Schnelligkeit der weltweiten Informationsübermittlung, kombiniert mit der menschlichen Schwäche, alles zu emotionalisieren und zu dramatisieren, führt zu einer Übersteigerung, die reale Auswirkungen hat. Ich merke das auch bei Neuigkeiten über unser Unternehmen. Da kann es vorkommen, dass ich ein Interview gebe, ein Journalist gewisse Inhalte etwas verkürzt berichtet, die internationalen Agenturen verkürzen es noch mal zusätzlich, was zu einer überspitzten Darstellung auf dem Börsen-Newsticker führt – und schon fällt unser Aktienkurs um zwei Prozent, ohne dass es irgend einen realen Grund dafür gäbe. Erst wenn die Analysten dann das ursprüngliche Interview lesen, beruhigt sich die Sache wieder.

Was tun Sie, um möglichen Schwierigkeiten oder Nachteilen entgegenzuwirken, die Ihnen aus Ihrer hierarchischen Stufe entstehen?
Für die Unternehmensspitze ist ein wichtiges Problem, dass wir Feedback von der Unternehmensbasis oft nur gefiltert, nicht ehrlich oder gar nicht erhalten. Die Offenheit nach oben war immer schon durch hierarchische Ängste eingeschränkt. Ich muss also dafür sorgen, dass ich trotzdem wichtige Informationen aus dem geschäftlichen Alltag erhalte und mir ein Bild über die aktuelle Situation machen kann. Dazu gibt es natürlich verschiedene Mittel. Unter anderem lade ich unsere Mitarbeiter dazu ein, mir aktiv ihre Meinung per E-Mail zu äußern. Meine CEO-Briefe, die per E-Mail verteilt werden, enthalten am Schluss immer einen integrierten Feedback-Button. Die Mitarbeiter können darin ihre Meinung kundtun, die wird dann an Corporate Communications gesendet und von dort gesammelt an mich weitergegeben.

Wir merken, dass dieser Feedback-Button v. a. in Krisensituationen sehr rege genutzt wird. Wenn sich die Situation stabilisiert hat oder die Relevanz des angesprochenen Themas etwas tiefer ist, nimmt das Feedback über diesen Kanal automatisch wieder ab. Grundsätzlich haben wir eine relativ gut ausgeprägte Feedbackkultur, das hat auch mit vergangenen Erfahrungen unseres Unternehmens zu tun.

Denken Sie, dass die elektronischen Medien den Informationsfluss zwischen Ihnen und Ihren Angestellten verbessern?
Unser Intranet ist für die Kommunikation zentral. Wir schalten täglich News auf, und es gibt Seiten in unserem Intranet, auf denen die Leute ihre Anliegen über alle hierarchischen Stufen

hinweg mitteilen können. Dies gilt insbesondere für das »Whistleblowing« betreffend ethischem Geschäftsgebaren, wo wir ganz klar definierte Prozesse aufgesetzt haben.

Können Sie ein Erlebnis erzählen, wo Ihnen eine Person aus einer tiefen Hierarchiestufe ungefragt eine E-Mail gesendet hat? Wie haben Sie darauf reagiert?
Ich erhalte etwa alle zwei Wochen solche E-Mails von Mitarbeitenden. Gerade gestern beklagte sich einer über die Weihnachtsfeier in seiner lokalen Niederlassung, die nicht seinen Vorstellungen entsprach. Oder etwas vorher kommentierte einer eine Aussage von mir in den Medien, die ihm in den falschen Hals geraten war. Ich nehme solche Mails ernst und schreibe eigentlich immer eine persönliche Antwort darauf, in der ich auf das Problem eingehe, aber auch darauf hinweise, wenn es andere Stellen gibt, an die sich jemand in der Situation wenden sollte. Ich habe nichts gegen solche direkten E-Mails, so lange sie nicht überhand nehmen. Ein Bekannter von mir, ebenfalls CEO in Lateinamerika, sagte mir neulich, er schaue grundsätzlich keine Mails mehr selber an und lasse alles von seiner Assistentin bearbeiten, weil er von solch persönlichem Feedback förmlich überflutet werde.

Wie gehen Sie damit um, dass Sie als CEO einerseits den direkten Kontakt zu Ihren Mitarbeitenden suchen und andererseits in einem global tätigen Unternehmen nie überall vor Ort sein können? Welche Rolle spielen die neuen Medien in diesen globalen Kommunikationsprozessen?
Ich reise sehr viel. Der persönliche Kontakt ist zentral, viel wichtiger als jede elektronische Kommunikation. Wenn ich in einer Länderniederlassung bin, will ich die dortige Führungsmannschaft, die Mitarbeiter, die Kunden und andere wichtige Stakeholders persönlich kennen lernen. Die elektronischen Medien haben aber dennoch eine zentrale Funktion, wir können damit ca. 70% aller Mitarbeitenden weltweit ansprechen. Für diejenigen ohne eigenen Internetanschluss werden meine CEO-Letters ausgedruckt und in den Fabriken aufgehängt.

Informationen, die für meine Mitarbeiter sehr wichtig sind, publizieren wir nicht nur im Intranet, sondern immer auch per E-Mail. Bei einem Größtunternehmen wie unserem, mit über 110.000 Mitarbeitenden, gibt es sonst kaum eine Möglichkeit, an alle Leute zuverlässig heranzukommen.

Wenn Sie in die Zukunft schauen, welche Chancen und Herausforderungen sehen Sie für Ihre Firma durch das Internet?
Die digitale Kommunikation wird in Zukunft ein zentrales Werkzeug in der Leitung eines Unternehmens sein. Leider wird sie aber auch im negativen Sinn hohe Bedeutung erhalten: wenn es um Missbrauch, Fälschung, Korruption und böswillige Attacken geht. Wir sehen die große Abhängigkeit von den Informationsnetzwerken beispielsweise bei einem Ausfall eines wichtigen Servers. Eine Firma kann dadurch komplett stillgelegt werden. So ein Zwischenfall kann technisch bedingt sein, er kann durch einen verärgerten Mitarbeiter ausgelöst werden, der sich rächen will, oder auch durch eine kriminelle Organisation. Ein Unternehmen ist diesbezüglich weltweit exponiert und muss unbedingt Vorkehrungen treffen. Man stelle sich vor, wenn in einem peripheren Land übers Internet einen Virus eingeschleust wird, der dazu führt, dass woanders in einer technischen Großanlage, z. B. einem Kraftwerk, ein falsches Ventil geöffnet wird und ein Produktionsprozess außer Kontrolle gelangt. Die weltweit umspannenden Informationstechnologien können ein Segen sein, wenn wir nicht aufpassen aber auch zum Fluch mutieren.

2.6.3 Kulturübergreifende Online-Kommunikation

Technisch gesehen macht es keinen Unterschied, ob ich eine E-Mail an meine Nachbarin sende oder an eine Person auf der anderen Seite des Erdballs. In global tätigen Unternehmen hat sich dadurch der Austausch mit anderen Ländern und Kulturen intensiviert und beschleunigt. Dadurch kommen aber auch Verständigungsschwierigkeiten häufiger vor. Die grundsätzliche Schwierigkeit der Online-Kommunikation, dass man über sein Gegenüber oft wenig weiß, kumuliert sich mit der eigenen Unkenntnis über die fremde Kultur, mit deren Vertreter man kommunizieren sollte. Geschieht dies in einer fremden Sprache, die man nicht gut beherrscht, entstehen zusätzliche Unsicherheiten.

Globale Zusammenarbeit erfordert neue Kompetenzen

Wie kann man mit dieser Situation umgehen? Auf der Ebene von Marketing und Unternehmenskommunikation wird das Problem oft gelöst, indem man länderspezifische oder **regionale Websites** und **Newsletters** konzipiert, die lokale Gegebenheiten aufgreifen können. Aber auch in der persönlichen Zusammenarbeit und im Kundenkontakt über Landesgrenzen hinweg sind **interkulturelle Kompetenzen** gefragt.

> **Beispiel**
>
> **Zusammenarbeit in globalen Teams**
> *Global Release IT-Manager, Versicherungsbranche, mittleres Kader, m, 40 Jahre*
> »Ich habe zwei Jahre in England gearbeitet und dort habe ich gesehen, wie Mails gelesen werden, die aus Zürich kommen. Der Ton wird missverstanden. Die Schweizer sind in ihrer Kommunikation relativ direkt, auch untereinander, man sagt, wie es ist. Bei uns gibt es halt keine upper und lower class, in England aber sehr wohl. Und wenn es dann so trocken daherkommt, sind die Engländer zuerst einmal schockiert. Es wird dann leicht vergessen, dass wir keine Muttersprachler sind. Reaktionen wie: »Horror, was wollen die, geht's noch, was ist das für ein Ton...« waren häufig. E-Mail ist sehr schwierig, gerade über Kulturgrenzen hinweg, da werden Sachen missverstanden, die man als glasklar empfindet.
> Es gibt einfach die Distanz, eine physische und zum Teil auch eine mentale Distanz, die schwierig zu überbrücken ist. Wir streben in Projekten darum immer an, zuerst einen persönlichen Kontakt herzustellen. Ich gehe nächste Woche aus nur diesem Grund nach New York: um Leute persönlich abzuholen für ein Projekt. Ein persönlicher Kontakt, das macht einen Riesenunterschied. Das habe ich auch mit Leuten aus London gemacht, die ich nach Zürich geholt habe.
> Dieser große Unterschied besteht aus mehreren Faktoren. Erstens spürt man sonst die Person einfach nicht: per Telefon nicht, Video geht noch so einigermaßen, aber dort ist es nicht so locker, weil man immer denkt: ich bin jetzt im Fernsehen. Da verhält man sich nicht »normal«.
> Man nimmt ja viel mehr wahr, wenn eine Person vor Ort ist, das Nonverbale, auch unbewusst, Mimik, Gestik und all das. Oder auch Nebensäch-

Nach dem persönlichen Kontakt werden Medien erst effizient

liches: die Begrüßung, bevor man in den Meetingraum reingeht, evtl. ein gemeinsames Mittagessen. Da spürt man eine Person sehr schnell, und über Medien geht das nicht.
Nach dem persönlichen Kontakt werden die Medien erst wirklich effizient. Man hat eine gewisse Vertrauensbasis und dann kann ich auch mal mit jemandem von Amerika übers Instant Messaging eine Kommunikation haben ohne Problem. Dann sind diese Mittel wieder besser. Anstatt ins Flugzeug zu sitzen, macht man schnell einen Anruf, und auch E-Mail funktioniert besser, wenn man die Person kennt.
Wegen des Ziels der CO_2-Compliance fliegen wir in unserem Unternehmen momentan aber nur noch, wenn es absolut nötig ist. Da entsteht natürlich sofort eine Grauzone: was ist absolut nötig und was nicht. Muss ich für ein Projekt – den Kickoff – zuerst einmal alle Leute physisch an einem Tisch zusammenhaben oder nicht? Da muss man dann halt abwägen. Aber im Zweifelsfall bin ich definitiv dafür, zuerst einmal den persönlichen Kontakt zu suchen.«

2.6.4 Übersicht: Kulturübergreifend online kommunizieren

Face-to-face-Kontakt erhöht die Verbindlichkeit

> **Checkliste: Kulturübergreifend online kommunizieren**
>
> **Vor dem Erstkontakt**
> - Lassen Sie sich von Bekannten, die Erfahrung mit der entsprechenden Kultur haben, eine Einführung in (geschäfts-) relevante Sitten und Gebräuche geben.
> - Versuchen Sie, Grundregeln der Kommunikation im anderen Land (schriftliche und/oder Face-to-face-Kommunikationsrituale) in Erfahrung zu bringen, z. B. notwendige Höflichkeitsformen, übliche Anrede und Grußformel in Texten, Auswahl der Ansprechpartner in Relation zu Ihrer eigenen Person, Wahl des präferierten Kommunikationsmediums für die anstehende Aufgabe.
> - Vielleicht gibt es gewisse Stolpersteine oder Missverständnisse, die regelmäßig vorkommen und die Sie ebenfalls im Voraus in Erfahrung bringen können. Entwickeln Sie Strategien, wie Sie diese Stolpersteine umgehen können.
>
> **Erstkontakt**
> - Falls möglich, wählen Sie für den Erstkontakt eine andere Form als die textbasierte Online-Kommunikation. Ein persönlicher Besuch vor Ort erhöht die Verbindlichkeit der Zusammenarbeit. Ist das nicht möglich, ist ein Telefongespräch oder eine Videokonferenz immer noch besser als ein schriftlicher Erstkontakt. Welche Form Sie wäh-

len, ist natürlich abhängig von der Wichtigkeit der Person oder des Themas, das Sie gemeinsam bearbeiten, und von Ihrer Sprachkompetenz. Es ist in gewissen Fällen sicher einfacher, wenn man eine Anfrage schriftlich formulieren und sich dafür Zeit nehmen kann, als wenn man der Spontanität eines direkten Kontakts ausgeliefert ist.

Im regelmäßigen Austausch
- Seien Sie hilfsbereit und zuvorkommend und geben Sie v. a. auch positives Feedback, damit Ihr Gegenüber Hinweise darüber hat, welche Aspekte der Zusammenarbeit für Sie gelungen sind.
- Behalten Sie Ihr Wissen über die Kommunikation in der jeweiligen Kultur stets im Hinterkopf. Versuchen Sie, Ihre E-Mails nach diesen Regeln zu formulieren und sich auch an die dort geltenden Höflichkeitsformen zu halten.
- Vermeiden Sie gerade im interkulturellen Austausch unbedingt Doppeldeutigkeiten und Ironie. Ausnahme: Sie kennen Ihr Gegenüber sehr gut oder sehr lange und haben zusammen eine Kommunikationskultur aufgebaut, die das zulässt.
- Bedenken Sie, dass regelmäßige Videokonferenzen für den Austausch nicht immer den gewünschten Effekt haben – sie können statt zu besserer Verständigung zu stärkerer Polarisierung zwischen den beiden Parteien führen (▶ Kap. 3.3.3).
- Fassen Sie E-Mails nicht zu knapp, dadurch entsteht zusätzlicher Interpretationsspielraum auf der anderen Seite. Erklären Sie Ihre Anliegen explizit.
- Vereinbaren Sie klare Ziele und setzen Sie verbindliche Termine. So haben Sie die Möglichkeit, beim Gegenüber zu einem bestimmten Zeitpunkt nachzuhaken, ohne als unhöflich zu gelten.
- Wenn Sie länger als erwartet keine Antwort erhalten, greifen Sie zum Telefon und fragen Sie mündlich nach.
- Ergänzen Sie Ihre Online-Kontakte grundsätzlich immer wieder durch Kommunikation via andere Kanäle.

2.7 Zusammenfassung: Die Eigenschaften der Online-Kommunikation und ihre Vor- und Nachteile

Im **textbasierten Online-Austausch** (z. B. E-Mail, Foren, Blogs, Chat) besteht ein erhöhtes Potenzial für Missverständnisse, weil die Beziehungsaspekte der Botschaft (para- und nonverbale Kommunikation) nur eingeschränkt übermittelt werden können.

Die fehlenden Informationen über den Empfänger einer Nachricht führen beim Sender zu **Enthemmung und größerer Offenheit**. Die Anonymität erhöht nicht nur die Bereitschaft, Persönliches preiszugeben, sondern begünstigt auch unangemessenes oder aggressives Verhalten.

Textbasierte Kommunikation ist effizienter in der Vermittlung von detaillierten Inhalten, **Bilder** können Emotionen und Zusammenhänge deutlich machen.

Das **digitale Datenformat** beeinflusst kommunikative Prozesse stark und hat ambivalente Folgen:

- Informationen werden **schnell und kostengünstig** vervielfältigt (und lösen dadurch auch Überlastungsgefühle aus).
- Informationen können **einfach aufgefunden und kontrolliert** werden (auch von Unbefugten).
- Der bessere Informationsfluss in hierarchischen Gefügen führt zu **mehr Transparenz** (aber auch zu inadäquatem Verhalten).
- Der **Teilnehmerkreis** kann **problemlos erweitert** werden (und dadurch auch die Arbeitslast).

Weiterführende Literatur

Döring, N. (2003). Sozialpsychologie des Internet. Die Bedeutung des Internets für Kommunikationsprozesse, Identitäten, soziale Beziehungen und Gruppen. Göttingen: Hogrefe. *Der Klassiker zum Thema Psychologie und Internet aus wissenschaftlicher Sicht.*

Online, telefonisch oder face-to-face? Die Medienwahl

3.1 Medienwahl als Voraussetzung erfolgreicher Kommunikation – 38

3.2 Medienanalyse: Kommunikationskanäle im Vergleich – 45

3.3 Medienwahl in der Praxis – Beispiele – 49

3.4 Zusammenfassung: Merkpunkte für die Medienwahl – 56

Lesen Sie in diesem Kapitel:
- Wie die Wahl eines Mediums die Effizienz der Kommunikation beeinflusst und
- welche Medien für welche Kommunikationsaufgaben geeignet sind.

3.1 Medienwahl als Voraussetzung erfolgreicher Kommunikation

»Das Thema ist heikel. Soll ich zum Telefon greifen oder doch besser eine E-Mail schreiben?« Solche Fragen stellen wir uns, wenn wir sicherstellen wollen, dass eine Botschaft beim Empfänger richtig ankommt. Wir entscheiden uns dabei intuitiv oder aufgrund unserer bisherigen Erfahrungen für das eine oder andere Medium. Meist liegt unsere Intuition richtig – aber manchmal wählen wir auch genau das falsche Medium und lösen damit Konflikte und Missverständnisse aus.

Die intuitive Medienwahl kann auch falsch liegen

Dies gilt auch für den geschäftlichen Alltag. Im einfacheren Fall bewirkt ein ungeeignetes Medium **Effizienzverluste**. Aber auch **Gruppenprozesse** können ungünstig beeinflusst werden – zum Beispiel, wenn der Chef große Veränderungen per E-Mail ankündigt, statt seine Leute kurz zusammenzutrommeln. Gerade durch die mangelnde Erfahrung mit den neuen Medien entstehen viele Fallstricke. Für die professionelle Unternehmenskommunikation, aber auch für die Konfliktprävention im zwischenmenschlichen Kontakt, lohnt es sich deshalb, die Prämissen für eine erfolgreiche Medienwahl genauer anzuschauen.

Das Beispiel **Videoconferencing** zeigt deutlich auf, welche Schwierigkeiten mit der Medienwahl verbunden sein können. Wann Videokonferenzen nützlich sein können und wann andere Medien bevorzugt werden sollten, ist in ▶ Kap. 3.3.3 nachzulesen.

> **Beispiel**
>
> **Gemeinschaftsgefühl dank Videoconferencing?!**
> Die Abteilung K eines international tätigen deutschen Unternehmens verfügt weltweit über vier verschiedene Hubs in verschiedenen Zeitzonen: In Frankfurt, New York, London und Hongkong. Mit dem Zusammengehörigkeitsgefühl steht es nicht allzu gut, die Außenstellen haben oft das Gefühl, übergangen zu werden und nicht rechtzeitig über neue Entwicklungen informiert zu sein. Einmal jährlich treffen sich Vertreter aller Zweigstellen in Frankfurt, aber das scheint nicht zu genügen, um die Kommunikationsprobleme zu lösen. Nun überlegt man sich, wie man diese Schwierigkeit überwinden und die weltweit 25 Leute als Team näher zusammenbringen könnte. Man einigt sich auf eine 1/4-jährliche Videokonferenz mit den Mitarbeitenden in allen Hubs.

3.1 · Medienwahl als Voraussetzung erfolgreicher Kommunikation

> Der Mitarbeiter in Hongkong ist zwar nicht begeistert, denn er muss für die Konferenz bis abends 22 Uhr im Büro bleiben. Auf der anderen Seite müssen die New Yorker schon in aller Frühe um 8 Uhr im Büro sein. Aber immerhin kann man damit etwas zur Verbesserung der Kommunikation beitragen.
> Die Umsetzung der Videokonferenz gleicht einem regelrechten Medienspektakel. Die Verantwortliche für das Meeting ist jeweils eine halbe Stunde vor dem Anlass im Konferenzsaal, um mit dem Techniker zusammen die Konferenz aufzuschalten und die Kameras an den Zweigstellen zu testen. In der Vollversammlung ist man beim Sprechen immer etwas nervös, weil man vom Kameraauge angelinst wird und weil Englisch für mehr als die Hälfte der Leute doch eine Fremdsprache ist. Fragen werden vor allem mit der Leinwand diskutiert, auch wenn sie die Leute am eigenen Standort betreffen, denn die Leinwand ist dominant, sie wacht über dem Raum und verwandelt ihn in einen Kinosaal. Von der Präsentation des Mitarbeiters in Hongkong versteht man regelmäßig kaum etwas, da der Ton verzerrt ist und der chinesische Akzent schon im Realkontakt immer wieder für Schwierigkeiten sorgt. Interessant ist es dafür, den New Yorkern zuzusehen, wie sie mit großen Pappbechern Kaffee (1 Liter?) ins Büro kommen und sich den Schlaf aus den Augen reiben.
> Ein Ereignis führt dazu, dass die Übung »Videokonferenz« nach vier Durchgängen definitiv beendet wird:
> In den USA sind diesmal ausnahmsweise zwei Standorte zugeschaltet, da sich Mitarbeiter X gerade auf einer Geschäftsreise befindet. Kamera und Mikrofon aktivieren sich immer automatisch an dem Ort, wo gerade jemand spricht. Es gibt ein reges Hin und Her zwischen den verschiedenen Räumen, mit schnellen Bildschnitten und ein- und auszoomenden Kameras. Einmal aber bleibt die Kamera im Einzelzimmer des Mitarbeiters X aktiv, obwohl er nicht spricht. Er ist sich dessen nicht bewusst und beginnt, gemütlich die Kamera von nahem zu inspizieren und dazu in der Nase zu bohren. Dieses Schauspiel wird unter Flüstern und Kichern an den anderen Standorten verfolgt, und es versteht sich von selbst, dass kein einziger Mitarbeiter sich noch an das neu lancierte Marketingtool erinnert, das der Londoner Teamleiter gerade präsentiert.

3.1.1 Kommunikationsaufgaben und ihnen angemessene Medien

Wer kommunizieren will, muss überlegen, welches Medium er dafür benutzt. Das klingt banal, aber wie obiges Beispiel zeigt, ist es nicht immer einfach, die richtige Wahl zu treffen. Denn oft müssen gegenläufige Aufgaben im gleichen Durchgang erfüllt werden: zum Beispiel **effiziente Informationsvermittlung versus emotionale Präsenz**. Diese Spannung aufzulösen, ist manchmal sehr anspruchsvoll, man muss Kompromisse machen und den einen Faktor höher gewichten als den anderen.

Gegenläufige Kommunikationsaufgaben im gleichen Durchgang

Medienwahl als rationale Nutzenmaximierung

Das **Modell der rationalen Medienwahl** (für eine Übersicht s. Döring, 2003) geht davon aus, dass wir täglich unzähligen privaten und beruflichen Kommunikationsaufgaben gegenüberstehen und in jeder Situation nüchtern abwägen, welches Medium wir für welche Aufgabe wählen. Das Wahlkriterium ist die **Reichhaltigkeit**: Je mehr Kommunikationskanäle ein Medium bietet (z. B. gleichzeitig verbale, paraverbale und nonverbale Informationsübermittlung), umso reicher ist es, und umso komplexer kann die Aufgabe sein, die damit gelöst wird.

Der Einfluss der Einstellung und des sozialen Umfelds

Nun ist aber der Mensch kein (ausschließlich) rationaler Nutzenmaximierer, sondern er wird bei seinen Entscheidungen immer auch von seinen eigenen **gefühlsmäßigen Einstellungen** und von seinem **sozialen Umfeld** beeinflusst. Gesetzt den Fall, dass es tatsächlich möglich wäre, das Medium E-Mail für die Aufgabe »in Verbindung bleiben« als geeignet zu klassifizieren, ist trotzdem nicht gesagt, dass man es dann auch für diese Aufgabe verwendet: Vielleicht ist es jemandem aus seinem Traditionsbewusstsein heraus unsympathisch, Leute per E-Mail »an der langen Leine zu halten«. Oder was, wenn man mit jemandem in Verbindung bleiben will, der gar nicht über einen persönlichen E-Mail-Anschluss verfügt? In Theorien zur Medienwahl spricht man in diesen Fällen von **normativer oder interpersonaler Medienwahl**. Das bedeutet, in die Entscheidung, wie man Medien einsetzt, fließt immer eine Vielzahl verschiedener Faktoren mit ein. In der geschäftlichen Kommunikation macht es Sinn, diese Faktoren aktiv zu analysieren und damit zu verhindern, dass der Einfluss rein intuitiv stattfindet und in Form eines blinden Flecks Schaden anrichtet.

> Die Kommunikationspartner bestimmen die Medienwahl mit

Jedes Unternehmen hat im Umgang mit Medien eine individuelle Kultur. So ist am einen Ort die E-Mail-Kommunikation so gut etabliert und akzeptiert, dass man sich sogar mit dem Mitarbeiter im gleichen Büro per E-Mail austauscht. Wechselt man dann die Firma und sendet aus lauter Gewohnheit auch hier dem nächsten Büronachbarn eine E-Mail, kann das helles Entsetzen auslösen: »Man kann doch miteinander sprechen!«

❗ Es gibt keine festen und allgemeinverbindlichen Regeln, welche Medienkultur »die Beste« ist.

Die Kommunikationskultur ist **Teil der Unternehmenskultur** und entspricht immer auch den jeweiligen Geschäftsprozessen und den Vorlieben der Unternehmensleitung, die einen prägenden Einfluss auf die Kommunikationsgestaltung hat.

Die **Kulturunterschiede** können sogar in der gleichen Branche beträchtlich sein, und gerade beim Firmenwechsel tut man gut daran, aufmerksam auf die ungeschriebenen Regeln und Gesetze der Kommunikationskultur zu achten.

»Ich wurde von vielen als Exot belächelt«

Gespräch mit Jost Wirz, Verwaltungsrats-Vizepräsident und ehem. CEO der Kommunikationsagentur Wirz Partner Holding AG

Als der Computer schon längst zur normalen Büroausstattung gehörte und von der täglichen Arbeit Ihrer Angestellten nicht mehr wegzudenken war, hatten Sie noch lange keinen eigenen Computer in Ihrem Büro. Warum nicht?

Privat habe ich schon 1996 einen Computer angeschafft, weil ich von den neuen Möglichkeiten des Internets fasziniert war. Im Büro leistete ich mir jedoch lange Zeit den Luxus, keinen eigenen Computer zu haben. Es ging mir darum, dass ich nicht permanent verfügbar sein wollte. Dass das möglich war, liegt entscheidend auch daran, dass meine Sekretärin die Selektionsarbeit übernahm. Sie empfing meine Mailkorrespondenz und ließ nur die relevanten Dinge ausgedruckt auf meinen Schreibtisch gelangen.

Die Bequemlichkeit war auch ein Aspekt: Ich bin langsam im Tippen am Computer und schreibe nach wie vor gern von Hand. So habe ich meiner Sekretärin Entwürfe von Hand geschrieben, die sie dann mit dem Computer weiterverarbeitete.

Meine Computerlosigkeit erschwerte sicher auch die Zusammenarbeit. Prozesse wurden verlangsamt, weil meine Sekretärin als zusätzliche Person dazwischengeschaltet war. Wenn sie in den Ferien war, hatte ich ein Problem, denn ihre Stellvertreterin war weniger vertraut mit meinem Geschäft, dadurch entstanden zusätzliche Verzögerungen.

Ich wurde wegen meiner Einstellung von vielen als Exot belächelt. Das machte mir aber nichts aus, für mich überwogen die Vorteile. Keinen Computer zu haben, war für mich ein Schutz. Ich konnte ruhiger arbeiten und wurde nicht unter Druck gesetzt durch eingehende Nachrichten.

Wann haben Sie einen eigenen Computer angeschafft, und warum?

Im Jahr 2003. Das Hauptmotiv war, die Abhängigkeit von meiner Sekretärin abzuschaffen. Ich wollte schneller und direkter reagieren können. Meine Sekretärin reduzierte zudem ihr Arbeitspensum, und dies war für mich auch ein äußerer Grund, die Computerarbeit selber in die Hand zu nehmen. Heute könnte ich es mir zwar eher leisten, nicht mit dem Computer zu arbeiten, weil ich nicht mehr direkt ins Tagesgeschäft involviert bin. Der Computer ist für mich inzwischen aber unverzichtbar geworden.

Was bedeuten Ihnen heute Computer, Internet und E-Mail – in Ihrem persönlichen Arbeitsalltag und privat?

Ich kann mir heute nicht mehr vorstellen, ohne Computer zu arbeiten, es wäre mühsam und langsam. Gerade E-Mails finde ich eine geniale Erfindung: so unglaublich rationell, schnell, unkompliziert. Sie vereinfachen das Leben ungemein. Ich brauche den Computer aber nach wie vor hauptsächlich für Informationsbeschaffung und für den E-Mail-Verkehr, Textverarbeitungsaufgaben übernimmt meist meine Sekretärin. Auch längere Mails gebe ich ihr zum Schreiben, ich mache den Entwurf dafür immer noch gern von Hand.

> **Denken Sie, dass Ihre Einstellung (als CEO) gegenüber dem Computer einen Einfluss hatte auf die Firmenkultur in Ihrem Unternehmen?**
> Nein, überhaupt nicht. Meine Verweigerung war ein Kuriosum und mein persönlicher Luxus – ohne Einfluss auf die Firmenkultur. Ich war ja trotz meiner Computerlosigkeit sehr aufgeschlossen gegenüber den neuen Medien.
>
> **In welchen Kommunikationssituationen verwenden Sie heute bevorzugt E-Mail, wann ziehen Sie andere Medien vor?**
> Ich frage mich regelmäßig, bevor ich eine Mail schreibe: Gibt es eine andere Möglichkeit, diese Nachricht zu übermitteln? Ich möchte der Tendenz entgegenwirken, dass der Mailverkehr das persönliche Gespräch konkurriert. Wenn Leute von Bürotür zu Bürotür nur noch per E-Mail kommunizieren, finde ich das stumpfsinnig. Auch bei heiklen Themen ist die E-Mail das falsche Medium: im Gespräch kann man die Tonalität variieren, ein falsches Wort korrigieren, per E-Mail eben nicht.
>
> In der Akquisition hat der geschriebene Brief auf Papier eine gewisse Bedeutung, er hat mehr Gewicht als eine E-Mail, da er formell ist und Gestaltungsmöglichkeiten enthält (Briefkopf, Corporate Identity). Außerdem kann man Beilagen mitsenden. Für den Empfänger ist es am bequemsten, einen Brief zu öffnen. Download und Ausdruck von E-Mail-Beilagen ist eine Zumutung. Wenn man etwas vom Empfänger will, muss man es ihm so einfach wie möglich machen.
>
> Für mich als Führungskraft gilt außerdem: Management by walking around. Ich will sichtbar sein – und damit auch die Stimmung bei meinen Mitarbeitenden aufnehmen.

3.1.2 Reichhaltige Medien für komplexe Situationen: Das Media-Richness-Modell

Medienwahl kann man nicht kontextfrei vornehmen. Dennoch wäre es wünschenswert, eine Richtlinie zu haben, in welcher Situation welches Medium geeigneter ist als ein anderes. Diesem Bedürfnis kommt das **Media-Richness-Modell** von Reichwald et al. (1998) entgegen, das in ◘ Abb. 3.1 abgebildet ist. Es unterscheidet Medien in reichhaltigere und »ärmere«, wobei die Reichhaltigkeit bedingt wird durch die Menge an Informationen und Informationskanälen, die das Medium für die Übermittlung einer Botschaft zur Verfügung stellt. Demnach ist der **Face-to-face-Kontakt** die reichhaltigste Kommunikationssituation, weil dort verbale, para- und nonverbale Aspekte vermittelt werden können. Die **textbasierte Kommunikation** ist hingegen nicht reichhaltig, da sie (fast) nur den verbalen Inhalt vermittelt. Die Reichhaltigkeit eines Mediums steht in linearem Zusammenhang mit seiner Fähigkeit, die Übermittlung mehrdeutiger und schwieriger Botschaften zu unterstützen.

Reichhaltige Medien unterstützen die Kommunikation von schwierigen Sachverhalten

> ❗ Je reichhaltiger ein Medium, desto besser ist es für komplexe Kommunikationsaufgaben geeignet.

3.1 · Medienwahl als Voraussetzung erfolgreicher Kommunikation

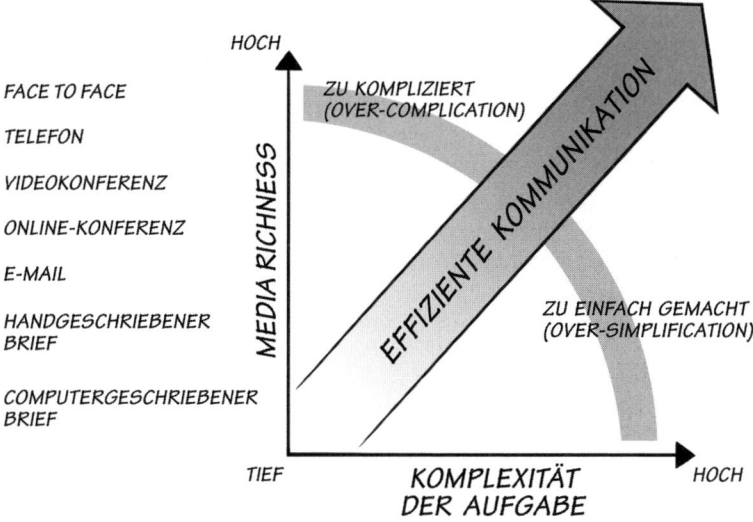

◘ Abb. 3.1. Media-Richness-Modell nach Reichwald et al., 2000 (Zit. n. Döring, 2003, S. 134)

◘ Abbildung 3.1 zeigt auf, dass höhere **Reichhaltigkeit** nicht in jeder Situation besser ist. Für eine einfache Kommunikationssituation (z. B. die bloße Übermittlung von Sachinformation) ist das »arme« Medium Text meist besser geeignet: para- und nonverbale Aspekte fallen weg, wodurch unnötiger Informationsüberfluss beim Empfänger verhindert wird. Andererseits kann ein zu einfaches Medium für eine schwierige Kommunikationssituation unangemessen sein, was beim Empfänger als »Man hat es sich zu einfach gemacht« wahrgenommen wird. Paradebeispiel hierzu ist die Situation, in der einem Mitarbeiter per SMS gekündigt wird. Man liest entsprechende Newsmeldungen aus dem englischsprachigen Raum und empört sich, denn viele Leute empfinden natürlicherweise eine große Diskrepanz zwischen der Komplexität der Situation (der Entlassung) und dem gewählten Medium, das auf nachlässig geschriebener Sprache beruht. Das Media-Richness-Modell gibt handfeste Anhaltspunkte, warum eine Kündigung idealerweise nicht per SMS geschieht.

Kündigung per SMS?

Man darf aber trotzdem nie ganz ausschließen, dass bei der Empörung über »**inadäquate**« **Medienwahl** auch normative Aspekte eine Rolle spielen und möglicherweise spätere Generationen weniger Probleme haben mit der Vorstellung, SMS für eine komplexe Thematik zu verwenden.

Fasst man die Aussage des Media-Richness-Modells zusammen, so ist jene Kommunikation effizient, die ein Medium wählt, das in seiner Reichhaltigkeit der Komplexität des Kommunikationsinhalts gerade angemessen ist. Damit ist eine zu große Reichhaltigkeit ausgeschlossen, die zu »**Overcomplication**« (zu viele irrelevante Nebeninformationen) führt, aber auch eine zu niedrige, die »**Oversimplification**« (zu einfach gemachte Kommunikation) zur Folge hat. Die Analyse einer Kommunikationsaufgabe anhand des Media-Richness-Modells kann helfen, das adäquate Medium zu finden.

Die Komplexität der Aufgabe sollte immer von der **Sender-** und der **Empfängerseite** her angeschaut werden. Es kann gut sein, dass der Sender seine Botschaft als »unproblematisch« einstuft und ohne Bedenken losschickt, der Empfänger aber ganz andere Aspekte wahrnimmt und darum mit Ärger und Ablehnung reagiert.

Die Komplexität einer Nachricht kann von Sender und Empfänger unterschiedlich wahrgenommen werden

Gerade in der Massenkommunikation (interne oder externe Unternehmenskommunikation) lohnt es sich, vor dem Verbreiten einer anspruchsvollen oder heiklen Nachricht mit Exponenten der Empfängerseite einen »Reality check« vorzunehmen und zu schauen, ob das, was man mitteilen will, dort auch wirklich so ankommt.

3.1.3 Übersicht: Fragen zur Medienwahl

> **Checkliste: Fragen zur Medienwahl**
> - **Technische und räumliche Restriktionen**
>   Welche Medien können wir einsetzen? Erreichen wir damit alle gewünschten Zielgruppen/Empfänger?
> - **Individuelle/Unternehmens-Präferenzen für das eine oder andere Medium**
>   Wird bei uns oft per E-Mail kommuniziert? Oder lieber per Telefon? Bevorzugen wir persönlichen Kontakt? Notfalls ersetzt durch eine Online-Videosequenz (falls Präsenz vor Ort unmöglich)?
> - **Präferenzen der Zielgruppe/der Empfängerperson**
>   Kommunizieren die Empfänger gern mit diesem Medium? Empfinden sie die nötige Wertschätzung ihnen gegenüber, wenn wir dieses Medium benutzen?
> - **Kenntnisse und Kompetenzen der Zielgruppe/der Empfängerperson**
>   Sind die Empfänger den Umgang mit dem Medium gewohnt? Können wir technische und sonstige Verständnispannen ausschließen?
> - **Schwierigkeit/Komplexität des Kommunikationsinhalts**
>   Wie schwierig ist für uns als Sender die zu vermittelnde Botschaft? Welche Konsequenzen hat sie für die Empfänger?
> - **Angemessenheit des Mediums gemäß Media-Richness-Modell**
>   Kann der Inhalt differenziert genug vermittelt werden? Welche Informationskanäle (para- und nonverbaler Art) stehen außer der verbalen Botschaft zur Verfügung?
> - **Wahlmöglichkeiten bieten**
>   Macht es Sinn, den Inhalt über mehrere Kommunikationskanäle zu vermitteln? Wenn ja, in welchem Verhältnis stehen die unterschiedlich präsentierten Inhalte zueinander? Komplementär oder sich inhaltlich stark überschneidend? Sollen die verschiedenen Kanäle allen Empfängern zugänglich gemacht werden oder nur einzelnen Segmenten der Zielgruppe?

3.2 Medienanalyse: Kommunikationskanäle im Vergleich

Gerade wenn man einen Inhalt über verschiedene Medien anbieten will, sollte man den spezifischen Mehrwert jedes Kommunikationskanals kennen und seine **Vorzüge** gezielt nutzen – oder aber etwaige **Risiken** rechtzeitig abschätzen können. Die nun folgenden Unterkapitel widmen sich der Analyse verschiedener Medienwahlsituationen.

3.2.1 Gedruckt oder online kommunizieren?

> **Beispiel**
>
> **Digital oder Print**
> Im Unternehmen X wird ein täglicher E-Mail-Newsletter mit Aktualitäten aus der Wirtschaftswelt verschickt. Eine Umfrage unter den Direktions- und Geschäftsleitungsmitgliedern zeigt, dass sich 80% der Befragten wünschen, alle Artikel ausgedruckt wöchentlich per Post zu erhalten (auch nach Übersee). Die Kommunikationsabteilung erhält zudem regelmäßig Newsletter-Antwort-Mails mit einer Kennzeichnung der Artikel, die sie bitte ausdrucken und dem Sender zustellen möchten.

Die Frage nach Digital oder Print ist ein ständiger Begleiter im geschäftlichen Kommunikationsalltag. Der Grund dafür liegt in den unterschiedlichen **Eigenschaften** digitaler und gedruckter Medien, aber auch – wie obiges Beispiel zeigt – in unterschiedlichen **Nutzungsgewohnheiten**.

Persönliche Nutzungspräferenzen
Macht man vor der Konzeption oder bei der Überarbeitung eines Informations-Angebots eine Umfrage über die bevorzugte Medienform, so zeigen sich oft **erstaunlich unterschiedliche Präferenzen**. Im oben genannten Fall hat die Vorliebe für Print sicher auch mit einem Generationenunterschied bzw. mit mangelnder Online-Erfahrung zu tun. Es ist – zumindest zum heutigen Zeitpunkt – wichtig, dies bei der **Kommunikationsplanung** zu beachten, denn noch sind nicht alle Internet-User vertraut mit dem Lesen am Bildschirm. Außerdem lassen sich ausgedruckte Artikel besser irgendwohin mitnehmen und ortsunabhängig lesen. Dies heißt nicht, dass man alle Online-Informationen in gedruckter Form anbieten muss. Das obige Beispiel soll vielmehr dafür sensibilisieren, dass man sich manchmal eine falsche Vorstellung von den effektiven Nutzungsgewohnheiten der Kunden macht – gerade wenn man als Kommunikationsprofi täglich Umgang mit neuen Medien hat.

Glücklicherweise hat die digitale Kommunikation den Vorteil, dass sie das Ausweichen auf die Print-Version praktisch immer ermöglicht. Die zwei Medienformen verschränken sich zunehmend, auch umgekehrt,

Der Empfänger nutzt Medien nicht immer so, wie man es für ihn vorsieht

Print und online verschränken sich immer mehr z. B. bei Zeitungsverlagen, die ihre Artikel online anbieten, oder indem Geschäftsberichte von Unternehmen als PDF zur Verfügung gestellt werden. Der Nutzer kann also immer häufiger **zwischen Print und Online auswählen**.

Vor- und Nachteile von Print und Digital

Einmal abgesehen von der Frage nach persönlichen Präferenzen, haben beide Kanäle natürlich verschiedene **Eigenschaften**, die Kommunikationsprozesse unterschiedlich unterstützen können. Sie werden in ◘ Tab. 3.1 aufgelistet und gewertet.

◘ Tab. 3.1. Wann sollen Print- und Digitalmedien eingesetzt werden?

	Print	Digital/Online
Vorteile	Dauerhaft, beständig Kann einfach mitgenommen werden Maximale Kontrolle über Design/ Gestaltungselemente (Corporate Identity) Drückt Wertschätzung aus (Produktionskosten, Gestaltung, Material) Gut geeignet für das Lesen langer Texte und zur Vertiefung von Themen Übersichtlichkeit Liegt nach Empfang direkt in der Hand (ohne Zusatzaufwand) Kann dem Empfänger »in den Weg« (z. B. auf den Bürotisch) gelegt werden	Schnell und aktuell Zeitunabhängige Zustellbarkeit, ortsunabhängige Erreichbarkeit Preisgünstige Erstellung Unbeschränkte Vervielfältigung Keine Versandkosten Informationsarchiv kann problemlos und schnell zugänglich gemacht werden
Nachteile	Langer Vorlauf vor Publikation (Produktionsprozess) Schwierigkeit, auf Unmittelbares und Tagesaktuelles zu reagieren Material- und Produktionskosten eher hoch Versandkosten Fehler können nach Publikation nicht mehr korrigiert werden	Schnell, flüchtig An Computer oder mobiles Gerät gebunden, muss ausgedruckt werden Kontrolle über Design eingeschränkt: sowohl am Bildschirm als auch beim Ausdruck Lesbarkeit/Übersichtlichkeit eingeschränkt Kann in der Kommunikation als »billig« empfunden werden Erfordert je nachdem Zusatzaufwand vom Empfänger (Attachments öffnen, ausdrucken, Links anklicken etc.) Gefahr, in der Informationsflut unterzugehen
Geeignet für	Kundenmagazine mit nicht allzu hohem Erscheinungsrhythmus (je nach Produktionskapazität) Imagebroschüren Magazine ohne Tagesaktualität (Vertiefung von Informationen) Zeitungen und Zeitschriften, die Überblick über viele verschiedene Themen geben Offertstellung an Kunden	Newsletter mit tagesaktuellen Informationen Informationsplattformen mit häufig wechselnden Inhalten Informationsplattformen mit starkem Fokus auf Interaktivität Individuell zugeschnittene, personalisierte Informationen Informationen mit kleinem Interessentenkreis Häufig erscheinende Kunden-Newsletter (z. B. wöchentlich)

3.2 · Medienanalyse: Kommunikationskanäle im Vergleich

❗ Zusammenfassend lässt sich sagen, dass Printprodukte eher für hochwertige, dauerhafte Informationen geeignet sind, digitalisierte Produkte für den schnellen, flexiblen und tagesaktuellen Informationsaustausch mit der Option zu Interaktivität.

Print = hochwertig, digital = flexibel

Entscheidet man sich in der internen oder Kundenkommunikation für eine digitale Erscheinungsform, darf man nicht vergessen, den **Aufwand** für das regelmäßige Bereitstellen neuer Informationen zu **kalkulieren**. Die Aktualisierung von Inhalten verlangt entweder nach Automatisierbarkeit (z. B. datenbankbasierte Angebote, Veröffentlichung von Reports, Newsfeeds von einem Provider) oder nach einem eigens dafür verantwortlichen Redakteur.

3.2.2 Mündlich oder per E-Mail?

E-Mail-Kommunikation ist praktisch: Man muss sich weder von einem Bürostuhl erheben noch den Telefonhörer in die Hand nehmen, um in Kontakt zu treten. Man hat seine Ruhe und kann sich nach dem Senden gleich wieder seinen eigenen Geschäften zuwenden, man kann die drei Minuten zwischen zwei Sitzungen nutzen, um ein paar wichtige, unerledigte Angelegenheiten schriftlich abzuarbeiten.

Die Gefahr dabei ist, dass man von der eigenen Einstellung zu einem Thema ausgeht und vergisst, dass die mit der Situation des Empfängers nicht kongruent sein muss. Gerade in der Kommunikation von Vorgesetzten zu ihren Mitarbeitern kann das falsch ankommen: Eine knappe, in Zeitnot verfasste Antwort wird als »kurz angebunden«, »verärgert« oder »Befehlston« interpretiert, die fehlende Anrede als **mangelnde Wertschätzung** ausgelegt.

Was der Chef schreibt, wird auf die Goldwaage gelegt

Ein Vorgesetzter hat mehr Spielraum und kann sich leisten, knappe und schnörkellose Mails mit Tippfehlern zu schreiben. Er sollte sich aber bewusst sein, dass seine Worte auf die Goldwaage gelegt werden – v. a. von Mitarbeitern, die keinen regelmäßigen und nahen Kontakt mit ihm pflegen.

In der direkten Begegnung ist es einfacher, auf die manchmal »wahrnehmungsverzerrende Ehrfurcht« oder auf sonstige **Interpretationsfehler** seitens der Mitarbeiter zu reagieren.

Was für eine individuelle E-Mail gilt, vervielfacht sich bei Mails an ganze Teams oder Abteilungen. Vor allem bei schwierigen Ankündigungen, bei heiklen und unangenehmen Kommunikationsthemen ist die Bereitschaft der Empfänger groß, negativ zu interpretieren und dem Sender unlautere Motive oder mangelnde Konfliktfähigkeit zu unterstellen. Dies gilt natürlich nur dann, wenn der Vorgesetzte die Option zur **Face-to-face-Kommunikation** überhaupt hat (räumliche Nähe zum Team, überschaubare Teamgröße).

> **Beispiel**
>
> **Ein feiger Chef?**
> In der Abteilung wird ein Spezialprojekt bekannt gegeben: Für einen Know-how-Transfer wird ein Mitarbeiter gesucht, der für drei Monate an der Zweigstelle in den USA arbeiten will. Der Chef bittet alle Interessierten, sich zu bewerben. Zehn von den insgesamt 17 Mitarbeitern tun dies, denn das Angebot ist attraktiv (Kost und Logis, Flug bezahlt, Kulturaustausch etc.), und weil die meisten eine ähnliche Qualifikation haben, rechnen sich einige große Chancen aus, dass sie diejenigen sein werden, die hingehen können. Wer es wohl »schaffen« wird, ist eines der wichtigsten Gesprächsthemen der nächsten Zeit.
> Zwei Wochen später wird die Abteilung vom Chef per E-Mail darüber informiert, dass Mitarbeiterin XY für dieses Projekt ausgewählt wurde, weil sie sich hervorragend dafür eigne. Die Stimmung in der Abteilung sinkt auf den Nullpunkt, es gibt viel Geschwätz und man bezeichnet den Chef als feige, weil er nicht mal gewagt hatte, sich vor seine Leute zu stellen und sie direkt zu informieren.

Wenn es die äußeren (räumlichen) Gegebenheiten ermöglichen, ist bei schwierigen Themen der **direkte Kontakt** der E-Mail-Kommunikation vorzuziehen. Das setzt allerdings voraus, dass man abschätzen kann, welches für die Mitarbeiter die »schwierigen« Inhalte sind, und wie stark man diese in der Unternehmensleitung gewichtet. Es ist anzunehmen, dass von den Vorgesetzten nicht immer die gleichen Sachverhalte als wichtig angesehen werden wie von den Mitarbeitern. In Zweifelsfällen lohnt sich aber der Besuch vor Ort sowieso, denn die Mitarbeiter schätzen es, wenn der Chef sich diese Zeit nimmt.

Besuch vor Ort als Wertschätzung

Die direkte Konfrontation bei unangenehmen Themen verlangt vom Vorgesetzten **Rückgrat** und die Fähigkeit, auf spontane Reaktionen und Fragen seiner Leute eingehen zu können. Gerade im Gespräch mit größeren Gruppen empfinden Führungskräfte vielleicht **Angst vor Kontrollverlust** und fürchten, dass das Gespräch aus dem Ruder läuft. In solchen Fällen ist aber auch E-Mail keine gute Alternative, denn damit wird die Diskussion vollkommen unkontrollierbar, weil sie in Abwesenheit des Chefs auf dem Flur stattfindet. Besser ist es, sich systematisch auf so eine Diskussion vorzubereiten und sich im Voraus Antworten auf mögliche Fragen zu überlegen. Das Eingeständnis, dass einige Fragen (noch) nicht beantwortet werden können, muss der eigenen Autorität keinen Abbruch tun.

> ❗ Durch die Verfügbarkeit von E-Mail steigt die Gefahr, dass gerade die obersten Vorgesetzten zu rein virtuellen Personen werden, die physisch nicht präsent sind.

Dem kann man als Chef entgegenwirken, indem man sich Zeiten für den direkten Kontakt (**Kaffeepausen, Mitarbeiterfrühstück, Teambesuche** etc.) fix in die Agenda plant.

Natürlich gelten diese Erkenntnisse auch für die individuelle Kommunikation: Für heikle Themen ist E-Mail kein geeignetes Medium. Mehr dazu und zum Verhindern und Lösen von Online-Konflikten im ► Kap. 7.6.1.

3.3 Medienwahl in der Praxis – Beispiele

3.3.1 Instant Messenger in der firmeninternen Kommunikation

Als Instant Messenger bezeichnet man ein kleines Softwareprogramm, das synchrone textbasierte Online-Kommunikation mit einer anderen Person unter Ausschluss von Dritten erlaubt. Je nach Ausgestaltung der Software sind weitere Zusatzfunktionen möglich wie Daten- und Videoübertragung, Chats mit mehreren Personen, SMS-Versand usw. Instant Messaging füllt eine **Nische zwischen E-Mail und Telefon**: Es ist durch den unmittelbaren Austausch flexibler und näher an gesprochener Sprache als E-Mail, jedoch aufgrund der Textbasiertheit ein weniger reichhaltiges Medium als das Telefon.

Der Instant Messenger kann E-Mail-Kommunikation substituieren

Instant Messaging kann auch im geschäftlichen Alltag sinnvoll eingesetzt werden und v. a. die E-Mail-Kommunikation zum Teil ergänzen und ablösen. Es ist aber wichtig, den möglichen Nutzen des Mediums zuerst genau abzuklären, denn es können bei unzweckmäßiger Verwendung auch Effizienzverluste für das Unternehmen entstehen.

Die Eigenschaften des Instant Messaging

Schneider et al. (2005) sprechen von einer **aktiven** und **passiven Nutzung** des Instant Messaging: Die aktive umfasst das Schreiben und aktive Kommunizieren mit Partnern. Die wenigsten Nutzer schalten den Messenger aber aus, wenn sie ihn nicht verwenden. Sie informieren dadurch den ebenfalls eingeloggten Personen über ihre An- oder Abwesenheit und den Grad ihrer Ansprechbarkeit. Der Messenger zeigt dies durch unterschiedliche Symbole an. Diese beliebte passive Nutzungsform stellt eine Art virtuelles Gemeinschaftsgefühl her, was gerade in Gruppen oder Teams wertvoll sein kann, die an verschiedenen Standorten arbeiten.

Ein weiterer Vorteil ist, dass Nachrichten nicht sofort empfangen werden müssen. Wenn man zwar am Arbeitsplatz anwesend, aber beschäftigt ist, dann bleiben die Messages bis zur erneuten Empfangsbereitschaft in einer Warteschlange. Die Regulierung von Teamzugehörigkeit vs. konzentriertes Arbeiten wird dadurch erleichtert (vgl. auch ► Kap. 13.3.1).

Die »Gespräche« dieser schnellen, niederschwelligen Kommunikationsform werden nach Abschluss **nicht gespeichert**, d. h. es entstehen keine Daten, die verwaltet werden müssen (im Unterschied zu E-Mails, die abgelegt oder gelöscht werden müssen).

> **Verwendungsmöglichkeiten von Instant Messaging**
>
> **Projektarbeit**
> - Unterstützt die Zusammenarbeit mit Partnern an verschiedenen Unternehmensstandorten
> - Einfaches, schnelles Nachfragen in der Projektarbeit
> - Ansprechbarkeit der Partner berücksichtigt
> - Ermöglicht trotz der räumlichen Distanz ein Zusammengehörigkeitsgefühl
>
> **Teamzusammenarbeit/Administration**
> - Informeller Austausch unter Teammitgliedern
> - Abklärung von administrativen oder teamspezifischen Fragen, die eine rasche Antwort benötigen
>
> **Risiken/Nachteile**
> - Gefahr, sich zu verlieren und Unwichtiges zu besprechen (Flow-Erlebnis durch direkte, spontane Kommunikation, »Chat-Phänomen«)
> - Gefahr, auch bei irrelevanten Inhalten den Kontakt mit anderen aufzunehmen (da niederschwellig) und sie abzulenken
> - Zeitverlust durch Schriftlichkeit der Sprache
> - Effizienzverlust bei Kommunikation in größeren Gruppen (Koordinationsbedarf, Langsamkeit)
> - Keine Dokumentierbarkeit, da Inhalte meist nicht gespeichert werden. Inhalte, die man später zur Verfügung haben sollte, darum eher per E-Mail kommunizieren.

Der Instant Messenger scheint gemäß Schneider et al. (2005) gerade von jüngeren und unerfahrenen Nutzern v. a. zu Unterhaltungszwecken und zur Beziehungspflege verwendet zu werden. Diese Gefahr besteht dann auch im Unternehmensalltag: Der Messenger wird zur **verlängerten Kaffeepause** – mit dem Vorteil für die Teilnehmer, dass sie wahnsinnig beschäftigt aussehen, weil sie konzentriert auf den Bildschirm schauen und immer eifrig am Schreiben sind. Erfahrene User scheinen aber die Faszination für das »Plaudern« eher zu verlieren und setzen den Messenger gezielt für die Bewältigung von berufsbezogenen Aufgaben ein.

Erfahrene User plaudern weniger

3.3.2 Das Internet für unterwegs: Podcast

Was ist Podcasting?

Das Produzieren und Anbieten von Mediendateien (Audio oder Video) über das Internet wird Podcasting genannt. Ein Podcast umfasst meist eine Serie von Medienbeiträgen (Episoden), die über einen **Feed** (meistens RSS) abonniert und automatisch bezogen werden können (Quelle: Wikipedia). Danach können die Beiträge entweder zu Hause am **Rechner** oder auf einem **portablen MP3-Player** konsumiert werden.

Podcast-Verzeichnis: www.podcast.de

3.3 · Medienwahl in der Praxis – Beispiele

Podcast existiert im deutschsprachigen Raum seit ca. 2004, im Jahr 2005 wurden die Medien und dadurch auch die breitere Öffentlichkeit auf das Phänomen aufmerksam. Der Vorteil von Podcast liegt einerseits in seiner zeit- und ortsunabhängigen Nutzung, andererseits in der sehr **kostengünstigen Herstellung** (bei Audio-Podcasts). Im Extremfall reicht eine Sprachsynthese-Software, die den Text vorliest (was aber momentan wegen unbefriedigender Qualität der gelesenen Texte noch nicht unbedingt zu empfehlen ist). Aber auch das Vorlesen eines Textes durch einen Sprecher ist vergleichsweise kostengünstig.

Podcasting wird heute schon intensiv von **Radiostationen** genutzt, die dadurch mit kleinem Zusatzaufwand ihre Beiträge – als zusätzliche Serviceleistung für die Hörer – online zur Verfügung stellen. Aber auch **Zeitungen** und **Zeitschriften** setzen vermehrt darauf, einzelne Artikel oder die ganze Zeitung als Audiodatei zur Verfügung zu stellen. Der Anteil **privat** hergestellter Podcasts ist gemäß einer aktuellen Studie in Deutschland (Bressler & Martens, 2007) mit 40% aber doch relativ hoch, gefolgt von Radio (22%), TV (12%) und Verlagen (9%).

User fragen gemäß dieser Studie v. a. Podcasts mit News, Wissens- und Informationssendungen, Comedy, Kultur/Hörspiele und private (akustische) Tagebücher nach. Am häufigsten werden Podcasts zu Hause am eigenen Rechner genutzt (54%), 19% hören sie beim Benutzen des öffentlichen Verkehrs und 11% im Auto. Gemäß einer anderen Umfrage (Wunschel, 2006) wünschen sich die meisten Podcastnutzer (54%) eine wöchentliche Neuerscheinung, wobei die bevorzugte durchschnittliche Dauer einer Sendung zwischen 10 und 20 Minuten ist.

Podcasts können auch in der internen und externen **Firmenkommunikation** eingesetzt werden. Die entscheidenden Fragen, die man sich dabei stellen sollte, sind:

> Bevorzugte Sendedauer: 10–20 Minuten

Checkliste: Podcast in der geschäftlichen Anwendung

Zu klärende Fragen
- Gibt es Aspekte, die für die Nutzung von Podcast bei einer bestimmten Zielgruppe sprechen (z. B. häufige Reisetätigkeit)?
- Gibt es regelmäßige Inhalte, die als Audiodatei aufbereitet werden können und für den mobilen Gebrauch geeignet sind (Weekly Reports, Management Summaries, Newszusammenfassungen etc.)?
- Welchen Zusatznutzen bietet Podcast für diese Inhalte?
- Ist die Zielgruppe interessiert und willens, die Technologie zu nutzen, oder kann sie durch die Attraktivität der Inhalte für die neue Nutzungsform gewonnen werden?
- Ist die benötigte Infrastruktur bei der Zielgruppe vorhanden (RSS-Feed, mobiler MP3-Player)?
- Welche Möglichkeiten gibt es, das neue Podcast-Angebot bekannt zu machen?

▼

> **Vorteile von Podcast**
> - Verfügbar ohne zeitliche und räumliche Einschränkung
> - Es kann eine zeitliche Nische im Arbeitsprozess genutzt werden (z. B. Wartezeit im Pendlerverkehr oder bei Flugreisen)
> - Dienst kann individuell gemäß den eigenen Interessen konfiguriert werden
> - Niedrige Produktionskosten, Mehrfachverwertung
>
> **Nachteile/Probleme**
> - Regelmäßige Nutzung im Abo kann zu Abstumpfung oder erlahmendem Interesse führen
> - Einen Text zu hören ist zeitaufwändiger als ihn zu lesen
> - Newsreader-Verwendung setzt ein gewisses technisches Know-how voraus
> - Artikel sind weniger gut archivier- und suchbar (da nicht textbasiert)

Podcast ist kostengünstig und zeitlich unabhängig

Es ist anzunehmen, dass sich Podcast weiter verbreiten wird, wenn sich die Verfügbarkeit und einfache Abspielmöglichkeit der Inhalte weiter verbessern. Gerade durch die niedrigen Produktionskosten ist Podcast eine gute Möglichkeit, den Kunden einen weiteren Kanal für Online-Inhalte zur Verfügung zu stellen und ihm Wahlfreiheit über die gewünschte Nutzungsform zu geben (▶ Kap. 14.4).

 Die wachsende Bedeutung der mobilen Kommunikation wird auch dem Podcasting zusätzlich Aufschwung geben.

3.3.3 Videokonferenz, Telefonkonferenz oder face-to-face?

Videokonferenzen werden eingesetzt, wenn die Team- oder Projektarbeit von Mitarbeitern an unterschiedlichen Unternehmensstandorten koordiniert werden soll. Der Vorteil zum schriftlichen Austausch ist die größere **Reichhaltigkeit** der Kommunikation; gegenüber dem realen Besuch vor Ort fallen weniger Reise- und Koordinationsspesen an. Videokonferenzen sind aber trotzdem keine »normalen« Meeting-Situationen, sie haben ihre eigenen Schwierigkeiten und Knackpunkte. Eine interessante Analyse hierzu stammt von Meier (2000). Probleme entstehen gemäß Meier v. a. durch die technischen Eigenschaften des Videokonferenz-Systems, nämlich:

Technische Barrieren bei Videokonferenzen

- **Zeitverzögerung** (ca. 0,25 Sekunden) und dadurch verzögerte Reaktionsmöglichkeit auf der anderen Seite.
- **Trägheit des Tonsystems**, das erst auf einen Sprecher fokussiert, wenn er einen gewissen Schwellenwert in Lautstärke und Länge des Sprechens überschritten hat.
- **Fehlender direkter Blickkontakt und flache Handlungen** und dadurch größere Schwierigkeiten, Menschen auf der anderen Seite direkt ins Gespräch einzubinden oder Gesten und Haltungswechsel korrekt wahrzunehmen.

3.3 · Medienwahl in der Praxis – Beispiele

Meier (2000) analysierte mehrere Videokonferenzen und stellte fest, dass durch die technischen Gegebenheiten teilweise eine verstärkte **lokale Solidarisierung und Blockbildung** (»wir hier, die dort«) entstehen. Spontane Bemerkungen und Ironie können wegen Zeitverzögerung und Verständnisschwierigkeiten nicht aufgefangen werden und sorgen für Missverständnisse. Wenn zwei auf der einen Seite zusammen flüstern, kann das zwar von allen wahrgenommen werden, man hat aber nicht die Möglichkeit, durch Blickkontakt auf sie einzuwirken. Oft entstehen parallel laufende Gesprächsstränge auf beiden Seiten, die effektiv koordinierte Zusammenarbeit fällt schwer. Informelle Gespräche zu Anfang und Ende der Sitzung – als einendes Element aller Sitzungsteilnehmer – fallen weg.

Videokonferenzen können Gräben zwischen Standorten vergrößern

In Anwendung des Media-Richness-Modells (▶ Kap. 3.1.2) kann man sagen, dass Videokonferenzen teilweise der Gefahr von »**Overcomplication**« (zu viele irrelevante Nebeninformationen) ausgesetzt sind. Dennoch haben sie im geschäftlichen Alltag eine Berechtigung und werden auch entsprechend genutzt. Der technische Fortschritt wird zudem einige der heute bestehenden Schwierigkeiten (Zeitverzögerungen und Trägheit) eliminieren (◘ Tab. 3.2).

3.3.4 Chat mit dem CEO?

> **Beispiel**
>
> **CEO-Chat**
> Der Chef eines mittleren Unternehmens (150 Personen an zwei Standorten) kommt begeistert in die Kommunikationsabteilung: er habe von CEO XY gehört, dass der in seiner Firma erfolgreich einen regelmäßigen CEO-Chat eingeführt habe. Ob man das nicht auch bei ihnen machen könnte? Gerade in dieser schwierigen Umbruchphase wäre das doch sehr positiv, er hätte endlich die Möglichkeit, mit allen Mitarbeitenden ins Gespräch zu kommen und gleichzeitig zu zeigen, dass er gegenüber neuen Technologien aufgeschlossen ist.

Die vielen neuen Kommunikationsformen im Internet (Chat, Diskussionsforen, Blog) finden immer wieder auch Eingang in die interne Kommunikation von Firmen. Es lohnt sich, genau hinzuschauen, bevor man mit großer Begeisterung einen Kanal etabliert, der dann gar nicht das gewünschte Resultat erzielt. Das **richtige Maß an Interaktivität** zu finden, ist auch in der internen Kommunikation von großer Bedeutung (▶ Kap. 12.5).

> ❗ Grundsätzlich gilt: Wenn ein Chef die Möglichkeit hat, seine Leute real zu treffen, sollte er das in erster Priorität tun. Gerade in Umbruchphasen ist Realpräsenz jeder anderen Kommunikationsform überlegen.

Tab. 3.2. Analyse und Anwendungsgebiete von Video- und Telefonkonferenz vs. Realtreffen

	Videokonferenz	Telefonkonferenz	Face-to-face
Ideale Gruppengröße	Klein bis mittel	Klein bis mittel	Beliebig
Benötigte Kommunikationsfähigkeiten	Disziplin in der Reihenfolge der Redner, klare Gesprächsregeln und Moderation nötig	Disziplin in der Reihenfolge der Redner, Moderation nötig	Umgang mit Gruppen-/Meetingkoordination
Risiken/Nachteile	Lokale Solidarisierung und Blockbildung Ironie und spontane Bemerkungen können Missverständnisse auslösen Zeitverzögerung zwischen Beiträgen, Schwerfälligkeit Erhöhte Anfälligkeit für technische Pannen oder Zwischenfälle	Weniger Möglichkeit, auf emotionale Zwischentöne einzugehen durch stärker reduzierte Kommunikationsform (nur Stimme des Gegenübers), Schwierigkeit, Redner zu koordinieren	Gesprächsteilnehmer müssen vor Ort anreisen
Vorteile	Gesprächspartner sind sichtbar, visuelle Informationen können Zusatzhinweise geben	Übertragung mit weniger Zeitverzögerung als Videokonferenz Einfache und schnelle Einrichtung	Kommunikation mit den Partnern unter Einbezug aller Kommunikationskanäle möglich Sprachliche Barrieren fallen weniger ins Gewicht (Fremdsprachen sind besser verständlich als in Videokonferenzen)
Verwendbare Kommunikationskanäle	Verbal, paraverbal; nonverbal stark eingeschränkt durch die Kameraführung	Verbal und paraverbal	Uneingeschränkt verbal, paraverbal, nonverbal
Geeignet für folgende Kommunikationspartner	Kennen sich bereits von Realtreffen oder sollen sich möglichst »ganzheitlich« kennen lernen (ohne Möglichkeit zu Realtreffen)	Kennen sich bereits von Realtreffen oder sollen niederschwellig in Kontakt treten	Partner kennen sich noch nicht und sollen sich möglichst »ganzheitlich« kennen lernen
Geeignet für folgende Kommunikationssituation	Projektstart (Kick-off-Meeting), wenn kein Realtreffen möglich ist Vorträge, Präsentationen mit klarem Ablauf und Inhalt Regelmäßige Projektmeetings (manchmal ist dafür aber eine Telefonkonferenz besser geeignet)	Sachlicher Austausch (z. B. projektbezogen, ortsübergreifende Team-Informationen) Notwendigkeit, möglichst rasch in Verbindung treten zu können Vorträge, Präsentationen mit klarem Ablauf (evtl. ergänzt durch Online-Präsentation von Folien)	Gesprächspartner kennen sich nicht Projektstart (Kick-off-Meeting) Start in neuer Teamkonstellation, Teambuilding Konfliktgeladene oder politisch schwierige Situation Kundenakquisition Besondere Wertschätzung gegenüber Gesprächspartner(n) zum Ausdruck bringen

Geeignete Konstellationen für CEO-Chats

Es gibt Situationen, in denen ein CEO-Chat Sinn machen kann:
- In sehr **großen Unternehmen**, wo der CEO grundsätzlich eine etwas größere Distanz zu seinen Mitarbeitern hat.
- Wenn das Unternehmen über viele unterschiedliche **Standorte** verfügt, z. B. in verschiedenen Ländern.
- Über die **Sprachgrenze** hinaus – geschrieben ist eine Fremdsprache besser verständlich als mündlich.
- Wenn die **Kapazität** zur Bearbeitung der Fragen vorhanden ist (der CEO braucht mindestens eine Person, die für ihn die Antworten live niederschreibt).
- Wenn die Firmenkultur grundsätzlich gegenüber einem Chat **aufgeschlossen** ist.

Gefahren von Livechats

Bei einem Livechat und auch bei einem unmoderierten Online-Forum bestehen aber immer auch Risiken. Es kann passieren, dass Mitarbeiter ausfällig werden oder sehr **kritische** und **schwierige Fragen** stellen. Dies geschieht dann in der Öffentlichkeit, vor allen anderen Teilnehmern. Die Livesituation verbietet es, Fragen zu zensieren oder zu ignorieren – das würde sich auf das Image des Chefs negativ auswirken. Auf solch verletzende Fragen adäquat zu reagieren, ist sehr schwierig, weil die Ausdrucksfähigkeit durch die schriftliche Kommunikation eingeschränkt ist. Es kann auch geschehen, dass – aus Angst vor den anderen Teilnehmern und vor der Kontrolle durch die Vorgesetzten – gar **keine relevanten Fragen** gestellt werden und der Chat an der Oberfläche dümpelt. Auch dann ist der Zweck nicht erfüllt.

Der Chat ist gerade für Themen, die vertieft und genau erklärt werden sollen, nicht unbedingt das geeignete Medium, da der Text relativ rasch vom Bildschirm verschwindet und die Akzeptanz, im Chat lange Texte zu lesen (und entsprechend lang auf die Antworten zu warten), nicht sehr groß ist.

Als **Alternative zum Livechat** kann man die Mitarbeiter einzuladen, schriftlich Fragen zu stellen, und diese dann zusammen mit den Antworten online publizieren. Wichtig ist hier, dass man auch unangenehme und kritische Fragen beantwortet. Das ist einfacher, wenn es nicht »live« und unter Druck geschehen muss. Außerdem kann man sorgfältiger auf die Anfragen eingehen und sie von verschiedenen Seiten beleuchten.

Differenzierte Problembehandlungen sind im Chat schwierig

3.4 Zusammenfassung: Merkpunkte für die Medienwahl

> **Checkliste: Merkpunkte für die Medienwahl**
> - Schließen Sie bei der Wahl eines Mediums immer die Kompetenzen und Präferenzen Ihrer Zielgruppe/Ihres Empfängers mit ein.
> - Wählen Sie für eine komplexe Kommunikationsaufgabe ein reichhaltiges Medium (gemäß Media-Richness-Theorie), das möglichst viele Informationen übermittelt (verbal, para- und nonverbal). Bevorzugen Sie in schwierigen Situationen nach Möglichkeit den direkten Kontakt (face-to-face).
> - Vermeiden Sie »Overcomplication« (zu viele nebensächliche und vom Thema ablenkende Informationen) und »Oversimplification« (erschwert die korrekte Interpretation durch fehlende Informationskanäle).
> - Setzen Sie Printmedien ein für vertiefende, umfassende Informationen mit längerer Geltungszeit und für Kommunikation, die hohe Wertschätzung ausdrücken soll.
> - Setzen Sie Online-Medien ein für schnelle, dynamische, häufig wechselnde Inhalte, für häufig erscheinende Produkte (z. B. Newsletters) und für individualisierbare Angebote.
> - Bieten Sie eine Vielfalt an möglichen Informationskanälen zum gleichen Inhalt an, falls das vom Aufwand her in einem vernünftigen Verhältnis steht (Text, Podcast, Bilder, Video etc.).

Weiterführende Literatur

Reichwald, R., Möslein, K., Sachenbacher, H., Englberger, H. & Oldenburg, S. (2000). Telekooperation – Verteilte Arbeits- und Organisationsformen. Heidelberg: Springer.
Wissenschaftliches, aber praxisbezogenes Werk zu den neuen Arbeitsformen in Betrieben, die unter Einbezug von Informations- und Kommunikationstechnologie entstehen.

Das soziale Internet (Web 2.0)

4.1 Das Internet als sozialer Raum – 58

4.2 Online-Gruppen – 59

4.3 Online-Netzwerke – 64

4.4 Wie Online-Gruppen auf die Unternehmenswelt wirken – 66

4.5 Communities und Netzwerke im Fokus von Unternehmen – 70

4.6 Zusammenfassung: Das soziale Internet und seine Wirkmechanismen – 73

> **Lesen Sie in diesem Kapitel:**
> — Welche Arten von Online-Gruppen es gibt, warum sie entstehen und wie sie funktionieren,
> — welche Herausforderungen für die Unternehmenswelt durch diese virtuellen Gemeinschaften entstehen und
> — was man als Unternehmen beachten muss, wenn man selbst eine Online-Community aufbauen will.

4.1 Das Internet als sozialer Raum

Unter dem Schlagwort **Web 2.0** ist die Öffentlichkeit auf ein Phänomen aufmerksam geworden, das für das Internet schon seit den »Gründerjahren« charakteristisch ist: Das Internet ist ein soziales Medium. Menschen finden und organisieren sich im Netz, sie werden aktiv im Bereich Freizeit und Hobby, aber auch beruflich und politisch, und das potentiell immer auf globaler Ebene. Diese Entwicklung ist faszinierend und in vieler Hinsicht bahnbrechend. Will man sich im Internet als Unternehmen erfolgreich positionieren und seine Möglichkeiten nutzen, kommt man nicht darum herum, diese sich rasch entwickelnde und verändernde Online-Welt näher anzuschauen.

Online-Communities haben eigene Regeln, Gesetze, Gewohnheiten und Ausdrucksformen. Sie entwickeln sich oft inhaltsbezogen. Das heißt, Menschen mit ähnlichen Interessen, und seien diese noch so exotisch und außergewöhnlich, erhalten im Internet erstmals die Möglichkeit, sich mit **Gleichgesinnten auszutauschen** (◘ Abb. 4.1). Dies macht die große Fas-

Das Internet fördert Gruppenbildung

◘ **Abb. 4.1.** Ein gemeinsames Thema verbindet weltweit

zination dieses Mediums aus, denn es gab vor dem Internet keinen Weg, global auffindbar zu sein und sich so niederschwellig auszutauschen.

Im ersten Teil dieses Kapitels lernen Sie die soziale Welt des Internets aus zwei Perspektiven kennen. Zuerst die allgemeine Sicht auf **Online-Gruppen** (Communities), warum und wie sie sich bilden und organisieren. Dann werden die **Online-Netzwerke** (Social Networks) näher angeschaut, und warum das Internet für Networking besonders attraktiv ist. Die zwei Perspektiven überschneiden sich inhaltlich teilweise, da ein Netzwerk durchaus auch Community-Charakter haben kann. Dennoch ist es hilfreich, für die Analyse diese (künstliche) Trennung vorzunehmen.

Der zweite Teil des Kapitels widmet sich der Frage, wie Online-Gruppen in die reale Welt hineinwirken und wie Unternehmen damit umgehen können.

> **Beispiele für Communities**
> - www.wikipedia.org (von Tausenden Autoren gemeinsam erstellte Online-Enzyklopädie)
> - www.youtube.com (Online-Videosharing-Plattform)
> - www.flickr.com (Foto-Community)
> - www.secondlife.com (Community mit Avatars – ein businessrelevantes Modell mit Spielcharakter)
>
> **Beispiele für Online-Netzwerke**
> - www.xing.com: geschäftliches Online-Netzwerk mit Schwerpunkt im deutschsprachigen Raum
> - www.linkedin.com: geschäftliches Online-Netzwerk mit Schwerpunkt im angelsächsischen Raum
> - www.studivz.com: (teilweise umstrittenes) Studenten-Netzwerk für den deutschsprachigen Raum
> - www.facebook.com: das angelsächsische Pendant zu StudiVZ.

4.2 Online-Gruppen

4.2.1 Grundsätzliche Merkmale von Gruppen

Gruppen – im Online- oder Offline-Bereich – zeichnen sich durch grundsätzliche Gemeinsamkeiten aus (nach der Virtual Settlement Theory von Jones, 1997, zitiert nach Döring, 2003):

- **Interaktion:** Es findet immer ein kommunikativer Austausch statt, sei es direkt oder durch Medien vermittelt.
- **Abgrenzung und Struktur:** Die Gruppe unterscheidet sich vom Rest der Umwelt durch spezifische Ein- und Austrittsregeln, durch Normen und besondere Merkmale (z. B. Rituale, Regeln, Club-T-Shirts, Uniformen etc.).
- **Zusammengehörigkeitsgefühl:** Je höher die Hürden, in eine Gruppe einzutreten, desto stärker ist der Zusammenhalt innerhalb der Gruppe.

Vier Gemeinsamkeiten von Online- und Offline-Gruppen

Die Identifikation kann durch soziale Beziehungen zu den Mitgliedern ausgelöst sein (Common Bond Group) oder durch ein gemeinsames Gruppenziel (Common Identity Group).
- **Kollaboration:** Gruppen vermitteln den Mitgliedern ein Zugehörigkeitsgefühl und befriedigen damit ein menschliches Grundbedürfnis. Sie sind aber nie ein Selbstzweck, sondern verfolgen immer bestimmte Ziele (zum Beispiel Wissensaustausch, emotionale Unterstützung oder die Lösung bestimmter Probleme und Aufgaben).

Wo auch immer eine Gruppe sich bildet, stößt man auf die genannten Phänomene. Eine bloße Ansammlung von Menschen ohne alle oben stehenden Merkmale und Prozesse kann nicht als Gruppe bezeichnet werden. Zusätzlich zu den Gegebenheiten im »Real Life« bietet die technische Internet-Infrastruktur die Möglichkeit, dass sich Online-Gruppen einfacher bilden und treffen können, nämlich **räumlich** und je nachdem auch **zeitlich unabhängig**.

4.2.2 Warum bilden sich Online-Gruppen?

Gruppenbildung als menschliches Grundbedürfnis

Es entspricht einem menschlichen Grundbedürfnis, sich mit anderen Menschen in Gruppen zusammenzuschließen. Forscher haben entdeckt, dass das bloße Wissen um die Zugehörigkeit zu einer Gruppe ein »**Gruppengefühl**« auslöst und zur Parteinahme für die eigene Gruppe führt (Rabbie & Horwitz, 1969). Dies gilt selbst dann, wenn man die anderen Gruppenmitglieder gar nicht kennt (Tajfel et al., 1970).

Sogar wenn einander fremde Menschen willkürlich zusammengewürfelt werden, entwickeln sich also in dieser Gruppe sehr rasch eine innere Struktur, Minikulturen und Normen, wie weiter oben beschrieben. Stärker fällt dieser Effekt aus, wenn die Gruppenbildung auf Basis von **gleichen Interessen** geschieht, wie das im Internet oft der Fall ist. Ein Inhalt, der mit anderen verbindet, vereinfacht die Abgrenzung gegen außen und stärkt das Zusammengehörigkeitsgefühl. Die Gruppenbildung im Internet wird demnach begünstigt
- durch das **bloße Zusammentreffen** mit anderen in diesem sozialen Medium,
- durch die einfache Möglichkeit, im Internet gezielt nach den eigenen Interessen zu forschen und **Gleichgesinnte zu finden** und
- durch die **technischen Hilfsmittel** und Plattformen, die die **direkte Ansprache** und den Austausch unter diesen Gleichgesinnten ermöglichen und dokumentieren.

4.2.3 Welche Eigenschaften haben Online-Gruppen?

Online-Gruppen sind Gruppen in der Offline-Welt grundsätzlich ähnlich. Teilweise sind aber die Ausprägungen und Erscheinungsformen anders, gegeben durch die spezifischen neuen Eigenschaften der computervermittelten Kommunikation, die in ▶ Kap. 2 definiert wurden.

Online-Sprache

Die digitale Sprache hat – als Zwischenform zwischen gesprochener und geschriebener Sprache – eine starke eigene Färbung. Die Schwierigkeit, Emotionen zu vermitteln, führt zu einer sog. **Parasprache**, die para- und nonverbale Aspekte bewusst in die Kommunikation mit einbezieht (in Form von Emoticons, grafischen Smileys, Aktionswörtern, Akronymen etc.). *rotwerd* drückt dann z. B. Scham aus, ROFL (rolling on floor laughing) zeigt akute Belustigung, und ;-) bedeutet »nicht ganz ernst gemeint«. Diese Sprachelemente können sich von Gruppe zu Gruppe stark unterscheiden und im Laufe der Zeit auch ändern.

Durch den Wunsch nach schneller Kommunikation und um das lästige Tippen zu umgehen, kommen außerdem **Abkürzungen** hinzu, so dass für Außenstehende solch abgekürzte Texte manchmal gänzlich unverständlich sind. Die Sprache ist – v. a. bei synchroner Online-Kommunikation – allgemein weniger gepflegt, Tipp- und Rechtschreibfehler sind nicht so bedeutsam wie im sonstigen schriftlichen Verkehr. Die äußere Form tritt zugunsten der Effizienz in den Hintergrund.

Selbstoffenbarung

Der Grad der Offenheit ist in virtuellen Gruppen um einiges höher als in realen. Diese **Enthemmung** als Kernmerkmal der Online-Kommunikation (▶ Kap. 2.3) macht die Attraktivität vieler Online-Communities aus. Privates, das online zur Schau gestellt wird, ist durch seinen **hohen Authentizitätsgrad** faszinierend und lässt die anderen Netznutzer ihren Voyeurismus befriedigen. Weil jeder beobachten kann, wie sich die anderen im Internet preisgeben, entsteht daraus eine soziale Norm und die Hemmschwelle für Nachahmer sinkt.

> Selbstoffenbarung macht das Internet attraktiv

Der Drang zur Selbstoffenbarung und die Freude daran können zum Teil erklären, warum Menschen bereit sind, anderen im Netz zu helfen oder an größeren Projekten gratis und mit teils großem Aufwand mitzuarbeiten.

> ❗ Wer einen Beitrag ins Netz stellt, kann potentiell »von der ganzen Welt« gesehen werden. Das kann ein Motivator sein, publizistisch tätig zu werden. Man fühlt sich wahr- und ernst genommen, und die Reaktionen anderer wirken als Verstärker für das eigene Verhalten (operante Konditionierung ▶ Kap. 5.5).

Bei diesem erstaunlichen Phänomen, dem »altruistischen« Online-Verhalten, spielen aber noch andere psychologische Faktoren eine Rolle, das prosoziale Verhalten und die intrinsische Motivation. Sie werden im Folgenden erläutert.

»Online-Altruismus«

Unter **intrinsischer Motivation** versteht man einen Antrieb, der nicht von äußeren Belohnungen abhängig ist, sondern aus sich selbst genährt wird und eine Tätigkeit aus Freude an der Sache aufrechterhält. Intrinsische Motivation ist in allen Lebensbereichen zu finden. Bei Hobbys oder persönlichen Leidenschaften ist sie aber besonders gut zu erkennen: Da wird zum Teil enorm viel Herzblut in gewisse Aktivitäten gesteckt, ohne dass die jeweiligen Personen Anerkennung oder gar eine finanzielle Entschädigung erwarten oder brauchen würden.

Gerade Communities, die sich ja themenspezifisch bilden, bieten solch intrinsisch motivierten, von der Freude an einem Thema getriebenen Personen eine ideale Plattform zum Austausch mit anderen. Sie stellen ihr Know-how zur Verfügung, weil sie von ihrem Thema fasziniert sind und davon erzählen wollen und weil sie sich freuen, Gleichgesinnte gefunden zu haben und damit (je nach Exotik ihres Hobbys) aus der Isolation auftauchen.

Dass uns die freiwillige Beteiligung an einem größeren Thema und die Unterstützung für andere im Online-Bereich so stark auffallen, mag damit zu tun haben, dass das Internet eine **neue Sicht** auf schon vorher vorhandene gesellschaftliche Aktivitäten frei gibt.

Freiwillige Aktivitäten sind im Internet besser sichtbar

> Schon immer gab es Menschen, die sich im Austausch über ihre Hobbys und persönlichen Engagements mit anderen zusammenschlossen und austauschten. Im Internet sind sie aber erstmals für eine breite Öffentlichkeit sichtbar.

Abgesehen von der Motivation (▶ Kap. 5.7) kann das **prosoziale Verhalten** des Menschen zur Begründung von »Online-Altruismus« herangezogen werden. Prosoziales Handeln ist eine grundlegende menschliche Verhaltensweise, die im Laufe der Kindheit entwickelt wird, basierend auf der Fähigkeit zum Perspektivenwechsel (vom eigenen Ich abstrahieren und die Sicht einer anderen Person einnehmen). Die Psychologie betrachtet es aus drei Perspektiven (Döring, 2003):
1. **Soziobiologie**: Hilfeverhalten ist genetisch bedingt und darauf ausgerichtet, das Überleben zu sichern.
2. **Soziale Lerntheorie**: Prosoziales Verhalten wird anderen abgeschaut und von ihnen gelernt (z. B. durch Belohnung oder Vorbilder).
3. **Situationale Modelle**: Menschen zeigen Hilfsbereitschaft, wenn eine Situation gewisse Merkmale erfüllt (Ähnlichkeit des Helfers mit dem Hilfesuchenden, Empathie, erwartete Kosten etc.).

Diese Erkenntnisse stammen aus der traditionellen Psychologie und sind nicht auf das Internet beschränkt. Auch hier zeigen sich – wie bei der Gruppenbildung – online ähnliche Prozesse wie in der Offline-Welt.

Es gibt also menschliche Eigenschaften, die in ihrer Online-Erscheinungsform nicht grundsätzlich neu sind, aber durch ihre **bessere Sichtbarkeit** als etwas Neues erscheinen mögen. Die Sichtbarkeit dank Internet ist nicht nur faszinierend – sie ermöglicht den Wissensaustausch und generiert dadurch für viele User einen Mehrnutzen. Selbstoffenbarung, intrinsische Motivation und prosoziales Verhalten als menschliche Grundeigenschaften leisten einen essentiellen Beitrag dazu, dass Web 2.0 überhaupt entstehen konnte.

Die »Treiber« von Web 2.0: Selbstoffenbarung, intrinsische Motivation und prosoziales Verhalten

4.2.4 Wie wird man akzeptiertes Mitglied einer Online-Gruppe?

Viele virtuelle »Gemeinschaftsräume« sind öffentlich und für jedermann zugänglich. Der bloße sporadische Besuch einer Community bedeutet jedoch nicht, dass man dann auch schon ein echtes Mitglied ist und von anderen entsprechend ernst genommen wird. Man muss sich seine Mitgliedschaft vielmehr verdienen, indem man die Gemeinschaft regelmäßig besucht, sich aktiv an den Gesprächen und Diskussionen beteiligt und soziale Kontakte innerhalb der Gruppe pflegt. Bei vielen Communities muss man sich registrieren und erhält für die Teilnahme einen Nickname, eine **virtuelle Identität**. Diese Identität wird von den Netzbürgern mit großer Sorgfalt aufgebaut und gepflegt, da sie das **Rückgrat der Mitgliedschaft** darstellt. Wer seine virtuelle Identität (oder seinen virtuellen Ruf) verliert, muss im schlimmsten Fall von vorn anfangen mit seinem Eingliederungsprozess in die Gemeinschaft. Dies gilt natürlich auch bei Online-Spielen, in denen das virtuelle Ich die Voraussetzungen erarbeiten muss für das erfolgreiche Bewältigen von Abenteuern. Aber selbst in rein textbasierten Communities (z. B. Newsforen) ist das virtuelle Ich von großer Bedeutung, und man vermeidet es, bei gut etablierter Identität seinen Ruf zu schädigen.

Die Online-Gruppenmitgliedschaft muss man sich verdienen

> **Beispiel**
>
> **Handel mit virtuellen Identitäten**
> In China gibt es Firmen, die sich darauf spezialisieren, für bestimmte Online-Spiele (z. B. »World of Warcraft«) Spielfiguren (Avatare) mit besonders »guten« Eigenschaften und Attributen herzustellen. Diese Avatare verkaufen sie nachher an interessierte Spieler aus dem Westen, die den zeitaufwändigen Prozess bis zum Erlangen eines gewissen Reifegrades nicht selber durchlaufen wollen. Dieses sog. **Goldfarming** ist in den Spieler-Communities unbeliebt, weil die geltenden Regeln des Spiels unterlaufen und ungleiche Voraussetzungen für die Teilnehmer geschaffen werden. Der boomende Markt für käufliche Avatars zeigt aber, dass die Nachfrage danach durchaus vorhanden ist.

Der Prozess der Aufnahme in eine Online-Community und der Anerkennung als Mitglied ist auch für Kommunikationsverantwortliche relevant, die sich aus PR-Zwecken in virtuellen Gemeinschaften aufhalten. Es ist sehr wichtig, sich bewusst zu sein, dass man nicht einfach als Außenstehender in eine solche Gemeinschaft hineinkommen, sich dort »breit machen« und zu allem vorschnell seine Meinung abgeben kann – das wird von eingefleischten Netzbürgern nicht gutgeheißen. Wer mit Online-Gruppen in Dialog treten will, tut gut daran, erst einmal zu **beobachten, mitzulesen**, die **Regeln kennen zu lernen** und erfahrenen Mitgliedern Fragen zu stellen.

> ❗ Als Faustregel gilt: Man soll sich als Neuling in einer virtuellen Gemeinschaft genau so zurückhaltend und respektvoll verhalten wie in einer Gruppe im »Real Life«.

Daraus entwickelt sich im Idealfall nach und nach eine Beziehung, die beidseitig von Respekt geprägt ist. Dies ist besonders wichtig, wenn es sich bei einer Online-Community um eine **Anspruchsgruppe** handelt, die das Verhalten des eigenen Unternehmens in der globalen Öffentlichkeit des Internets kommentiert, wertet und Kritik äußert.

Gerade Unternehmen, die mit neuen Medien nicht so bewandert sind, machen hier Fehler, indem sie sich in solchen Gruppen unbedarft einmischen, ohne die Regeln und die Gruppenkultur zu beachten. Damit stoßen sie nicht auf Gegenliebe und schaffen keine guten Voraussetzungen dafür, in einen **konstruktiven Dialog** mit den Anspruchsgruppen zu treten. Wie man auf Kritik im Internet richtig reagiert, ist in ▶ Kap. 11.2.6 nachzulesen.

4.3 Online-Netzwerke

4.3.1 Wie Businessnetzwerke funktionieren

Im Unterschied zu einer Community, also einer Gruppe, die sich online gebildet hat, ist ein Netzwerk die Summe aller Beziehungen, über die eine Person online (und offline) verfügt und auf die sie zurückgreifen kann. Als Beispiele seien die **Business-Plattformen** Xing.com (im deutschsprachigen Raum) und LinkedIn.com (im angelsächsischen Raum) erwähnt. Xing.com ermöglicht es, sich mit Personen, die man kennt und die ebenfalls registriert sind, zu vernetzen oder Personen, die man anhand ihres persönlichen Profils interessant findet, anzuschreiben und in sein eigenes Netzwerk aufzunehmen. Interessant daran ist, dass innerhalb der Plattform bei jedem Mitglied dessen eigenes Netzwerk ebenfalls angezeigt wird (falls nicht anders gewünscht). So erfährt man einerseits, wen die Person sonst noch kennt, der für einen selbst potenziell von Interesse sein könnte, und außerdem erfährt man, wie viele Zwischenschritte über andere Kontakte nötig wären, um eine weitere Person direkt kennen zu lernen. Xing.com bietet also eine Visualisierung der beruflichen und privaten Netzwerke, über die die Mitglieder verfügen. Das befriedigt nicht nur die persönliche Neugier der Mitglieder, sondern hilft auch bei der **Pflege** und dem **Aufbau von Beziehungen**, die geschäftlich nützlich sein können. Gerade die Möglichkeit zur Vernetzung mit interessanten Geschäftspartnern via persönliche Bekannte macht die Attraktivität solcher Businessnetzwerke aus.

Der Übergang zwischen Netzwerken und Communities ist, wie bereits erwähnt, fließend. Oft entstehen aus einer informellen Zugehörigkeit zu einer Online-Community Kontakte, die ins reale Leben übertragen und zum Teil businessrelevant werden, gerade weil die Bildung von Online-Communities oft interessengeleitet stattfindet. Umgekehrt können Social Networks auf Basis eines reinen Netzwerkgedankens beginnen und sich zu einer Community herausbilden, so wie das auch bei Xing.com geschieht: dort hat man neben der Vernetzung mit anderen Mitgliedern die Möglichkeit, sich in thematischen Gruppen zu bestimmten Themen zu äußern, und in vielen Städten finden Xing-Realtreffen statt.

Online-Netzwerke machen Kontakte sichtbar

4.3.2 Nutzen und Risiken von Businessnetzwerken

Eine Studie von Fittkau und Maas (2006) besagt, dass das Networking im Internet demjenigen auf Veranstaltungen den Rang abgelaufen hat. 55% der bestätigten Netzwerk-Kontakte innerhalb Xing (damals noch OpenBC) werden als geschäftlich relevant eingestuft, und 16% aller User haben über diese Plattform schon ein neues Geschäft abgeschlossen. Allerdings wird auch erwähnt, dass mit zunehmender Vernetzung die Anzahl der als privat eingestuften Kontakte zunimmt.

Vogel (2007) nennt folgende **Einsatzmöglichkeiten von Businessnetzwerken**:
- Recruiting,
- Informationen über Bewerber,
- Kontaktpflege,
- Geschäftspartner finden,
- Experten zu Rate ziehen,
- Hilfe zu bestimmten Themen finden,
- Ideen und Inspiration sowie
- Erfahrungsaustausch.

Sie weist allerdings auch auf Risiken hin: Einerseits das gezielte **Abwerben durch Dritte**, das anhand der detaillierten Angaben zum Lebenslauf einer Person möglich ist. Andererseits die Möglichkeit, Profil-Informationen für **Industriespionage** zu verwenden, da interne Kontakte offen gelegt werden, Mail-Adressen oder Organisationsstrukturen eruiert werden können und das gezielte Profiling bestimmter Personen möglich wird.

Networking-Plattformen können von Unternehmen oder Organisationen auch gezielt dafür eingesetzt werden, den Kontakt zu ihren ehemaligen Mitarbeitern aufrecht zu erhalten (**Alumni-Netzwerke**). Dies kann für die Projektakquise nützlich sein, aber auch, wenn man Ehemalige als Mitarbeiter zurückgewinnen will.

> ❗ Wer als Unternehmen ein Netzwerk aufsetzt, muss sich immer im Klaren sein, dass er die Verantwortung dafür besitzt, dass die darin vorhandenen Profildaten und Informationen gewissen Qualitätskriterien entsprechen und nicht in falsche Hände geraten. Sehr rasch kann sonst ein kaum zu reparierender Imageschaden entstehen.

Auf der anderen Seite sollte jeder Registrierte genau überlegen, welche Daten er über sich im Internet preisgibt, da er nicht beeinflussen kann, wer sein Profil anschaut und mit welchen anderen Informationen er es verknüpft. **Spezielle Suchmaschinen** wie spock.com, wink.com oder yasni.de ermöglichen schon heute die gezielte Suche nach Personen über verschiedene Social Networks hinweg, und auch mit Google lassen sich oft überraschend detaillierte Profile erstellen.

Überraschend: Was Google anderen über Sie verrät

Die Gefahr, die aus solchen Suchaktionen entstehen kann, adressieren Firmen wie Reputation Defender (www.reputationdefender.com), die im Auftrag einer Person oder Firma das Internet nach **schädlichen Einträgen** durchsuchen und diese monatlich melden und/oder entfernen.

4.4 Wie Online-Gruppen auf die Unternehmenswelt wirken

4.4.1 Online-Meinungsbildung als Qualitätskontrolle

Reputationssysteme, Blogs und Onlineforen haben heute eine ähnliche Funktion wie in den Zeiten vor dem Internet die **Konsumentenorganisationen**. Kritik an Produkten oder Firmen wird sehr rasch sichtbar und wird von anderen Community-Mitgliedern aufgenommen, überprüft und kommentiert.

Communities können Firmen bereichern

Unternehmen tun also gut daran, sich auf diese neue Art der **Qualitätskontrolle** einzustellen und mit den Konsumenten in Dialog zu treten. Wenn Kritik frühzeitig erkannt und ernst genommen wird, kann man Imageschäden verhindern und die Qualität der eigenen Angebote besser auf die Anforderungen der Kunden ausrichten. Der Austausch mit den Communities kann auch positive Folgen haben, wie das folgende Interview zeigt:

»Die Kommunikationsleute sind sich der Dynamik von Online-Diskussionen kaum bewusst«

Wie Communities mit der realen Welt interagieren – Interview mit Dr. Hannes P. Lubich, Privatdozent, IT-Risikomanagement, ETH Zürich

Herr Lubich, wann sind Sie das erste Mal mit Internet-Communities in Berührung gekommen?
Von 1986–1988 war ich mit anderen zusammen beauftragt, die Erschließung der Schweizer Universitäten mit dem Internet vorzubereiten. Mit dem Aufbau der universitären Netzwerk-Infrastruktur entstand bereits die erste Community: nämlich die Anwender der Hochschulen, die diese Netze nutzten und sich online miteinander austauschten, weil sie Hilfe oder Support brauchten oder inhaltliche Fragen diskutieren wollten. Die Communities waren damals E-Mail-Verteilerlisten und E-Mail-basierte Usenet-Groups.

Welche Arten von Communities nutzen Sie heute?
Sehr häufig nutze ich Xing.com, ein Business-Netzwerk vorwiegend für den deutschsprachigen Raum. Für mich ist das eine ideale Plattform, um bestehende Kontakte zu pflegen, aber auch neue zu erwerben, indem ich in themenspezifischen Xing-Foren mitschreibe, Xing-Realtreffen besuche oder auch Leute gezielt anhand ihres Online-Profils anspreche. Für mich selbst bietet Xing die Möglichkeit, meinen Lebenslauf und einen Link auf meine persönliche Homepage zu hinterlegen und somit beispielsweise für Headhunter, potentielle Arbeitgeber oder Geschäftspartner auffindbar zu sein.

Ich recherchiere seit Jahren auch immer wieder aus reiner Neugier, ob die Firma, für die ich jeweils arbeite, im Internet oder in spezifischen Foren aus irgendwelchen Gründen Gesprächsthema ist. Es ist schon vorgekommen, dass ich eine Warnung intern der Pressestelle weitergegeben habe, wenn ich etwas für die Firma Ungünstiges fand. Die Kommunikationsleute sind sich der Dynamik von Online-Diskussionen oder allgemein von Internet-Informationen, die mit der Firma in Verbindung gebracht werden können, normalerweise kaum bewusst.

Was für eine Art Dynamik meinen Sie damit?

Im Internet kann nichts verboten werden, und Informationen verbreiten sich sehr schnell. Wenn Kunden oder Mitarbeiter unzufrieden sind, wird das immer öfter über diesen Kanal publik gemacht; Gleichgesinnte finden und organisieren sich. Das muss als »Fact of Life« akzeptiert werden; Firmen sollten aktiv und offensiv damit umgehen. Die meisten beobachten das Internet heute noch nicht systematisch – die bestraft später das Leben. Es ist wichtig, zu wissen, was über einen gesagt wird, besonders für Firmen, die Konsumenten direkt beliefern – sonst kann ein großer Imageschaden entstehen, der schwer wieder zu beheben ist und Firmen je nachdem auch viel Geld kostet.

Inwiefern können Firmen von Communities profitieren?

In der IT-Branche, für die ich tätig bin, gibt es schon seit längerer Zeit interessante Modelle der Zusammenarbeit. Die Entwicklungsabteilungen von Firmen geben z. B. fachspezifischen User-Communities Beta-Versionen einer neuen Software heraus, worauf diese die Software analysieren, auf Fehler überprüfen und Verbesserungsvorschläge machen. Für die Unternehmen ist das aus mehreren Gründen vorteilhaft: Sie können sich einen gewissen Aufwand für Entwicklungsarbeit und Testing sparen, die Marktakzeptanz überprüfen und kommen außerdem in Kontakt mit potentiellen neuen Mitarbeitern, die sie über diesen fachlichen Austausch kennen lernen. Für die Communities ihrerseits bietet die Zusammenarbeit ebenfalls Vorteile. Sie haben bei einer neuen Software eine längere Vorlaufzeit und wissen schon frühzeitig, was auf den Markt kommt und worauf sie sich einstellen müssen. Sie bekommen Wertschätzung für ihre Meinung, können sich über ihre Fachthemen austauschen und erhalten evtl. auch interessante Job-Angebote. Außerdem geben die Firmen gewisse Benefits, zum Beispiel, indem sie den Communities die Serverinfrastruktur oder Meetingräume für Konferenzen zur Verfügung stellen. Diese Benefits dürfen aber nicht allzu hoch ausfallen, denn die Communities lassen sich nicht bestechen – die Wertschätzung ist wichtiger als materielle »Belohnungen«.

Wie kann denn eine Firma mit einer für sie interessanten Community Kontakt aufnehmen?

Die Kontaktaufnahme läuft fast immer über das Vertrauensverhältnis zu einer Person, und zwar sollte das ein Fachspezialist in diesem bestimmten Gebiet sein, und er sollte in Abstimmung mit seiner Firma etwas Relevantes zur Community beitragen. Zum Beispiel, indem er inhaltlich wichtige Beiträge liefert oder sich anbietet, die Moderation eines Forums zu übernehmen (was einen gewissen Arbeitsaufwand bedeutet). Der Nachteil an dieser Personenzentriertheit ist für die Firmen, dass mit dem Abgang einer solchen Person auch das Vertrauen der Community in die Zusammenarbeit wieder schwinden kann. Darum sollten die Firmen Bescheid wissen, welche ihrer Leute in Communities eine wichtige Rolle spielen, damit sie im Voraus Maßnahmen für den Fall eines personellen Wechsels planen können.

Wie werden sich Communities und Netzwerke in Zukunft entwickeln?

Die Zukunft ist klar multimedial, so wie sich das bereits heute auf flickr oder youtube zeigt. Es ist nahe liegend, dass auch Netzwerke wie Xing künftig ermöglichen werden, Podcasts oder Videosequenzen beim persönlichen Profil abzulegen, z. B. um die eigenen Skills im Bereich Präsentation oder Rhetorik aufzuzeigen. Es wird auch vermehrt zu Kooperationen zwischen den verschiedenen Communities kommen, so dass Datensätze dynamisch ausgetauscht werden können. Man wird in Zukunft nicht mehr akzeptieren, wenn man sich bei fünf verschiedenen Communities mit fünf verschiedenen Passwörtern anmelden und fünfmal die gleichen Daten über sich selber angeben muss – das wird einfacher werden. Für Business-Netzwerke ist die Herausforderung, Mitglieder mit exklusiven Angeboten an sich zu binden, das heißt, eine kommerzielle Nutzung zu finden, die einträglich ist und andererseits von den Mitgliedern auch akzeptiert wird.

4.4.2 Sich unkontrollierbar ausbreitende Inhalte

Online-Inhalte verbreiten sich epidemieartig

Der Journalist Malcolm Gladwell hat sich in seinem Buch »The Tipping Point« (2000) der Frage gewidmet, warum gewisse Ideen, die ursprünglich nur einem kleinen Kreis von Personen bekannt sind, plötzlich »kippen« und sich zu Massenphänomenen entwickeln. Er erklärt das anhand der Ausbreitung von Epidemien und zeigt auf, dass drei Regeln genügen, um auch einer Idee zum Durchbruch zu verhelfen:

1. **Das Gesetz der Wenigen:** es braucht immer Vermittler, Kenner und Verkäufer, um eine Idee oder ein Produkt bekannt zu machen. Auf diese drei Gruppen muss man sich konzentrieren, wenn man den Markt erreichen will.
2. **Der Verankerungsfaktor:** Die Information/Idee muss so verpackt sein, dass sie »unwiderstehlich« ist und gut erinnert werden kann.
3. **Die Macht der Umstände:** Das Verhalten der Menschen ist stark von der Umwelt abhängig und bleibt dadurch immer auch unberechenbar. Die Veränderung von kleinen Faktoren in der Umwelt kann eine Trendwende herbeiführen.

Gerade im Internet ist diese **epidemieartige Ausbreitung von Ideen**, Strömungen und Trends ein zentrales Thema. Die Mund-zu-Mund-Propaganda wird im Internet – im Vergleich zu traditionellen Medien – durch die digitale Informationsübermittlung beschleunigt und kann rasch Schneeballeffekte auslösen. Dies ist bei Plattformen wie Youtube zu sehen, wenn z. B. plötzlich eine bestimmte Musikgruppe Kultstatus erlangt, von der man noch nie vorher gehört hat. Der Status mag inhaltlich seine Berechtigung haben – es entsteht aber auch eine gewisse Eigendynamik dadurch, dass oft aufgerufene Inhalte auf der Topliste der Website weit oben stehen und allein dadurch auch wieder mehr Publikum anziehen.

> **Beispiel**
>
> **Exponentielle Weiterverbreitung**
> Immer öfter kommt auch der folgende Fall vor: Ein Unternehmen wird von einer einzelnen Person oder von einer kleinen Gruppe im Internet bezüglich eines bestimmten Themas kritisiert. Es geht auf diese Kritik nicht ein, weil es sie für vernachlässigbar hält oder davon gar keinen Wind bekommen hat. In der Folge sucht und findet die kritische Online-Gruppe weitere Verbündete im Netz, das Thema breitet sich über Mund-zu-Mund-Propaganda immer weiter aus, schließlich gelangt es an die Medien. Spätestens dann muss das Unternehmen reagieren – der Imageschaden ist aber bereits entstanden. Er wäre vielleicht zu verhindern gewesen, wenn das Unternehmen in einer früheren Phase des Konflikts mit der kritischen Gruppe in Kontakt getreten wäre.

Die virale, exponentielle Weiterverbreitung von Inhalten macht das Internet zu einem unberechenbaren, unkontrollierbaren und dadurch auch beunruhigenden System, gerade für Unternehmen, die potentiell immer damit rechnen müssen, dass mindestens einer der Millionen von real existierenden Internetnutzern einen Anlass für Kritik findet. Diese Prozesse lassen sich nicht verhindern, man kann aber besser oder schlechter damit umgehen. **Öffentlichkeitsarbeit im Internet** beinhaltet darum nicht nur die Fähigkeit, auf Kritik konstruktiv zu reagieren (▶ Kap. 11.2.6), sondern auch, die eigenen Kommunikationsangebote so zu gestalten, dass man als aktiver Partner im Netz agieren kann (▶ Kap. 12.5). Und nicht zuletzt sollte ein Unternehmen genügend Selbstvertrauen besitzen, um auf Anregungen aus dem Internet einzugehen und dadurch das eigene kreative Potenzial zu erweitern (▶ Kap. 10.5.8).

PR-Arbeit im Netz: Kritikfähigkeit und Selbstvertrauen sind gefragt

4.4.3 Selbstdarstellung und die Vernetzung nutzerbezogener Daten

Der potentiell »gewinnträchtigste« Teil von Web 2.0 steckt momentan noch in den Kinderschuhen: die gezielte Nutzung von userbezogenen Informationen zu kommerziellen Zwecken. Die Möglichkeit dazu basiert auf der Tatsache, dass Online-User in Web 2.0-Anwendungen sich selbst darstellen und persönliche Informationen zur Verfügung stellen. Daraus ergeben sich zwei geschäftsrelevante Bereiche:

1. **Angebote passend zu User-Profilen zur Verfügung stellen:**
   Viele Internetnutzer verfügen bereits heute über persönliche Profile auf mehreren Online-Plattformen. Immer öfter gehen die Betreiber solcher Plattformen Kooperationen ein oder fusionieren, so wie das z. B. bei Google mit Youtube oder MySpace geschehen ist. Dieser Trend wird sich in Zukunft weiter verstärken, so dass die Informationen zu einer Person aus verschiedenen Profilen zusammengezogen werden können und ein detailliertes Bild über sie ergeben. So können kommerzielle (oder andere) Angebote immer gezielter auf das Individuum zugeschnitten werden (mehr zum Thema profil- und kontextbezogene Werbung ▶ Kap. 10.4.2).
2. **Die Aktivitäten von Usern für kommerzielle Zwecke kanalisieren:**
   Ebenso interessant ist die Möglichkeit, User ins eigene Geschäftskonzept einzuspannen und daran mitwirken zu lassen. Dies funktioniert, wenn die Geschäftsidee transparent ist und die User aus ihrer Mitwirkung einen effektiven (oder subjektiven) Mehrwert ziehen können. Einfache Formen sind die Online-Beurteilungssysteme, wie sie eBay oder Amazon einsetzen. Neuere Modelle setzen auf dem Konzept der **Ontologien** auf, das heißt der logischen Verknüpfung von Wissen, das Online-Nutzer zur Verfügung stellen. So zum Beispiel bei Last.fm: Das Online-Radio nutzt die Hörgewohnheiten seiner Kundschaft, um persönliche Empfehlungen für neue Musik zu erstellen, Benutzer mit ähnlichem Musikgeschmack miteinander bekannt zu machen oder individuelle Radioprogramme bereitzustellen (◘ Abb. 4.2). Neu entdeckte Musik kann via Link gleich online gekauft werden. Aber auch **Sponsored Blogposts** (▶ Kap. 11.3.3) basieren teilweise auf dieser Idee, indem man »normale« User dafür einspannt, im Auftrag einer Firma Produktrezensionen oder andere PR-relevante Artikel zu schreiben.

Kunden lassen sich freiwillig von Firmen einspannen

◘ Abb. 4.2. Last.fm: Internetradio der neusten Generation

Die Entwicklung und Anwendung solcher Modelle steht heute erst am Anfang. Bei **transparentem Vorgehen** der Anbieter ist die Akzeptanz durch die Netz-Community relativ hoch (▶ Kap. 10.4.4, die Kunden als Botschafter involvieren), und die Möglichkeiten sind faszinierend. Man darf auf weitere Innovationen gespannt sein.

4.5 Communities und Netzwerke im Fokus von Unternehmen

4.5.1 Eine kommerzielle Community selber aufbauen

Seit den späten 90er-Jahren hat die **Kommerzialisierung der virtuellen Gemeinschaften** begonnen. Unternehmen entdeckten zunehmend den ökonomischen Wert von Communities (Hagel & Armstrong, 1997). Damit hat auch der Wissensbedarf nach Erfolgsfaktoren und Hindernissen für erfolgreiches Community Building zugenommen.

Die meisten virtuellen Gemeinschaften entstehen informell, indem sie sich selber einen Ort im Internet schaffen und via **Mund-zu-Mund-Pro-**

Die meisten virtuellen Gemeinschaften entstehen informell

4.5 · Communities und Netzwerke im Fokus von Unternehmen

paganda neue Mitglieder anwerben (Döring, 2003). Werden die Online-Plattformen von kommerziellen Unternehmen bereitgestellt, muss damit ein größerer Werbeaufwand im Internet selbst und in anderen Medien verbunden werden. Ohne diese Maßnahmen zur Bekanntmachung sind viele Foren und Plattformen schon von Anfang an zu einem stillen Tod verurteilt. Im Folgenden eine Zusammenstellung der wichtigsten Punkte, die beim Aufbau einer Community beachtet werden sollten.

Checkliste: Erfolgsfaktoren und Hindernisse für kommerzielle Communities

Erfolgsfaktoren
- Klares Profil der Community und klar definierte Themen: Dadurch fühlen sich die Zielgruppen besser angesprochen und es ist einfacher, innerhalb der Community Werbeflächen zu verkaufen.
- Einen Mehrwert bieten, z. B. Gratis-Webspace, eine innovative, provokative Grundidee oder exklusive Inhalte.
- Online- und Offline-Kooperationen mit Firmen, Organisationen oder Personen, die ähnliche Interessenschwerpunkte und/oder eine hohe Akzeptanz bei den Zielgruppen haben.
- Werbemaßnahmen in verschiedenen Medien zur Bekanntmachung der Community.
- Einfache (technische) Zugänglichkeit der Website.

Hindernisse
- Technische Barrieren wie lange Ladezeiten, Fehlermeldungen, kompliziertes Anmeldeverfahren.
- Mangelnde oder gar keine Werbemaßnahmen zur Bekanntmachung.
- Fehlende Kooperationen.
- Webauftritt, Sprache oder Erscheinungsbild nicht zielgruppengerecht.
- Zielgruppe hat zu wenig Internet-Affinität.
- Themenwahl zu allgemein, unklar oder irrelevant.
- Zensur durch die Plattform-Betreiber, sofern sie nicht auf allgemein anerkannten und transparent gemachten Grundregeln basiert (z. B. kein Rassismus, keine Pornografie, keine verletzenden und beleidigenden Äußerungen).

Trotz aller ergriffenen Maßnahmen und auch mit einem guten Konzept kann der Erfolg einer Community nicht garantiert werden. Es gehört auf jeden Fall viel Engagement dazu, damit das eigene Angebot überhaupt besucht wird, aber immer auch eine Portion Glück. Erst wenn eine kritische Größe erreicht ist und die Mitglieder regelmäßig und oft (täglich!) Beiträge schreiben, wird eine Community als attraktiv und lebendig wahrgenommen. Definitiv einfacher haben es darum Websitebetreiber, die sowieso schon über eine große Besucherzahl verfügen, wie z. B. Zeitungsverlage.

Erfolg kann nicht garantiert werden

4.5.2 Communities analysieren und beobachten

Online-Meinungsbildungsprozesse und Netz-Aktivitäten können für den Ruf eines Unternehmens relevant werden. Die Beobachtung und Analyse von Online-Communities ist darum ein wichtiges Gebiet nicht nur der Forschung geworden. Für die Beobachtung des Online-Lebens werden einerseits Techniken der **Social Network Analysis (SNA)**, andererseits das **Web Mining** angewandt (Chau & Xu, 2007).

Beim Web Mining werden Webinhalte automatisch von Web-Crawlern abgesucht. Es gibt drei Grundkategorien von Web mining (Kosala & Blockeel, 2000):

- **Content mining**: Die Inhalte (Text, Bilder, Audio- und Videoressourcen) werden nach gewissen Kriterien ausgewertet.
- **Structure mining**: Untersucht Verlinkungen innerhalb und zwischen Websites. Diese Informationen werden z. B. für das Ranking innerhalb von Suchmaschinen verwendet (▶ Kap. 8.4.11).
- **Usage mining**: Untersucht das Suchverhalten oder andere Aktivitätsmuster von Usern, um Muster und Gesetzmäßigkeiten festzustellen.

SNA-Technologien analysieren die Interaktionen zwischen den einzelnen Online-Nutzern und können somit oft feststellen, wo im Netz sich Gemeinschaften und Zusammenschlüsse herausbilden. Anhand der Art und Richtung der Interaktionen können sie außerdem herausfinden, wie eng diese Verbindungen sind, welches die wichtigen Knotenpunkte innerhalb des Netzwerkes sind und welche Funktionen gewisse Personen innehaben. Knotenpunkte innerhalb von Communities werden in einem zweiten Schritt inhaltlich analysiert, um Auskunft über Ideen und Aktivitäten der Mitglieder zu erhalten.

Man kann darüber geteilter Meinung sein, ob das Beobachten von Online-Communities **moralisch vertretbar** ist. Grundsätzlich muss aber jeder, der Online-Aktivitäten nachgeht, damit rechnen, dass diese auch von anderen nachverfolgt werden können. Der Online-Mensch ist bis zu einem gewissen Grad tatsächlich gläsern geworden (▶ Kap. 14.6), auch wenn das vielen nicht in dem Ausmaß bewusst ist, wenn sie online sorglos ihre Spuren hinterlassen.

Andererseits darf man, gerade als Unternehmen, auch nicht zu große **Heilserwartungen** an das Online-Monitoring haben. Es ist zwar sicher möglich, gewisse Trends und Themen im Internet festzustellen und über längere Zeit zu verfolgen (vgl. dazu das Interview in ▶ Kap. 11.2.3). Krisen können aber auch sehr kurzfristig entstehen und ans Tageslicht kommen, und in einem solchen Fall verschafft einem das Online-Monitoring nicht zwingend den gewünschten Informationsvorsprung.

Alle Online-Aktivitäten können von Dritten beobachtet werden

4.6 Zusammenfassung: Das soziale Internet und seine Wirkmechanismen

Checkliste: Das soziale Internet und seine Wirkmechanismen

Eigenschaften
- Gruppenbildung ist eine menschliche Grundeigenschaft – darum findet sie zwingend auch im Internet statt. Das Bedürfnis nach Austausch ist dem Menschen angeboren und sichert sein Überleben.
- Online-Gruppen zeichnen sich aus durch
    - eine spezifische Sprache mit »Hilfsmitteln« zur Kompensation von fehlenden Emotionen,
    - einen hohen Grad an Selbstoffenbarung und Selbstdarstellung sowie
    - Online-Altruismus und die Bereitschaft, anderen Hilfestellungen zu bieten.

Kommunikation mit Online-Gruppen
- Um mit Online-Gruppen erfolgreich zu kommunizieren, muss man sich zuerst mit den dort geltenden Gruppenregeln vertraut machen und diese respektieren.
- Erst schreiben, wenn man lange genug zugehört hat.
- Akzeptanz in der Gruppe geht mit Engagement für die Gruppe einher.

Risiken
- Im Internet werden die Interaktionen zwischen Menschen zum Zeitpunkt ihres Stattfindens dokumentiert und sind potentiell für alle Nutzer langfristig verfügbar. Dies ist vielen Leuten nicht bewusst, die sich online äußern und auch Persönliches preisgeben. Es hat eine gewisse Gewöhnung an diese Tatsache stattgefunden.
- Online-Gruppen können sich thematisch sehr rasch formieren und zu einem bestimmten Thema Stimmung machen. Auch Internet-Monitoring kann nicht vor einer Krise bewahren.

Chancen
- Den Nachteilen des Online-Daseins als »gläserner Mensch« stehen faszinierende neue Möglichkeiten gegenüber. Der Online-Austausch ermöglicht die bessere Verfügbarkeit von Wissen und die gezielte Vernetzung mit Gleichgesinnten.
- Internetnutzer können dafür gewonnen werden, an einem Projekt mitzuarbeiten, das dem Unternehmen Nutzen bringt. Dabei müssen aber bestimmte Spielregeln beachtet werden (Transparenz, klare Bekanntgabe der Absichten und im Projekt geltenden Regeln).

Weiterführende Literatur

Mühlenbeck, F. & Skibicki, K. (2007). Community Marketing Management. Wie man Online-Communities im Internet-Zeitalter des Web 2.0 zum Erfolg führt. Norderstedt: Books on Demand.
Einführung in die Welt der Communities und wie sie von Unternehmen im Marketing eingesetzt werden können.

Informationsflut und der Kampf um die Aufmerksamkeit – Psychologische Grundlagen der Aufmerksamkeitssteuerung

5.1 Psychologische Grundlagen des Online-Verhaltens – 76

5.2 Die Aufmerksamkeit als knappes und kostbares Gut – 77

5.3 Wahrnehmung – 78

5.4 Informationsverarbeitungsprozesse – 84

5.5 Operante Konditionierung: erwünschtes Verhalten belohnen – 90

5.6 Gedächtnis und Verarbeitungstiefe: Wie man sich unvergesslich macht – 92

5.7 Motivation – 98

5.8 Stress und Leistungsfähigkeit: Kontrolle ist alles – 103

5.9 Zusammenfassung: Merkpunkte zur Aufmerksamkeitssteuerung – 106

Lesen Sie in diesem Kapitel:
- Warum sich der Kampf um die Aufmerksamkeit im Internet im Vergleich zu traditionellen Medien verschärft hat,
- wie psychologische Faktoren die Aufmerksamkeitssteuerung beeinflussen und wie Sie dieses Wissen bei Ihren eigenen Online-Aktivitäten nutzen können,
- welche zentrale Rolle die Motivation der Zielgruppe für die Gestaltung eines Online-Angebots spielt und
- warum manchmal nebensächliche Details den Erfolg einer Website verhindern.

5.1 Psychologische Grundlagen des Online-Verhaltens

Die langfristigen Wirkmechanismen hinter den Trends aufspüren

Wenn es um Ursachen und Gründe geht, warum ein Mensch sich so oder anders verhält, warum er seine Aufmerksamkeit dem einen Ereignis schenkt und dem anderen nicht, warum er träge oder aktiv ist – dann sind dies alles psychologische Fragestellungen. Psychologische Forschung hat eine über 100-jährige Geschichte mit großer Bandbreite, und je nach Thema umfasst sie auch Aspekte aus verwandten Disziplinen wie Biologie, Soziologie, Verhaltensforschung, Anthropologie etc. Demgegenüber ist das Internet ein relativ junges Phänomen – und neue Entwicklungen, die dank des technologischen Fortschritts möglich werden, überraschen uns in einem immer schnelleren Rhythmus.

Was bringt die **Zukunft**? Werden wir nur noch »Rich Media« konsumieren, kommt es zu immer noch größerer Transparenz von Informationen, zu noch besserer Lokalisierbarkeit von Menschen und Gegenständen, zur Aufteilung von Business- und Fun-Internet, werden wir gar mit Ganzkörperanzügen in die virtuelle Realität eintauchen? Oder geht es in eine Richtung, die wir uns heute noch überhaupt nicht vorstellen können? Diese Fragen können zurzeit noch nicht beantwortet werden – man kann darüber bloß Vermutungen anstellen.

Trotz aller Überraschungen und immer wieder neuer Strömungen und Trends ist aber anzunehmen, dass sich das menschliche Verhalten nicht in seinen Grundzügen ändern wird, sondern dass **menschliche Eigenschaften** aus dem »Real Life« auch im virtuellen Raum in ähnlicher Weise zum Tragen kommen.

> In diesem Kapitel werden psychologische Grundlagen für das Online-Verhalten aufgezeigt, die auch unabhängig von der weiteren Entwicklung des Internets Gültigkeit haben.

Der Ansatz dabei ist eklektisch, das heißt, es wird kein umfassender Überblick über alle möglichen psychologischen Fachrichtungen geboten, sondern jene Prozesse werden vertieft angeschaut, die nach Einschätzung der Autorin Relevanz haben und plausibel gewisse **Online-Verhaltensweisen erklären** oder **vorhersagen** können.

Grundlegend sind dabei immer die Fragestellungen:
- Wie können psychologische Prozesse in den Dienst effizienter Online-Kommunikation gestellt werden?
- Wo kann man die Psychologie hinzuziehen, um zu erklären, warum ein gewisses Kommunikationsproblem aufgetaucht ist?
- Wie kann man die Aufmerksamkeit der Kunden auf ein bestehendes Angebot lenken?
- Was kann die Psychologie dazu beitragen, aus Online-Kunden zufriedene und treue Online-Kunden zu machen?

Letztlich ist die Fähigkeit, die **Aufmerksamkeit** eines Menschen zu **gewinnen**, für die Online-Kommunikation zentral, denn ohne die Aufmerksamkeit des Gegenübers kann man auch nicht mit ihm in Dialog treten.

5.2 Die Aufmerksamkeit als knappes und kostbares Gut

Im gleichen Maße, wie die Verfügbarkeit und Dichte von Informationen zunimmt, verschärft sich auch der **Wettbewerb um die Aufmerksamkeit** des potentiellen Empfängers. Ihn mit einer Botschaft zu erreichen, ist ein kostbares Gut, und die Werbe- und Kommunikationsbranche wendet verschiedene Strategien an, um zu diesem Ziel zu gelangen. Wie sieht dieser Sachverhalt nun aber im virtuellen Raum aus?

Der Kampf um die Aufmerksamkeit verschärft sich im Internet

Grundsätzlich kann man sagen, dass sich der Kampf um die Aufmerksamkeit im Cyberspace – im Vergleich zu herkömmlichen Medien – aus drei Gründen zusätzlich verschärft:

1. **Exponentiell ansteigende Informationsmenge:**
   Die Vervielfältigung von digitalen Informationen ist einfach und vergleichsweise preisgünstig geworden, da man praktisch ohne Rohstoffe auskommt. Die niedrigen Kosten und die Schnelligkeit der Verbreitungsmöglichkeiten führen dazu, dass Informationen im virtuellen Raum in exponentiell ansteigender Menge verfügbar sind – bei konstant bleibender verfügbarer Zeit der Nutzer, Informationen zu verarbeiten. Zudem ist die Wahrnehmungsfähigkeit der Menschen eine fixe biologische Größe, das heißt, sie kann auch mit Übung nicht erweitert werden.
2. **Beschränkte Anwendbarkeit starker Reize:**
   Die Eigenschaften der Online-Kommunikation selbst verstärken den Kampf um die Aufmerksamkeit. Durch die Kanalreduktion (▶ Kap. 2.2.1) sind die Möglichkeiten oft eingeschränkt, mit starken Reizen auf den Empfänger einzuwirken. Dies ist nicht in allen Online-Anwendungsbereichen gleich ausgeprägt. Bei der Gestaltung einer Website kann man – mit zunehmender Kapazität der Datenübertragung – mehrere Kanäle ansprechen (mit Text, Ton und bewegtem Bild). Hingegen ist man bei der Verwendung von E-Mail oder von Newsletters, aber auch beim Eintrag in eine Suchmaschine, zum großen Teil auf die geschriebene Sprache beschränkt.

Der Internet-User hat (meist) die Wahlfreiheit

3. **Individualisierte und autonome Nutzung:**
Der dritte erschwerende Umstand für die Aufmerksamkeitssteuerung ist die Autonomie des Nutzers: Er ist nie gezwungen, eine bestimmte Website regelmäßig zu besuchen, sondern hat stets die freie Wahl, wann und wo er sich aufhalten will. Das Internet ist ein Individualmedium und hat für die außergewöhnlichste Interessenlage ein Angebot bereit. Dies im Gegensatz zum (traditionellen) Fernsehen, wo man eine limitierte Anzahl von Sendern zur Auswahl hat, die dadurch bis zu einem bestimmten Grad die Konsumpräferenzen beeinflussen können. Die Toleranzgrenze des Users – im Internet bei einem minderwertigen Angebot zu verweilen – ist massiv tiefer als bei anderen Medien, gerade durch die große Auswahl an Alternativen.

Diese drei Punkte führen dazu, dass man als Anbieter von Kommunikationsinhalten im Internet noch intensiver als bei traditionellen Medien darüber nachdenken muss, wie man den Kampf um die Aufmerksamkeit effizient führen soll. Sehr häufig trifft man im Internet allerdings den gegenteiligen Sachverhalt an: dass traditionelle Strategien auf die neuen Medien angewandt werden – mit der Folge, dass man mit schlecht besuchten Websites und wenig genutzten Online-Diensten leben muss.

❗ **Will man die Aufmerksamkeitsprozesse steuern, muss man gerade jene Bereiche im Internet wirksam gestalten, die auf den ersten Blick sichtbar sind.**

Auf der **Einstiegsseite** einer Website, anhand von Absender und Betreffzeile sowie dem obersten Bereich einer E-Mail oder eines Newsletters entscheidet der User, ob er sich weiter auf ein Angebot einlassen will.

Mehr zur konkreten Gestaltung von E-Mails, Newsletters und Websites erfahren Sie in ▶ Kap. 7, 8 und 9. In diesem Kap. 5 werden Sie – mit Fokus auf die Praxis – mit aufmerksamkeitsrelevanten psychologischen Prozessen und Wirkmechanismen bekannt gemacht.

5.3 Wahrnehmung

Wahrnehmung ist ein grundlegender Prozess des menschlichen Organismus. Sie ermöglicht es, sich in der Umwelt zu orientieren, das Relevante vom Irrelevanten zu unterscheiden und diejenigen Umstände und Einflüsse zu erkennen, die für das persönliche Leben und Überleben wichtig sind.

5.3.1 Wie funktioniert Wahrnehmung?

Die moderne Psychologie definiert Wahrnehmung pauschal als die **Aufnahme von Informationen ins menschliche Gehirn.** Nun gelangen aber nicht alle Reize aktiv in unser Bewusstsein. Ein großer Teil der Wahrnehmungsprozesse verläuft **unbewusst**, das heißt, ohne dass wir unsere Aufmerksamkeit darauf richten. Gewisse Informationen werden in einer

Situation als irrelevant eingestuft und fallen deshalb durch den Filter der bewussten Wahrnehmung – sie können aber je nachdem zu einem späteren Zeitpunkt wieder rekonstruiert werden.

Der menschliche Organismus ist v. a. darauf angelegt, **Änderungen wahrzunehmen**. Ein konstantes Hintergrundgeräusch in einem Raum wird beispielsweise nach einer Weile vom Bewusstsein »ausgeblendet«, auch wenn es nach wie vor vorhanden ist. Erst wenn sich das Geräusch verändert oder ein anderes Geräusch hinzukommt, wird unsere Aufmerksamkeit erneut darauf gelenkt. Dadurch wird die Informationsverarbeitung effizienter, denn der Organismus kann sich so besser jenen **neuen Reizen zuwenden**, die er bis dahin nicht kannte (für eine vertiefende Einführung in die Wahrnehmungspsychologie, s. Guski, 2000 oder Funke & Frensch, 2006).

Es gibt neben den biologisch-physiologisch begründeten auch **psychologische Einflussfaktoren** auf die Sinneswahrnehmung. Diese sind besonders relevant, wenn man herausfinden will, wie man die Aufmerksamkeit eines Individuums beeinflussen kann.

Determinanten der Aufmerksamkeit

Die Wahrnehmung von Informationen ist immer selektiv, da es für den Organismus unmöglich und ineffizient ist, alle auf ihn einströmenden Informationen wahrzunehmen. Die Aufmerksamkeit wird von zwei Prinzipien bestimmt:

- der **physischen Kapazität**: Blickfeld, Hörbereich, Geschmacksknospen auf der Zunge etc. und
- den **kognitiven Aufmerksamkeitsprozessen**: die Entscheidung des Individuums, einem Umstand/einem Thema mehr Aufmerksamkeit zu schenken.

Die Wahrnehmung von Informationen ist immer selektiv

Die Forschung hat gezeigt, dass **selektive Wahrnehmung** bei allen Sinnen vorkommt und auch mit Üben nicht verändert werden kann. Experimente belegen, dass z. B. der Versuch, zwei TV-Programme gleichzeitig zu verfolgen, zu hohen Fehlerquoten und zu falscher Wahrnehmung führt. Bessere Resultate erhielt man, wenn die Probanden abwechselnd Sequenzen der einen und dann der anderen Sendung schauen konnten, oder wenn die Tätigkeiten, die gleichzeitig verfolgt werden sollten, einander nicht ähnlich waren (Paulhan, 1987, zit. in Neumann, 1992).

> **❗ Beim Anbieten und Konsumieren von Informationen muss die beschränkte Wahrnehmungs- und Verarbeitungsfähigkeit des Menschen als gegebene und unveränderbare Konstante akzeptiert werden.**

Absolute Reizschwelle, Unterschiedsschwelle und Signalentdeckungstheorie

Seit dem frühen 19. Jahrhundert ging man davon aus, dass es für die Wahrnehmung eine **absolute Reizschwelle** gibt – also den Punkt, an dem ein Reiz so stark ist, dass er überhaupt vom Organismus wahrgenommen wird.

Anhand wahrnehmungspsychologischer Experimente hat man aber später festgestellt, dass es diese absolute Schwelle nicht gibt, sondern dass man höchstens von einem Annäherungswert ausgehen kann – dem Bereich, an dem in 75% der Fälle ein Reiz korrekt erkannt werden kann. Diese Grenze ist aber relativ willkürlich gesetzt, denn es gibt sogar bei sehr schwachen Reizen immer einen gewissen Prozentsatz richtiger Wahrnehmungen.

Die **Unterschiedsschwelle** (auch: just noticeable difference) bezeichnet den Unterschied in der Reizintensität, der notwendig ist, damit man zwei Reize gerade voneinander unterscheiden kann. Das Weber'sche Gesetz besagt, dass der Unterschied in der Reizintensität umso größer sein muss, je stärker der ursprüngliche Reiz ist, von dem sich der zweite Reiz abheben soll. Wenn beispielsweise ein Ton sehr leise ist, muss ein zweiter Ton nicht sehr laut sein, damit man diesen wahrnimmt. Ist der erste Ton hingegen schon sehr laut, muss ein zweiter Ton eine proportional dazu größere Lautstärke haben, um vom ersten unterschieden werden zu können.

In den 60er-Jahren entwickelte man eine alternative Theorie zur absoluten Reizschwelle, die **Signalentdeckungstheorie** (Green & Swets, 1966). Sie besagt, dass es keinen Zustand unter der absoluten Schwelle gibt (ohne wahrnehmbaren Reiz), sondern dass der Organismus mit einem konstanten Grundrauschen konfrontiert ist. Die Wahrnehmungsaufgabe besteht gemäß dieser Theorie darin, neue eingehende Reize von diesem Grundrauschen zu unterscheiden. Die Reizwahrnehmung ist also neben dem reinen Sinneserlebnis auch ein Entscheidungsprozess: Ist das, was ich empfinde, das Grundrauschen oder ein anderer Reiz? Die Signalentdeckungstheorie gibt Erklärungsansätze, warum die Wahrnehmungsschwelle nicht absolut ist, sondern stark variieren kann.

Zwei Faktoren beeinflussen die getroffene Entscheidung (Grundrauschen vs. neuer Reiz):

- Die Empfindlichkeit des Individuums für einen Reiz: wie ausgeprägt seine **Fähigkeiten** sind, einen bestimmten Reiz überhaupt wahrzunehmen und
- das Beurteilungskriterium: die **Bereitschaft** einer Person, einen Reiz wahrzunehmen. Diese Bereitschaft ist abhängig von persönlichen Erwartungen und Motiven und davon, wie wichtig und relevant es für die Person ist, einen Reiz wahrzunehmen bzw. ob es negative Folgen hat, wenn sie den Reiz verpasst.

> Reizwahrnehmung setzt Bereitschaft voraus

Warum Reize unterschiedlich wahrgenommen werden

Die unterschiedliche Bereitschaft, Reize wahrzunehmen, lässt sich anhand eines Beispiels veranschaulichen. Angenommen, man hält sich in einer fremden Großstadt auf, von der man weiß, dass sie über eine hohe Kriminalitätsrate verfügt und damit eine hohe Wahrscheinlichkeit besteht, dass man überfallen und ausgeraubt wird. Geht man nachts durch ein Viertel dieser Stadt, so ist die Alarmbereitschaft sehr hoch, das heißt, man ist bei der geringsten Veränderung im Umfeld (seltsame Geräusche, Bewegungen, Lichtveränderungen etc.) sofort hoch aufmerksam. Die Wahrnehmung schon sehr schwacher Veränderungen in der Umwelt kann hier sehr wichtig, im schlimmsten Fall überlebensnotwendig sein. Darum ist die Bereitschaft hier sehr hoch, niederschwellige Reize wahrzunehmen. Gleichzeitig steigt dadurch die Wahrscheinlichkeit für Fehlalarme, indem man auch bei harmlosen Veränderungen gleich in Alarmbereitschaft steht.

Befindet man sich hingegen in seiner Heimatstadt, die man kennt und in der man sich subjektiv oder aufgrund der effektiv niedrigen Kriminalitätsrate sicher fühlt, so wird man die Wahrnehmungsschwelle höher setzen. Kleine Veränderungen in der Umwelt nimmt man entweder gar nicht bewusst wahr, oder sie rufen keine starken Reaktionen hervor, weil man sie dem nichtkritischen Bereich zuordnet. Dieses Verhalten ist der Umwelt subjektiv angemessen, weil man keine lebensbedrohenden Momente erwartet. Im Unterschied zur vorigen Situation steigt jedoch hier die Gefahr, effektive Gefahrenmomente nicht frühzeitig zu erkennen.

5.3.2 Die Reizwahrnehmung steuern

Von der Signalentdeckungstheorie kann man also lernen: Die Wahrnehmung von Reizen ist nicht einfach eine feste Größe. Der Mensch ist offenbar fähig, sie subjektiv gemäß seiner persönlichen Wünsche, Erwartungen und Erfahrungen zu gestalten.

Somit lässt sich aus der psychologischen Wahrnehmungsforschung ein wichtiger Grundsatz für die Kommunikation ableiten: Die Reizwahrnehmung kann entweder durch die Reizstärke beeinflusst werden oder durch die Relevanz, die ein Reiz für eine Person hat. Gerade in einer Umwelt, die uns potenziell mit sehr vielen Reizen überflutet, ist die Grund-Reizstärke aber schon relativ hoch. Das heißt, um sich mit der Reizstärke (gemäß der just noticeable difference) überhaupt von den anderen Reizen abzuheben, muss man auf eine sehr hohe Reizintensität setzen. Die Gefahr besteht aber, dass der Empfänger den Reiz dennoch nicht wahrnimmt, nämlich dann, wenn er den Reiz als subjektiv nicht relevant einschätzt. Er wird diesen Reiz dann eher dem »Grundrauschen« zuordnen, sich daran gewöhnen und seine Wahrnehmungsschwelle höher setzen. Dadurch kann ein eigentliches »**Reiz-Wettrüsten**« entstehen, indem man versucht, mit immer lauteren, schrilleren Reizen aus dem Teufelskreis des Nicht-Wahrgenommen-Werdens auszubrechen.

Will man eine Person mit einem Reiz oder einer Information erreichen, hat man höhere Erfolgschancen, wenn dieser Reiz der Person subjektiv relevant erscheint.

> Die Reizwahrnehmung wird entweder durch die Reizstärke beeinflusst oder durch die Relevanz, die ein Reiz für eine Person hat.

> ❶ Die Relevanz eines Reizes ist ein effizienteres Mittel, die Aufmerksamkeit einer Person zu aktivieren, als die bloße Erhöhung der Reizintensität. Ein relevanter Reiz wird auch bei niedriger Intensität mit hoher Wahrscheinlichkeit wahrgenommen.

Bei permanenter **Überreizung** durch starke, nicht relevante Reize wird die Empfängerperson die Wahrnehmungsschwelle nach oben setzen, so dass die beabsichtigte Wirkung verfehlt wird (◘ Abb. 5.1). Im Idealfall kann man in Werbung oder Kommunikation Reizintensität und Reizrelevanz verbinden und erhält dadurch eine potenzierte Wirkung. Es ist jedoch immer

Abb. 5.1. Relevante Reize sind wirksamer als intensive Reize

sinnvoll, bei einem Angebot zu versuchen, die Relevanz für den Empfänger in einem gegebenen Kontext klar herauszuarbeiten, denn relevante Informationen lösen weniger Antireflexe aus als schrille, grelle Reize und führen auch weniger zur Gewöhnung und Abstumpfung als Letztere.

5.3.3 Beiläufige und unterschwellige Wahrnehmung

Beiläufige Wahrnehmung kann unser Verhalten beeinflussen

Wie weiter oben erläutert, erlangt nur ein kleiner Teil aller auf uns eindringenden Informationen unsere bewusste Aufmerksamkeit. Auch diejenigen, die wir nur beiläufig wahrnehmen, können in unserer Erinnerung haften bleiben und unser Verhalten beeinflussen. In jüngster Zeit wird der Einfluss von beiläufiger und auch von unterschwelliger Wahrnehmung (also von Reizen, die unserem Bewusstsein gar nicht zugänglich sind, weil sie z. B. nur während Sekundenbruchteilen präsentiert werden) auf unser Verhalten vermehrt diskutiert, gerade von Vertretern des sog. **Neuromarketings** (zur kritischen Begutachtung dieser Modeströmung s. Felser, 2007, S. XIV). Schon in den 50er-Jahren wurden angeblich spektakuläre Forschungsresultate bekannt, die besagten, dass ganz kurz eingeblendete Appelle wie »EAT POPCORN« in Kinofilmen den Popcorn-Verbrauch um 18% steigern könnten (Vicary, 1957,

5.3 · Wahrnehmung

zitiert in Felser, 2007). Die Forschung von Vicary erwies sich später allerdings als Betrug. Neuere Forschung belegt, dass unterschwellige Verhaltensappelle nicht wirksam sind – die **unterschwellige Präsentation** von Inhalten kann aber **bereits vorhandene Bedürfnisse und Ziele aktivieren** und damit das Verhalten beeinflussen. Die Effekte unterschwelliger Wahrnehmung sind aber nicht größer als bei der beiläufigen, die dem Bewusstsein zugänglich ist. Eine gute Einführung in die Thematik der automatischen Informationsverarbeitungsprozesse bietet Felser (2007). Mehr zum Thema beiläufige Wahrnehmung und implizites Erinnern außerdem im ▶ Kap. 5.6.

5.3.4 Übersicht: Wahrnehmungsprozesse im Internet beeinflussen

Wie oben erläutert, kann die Aufmerksamkeitssteuerung auf zwei Arten beeinflusst werden: indem man die Reizstärke intensiviert oder die Relevanz eines Reizes für den Empfänger erhöht.

Relevanz ist wirksamer als Reizstärke

Reizstärke intensivieren
Vorgehen
Nicht nur mit Text, sondern mit Bildern, Musik, Videosequenzen und leuchtenden oder grellen Farben arbeiten. Schriftgrößen variieren. Bewegte Bilder, dynamische Elemente in Websites einbauen.

Vorteile
Reiz-Intensivierung ist relativ einfach, d. h. ohne tiefer gehende technologische Kenntnisse herzustellen. Die emotionale Seite des Nutzers wird sehr direkt und einfach verständlich angesprochen.

Nachteile
Da es sich um relativ »simple« und unspezifische Reizverstärker handelt, findet bald eine Abstumpfung statt (Wear-out-Effekt). Die Toleranz des Nutzers gegenüber dieser einfachen Ansprache ist nicht unbeschränkt hoch. Schwierigkeit, sich von anderen Anbietern abzugrenzen, da alle mit den gleichen Mitteln arbeiten müssen. Dies führt zu einem »Reiz-Wettrüsten«.

Reizrelevanz erhöhen
Vorgehen
In denjenigen Bereichen der Online-Medien, die auf den ersten Blick sichtbar sind, die relevanten Themen – auf Zielgruppen bezogen – klar sichtbar herausarbeiten. Dies setzt konzeptionelles Arbeiten voraus. Für die Gestaltung einer Website:
- Analyse der potentiellen Nutzer/Zielgruppen und
- Analyse der Zugriffsstatistiken bei Websites.

▼

> Inhalt und visuelle Gestaltung ganz auf das Relevante ausrichten. Weniger ist mehr! Bei Online-Werbung: Neuere Technologien stellen die Relevanz von Werbeinhalten gleich während des Surfens auf einer Website her, indem basierend auf den bisher angeklickten Seiten die wahrscheinlich interessanten Inhalte für den Nutzer angezeigt werden. Dazu mehr im
> ▶ Kap. 10.4.2 (Online-Marketing).
>
> **Vorteile**
> Die Zielgruppen werden bei ihren persönlichen Bedürfnissen abgeholt. Es findet wenig oder keine Abstumpfung gegenüber Werbemaßnahmen statt. Wenn die Relevanz hoch ist, kann man sich im Extremfall sogar eine unattraktiv gestaltete Website leisten (obwohl man das trotzdem vermeiden sollte).
>
> **Nachteile**
> Je nachdem relativ hoher Aufwand für die Umsetzung (z. B. Neukonzeption einer Website, Implementierung eines Tools, das kontextbasierte Informationen automatisch aufschaltet etc.). Trotz der ergriffenen Maßnahmen können natürlich auch relevante Informationen im Wettbewerb um die Aufmerksamkeit untergehen.
>
> **Beispiele für die Kombination der zwei Vorgehensweisen**
> - Keine Bilder als bloßes »Füllmaterial«, sondern solche, die von der Zielgruppe emotional oder inhaltlich als relevant empfunden werden.
> - Videosequenzen, die einen relevanten Inhalt erläutern und unterstützen.
> - Farbliche oder andere optische Hervorhebung von relevanten Inhalten.
> - Werbung kontextbasiert einsetzen, d. h. sie an relevante Inhalte als Zusatzinfo »anhängen« (▶ Kap. 10.5.2).

5.4 Informationsverarbeitungsprozesse

Die Informationsverarbeitung gehört zu den grundlegenden Prozessen des menschlichen Bewusstseins. Alles, was von außen an Reizen auf uns eindringt, ist in irgendeiner Form Information und wird vom Gehirn verarbeitet, selektiert, in bereits Vorhandenes eingegliedert oder verworfen. Entsprechend komplex und vielfältig ist das psychologische Forschungsgebiet. Im vorliegenden Kapitel werden einige zentrale Begriffe behandelt, die für die Gestaltung der Online-Kommunikation relevant und hilfreich sind.

5.4.1 Schemageleitete Informationsverarbeitung

Schemata als innere Abbilder äußerer Gegebenheiten

Das Schema als Grundprinzip der Informationsverarbeitung

Die Verarbeitung von Information mittels bereits gemachter Erfahrung heißt schemageleitete Informationsverarbeitung. Unter einem **Schema** versteht man ein inneres Abbild, das eine Person von einer Kategorie, einem

5.4 · Informationsverarbeitungsprozesse

Konzept oder einem Erfahrungszusammenhang hat. Neue Erfahrungen werden immer anhand bereits erworbener Schemata interpretiert, und je nach Erfahrung wird ein Schema verändert, der neuen Erfahrung angepasst und verfeinert.

Eines der frühesten Schemata, die ein Kind lernt, ist beispielsweise das Schema Mann – Frau. Am Anfang ist dieses Schema wenig ausgereift: Frauen schminken sich, haben eine hohe Stimme und lange Haare, Männer tragen Krawatten, haben eine tiefe Stimme und einen Bart. Je älter das Kind wird und je mehr Erfahrungen es mit verschiedenen Männern und Frauen macht, desto differenzierter wird seine innere Repräsentation dieses Schemas. Es weiß bald einmal, dass es Männer mit langen Haaren gibt und dass auch Frauen mit tiefer Stimme Frauen sind. Später kommen zu den äußerlichen Merkmalen dieser Kategorie auch innere dazu: Frauen weinen und sind schwach, Männer sind hart und kämpferisch. Frauen reden viel, Männer interessieren sich für Autos etc.

Schemata sind effizient und beeinflussen die Wahrnehmung

Diese Kategorisierungen oder Schemata, die man im oben genannten Fall vorschnell als »Vorurteile« bezeichnen könnte, stellen ein grundlegendes Prinzip dar, nach dem alle Menschen funktionieren.

> **Die Informationsverarbeitung ist sehr effizient, weil in einem einzelnen Schema sehr viele Informationen zusammengefasst werden können. Anhand solcher Schemata erfassen und verarbeiten wir einen Großteil der Informationen, die täglich auf uns eindringen.**

Man stelle sich z. B. vor, es gäbe kein Schema »Baum«, und wir müssten auf der Straße jedes dieser groß gewachsenen Dinge mit Stamm, Rinde und Blättern zuerst eingehend inspizieren, bis wir es als ungefährlich taxieren könnten!

Schemabedingte selektive Wahrnehmung

Schemata werden im Laufe des Lebens und mit zunehmender Erfahrung in einem bestimmten Bereich verfeinert. Generell läuft dieser Prozess bei allen Menschen gleich ab: Eine Erfahrung, die sich von unserem bestehenden Schema unterscheidet und darin nicht eingeordnet werden kann, führt zu einer **Anpassung/Differenzierung** des Schemas und zu einer **Verfestigung** des Schemas auf dem neuen Niveau. So hat z. B. ein Biologe differenziertere Repräsentationen des Schemas »Baum« als ein Durchschnittsmensch, da er sich intensiv mit den verschiedenen Baumarten befasst hat.

Forschung hat nun aber gezeigt, dass bestehende Schemata relativ starke Konstruktionen sind und es nicht in jedem Fall einfach ist, sie aufzubrechen. Ein bestehendes Schema lenkt die Wahrnehmung auf schemarelevante Informationen, die dann eher wahr- und aufgenommen werden als diejenigen, die gemäß eigenem Schema nicht relevant sind. Mehr noch: Gewisse Informationen, die dem Schema nicht entsprechen, können gänzlich durch das Raster fallen und werden überhaupt nicht wahrgenommen. So hat Bem (1981, 1993) verschiedene Experimente zum Mann-Frau-Schema durchgeführt. Sie konnte nachweisen, dass es für Leute mit stark

Was den vorhandenen Schemata nicht entspricht, wird nicht wahrgenommen

ausgeprägtem Mann-Frau-Schemadenken einfacher ist als für eine Vergleichsgruppe, sich an Wörter zu erinnern, die typischerweise dem einen oder anderen Geschlecht zugewiesen werden (z. B. weich, zaghaft vs. hart, forsch), und dass sie sich an Begriffe, die nicht zu diesem Schema passen, signifikant schlechter erinnern.

Ein bestehendes Schema bewirkt eine persönliche **Erwartungshaltung** und beeinflusst die Selektion und Einordnung neuer Informationen stark. Dies kann zu einer falschen oder verzerrten Wahrnehmung der Umwelt führen. Dies wiederum führt dazu, dass bestehende Schemata nicht verfeinert werden, obwohl entsprechende Anreize in der Umwelt vorhanden wären.

Dieses Problem stellt die Schattenseite der schemageleiteten Informationsverarbeitung dar: Gewisse Informationen fallen durch das Wahrnehmungsraster oder werden falsch interpretiert, weil sie unseren Schemata nicht entsprechen. Dies mag ein Grund dafür sein, warum es so schwierig ist, bestehende Vorurteile gegenüber bestimmten Menschen oder Gruppen abzubauen.

Halo-Effekt

Halo-Effekt: falsches Pauschalurteil

Ein **Wahrnehmungsfehler**, der ebenfalls auf fälschlicherweise generalisierten Schemata basiert, ist der Halo-Effekt. Er bewirkt, dass ein einzelnes wahrgenommenes Merkmal einer Person alle anderen Merkmale dieser Person überstrahlt. Schon früh erforscht wurde dies von Thorndike (1920) und Asch (1946), die herausfanden, dass wir über die Eigenschaften anderer Menschen nicht in differenzierten Kategorien nachdenken, sondern sie anhand des ersten Eindrucks und basierend auf einem einzelnen Merkmal pauschal in »ziemlich gut« oder »ziemlich schlecht« einteilen.

Der Begriff wird auch im **Marketing** verwendet für den Sachverhalt, dass die **Sympathie für eine Marke** die spezifischen (und möglicherweise nicht nur positiven) Eigenschaften eines einzelnen Produkts dieser Marke überstrahlen kann.

Der Halo-Effekt wird oft herangezogen, um zu beweisen, wie wichtig der erste Eindruck z. B. einer Website ist, wenn man eine Kundenbeziehung aufbauen will. Schemageleitete Informationsverarbeitung geht aber weiter als der Halo-Effekt und kann auch nach dem (mehr oder weniger gelungenen) ersten Eindruck eine selektive Wahrnehmung bewirken.

5.4.2 In der Praxis: Selektive Wahrnehmung bei Online-Newsletters

Auch im Online-Bereich sind Schemata wichtige und notwendige Hilfen für die Strukturierung und Bewältigung der großen angebotenen Informationsmengen. Zeitknappheit und Info-Überfluss zwingen die Nutzer dazu, von Anfang an eine grobe Einteilung der Info-Angebote in nützlich (relevant) und unnütz (irrelevant) zu machen, um sich rascher vorwärts bewegen zu können.

So entwickelt man z. B. anhand bestehender Erfahrungen Erwartungshaltungen darüber, ob der Newsletter eines bestimmten Unternehmens auch in Zukunft relevante und/oder unterhaltsame Inhalte anbieten wird. Wenn die bisherigen Erfahrungen gut waren, wird der Newsletter auch in Zukunft geöffnet und gelesen, und die Toleranz ist etwas höher, wenn man zwischendurch einmal weniger relevante Informationen erhält. Wird man aber nach dem ersten Onlinekontakt von einem Unternehmen ein-, zwei- oder maximal dreimal mit oberflächlichen Newsletters »zugemüllt«, fügt man den Absender dieser Angebote automatisch der Kategorie »unnütz« hinzu, der Newsletter wird im besten Fall ungelesen gelöscht oder aber gleich abbestellt. Für den Anbieter ist nun große Mehrarbeit nötig, um diese Beurteilung durch den Kunden wieder rückgängig zu machen. Weil die Konkurrenz im Internet sehr zahlreich ist, ist niemand gezwungen, zu exakt diesem Anbieter zurückzukehren, so dass es schwierig ist, den Kunden überhaupt wieder anzusprechen und zu einer neuen, positiven Erfahrung zu bringen.

Will man in regelmäßigem Austausch mit seinen Kunden stehen, kann man es sich darum praktisch nicht leisten, einen Newsletter mit »unnützen« Informationen zu versenden, weil man im schlimmsten Fall keine zweite Chance erhält.

Schlechte Newsletters erhalten keine zweite Chance

❗ **Der Aufwand, verlorene Kunden wiederzugewinnen, ist auf jeden Fall viel höher, als sie von Anfang an mit guten Inhalten zu binden.**

5.4.3 Bottom-up- und Top-down-Informationsverarbeitung

Schon früh haben Neurophysiologen herausgefunden, dass **Informationsverarbeitung hierarchisch** aufgebaut ist und von unten nach oben, d. h. vom kleinsten wahrnehmbaren Teilchen, zum größeren Ganzen führt (Hubel & Wiesel, 1959). Dieser sog. Bottom-up-Prozess wird durch einen weiteren, gleichzeitig verlaufenden Prozess in der Gegenrichtung ergänzt (top-down). Das heißt, alle Informationen, die wir aufnehmen, verarbeiten wir gleichzeitig von der Zeichenebene zum Ganzen als auch vom Konzept her zum Detail. Diese Prozesse spielen eine wichtig Rolle, wenn man Online-Informationsangebote möglichst kundengerecht aufbereiten und z. B. Leseprozesse unterstützen und vereinfachen will. ◘ Abbildung 5.2 zeigt die zwei gegenläufigen Prozesse auf.

Informationsverarbeitung verläuft hierarchisch

Bottom-up-Informationsverarbeitung

Die Bottom-up-Informationsverarbeitung findet von unten nach oben statt, das heißt, von der **Analyse des einzelnen Reizes/Zeichens** hin zu einem gesamten Bild oder Bedeutungszusammenhang.

Zum Beispiel: Beim Lesen eines Textes werden die Teile der einzelnen Buchstaben (waagrechte, senkrechte oder schräge Striche, Bögen, Punkte) zu Buchstaben zusammengefügt, dann zu einem Wort und viele Wörter

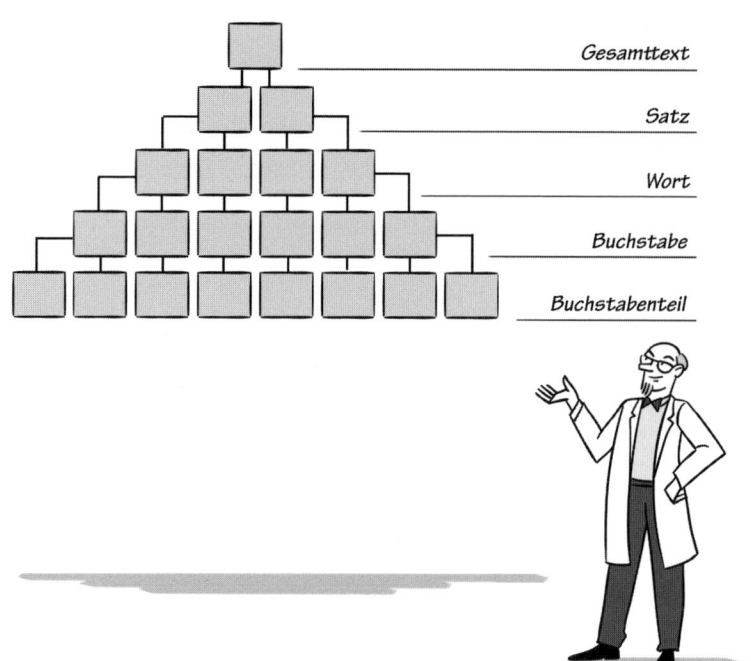

◘ **Abb. 5.2.** Top-down- und Bottom-up-Informationsverarbeitung beim Lesen

zu einem ganzen Text. Diese Verarbeitungsrichtung vom Detail zum Ganzen hin wird durch die **äußeren Merkmale** des Reizes/der Information gesteuert.

Top-down-Informationsverarbeitung

Top-down-Prozesse können auch als **erwartungsgeleitete Informationsverarbeitung** bezeichnet werden. Das bedeutet, das Vorwissen, die Ziele, Erwartungen und Interessen einer Person, aber auch der aktuelle Zusammenhang, in dem ein Reiz auftritt, beeinflussen und prägen den Verstehensprozess.

Zum Beispiel: O kann »Null« oder den Buchstaben »O« bedeuten, je nach Kontext.

Oder: »Dsa heir knönen Sei acuh lesne«. Sogar sehr »entstellte« Wörter können im Kontext verstanden werden, wenn gewisse Regeln befolgt werden (erster und letzter Buchstabe richtig, alle nötigen Buchstaben vorhanden etc.).

Die Top-down-Verarbeitung hat den Vorteil, dass Reize, die bereits bekannt sind, schneller in einen Zusammenhang gestellt werden können. Das individuelle Vorwissen hilft, in einer Menge von angebotenen Informationen die **relevanten Orientierungspunkte** zu finden und die restlichen Informationen entsprechend hierarchisch in das große Ganze einzubauen. Je schwieriger solche Orientierungspunkte zu finden sind, desto weniger effizient ist die Informationsverarbeitung insgesamt.

5.4.4 In der Praxis: Lesen und Verstehen von Online-Texten

Top-down- und Bottom-up-Prozesse können erklären, warum man ungern lange Fließtexte ohne Strukturierung liest: weil die Orientierungspunkte fehlen und dadurch der Verstehensprozess verlangsamt und erschwert wird. Dies verschärft sich online, weil der Textausschnitt auf einem Bildschirm relativ klein ist und die Übersichtlichkeit dadurch zusätzlich eingeschränkt wird.

> **Beim Gestalten von Online-Texten ist es sehr wichtig, auf eine klare Strukturierung mit möglichst vielen Orientierungsmerkmalen zu achten. Dies unterstützt das konzeptgesteuerte Verstehen von Texten und hilft dem Leser, sich in der Informationsfülle rasch und effizient zurechtzufinden.**

Neben der Top-down-Gestaltung von Texten lassen sich aus der Sprach- und Lernpsychologie vier weitere wichtige Bereiche ableiten, welche die Textverständlichkeit und den Wissenserwerb verbessern (nach Christmann, 2006):

1. **Einfache Sprache** verwenden (konkrete statt abstrakte Wörter, keine Schachtelsätze),
2. **Wiederholungen**: zentrale Gedanken mehrmals aufführen,
3. Texte **gliedern und ordnen** (strukturieren, mit Beispielen veranschaulichen, Zusammenfassungen anbieten) und
4. beim Leser einen »**Konflikt**« **auslösen**: eine Überraschung oder Neuheit präsentieren, konfliktgenerierende Fragen stellen.

Beim Leser einen »Konflikt« auslösen

Die **kognitive Gliederung** (Punkt 3) ist für das Textverständnis am wichtigsten.

5.4.5 Übersicht: Informationsverarbeitungsprozesse bei der Internet-Nutzung

> **Schemageleitete Informationsverarbeitung**
> Seien Sie sich als Anbieter bewusst, wie groß Ihre Konkurrenz im Internet ist und wie schnell es deshalb geschieht, dass Ihr Angebot für immer in der Kategorie »unwichtig« verschwindet, wenn der Kunde seine Meinung einmal gebildet hat. Danach wird es Ihnen sehr schwer fallen, seine Aufmerksamkeit erneut zu erhalten und ihn als Kunden zurückzugewinnen.
>
> **Bottom-up- vs. Top-down-Informationsverarbeitung**
> Bieten Sie Ihren Kunden **stark strukturierte, gegliederte Texte und Websites an**, damit sie sich schnell und einfach orientieren können. Die Informationsverarbeitung wird effizienter, dadurch reduziert sich der Stress beim Kunden. Dies wiederum wirkt sich positiv auf Ihr Firmenimage aus.

5.5 Operante Konditionierung: erwünschtes Verhalten belohnen

Wenn man will, dass ein Verhalten erneut gezeigt wird, muss man es belohnen. Diese simple Aussage basiert auf einem Grundprinzip der Verhaltenspsychologie, der operanten Konditionierung. Unter welchen Umständen Belohnungen Verhalten beeinflussen, ist Thema dieses Kapitels.

5.5.1 Klassische und operante Konditionierung

Klassische und operante Konditionierung gehören zu den bekanntesten Prinzipien der psychologischen Verhaltensforschung. Die **klassische Konditionierung** wurde vom Physiologen Ivan Pawlow geprägt, der Anfang des letzten Jahrhunderts (1927) Experimente mit Hunden durchführte. Er fand heraus, dass ein Organismus fähig ist zu lernen, dass auf ein bestimmtes Ereignis ein anderes bestimmtes Ereignis folgt. Das grundlegende Experiment: Immer, bevor einem Hund Futter gegeben wird, leuchtet ein Licht auf. Nach einiger Zeit wird zwar das Licht noch angedreht, aber dem Hund kein Futter mehr gegeben. Am verstärkten Speichelfluss des Hundes ist nun zu erkennen, dass der Hund das Licht mit dem Futter assoziiert hat.

Die **operante Konditionierung** besagt, dass die Belohnung eines gezeigten Verhaltens die Wahrscheinlichkeit erhöht, dass dieses Verhalten erneut gezeigt wird. Die ersten Experimente hierzu hat Thorndike (1898) Ende des 19. Jahrhunderts durchgeführt, bekannter ist aber die Forschung von Skinner (1938). Sein klassisches Experiment: Ein hungriges Tier (meist eine Ratte oder Taube) befindet sich in einem Käfig (Skinner Box), der leer ist bis auf eine Tafel mit einem Knopf. Durch Betätigen des Knopfes wird Futter (Belohnung) in den Käfig befördert. Das Tier drückt den Knopf zuerst zufällig, später jedoch immer häufiger, weil es realisiert, dass das Drücken durch Futter belohnt wird. Damit die verstärkende Wirkung eintritt, dürfen das erwünschte Verhalten und die Belohnung zeitlich nicht zu weit auseinander liegen.

Klassische und operante Konditionierung gehören zu den Grundregeln nicht nur tierischen, sondern auch menschlichen Verhaltens. Nun ist es natürlich unethisch und auch nicht richtig, davon auszugehen, dass der Mensch grundsätzlich eine »Black Box« ist, die sich anhand solch simpler Mechanismen fremdbestimmen lässt. Die Verhaltenssteuerung basiert auf einem hoch komplexen Zusammenspiel von Motiven, Moral, Einstellungen etc. und eben auch diesen äußeren Einflüssen. Es lässt sich aber nicht bestreiten, dass sich Menschen – je nach Thema und Situation – mit Belohnungen und Verhaltensverstärkern beeinflussen lassen. Das muss nicht unbedingt negativ sein: In der Erziehung z. B. leistet die operante Konditionierung wertvolle Dienste. Auch die Werbewirtschaft hat den Wert von Konditionierungen längst erkannt und wendet diese Prinzipien heute schon an. Es lohnt sich also, zu überlegen, was davon auf die Online-Welt übertragen werden kann.

> Belohntes Verhalten wird erneut gezeigt

5.5.2 Operante Konditionierung und digitale Medien

Für den Online-Bereich werden nun v. a. die Prozesse der operanten Konditionierung behandelt. Auch die klassische Konditionierung ist natürlich relevant: sie ist aber von der traditionellen Werbung bereits gut bekannt. Zum Beispiel, wenn »Bier« mit »Geselligkeit« assoziiert wird, indem man in einem Werbespot fröhliche Menschen beim Biertrinken zeigt. Dies ist ein klassischer Konditionierungsvorgang, denn beim Zuschauer entwickelt sich (bei genügender Exposition zum Werbespot) das Gefühl »fröhliche Geselligkeit«, auch wenn er mutterseelenallein vor seinem Bier sitzt. Solche Prozesse können natürlich 1 : 1 auch aufs Internet übertragen werden.

Neu am Internet ist (im Vergleich zu traditionellen Medien) die stark **ausgeprägte Interaktivität**, die es erlaubt, im individuellen Online-Austausch mit einem Kunden dessen Handlungen unmittelbar operant zu belohnen. Damit erhöht sich die Wahrscheinlichkeit, dass er diese (von mir als Anbieter erwünschten) Handlungen erneut zeigt.

Ebenfalls im interaktiven Bereich sind z. B. viele **Computerspiele** ganz nach dem Strickmuster operanter Konditionierung aufgebaut: Das beginnt damit, dass man anhand der erhaltenen Punkte relativ rasch erkennt, welches Verhalten einen weiterbringt, und für eine besonders gute Leistung (das Erreichen eines neuen Levels oder eines Highscores) mit »Ehre« oder einem zusätzlichen Bonus belohnt wird. An diesem Beispiel sieht man, wie stark operante Prozesse wirken können, denn Computerspiele können erwiesenermaßen süchtig machen, und es fällt oft schwer, eine erfolgreiche Session abzubrechen. Das individuelle und unmittelbare Feedback, das die Computertechnologie ermöglicht, können herkömmliche Medien nicht im gleichen Maß bieten.

Online-Angebote ermöglichen operante Konditionierung

5.5.3 Übersicht: Belohnungen und Verhaltensverstärker im Internet

Welche Online-Verhaltensverstärker gibt es? Grundsätzlich kann alles als Belohnung wirken, was einem Kunden Freude macht oder seine Bedürfnisse befriedigt. Dies macht es schwierig, eine umfassende Liste solcher Belohnungen zusammenzustellen.

Belohnung ist alles, was einem Kunden Freude macht

> **!** Bei der Konzeption eines Online-Angebots sollten die folgenden Fragen stets im Hinterkopf behalten werden: Welche unserer Dienstleistungen belohnen unsere Kunden für den Besuch bei uns? Sind diese Belohnungen gut sichtbar? Wo können wir noch zusätzliche »Goodies« bereitstellen?

> **Belohnungen, die den erneuten Besuch auf einer Website begünstigen**
> - Exklusive Informationen und Angebote,
> - schnelles Auffinden relevanter Informationen,
> - rasche Antwort auf Anfragen,
> - Inhalte, die täglich zur gleichen Zeit aktualisiert werden (idealerweise zu der Zeit, die man für den Besuch dieser Website bevorzugt),
> - Zusatzdienstleistungen wie Tests, Beratung, automatisierte Unterstützung bei Routinearbeiten etc.,
> - nützliche Downloads,
> - Überraschungen, Neues entdecken, »Schatzsuche«,
> - Zugehörigkeit zu einer exklusiven Gruppe,
> - Geschenke, die man unerwartet erhält,
> - interaktive Spiele allgemein und
> - Spiele mit Sofortgewinnmöglichkeit.
>
> **Belohnungen, die das regelmäßige Lesen eines Newsletters begünstigen**
> - Exklusive Informationen und Angebote,
> - relevante Informationen,
> - Hinweise auf wichtige Veranstaltungen und
> - witzige Anekdoten oder besonders interessante News am Ende des Newsletters (belohnen diejenigen, die bis zum Ende zu lesen).
>
> Diese Auflistung erhebt keinen Anspruch auf besondere Originalität. Auch wenn vieles davon selbstverständlich scheint, werden diese Elemente oft zu wenig explizit und zu wenig sichtbar bei der Gestaltung von Online-Angeboten eingesetzt. Damit verpasst man einfache Möglichkeiten, seine Besucher zu treuen Kunden zu machen.

5.6 Gedächtnis und Verarbeitungstiefe: Wie man sich unvergesslich macht

Gedächtnisprozesse hängen stark mit den Informationsverarbeitungsprozessen zusammen. Nicht alle verarbeiteten Informationen werden langfristig gespeichert und können auch wieder abgerufen werden. Womit hängt dieser Umstand zusammen? Wie kann man die Gedächtnisleistung verbessern und das Vergessen hinauszögern?

5.6.1 Konzeptionen von Gedächtnis

[Informationen können zu mehreren Verarbeitungszeitpunkten verloren gehen]

Als **Gedächtnis** bezeichnet man die Fähigkeit, sich Inhalte unwillkürlich oder durch bewusstes Lernen zu merken und zeitweilig zu behalten. Das Gedächtnis ist Grundlage für die Erinnerung und hat drei Hauptfunktionen:

5.6 · Gedächtnis und Verarbeitungstiefe: Wie man sich unvergesslich macht

1. Enkodieren (**Aufnahme**) von Information,
2. **Speicherung** von Information und
3. **Wiederfinden** von Information.

Neben dem bewussten Abrufen von Gedächtnisinhalten spielt auch die unbewusste Gedächtnisnutzung eine wichtige Rolle, denn nicht an alles, was im Gedächtnis gespeichert ist, kann man sich jederzeit aktiv erinnern. Im Folgenden werden zwei wichtige **Gedächtnismodelle** näher vorgestellt, das Mehrspeichermodell und der »Levels-of-processing«-Ansatz.

Nicht alle gespeicherten Informationen können aktiv abgerufen werden

Mehrspeichermodell

Das klassische Mehrspeichermodell (Atkinson & Shiffrin, 1968) teilt das Gedächtnis in drei unterschiedliche Speicher auf, den Ultrakurzzeitspeicher (oder sensorisches Gedächtnis), den Kurzzeitspeicher und den Langzeitspeicher (◘ Abb. 5.3). Informationen, die langfristig im Gedächtnis bleiben, haben gemäß diesem Modell zuerst die zwei vorherigen Speicher durchlaufen.

Im **sensorischen Gedächtnis** (SG) werden alle Eindrücke aus der Umwelt aufgenommen, die über die verschiedenen Sinne darauf einwirken. Die Informationen werden für ca. eine Sekunde in diesem Ultrakurzgedächtnis gespeichert. Während dieser Zeit findet, gesteuert durch Aufmerksamkeits-

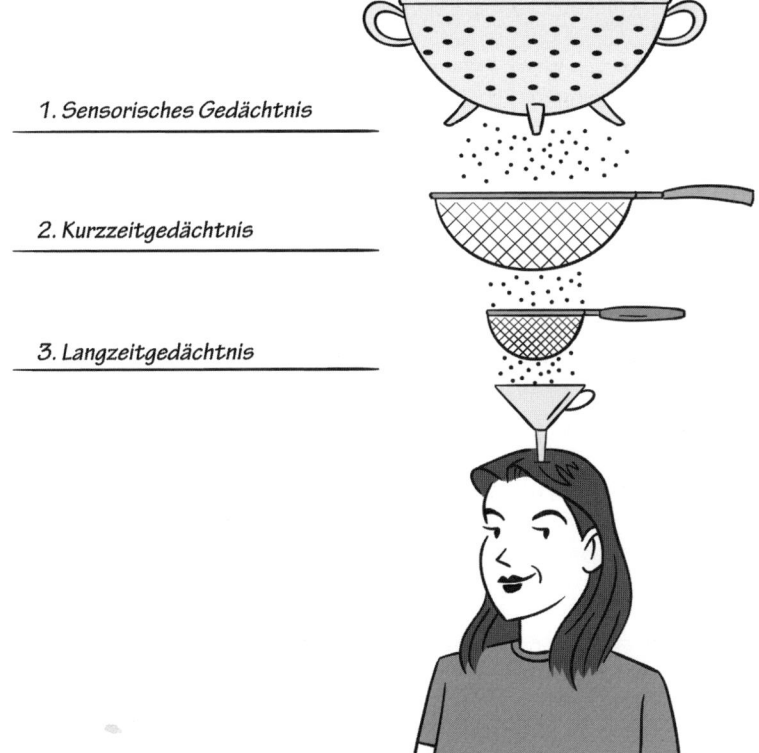

◘ **Abb. 5.3.** Nur wenige Informationen werden langfristig im Gedächtnis gespeichert

prozesse, die Selektion statt, d. h. es werden in den Informationen Muster wiedererkannt, die dazu führen, dass bestimmte Informationen ins Kurzzeitgedächtnis aufgenommen werden.

Das **Kurzzeitgedächtnis** (KZG) ist in seiner Kapazität extrem begrenzt, es kann nur 7 ± (plus minus) 2 Einheiten gleichzeitig abspeichern. Diese Kapazität sinkt sogar nochmals, wenn gleichzeitig mit dem Abspeichern noch eine zweite Verarbeitungsaufgabe erledigt werden muss. Die Kapazitätsgrenze (7 ± 2 Einheiten) und die Störungsanfälligkeit sind bei allen Menschen gleich. Es gibt aber Methoden, die Leistungsfähigkeit des KZG zu erhöhen, z. B. indem man mehrere Informationseinheiten zu einer sinnvollen größeren Einheit gruppiert (»Chunks«).

Das KZG ist die einzige Stufe im Gedächtnisprozess, auf der Informationen **bewusst verarbeitet** werden. Inhalte, die nicht aktiv (durch Wiederholen oder bewusstes Memorieren) im KZG behalten werden, gehen spätestens nach 30 Sekunden wieder verloren.

Das **Langzeitgedächtnis** (LZG) enthält das gesamte Wissen des Menschen über sich selbst und seine Lebenswelt – ohne zeitliche Einschränkung. Das persönliche Vorwissen beeinflusst die Kapazität und Schnelligkeit der Informationsaufnahme. Nicht alle Inhalte können aber jederzeit erinnert werden. Dies heißt nicht unbedingt, dass sie verloren gegangen sind. Gemäß Studien sind viel mehr Informationen im Gehirn verfügbar als abrufbar. Wenn sie nicht erinnerbar sind, geht man davon aus, dass das am Fehlen geeigneter Abrufhilfen liegt. Das Wiedererkennen von Gedächtnisinhalten ist grundsätzlich einfacher als das aktive Abrufen.

Abrufhilfen erleichtern die Erinnerung

Verarbeitungstiefe

Das **Levels-of-processing-Modell** von Craik und Lockhart (1972) geht davon aus, dass sich variierende Gedächtnisleistungen aus der unterschiedlichen Verarbeitungstiefe einer Information ergeben. Bei der oberflächlichen Verarbeitung (**shallow processing**) werden nur sensorische und physikalische Aspekte eines Reizes angeschaut, z. B. nur das Erscheinungsbild des Wortes »Hunger« (ein Großbuchstabe, fünf Kleinbuchstaben mit spezifischer Gestaltung). Für tiefe Verarbeitung (**deep processing**) wird die inhaltliche Bedeutung einer Information erarbeitet und in einen Zusammenhang gestellt: Was bedeutet Hunger? Wie äußert er sich? Wie kann man Hunger stillen?

Am gründlichsten funktioniert die Verarbeitung, wenn der Inhalt **auf die eigene Person bezogen** werden kann: Wie fühlt sich das bei mir an, wenn ich Hunger habe? Wie reagiere ich darauf? Auch bei **selber produzierten Informationen** ist die Gedächtnisleistung grundsätzlich besser als bei Wissen, das von anderen präsentiert wird.

Die Rolle der Emotionen

Emotionen haben einen wichtigen Einfluss auf die Gedächtnisleistung. Dies basiert auf einer einfachen Idee: Über Ereignisse, die positiv oder negativ emotional geladen sind, denkt man mehr nach als über »neutrale« Ereignisse. Die vertiefte Auseinandersetzung mit dem Ereignis führt zu einer größeren Verarbeitungstiefe und somit auch zu einer besseren Gedächtnisleistung. Dieser Zusammenhang wurde in der psychologischen Forschung schon früh nachgewiesen (Rapoport, 1942; Brown & Kulik, 1977; Neisser, 1982). Man kann das mit einem einfachen Experiment überprüfen: Praktisch jede Person, die man fragt, was sie am 11. September 2001 nachmittags gemacht hat, kann darüber relativ detailliert Auskunft geben. Die Erinnerungsleistung an und für sich sagt also noch nicht unbedingt etwas darüber aus, ob eine Erfahrung positiv oder negativ war. Dies relativiert u. U. die Erfolgsmeldungen über die Wirksamkeit gewisser Werbestrategien (z. B. Layer Ads oder Pop-up-Fenster ▶ Kap. 10.4.2 – bewegte Bilder als intensive Reize). Eine Werbebotschaft kann **negative Gefühle auslösen** und paradoxerweise gerade deshalb **besser in Erinnerung bleiben**.

Emotionen verbessern die Erinnerung

5.6.2 Die Erinnerungsleistung verbessern

Gedächtnisprozesse als Informationsfilter

❗ Die Gedächtnisforschung macht bewusst, wie anspruchsvoll es überhaupt ist, mit einer Information ins Langzeitgedächtnis einer Person zu gelangen.

Selektionsprozesse im sensorischen Speicher filtern viele Reize gleich von Beginn an aus. Im Kurzzeitgedächtnis droht durch Ablenkung und »Multitasking« der Person (wie sie für den menschlichen Alltag typisch sind, z. B. im Büroalltag) ein erneuter Verlust der Informationen. Erst wenn diese Hürden überwunden sind, kann ein Inhalt langfristig gespeichert werden – was aber immer noch nicht bedeutet, dass er aktiv verfügbar ist.

Wie kann man denn nun diesen Gedächtnisprozess durch die oben genannten Erkenntnisse wirkungsvoll unterstützen? Es gibt mehrere Möglichkeiten:
- beim **Kurzzeitgedächtnis**, indem man gezielt Merk- und Lerntechniken unterstützt,
- beim **Langzeitgedächtnis**, indem man Erinnerungshilfen schafft und
- bei den »**levels of processing**«, indem man eine vertiefte persönliche Auseinandersetzung mit den Inhalten ermöglicht.

Positionseffekt

Für die Erinnerungsleistung ist neben den oben genannten Modellen auch ein Befund aus der Lernpsychologie von Interesse: Man hat bei Experimenten zum Auswendiglernen von Silben festgestellt, dass die Inhalte am **Anfang und Schluss eines Textes** am besten erinnert werden (Glanzer & Cunitz, 1966). Dies bezeichnet man als Positionseffekt. Er ist darin begründet, dass die ersten Elemente ein noch »leeres« Kurzzeitgedächtnis zur Verfügung haben und deshalb gründlicher verarbeitet werden können als jene, die später kommen und die Verarbeitungsressourcen mit anderen teilen müssen. Die letzten Elemente profitieren davon, dass sie noch im

Kurzzeitgedächtnis sind, wenn die Reproduktionsleistung (Erinnerung) stattfinden muss.

Implizites Erinnern

Die Forschung hat gezeigt, dass Erinnerungsprozesse nicht unbedingt aktiv stattfinden. Gerade wenn Inhalte »im Vorbeigehen« präsentiert werden, entstehen dadurch **Erinnerungseffekte**, die der Person **nicht bewusst** sind. Zum Beispiel werden beiläufig präsentierte Produkte positiver als andere beurteilt (Perfect & Askew, 1994). Dies ist gerade für Werbung relevant, weil dadurch offenbar Effekte erzielt werden können, ohne dass eine aktive Auseinandersetzung mit einem Inhalt stattfinden muss. Mehr dazu ▶ Kap. 10.3.3.

5.6.3 Übersicht: »Unvergessliche« Online-Angebote

Die Frage, wie man sich im Gedächtnis von Kunden verankert, ist besonders relevant, wenn man als Unternehmen in Konkurrenz zu vielen ähnlichen steht und die eigenen Angebote sich nicht wesentlich von denen der anderen unterscheiden. Aber auch für die **Etablierung einer Marke** oder für die **Verankerung einer Corporate Identity** bei Kunden und Mitarbeitern ist es wesentlich, die Gedächtnisprozesse zu kennen und zu unterstützen.

Online-Interaktion als Gedächtnistraining

In den herkömmlichen Medien werden die Kenntnisse über Gedächtnis- und Erinnerungsprozesse schon heute oft umgesetzt (Werbebotschaften wiederholen, Botschaften mit positiven Emotionen versehen, Gestaltungsrichtlinien und konsequenter Einsatz der Corporate-Identity-Merkmale etc.). Das Internet ermöglicht nun zusätzlich die Interaktion mit dem User auf individueller Ebene. Dadurch entsteht ein großes Potenzial an neuen Methoden, um Erinnerungsprozesse zu unterstützen.

Erinnerungstechniken bei Websites
- Die Website-Adresse (URL) identisch zum Firmennamen wählen.
- Wichtige Inhalte, Bilder, Logos, Werbebotschaften, Markennamen etc. innerhalb der Site wiederholen.
- Die wichtigsten Inhalte auf der Einstiegsseite zu oberst platzieren.
- Unterschiedliche Präsentationsformen für den gleichen Inhalt wählen und/oder den Inhalt dadurch von verschiedenen Seiten beleuchten (Text, Bild, Video, Podcast).
- Werbebotschaften mit positiven Emotionen versehen (lustige Elemente, Überraschungsmomente etc.).
- Die **interaktive Auseinandersetzung mit der Website fördern**, z. B. durch
    - Wettbewerbe, die Fragen zum Angebot stellen,
    - interaktive Tests (Psychotests, Wissenstests, Meinungsumfragen etc.), die für den User subjektiv relevant sind und die gleichzei-

5.6 · Gedächtnis und Verarbeitungstiefe: Wie man sich unvergesslich macht

tig die inhaltliche Auseinandersetzung mit der Website vertiefen und
- interaktive Spiele, die Elemente des Unternehmens enthalten, z. B. durch den Einbau von Logos ins visuelle Design des Spiels oder durch inhaltliche Nachbildung des Unternehmensangebots.

Erinnerungshilfen für Websites
- Werbebanner zum eigenen Angebot auf anderen Websites platzieren.
- Kooperationen mit anderen Unternehmen eingehen und sich gegenseitig verlinken.
- URL der Website auf den eigenen Briefschaften, Printbroschüren, aber auch auf Produkten des Unternehmens publizieren.
- URL bei TV-Spots einblenden oder sogar in die Werbebotschaft integrieren.
- URL in TV-Spots verbalisieren (laut aussprechen – Erinnerung ist übers Gehör einfacher).
- Die »ideale« Erinnerungshilfe an eine Website ist ein Newsletter, der regelmäßig auf das eigene Angebot bzw. auf Updates etc. hinweist.
- Auch SMS-Dienste können die gleiche Aufgabe wie ein Newsletter erfüllen.

Erinnerungstechniken bei Newsletters
Der Newsletter eignet sich grundsätzlich weniger gut als die Website für die vertiefte Auseinandersetzung mit einem Thema, da dies schnell zu »Information Overload« führen kann. Er sollte grundsätzlich nur Themenanrisse und -überblicke bieten (mehr dazu ▶ Kap. 9). Darum sind die Erinnerungstechniken hier stärker eingeschränkt:
- Wichtige Inhalte, Logos, Werbebotschaften, Markennamen etc. innerhalb des Textes wiederholen bzw. regelmäßig in jedem Newsletter platzieren.
- In der Newslettergestaltung wenige, dafür markante Bilder mit klarer inhaltsbezogener Aussage verwenden.
- Bilder mit positiven Emotionen und gleichzeitig inhaltlichem Bezug verwenden.
- Die wichtigsten Inhalte am Anfang und am Schluss des Newsletters platzieren.
- Link im Newsletter führt zur vertieften Auseinandersetzung mit dem Thema auf der Website → den Newsletter selbst nicht für die Vertiefung von Informationen verwenden.
- Wiederkehrende attraktive Angebote (Beratung, Aktionen, Wettbewerbe) am Schluss des Newsletters einbauen und ihm dadurch eine individuelle (einfacher zu erinnernde) Note verleihen.

Praktische Beispiele zu den oben genannten Erinnerungstechniken und -hilfen in ▶ Kap. 8 (Website) und ▶ Kap. 9 (Newsletter).

Newsletter: Anriss, Website: Vertiefung

5.7 Motivation

Online-Angebote müssen die Motivation der Nutzer mitberücksichtigen

Eines der häufigsten Probleme in der Online-Kommunikation sind schlecht besuchte Websites, menschenleere Online-Foren, sofort im Papierkorb landende Newsletters und E-Mails. Dieser Sachverhalt hat (auch) mit Motivation zu tun. **Motivationsforschung** kann erklären helfen, warum Menschen das Internet aufsuchen, warum sie bereit sind, sich unter manchmal widrigen Umständen zu einer gesuchten Information durchzukämpfen – oder warum sie das eben nicht tun. Gerade der letzte Punkt wird bei der Konzeption von Online-Angeboten oft vergessen: Welche Gründe könnten User haben, unsere Website *nicht* zu besuchen?

> ❗ Manchmal ist der Grund für die schlechte Nutzung eines Angebots ganz einfach: es ist nicht adäquat zur Motivationslage der Zielgruppe aufgebaut. Oder anders ausgedrückt: Man hat mit hoch motivierten Kommunikationspartnern gerechnet und wurde mit wenig (oder anders) motivierten konfrontiert.

Dadurch wird sofort eine Grundfrage aufgeworfen: Muss man sich bei der Konzeption eines Online-Angebots **auf die Motivation der Kunden/Mitarbeiter ausrichten** – oder kann/darf/muss man sogar an die Eigenverantwortung dieser Leute appellieren? Eine Zusammenstellung von Argumenten hierzu ist in ▶ Kap. 6.1 zu finden.

In diesem Kapitel wird der Einfluss einiger wichtiger Motivationskonzepte auf Kommunikationsprozesse beschrieben. Für eine umfassende Einführung ins Thema Motivation s. Heckhausen und Heckhausen (2006).

5.7.1 Bedürfnishierarchie nach Abraham Maslow

Abraham Maslow (1954/1970) hat mit seiner Bedürfnishierarchie die bekannteste inhaltliche Theorie zur menschlichen Motivation aufgestellt. Sie besagt, dass jeder Mensch eine Reihe von »**niedrigeren**« und »**höheren**« **Bedürfnissen** hat, die er befriedigen will. Erst wenn die niedrigen Bedürfnisse befriedigt sind, können die höheren zum Zuge kommen. Die Hierarchieleiter der Bedürfnisse steigt wie folgt an:
- Physiologische Bedürfnisse,
- Sicherheitsbedürfnisse,
- Geselligkeitsbedürfnisse,
- Geltungsbedürfnisse und
- Selbstverwirklichungsbedürfnisse.

Der Drang nach **Selbstverwirklichung** ist somit gemäß Maslow das höchste Ziel, das ein Mensch anstreben kann. Je höher ein Bedürfnis ist, desto später ist es nach Maslow in der Stammesgeschichte entwickelt worden. Die physiologischen Bedürfnisse (Sexualität, Nahrungsbeschaffung) dienen dem bloßen Überleben, und erst wenn sie befriedigt sind, ist der Mensch frei, sich höher stehenden Zielen zu widmen.

Dieses Modell ist stark von westlichem Denken geprägt, denn der Drang nach Selbstverwirklichung wird nicht in allen Kulturen als das höchste Gut angesehen. Außerdem ist es relativ vage formuliert und daher wissenschaftlich schwer zu überprüfen (Heckhausen & Heckhausen, 2006). Trotzdem handelt es sich um ein sehr nützliches Modell, wenn man sich einen Überblick über die Vielfalt von möglichen Motiven und ihre Eingliederung in ein größeres Ganzes verschaffen will.

5.7.2 Erwartungs-Wert-Theorien

Die meisten neueren Motivationstheorien entsprechen in ihren Grundzügen dem Modelltyp der Erwartungs-Wert-Theorien (Heckhausen & Heckhausen, 2006). Motivation wird dabei verstanden als ein Produkt aus dem **Nutzen**, den eine bestimmte Sache oder ein Zustand für uns haben (= Wert) und aus unserer **Einschätzung der Wahrscheinlichkeit**, ob wir diese Sache oder den Zustand erreichen können (= Erwartung). Wenn für uns ein Ziel von hohem subjektivem Nutzen ist und ein bestimmtes Verhalten mit einer gewissen Wahrscheinlichkeit zu diesem Ziel führt, ist die Motivation sehr hoch, dieses Verhalten zu zeigen. Dieser subjektive Nutzen ist oft von einer momentanen Stimmungslage und Situation abhängig.

Erwartung x Wert = Motivation

> ❗ Am ehesten können Menschen motiviert werden, wenn ihnen etwas als Ziel in Aussicht gestellt wird, das ihre momentane Bedürfnislage möglichst genau trifft. Dieses Wissen macht sich z. B. die kontext- oder verhaltensbasierte Online-Werbung zunutze.

5.7.3 Motivationale Entscheidungskonflikte: Lewins Feldtheorie

Ein wichtiges und noch heute sehr fruchtbares Motivationskonzept ist Kurt Lewins **Feldtheorie** (1942). Sie besagt, dass sich eine Person immer in einem Feld verschiedener Kräfte befindet, die auf sie einwirken. Die Kräfte entstammen entweder der Umwelt oder der Person selbst und wirken ähnlich magnetischen Feldern in der Physik auf die Person ein, indem sie sie mit unterschiedlicher Stärke anziehen oder abstoßen. Die Person befindet sich also immer in einem Spannungsfeld unterschiedlicher Kräfte und bewegt sich zu den Zielen hin, die sie anziehen (die eine **positive Valenz**, **positiven Aufforderungscharakter** haben), und von denen weg, die sie abstoßen (**negative Valenz**).

Daraus ergeben sich verschiedene Arten von **Entscheidungskonflikten**:

Aufsuchen-Aufsuchen-Konflikt. Zwei positive Anreize konkurrieren miteinander. Die Entscheidung ist am Anfang nicht einfach, weil beide Anreize anziehend wirken. Das Feld mit der stärkeren positiven Energie wird sich am Schluss durchsetzen. Je näher man der Entscheidung ist, desto einfacher wird sie, da die Anziehung der positiven Energie durch die Annäherung größer wird.

Meiden-Meiden-Konflikt. Zwei negative Anreize konkurrieren miteinander. Muss man sich für den einen von beiden entscheiden, setzt sich das Feld mit der kleineren Abstoßung durch. Die Entscheidung fällt aber in beiden Fällen schwer, da beide Anreize abstoßend wirken und man nur gegen einen Widerstand zum Ziel kommt.

Aufsuchen-Meiden-Konflikt. Ein negativer und ein positiver Anreiz stehen sich gegenüber. Dieser Entscheidungskonflikt wird sehr schnell und einfach gelöst, da der positive Anreiz schon von Anfang an anziehend wirkt und der negative abstößt. Der abstoßende Anreiz verstärkt den Weg zum positiven Anreiz hin zusätzlich. Der positive Anreiz gewinnt darum sofort die Oberhand.

Die Feldtheorie ist interessant, weil sie die **situativen Faktoren des Verhaltens** stark gewichtet und verschiedene Anreize zueinander in Konkurrenz stellt. Die Erfahrung eines Menschen, sein Wissen, was er früher gelernt hat etc. fließen in den Entscheidungsprozess mit ein; der Moment hat aber eine ebenso große Bedeutung und es ist nicht möglich, das gezeigte Verhalten (nur) auf frühere Erfahrungen zurückzuführen.

Der »**Sieg« eines Verhaltens über ein anderes** hat nicht immer mit einem hohen Wert und einer hohen Nützlichkeit jenes Ziels zu tun, sondern kann manchmal ganz zufällig **aus der momentanen Kräftekonstellation** folgen. Zum Beispiel, weil ein Ziel stark abstoßend war und darum ein minimal attraktiveres anderes Ziel anziehender wirkt.

Wie Kleinigkeiten auf motivationale Prozesse wirken

Motivationen sind instabil

Um dieses Thema zu illustrieren, stelle man sich einen Menschen vor, der in einem Lewin'schen Kräftefeld im Büro sitzt und am Computer arbeitet. ◘ Tabelle 5.1 bietet eine (unvollständige) Aufstellung der auf ihn wirkenden Kräfte mit ihrem negativen oder positiven Aufforderungscharakter (**Valenz**). Das bedeutet, alle Gegenstände im Büro, aber auch die verschiedenen Tätigkeiten, die dieser Mensch ausführt oder die er zusätzlich ausführen könnte/sollte, stoßen ihn unterschiedlich stark ab oder ziehen ihn an. So hat er z. B. eine Kaffeetasse (3.) vor sich, die eine leicht positive Valenz hat und ihn dadurch zum Trinken auffordert. Der zu sortierende Aktenberg neben dem Computer (7.) hat eine stark negative Valenz, noch schlimmer ist jedoch der Gedanke, den unzufriedenen Kunden X. anrufen zu müssen.

Die Tätigkeiten 9.–13. haben einen ungefähr gleich starken positiven Aufforderungscharakter. Nehmen wir an, der Mensch hat 4. erledigt und 1.–3. auf später verschoben. Nun entscheidet er sich für 11. und besucht die Website mit der Gratis-Software. Er will die Software herunterladen und merkt nun, dass er sich dafür registrieren, seine Adresse und noch ein paar Details zu seinen Nutzungspräferenzen im Internet angeben müsste. Sofort erhält Tätigkeit 11 eine leicht negative Valenz, was dazu führt, dass er diese Website verlässt und sich Punkt 9 zuwendet (es sei denn,

5.7 · Motivation

Tab. 5.1. Freitag, 15 Uhr im Büro: Der Mensch im motivationalen Entscheidungsnotstand

Tätigkeit / Bedürfnis / Ziel	Stärke des Aufforderungscharakters (Valenz)
Feierabend machen	+ + +
Mit dem Büronachbarn Y. schwatzen	+ +
Kaffee trinken	+
Dem Chef in einer E-Mail über den erfolgreichen Projektabschluss berichten	+ +
Die geschäftliche Mailbox bearbeiten	–
Abschlussbericht über das Projekt schreiben	–
Projekt-Dokumente sortieren und ablegen	– –
Den unzufriedenen Kunden X anrufen	– – –
Die aktuellen Fußballresultate wissen	+
Private Mails lesen	+
Eine Gratis-Software vom Internet herunterladen	+
Portraits neuer Mitarbeiter im Intranet anschauen	+
Heutige Arbeitszeit ins Zeiterfassungssystem eintragen – etc.	+

(Eigene Zusammenstellung, frei nach Lewin, 1942).

er braucht diese Software ganz dringend, dann beißt er sich durch und schließt den Registrierungsprozess ab). Der Aufsuchen-Meiden-Konflikt beschleunigt diesen Prozess, denn eine minimal negative Bewertung des Angebots »Online-Software« ist im Vergleich mit den schwach positiv bewerteten Fußball-News ausreichend, um die Dynamik von Anziehung und Abstoßung in eine andere Richtung zu lenken. Daraus folgt: Die Konkurrenz verschiedener Angebote mit ähnlichem Attraktivitätsgrad führt dazu, dass das **motivationale Gleichgewicht sehr instabil** ist und sich der User bei kleinsten Widerständen rasch einem anderen Angebot zuwendet.

Abbildung 5.4 zeigt, wie ein negatives Detail die Wahl zwischen zwei sonst gleichwertigen Angeboten entscheidend beeinflussen kann.

Für die **Gestaltung von Online-Angeboten** bedeutet dies: Es ist davon auszugehen, dass man eine potentielle Zielgruppe in der Informationsflut erreichen kann, wenn sie einen hohen subjektiven Nutzen in der angebotenen Information sieht. Sie wird dann sogar »Widrigkeiten« auf sich nehmen, um das gewünschte Ziel zu erreichen. Umgekehrt ist es sehr schwierig, Leute zu einer Zusatzanstrengung zu bewegen, wenn sie keine hohe Motivation haben, zu einer Information zu gelangen. Deshalb

Nur motivierte User überwinden Online-Hindernisse

ist es wichtig, Angebote möglichst niederschwellig zu gestalten bzw. die Zielgruppe mit einem möglichst geringen Zusatzaufwand an sich zu binden.

❗ **Je geringer die Motivation der potentiellen Zielgruppe, ein Angebot aufzusuchen, desto eher müssen alle potentiellen Motivationshemmnisse für dieses Angebot aus dem Weg geräumt werden.**

5.7.4 Übersicht: Die Rolle der Motive bei der Internet-Nutzung

Motive durch passende Inhalte ansprechen

Die Motive zur Internet-Nutzung sind so breit gefächert wie die Internet-Angebote selbst. Darum können alle Inhalte als Motivator gut oder schlecht funktionieren – abhängig davon, ob eine Person sie in ihrer momentanen Situation als subjektiv nützlich bzw. relevant betrachtet.

Wie weiter oben erwähnt, bietet das Internet gewisse technische Möglichkeiten, um Motive gezielt anzusprechen (▶ Kap. 10.4.2, kontext- oder verhaltensbasierte Online-Werbung). Die **Berücksichtigung motivationaler Fragen bei der Konzeption** eines Online-Angebots ist aber auch unabhängig von solch spezifischen Werbemaßnahmen möglich und wichtig:

- Welche unserer Inhalte stellen für unsere Kunden ein **attraktives Ziel dar, das sie motiviert**, unsere Website zu besuchen oder unseren Newsletter zu lesen?
- Falls momentan keine oder nur wenige solche Inhalte bestehen: Wie könnten wir solche **hinzufügen**?
- Wie können wir sicherstellen, dass unsere Kunden diese motivierenden Inhalte **einfach auffinden**?

Die Inhalte müssen durch Analyse und Befragung der bestehenden oder potentiellen Zielgruppen erarbeitet werden – wie das auch im traditionellen Marketing der Fall ist. Aufschlussreich sind zudem die **Benutzerstatistiken** der bestehenden Website, denn nicht immer entspricht das, was eine Person über ihre Interessenlage aussagt, dem effektiven Surf- und Konsumverhalten.

Die Motivationslage des Users berücksichtigen

Neben der Gestaltung der Inhalte sollte man sich über die Motivationslage der potentiellen User Gedanken machen und mögliche Motivations-Hindernisse eliminieren. Die folgenden Fragen muss man sich dabei stellen:

- Welche Motivation besitzen meine potentiellen Kunden überhaupt, meine Website zu besuchen oder meinen Newsletter zu lesen? Kann ich von **hoch motivierten** Kunden ausgehen, oder muss ich mit **wenig motivierten** rechnen?

◘ **Abb. 5.4.** Welches Eis wollen Sie? Ein negatives Detail beschleunigt den Entscheidungsprozess

Welche unserer Inhalte motivieren unsere Kunden?

- **In welcher Konkurrenz** mit anderen ähnlich motivierenden Angeboten stehen wir, und wie können wir uns von diesen abgrenzen?
- Welche »**Motivationskiller**« gibt es auf unserer Website / in unseren Newsletters?

Dabei gibt es ebenfalls zwei Aspekte zu beachten: die **Grundmotivation** des Kunden, mein Angebot überhaupt anzuschauen, und die **situativen Umstände** der Nutzung. Diese können kompetitiv sein, d. h., es können viele andere Bedürfnisse/Ziele mit meinem Angebot in Konkurrenz treten. Je höher die Motivation einer Person, ein Angebot zu nutzen, desto weniger wird sie auf ein anderes Ziel ausweichen. Es kann aber auch geschehen, dass zwar die Grundmotivation zur Nutzung eines Angebots hoch ist, sie aber durch situative Aspekte torpediert wird (z. B.: unternehmensinterne Informationen werden zwar grundsätzlich als relevant angesehen, oft aber aus Zeitmangel dennoch nicht gelesen).

5.8 Stress und Leistungsfähigkeit: Kontrolle ist alles

Gerade im Zusammenhang mit der viel zitierten »Informationsflut« liegt es nahe, von gestressten und überforderten Internet-Usern auszugehen. Stimmt das wirklich? Welche Faktoren führen zu Online-Stress? Welche Möglichkeiten gibt es, Stress bei der Internetnutzung zu vermindern? Diese Fragen sollen im Folgenden beantwortet werden.

5.8.1 Stress als moderierender Faktor für die Leistungsfähigkeit

Stress ist keine »Grundkonstante« wie die anderen bisher in diesem Kapitel behandelten psychologischen Konzepte. Er ist aber ein sehr wichtiger moderierender Faktor: Stress kann die übrigen Gegebenheiten der menschlichen Aufmerksamkeitssteuerung positiv oder negativ beeinflussen, so dass im schlimmsten Fall die Aufnahme und Verarbeitung von Informationen gänzlich scheitert. Darum werden hier relevante Teilaspekte der Stressforschung erläutert.

Guter und schlechter Stress
Stress darf nicht grundsätzlich als schlecht angesehen werden. Gemäß Selye (1979) gibt es zwei Arten von Stress:
- Den **positiven Stress (Eustress)**, der aktiviert und die Leistungsfähigkeit steigert und
- den **negativen Stress (Distress)**, der Leistung beeinträchtigt und zu Überforderung und Erschöpfungszuständen führt.

Stress kann beflügeln und lähmen

Je nach Aktivierungsgrad einer Person werden verschiedene Aspekte des Verhaltens unterstützt. Schöpferische Tätigkeiten bedingen eine eher entspannte Haltung. Selektive Aufmerksamkeitsprozesse und Leistungen, die hohe Konzentration erfordern, gelingen am besten, wenn sie von einem mittleren Ausmaß an Stress begleitet werden (Haider, 1969, zit. in Hacker, 2005). Ob ein Spannungszustand als positiver oder negativer Stress erlebt wird, hängt aber nicht nur mit der Situation selbst zusammen, sondern ebenso stark mit personenbezogenen Faktoren, wie das nun folgende Modell von Lazarus zeigt.

5.8.2 Das Stressmodell von Lazarus

Voraussetzungen für Stresserleben

Stresserleben ist immer eine komplexe Wechselwirkung zwischen den Anforderungen einer Situation und der kognitiven Bewertung der Situation durch die Person. Lazarus (1968) hat diesen Zusammenhang empirisch belegt und geht von einem zweistufigen Modell aus, das den wahrgenommenen Stress beeinflusst. Demnach beurteilt eine Person einerseits die (potentiell stressige) Situation, in der sie sich befindet, und andererseits die vorhandenen Bewältigungsressourcen, die sie hat, um mit dieser Situation adäquat umzugehen:

Stress ist von den wahrgenommenen Bewältigungsmöglichkeiten abhängig

1. **Primäre Bewertung** (primary appraisal): Ist die aktuelle Situation bedrohlich und falls ja, wie stark ist diese Bedrohung und in welcher Form wirkt sie auf mich ein?
2. **Sekundäre Bewertung** (secondary appraisal): Welche externen Möglichkeiten und eigenen Ressourcen habe ich, mit dieser bedrohlichen Situation umzugehen?

Wenn die Ressourcen zur Bewältigung als nicht genügend eingeschätzt werden, wird eine Stressreaktion ausgelöst.

Bewältigung von Stress

Lazarus und Folkman (1984) nennen zwei grundsätzlich mögliche **Bewältigungsstrategien (Coping)** für erlebte Stresssituationen:

1. **Problemorientiertes Bewältigen** (problem-focused coping): Die Umstände oder (Umwelt- und persönlichen) Faktoren, die den Stress ausgelöst haben, analysieren, beherrschen oder verändern. Dies beinhaltet die Suche nach Alternativen, das Erlernen neuer Fertigkeiten, das Ändern der eigenen Einstellung zu einem Problem etc.
2. **Emotionsorientiertes Bewältigen** (emotion-focused coping): die stressgeladenen Emotionen kontrollieren, ohne aber am Stressauslöser etwas zu ändern. Diese Strategie wird v. a. angewandt, wenn die Stress auslösende Situation als überwältigend und unkontrollierbar wahrgenommen wird. Zum emotionsorientierten Coping gehört z. B. Sport treiben, Drogen konsumieren, risikoreiche Aktivitäten suchen, Eskapismus (vor der Realität ausweichendes Verhalten), Ignorieren oder Neubewerten der Bedrohung. Die Neubewertung wird von Lazarus als **re-appraisal** bezeichnet.

5.8 · Stress und Leistungsfähigkeit: Kontrolle ist alles

Das problemorientierte Coping führt zu besserer Bewältigung der Situation als das emotionsorientierte. So ist empirisch belegt, dass depressive Phasen nach Stresssituationen bei problemorientiertem Coping seltener und kürzer sind (Billings & Moos, 1984).

> ❗ Eine schwierige Situation ist nicht in jedem Fall per se Stress auslösend. Die gleiche Situation kann bei einer Person starken Stress und damit eine Minderung der Leistungsfähigkeit auslösen, bei einer anderen Person aber die Leistungsfähigkeit sogar steigern.

Ebenso sind die Bewältigungsstrategien unterschiedlich. Am erfolgreichsten ist die **aktive** und **inhaltsbezogene Auseinandersetzung** unter dem Gesichtspunkt, wie die Situation oder das eigene Verhalten verändert werden können.

5.8.3 Stress durch die Infoflut im Internet?!

Stützt man sich auf das Modell von Lazarus, so würde das bedeuten, dass die großen Informationsmengen im Web oder in der Mailbox nicht »per se« Stress auslösend wirken. Tatsächlich gibt es Untersuchungen, die diesen Zusammenhang belegen. So haben Moser et al. (2002) in einer deutschen Studie 195 Berufstätige mit Computerarbeitsplatz zu ihrem Umgang mit der Informationsflut befragt. Es stellte sich heraus, dass nur ca. 10% der Befragten Arbeits- und psychische **Belastungsprobleme** im Zusammenhang mit neuen Medien erwähnten. Die gesamte Stichprobe für die Befragung bestand allerdings aus gut ausgebildeten, im Umgang mit neuen Medien erfahrenen Personen, die »über vergleichsweise gute Möglichkeiten des Umgangs (Coping) mit Stress verfügen« (Moser et al., 2002, S. 140). Moser und Mitarbeiter gehen davon aus, dass der Prozentsatz von Personen, die im Umgang mit dem Internet Stress empfinden, darum in Realität (bzw. bei einer Strichprobe mit größeren Erfahrungsunterschieden) höher liegen könnte. Als nicht sehr hilfreich für den Umgang mit neuen Medien erwiesen sich zudem herkömmliche systematische Arbeitsstrategien aus dem gewerblich-technischen Bereich. Die Autoren fordern, dass für den Umgang mit Internet neue, flexible und kurzfristig adaptive **Arbeitsstrategien** entwickelt werden müssen. Mehr dazu ▶ Kap. 13, der digitalisierte Arbeitsplatz.

Informationsflut stresst eher Unerfahrene

Stressauslöser bei der Internetnutzung
Bestimmte **Stress auslösende Einzelprobleme** wurden in der Studie oft genannt (Moser et al., 2002, S. 50f):
- Relevanz von Seiten erst nach dem Aufrufen erkennbar (57% aller Befragten),
- zu viele Suchresultate bei Internet-Recherchen (42%),
- Aktualität von Webseiten nicht erkennbar (34%),
- nach den Ferien große E-Mail-Flut (56%),
- Attachment muss geöffnet werden, um den Inhalt einer Mail zu verstehen (38%),

- Betreff-Zeile mangelhaft ausgefüllt (31%),
- Priorität der E-Mail erst klar, wenn sie gelesen ist (23%) und
- häufiger Erhalt von so unwichtigen E-Mails, dass sie beim Empfang gleich gelöscht werden (30%).

5.8.4 Übersicht: Stressbekämpfung in der Online-Kommunikation

Die Stressprävention in der Online-Kommunikation kann man also **sender- und empfängerseitig** betrachten. Der (gestresste) Empfänger ist aufgerufen, seine bestehenden Strategien im Umgang mit Internet und E-Mail zu überprüfen und neue zu erlernen, die ihm helfen, besser mit den neuen Medien umzugehen. Auch der Sender kann aber zu stressfreier Kommunikation beitragen:

Der Sender von Informationen kann Stress bekämpfen helfen

❗ Der Sender sollte versuchen, seine Angebote möglichst übersichtlich und transparent zu gestalten, so dass der Empfänger im Dialog ein Gefühl möglichst großer Kontrolle erhält. So kann der Sender Stressreaktionen bei der Nutzung seines Angebots verhindern.

Hinweise zur senderseitigen Stressbekämpfung finden Sie im ▶ Kap. 12 (Kundenkommunikation), zur empfängerseitigen im ▶ Kap. 13 (Arbeitsplatzgestaltung).

5.9 Zusammenfassung: Merkpunkte zur Aufmerksamkeitssteuerung

Die unten stehende Checkliste dient dem Ziel, die in diesem Kapitel erarbeiteten Grundlagen zu Informationsverarbeitung und Aufmerksamkeitssteuerung in übersichtlicher Form noch einmal zu präsentieren. Die genannten Tipps und Merkpunkte finden auch Eingang in die Gestaltungshinweise im Praxisteil (ab ▶ Kap. 6).

> **Checkliste: Merkpunkte zur Aufmerksamkeitssteuerung**
>
> **Wahrnehmung**
> - Zwei Möglichkeiten, wahrgenommen zu werden: Reize intensivieren oder Reize relevanter gestalten.
> - Reiz-Intensität allein bringt noch keine Leser → Gefahr der Abstumpfung besteht.
> - Effizienter: Relevanz von Informationen für den Empfänger sichtbar machen, relevante Informationen kontextbasiert präsentieren. Dadurch höhere Akzeptanz des Empfängers für den Reiz, Abstumpfung bleibt eher aus.

5.9 · Zusammenfassung: Merkpunkte zur Aufmerksamkeitssteuerung

- Die Wahrnehmungsfähigkeit des Menschen ist und bleibt beschränkt, dies muss als gegebene Konstante akzeptiert werden. Multitasking ist nur beschränkt möglich!

Informationsverarbeitung
- Informationen werden immer gleichzeitig vom Detail (Ebene des Zeichens) zum Ganzen und vom Ganzen zum Detail (bottom-up vs. top-down) verarbeitet. Top-down-Verarbeitung ist konzeptgeleitet und sehr viel effizienter als bottom-up. Informationen daher immer top-down aufbereiten und stark gliedern.
- Einfache Sprache verwenden, zentrale Gedanken wiederholen, Überraschungseffekt beim Leser herstellen.
- Sich im Kontakt mit Kunden möglichst keine Fehltritte leisten: Im Extremfall reicht eine einzige schlechte Erfahrung, um künftig in ein Schema »unwichtig« zu geraten und in Zukunft nicht mehr als relevanter Info-Anbieter wahrgenommen zu werden.

Lernen / Verhaltensverstärkung
- Interaktivität der digitalen Medien nutzen: Kunden für E-Mail-Lesen oder Website-Besuch »belohnen« (durch exklusive Informationen, Überraschungen, nützliche Downloads etc.) und damit die Wahrscheinlichkeit erhöhen, dass sie das erwünschte Verhalten erneut zeigen.

Gedächtnis / Vergessen / Erinnern
- Informationen können zu mehreren Zeitpunkten des Lernprozesses verloren gehen: z. B. weil sie zu wenig relevant sind, weil der menschliche »Arbeitsspeicher« überlastet ist oder die Informationen nicht intensiv genug verarbeitet wurden.
- Je intensiver und personenbezogener die Verarbeitung von Informationen, desto besser kann man sie sich merken.
- An Informationen am Anfang und Ende eines Textes erinnert man sich am besten → diese Positionen strategisch einsetzen! (»Teaser«).
- Vergessene Informationen können mit Erinnerungshilfen wieder ins Gedächtnis zurückgerufen werden (z. B. mit regelmäßigen Newsletters von einer Website).
- Botschaften, die positive oder negative Emotionen beim Empfänger auslösen, bleiben besser in der Erinnerung haften als »neutrale« Botschaften.
- Auch beiläufig präsentierte Inhalte können implizit erinnert werden (z. B. indem ein beiläufig präsentiertes Produkt positiv beurteilt wird, ohne dass man sich daran erinnert, es schon einmal gesehen zu haben). Gerade Werbung kann von diesem Sachverhalt profitieren.

Motivation
- Um ein Motiv zu aktivieren, müssen Inhalte so präsentiert werden, dass sie den momentanen Zielen einer Person entsprechen.

- Die Motivation für eine Tätigkeit ist keine feste Größe. Sogar ein attraktives Ziel befindet sich immer in Konkurrenz mit vielen anderen Zielen, die schnell motivierender wirken können, wenn sich für das Erreichen des ersten Ziels ein kleines Hindernis einstellt.
- Hoch motivierte Personen nehmen sogar Widrigkeiten auf sich, um eine gewünschte Information zu erhalten.
- Wenig motivierte Leute erbringen keine Zusatzanstrengung. Darum müssen Kundenbindungsmaßnahmen und wichtige Informationen für sie möglichst niederschwellig platziert werden.

Stress
- Stress entsteht nicht durch die Infomenge an sich, sondern durch die Einschätzung eigener Fähigkeiten, damit erfolgreich umzugehen. Bessere Strategien im Umgang mit Online-Information bauen Stress ab.
- Bei der Informationsvermittlung als Anti-Stress-Maßnahme dem Kunden möglichst viel Kontrolle über den Kommunikationsprozess geben.

Weiterführende Literatur

Bourne, L. E. & Ekstrand, B. R. (2005). Einführung in die Psychologie. Eschborn: Dietmar Klotz.

Felser, G. (2007). Werbe- und Konsumentenpsychologie. Heidelberg: Spektrum.
Eine umfassende, theoretisch fundierte und praxisbezogene Einführung in die Werbepsychologie.

Smith, E. E., Nolen-Hoeksema, S., Fredrickson, B. L. & Loftus, G. R. (2007). Atkinson und Hilgards Einführung in die Psychologie. Heidelberg: Spektrum.
Zwei praxisbezogene, auch für Laien gut verständliche Einführungsbücher in das gesamte Spektrum der Psychologie.

Der DAU in der Online-Kommunikation

6.1   Der DAU (dümmster anzunehmender User) – Ihr wichtigster Kunde   – 110

6.2   Wer ist der DAU?   – 110

6.3   Kulturunterschiede im Umgang mit dem DAU   – 112

6.4   Wer kann es sich leisten, den DAU nicht zu beachten?   – 113

6.5   Zusammenfassung: Der DAU   – 114

Lesen Sie in diesem Kapitel:
- Wie sich der DAU bei der Nutzung der neuen Medien verhält,
- warum der DAU die Person ist, der Sie Ihre uneingeschränkte Aufmerksamkeit widmen sollten und
- was das konkret für die Gestaltung der Online-Kommunikation bedeutet.

6.1 Der DAU (dümmster anzunehmender User) – Ihr wichtigster Kunde

Bevor in den nächsten Kapiteln die konkrete Gestaltung von Online-Angeboten zum Thema wird, hier zuerst ein **Perspektivenwechsel**. Es ist wichtig und fruchtbar, die Konzeption einer Website, eines Newsletters etc. *nicht* nur als eine Abfolge von vordefinierten Schritten in einem Prozess und als eine Anzahl von Funktionalitäten zu betrachten. Wichtig ist – neben den zu gestaltenden Medien – immer auch der Blick auf den »**nicht gestaltbaren**« Kunden. Er verhält sich nach bestimmten Grundgesetzen, die man auch mit ausgefeilten Kommunikationskonzepten nur bedingt beeinflussen kann. Sich diese Verhaltensweisen genau anzuschauen, kann wichtige Hinweise geben – nicht erst bei der konkreten Ausgestaltung eines Angebots, sondern schon in der Analysephase – wenn es darum geht, welche Inhalte und technischen Funktionalitäten man überhaupt zur Verfügung stellen will.

Medien sind gestaltbar, der Kunde nicht

6.2 Wer ist der DAU?

> **Beispiel**
>
> »Ich merke einfach, meine engsten Mitarbeiter, also die Bereichsleitungen, die sind alle nicht sehr vertraut mit den neuen Medien. Auch schon sagten sie, hast Du meine E-Mail gelesen? Und ich sagte, sie ist nicht gekommen. – Ja, aber ich habe sie doch geschickt? – Und zum Schluss merkten sie, dass sie nicht auf »Senden« geklickt hatten. Das finde ich interessant. Es zeigt auf, dass wir keine Bürofachleute sind. Sondern eben von einer anderen Richtung her kommen. Ich denke, es ist ein Vertrautwerden und irgendwann ist es kein Thema mehr.«
> W, 50 Jahre, Geschäftsleitung eines Spitals

Der DAU ist eine Person, die man schon seit den Anfangszeiten des Internets kennt. Er macht bei der Nutzung neuer Medien alles falsch, was man überhaupt falsch machen kann (Abb. 6.1). Bisher hat man den DAU einfach als **Phänomen** »angenommen«, ohne sich zu überlegen, wer er eigentlich ist, ob es nur einen oder mehrere davon gibt und wie er sich genau verhält. Zeit also, sich über diese Population Gedanken zu machen und Verhaltensforschung zu betreiben (für die Psychologie ein gefundenes

6.2 · Wer ist der DAU?

Abb. 6.1. Der DAU (dümmster anzunehmender User) in Aktion

Fressen, da sie sich ja schon immer gern mit eigenwilligen Charakteren beschäftigt hat).

Den DAU aus psychologischer Sicht zu definieren, hat viel mit den psychologischen Grundlagen im ersten Teil dieses Buches zu tun. Ist der DAU wirklich der dümmste anzunehmende User, so muss man davon ausgehen, dass er in all diesen Bereichen am untersten, schlechtesten und problematischsten Limit der Skala möglicher Verhaltensweisen agiert.

Alles, was wir an »Best Practice« für die Internetnutzung kennen und implizit im Alltag voraussetzen, kommt beim DAU nicht zur Anwendung, da er sich nach seinen eigenen, irrationalen und spontanen **Launen** verhält. Sicher ist nur, dass der DAU sich genau **entgegen unserer Erwartung** verhält.

Die meisten von uns gehen aber nicht vom DAU als Gegenüber aus, wenn sie via Internet kommunizieren. Sie sehen vor sich einen User, der gebildet und überdurchschnittlich interessiert ist und viel Zeit hat, sich mit einem Online-Kommunikationsangebot zu beschäftigen. Das hat viel mit Projektion zu tun – und das Internet bietet eine geeignete Projektionsfläche, da wir online praktisch keine Informationen zu unserem Gegenüber haben (▶ Kap. 2.3). Als Info-Anbieter läuft man Gefahr, sich selbst zu über-

Der DAU macht immer genau das »Falsche«

schätzen: Weil man von den eigenen Kommunikationsinhalten überzeugt ist, geht man davon aus, dass auch andere sie in gleichem Maße interessant finden müssen.

Gehen wir nun aber einmal vom Gegenteil aus, nämlich davon, dass **unser Gegenüber ein DAU** ist und sich eben *nicht* für unser Angebot interessiert. Das hat zur Folge, dass wir unsere Kommunikation mit ihm grundsätzlich überdenken müssen.

Der DAU ist im Internet weit verbreitet

Wie oft der DAU in Wirklichkeit vorkommt, ist schwer abzuschätzen. Versucht man das anhand der **hinterlassenen Spuren** zu erkennen, muss man davon ausgehen, dass der DAU im Internet sehr weit verbreitet ist. **Unzählige Episoden** falsch versandter E-Mails, eskalierender Konflikte und Missverständnisse in der Online-Kommunikation, Indiskretionen wegen schlecht gesicherter Online-Datenbanken, aber auch eine Unmenge von Websites, die trotz wertvoller Inhalte schlecht genutzt werden, geben davon Zeugnis.

Der DAU ist ein unberechenbares Wesen, das sich selten im Voraus erkennen lässt. Erst wenn wir seine Spuren sehen, merken wir, das da einer gewesen sein muss, und ärgern uns im Nachhinein, dass wir nicht schon im Voraus Maßnahmen ergriffen haben, um den angerichteten Schaden zu vermeiden.

Weil wir nicht wissen, wie viele DAUs im Internet unterwegs sind, sollten wir davon ausgehen, dass jeder unserer Kommunikationspartner im Internet einer sein könnte.

> **❗ Wir müssen unsere Kommunikationsbemühungen so intelligent, einfach und niederschwellig gestalten, dass wir den DAU damit ansprechen können.**

So stellen wir sicher, dass wir auch all die anderen Nutzer erreichen, die intelligenter sind als er.

Es ist wichtig zu erwähnen, dass der DAU kein unsympathischer Zeitgenosse ist. Im Gegenteil, er hat durchaus Charme und fällt im Alltag nicht besonders auf. Er benimmt sich auch nicht immer seltsam und ungeschickt, sondern hat vielmehr kleine »Ausrutscher« zwischendurch – nur eben leider genau dann, wenn es nicht sein sollte. Aber übel nehmen kann man ihm das auf keinen Fall. Schon deshalb, weil niemand sicher sein kann, sich nicht plötzlich selber wie ein DAU zu verhalten.

6.3 Kulturunterschiede im Umgang mit dem DAU

Interessanterweise findet ein regelrechter »Culture Clash« statt zwischen den Personen, die sich nach dem DAU ausrichten wollen und jenen, die der Meinung sind, man müsse an die Eigenverantwortung appellieren und dürfe nicht zulassen, dass es sich das Gegenüber in der Kommunikation so einfach machen könne. ❏ Tabelle 6.1 bietet eine Zusammenstellung möglicher Argumente.

6.4 · Wer kann es sich leisten, den DAU nicht zu beachten?

Tab. 6.1. Pro und Kontra DAU-Kommunikation

Kontra DAU	Pro DAU
Warum sollen wir unsere Website **kundenfreundlicher** gestalten? Die Leute müssen ja sowieso zu uns kommen!	Auch wenn die Leute durch die Exklusivität unseres Angebots zum Besuch gezwungen sind, kann es dennoch zu Missverständnissen kommen, die sie daran hindern, das Angebot richtig zu nutzen. Dadurch entsteht für uns ein größerer Zeitaufwand (Problem- und/oder Schadensbehebung). Außerdem kann ein Imageschaden entstehen, wenn wir nicht kundenfreundlich sind
Unsere Mitarbeiter sind **sowieso schon faul**, und jetzt sollen wir ihnen die Informationen auf dem Silbertablett liefern und sie dadurch noch mehr verwöhnen!	Die Mitarbeiter wären zwar grundsätzlich willig, Informationen aktiv zu suchen. Durch ihr Arbeitsvolumen oder andere Gründe vergessen sie es jedoch im entscheidenden Moment
Man sollte ja wohl davon ausgehen können, dass einer **wenigstens die Grundregeln** des E-Mail-Schreibens beherrscht!	Theoretisch beherrschen wir sie alle. Praktisch geht der DAU immer wieder mit uns durch – genau in den Situationen, in denen es am kritischsten ist
Unsere Geschäftsleitungsprotokolle sind **allen Mitarbeitern** im Firmennetzwerk **zugänglich**. Aber offensichtlich interessiert sich keiner dafür!	Die Frage ist, wie man als Geschäftsleitung die Wichtigkeit einschätzt, dass alle Mitarbeitenden über relevante Entwicklungen informiert sind. Falls sie hoch ist, reicht es nicht, Informationen bloß »zur Verfügung zu stellen«. Man kann und soll zusätzliche Kanäle nutzen (z. B. Erinnerungsmails), um die Information zu den Mitarbeitern zu bringen. Die Vorgesetzten haben auch eine Bringschuld!
Wenn unsere Leute sich ins Intranet **einloggen** würden, müssten sie sich nicht beklagen, dass sie schlecht informiert sind.	Passwörter stellen ein Hindernis für die Nutzung von Informationen dar, v. a., wenn die Informationen nicht Teil des Arbeitsprozesses sind. Um die Nutzung passwortgeschützter Bereiche trotzdem zu fördern, sollte man notwendige Prozesse ebenfalls dorthin verlegen (z. B. Arbeitszeiterfassung, wichtige Formulare)
Wir haben **alle erdenklichen Register** gezogen, und trotzdem gibt es immer noch Leute, die wir nicht erreicht haben! Wozu also der ganze Aufwand? **Die lernen es nie!**	Eine »Restgruppe« von absolut Informationsresistenten wird immer bestehen bleiben. Trotzdem sollte man so kreativ wie möglich sein, um alle gewünschten Zielgruppen zu erreichen. Kommunikationsmaßnahmen müssen im Laufe der Zeit sich verändernden Strukturen immer wieder angepasst werden

(Originalton aus Kursen, die die Autorin erteilt hat)

6.4 Wer kann es sich leisten, den DAU nicht zu beachten?

Ob man es sich überhaupt leisten sollte, sich nicht auf den DAU auszurichten, sei dahingestellt. Es gibt aber Fälle, in denen der Anbieter – zumindest theoretisch – in dieser Frage mehr Freiraum hat. Es sind dies Unternehmen, die den Status eines Monopols oder Quasi-Monopols innehaben oder deren Angebot sehr hohe Attraktivität für die Kunden hat. Auch Verwaltungen und öffentliche Anbieter gehören dazu – und man kann die Chefs von Unternehmen ebenfalls dazu zählen, wenn es um die interne Kommunikation geht. Gemeinsam ist all diesen Anbietern, dass sie sagen können: »Egal wie schlecht und bedienerunfreundlich meine Kommunikation ist, die Leute kommen nicht daran vorbei, sich durchzukämpfen.«

Monopolisten und Chefs müssen sich nicht nach dem DAU richten – sie dürfen aber trotzdem

Zum heutigen Zeitpunkt hat zum Glück in allen Bereichen bereits ein starkes Umdenken in Richtung hoher **Dienstleistungsausrichtung** stattgefunden. Trotzdem trifft man immer wieder genau dieses Beispiel an:
- eine komplizierte und mit vielen technischen Hindernissen ausgestaltete Website, die den Nutzern maximale Motivation und Durchhaltevermögen abfordert oder
- einen Newsletter, der sich über mehrere A4-Seiten erstreckt und nur aus Prosatext besteht.

Bei näherer Betrachtung merkt man dann, dass man genau bei einem dieser Anbieter gelandet ist, die trotz allem **nichts zu befürchten** haben. Umgekehrt können sich jene Unternehmen mangelnde Benutzerfreundlichkeit nicht leisten, die mit anderen in starkem Konkurrenzverhältnis stehen, weil sie ähnliche Produkte und Dienstleistungen anbieten. Sie müssen damit rechnen, dass ihre Kunden keine große Frustrationstoleranz haben und schon bei kleinen Hindernissen zur Konkurrenz abwandern.

Es wäre reizvoll gewesen, in diesem Buch Websites und Newsletters nach diesem Schema (»Monopolstatus« vs. Konkurrenz) einander gegenüberzustellen. Aus Taktgründen (und wegen sicherlich mangelnder Bereitschaft von Firmen, als »schlechtes Beispiel« hinzuhalten) wird hier darauf verzichtet. Machen Sie persönlich die Probe aufs Exempel: wenn Sie eine schlecht gestaltete und dennoch gut genutzte Website sehen, überlegen Sie sich, ob das etwas mit der »**Monopolstellung**« des Anbieters zu tun hat. Das kann sehr aufschlussreich sein.

Überprüfen Sie die Monopolstellung von Websites!

Mangelnde Benutzerfreundlichkeit ist aber längst nicht immer mit Gleichgültigkeit gegenüber den Kunden gleichzusetzen. In den meisten Fällen liegt der Grund bei mangelnden Kenntnissen über die Online-Wirkmechanismen. Diese werden in den nun folgenden Praxiskapiteln erläutert.

6.5 Zusammenfassung: Der DAU

> **Steckbrief: Der DAU (dümmster anzunehmender User)**
> - Der DAU ist ein grundsätzlich unmotivierter, bequemer, leicht ablenkbarer, tollpatschiger und begriffsstutziger Zeitgenosse (Er gibt sich zwar manchmal Mühe, sich ein bisschen zu bessern, aber es gelingt ihm meist doch nicht).
> - Gleichzeitig ist der DAU ein sehr sympathischer und liebenswerter Mensch, dem man nichts übel nehmen kann. Oft tarnt er sich als ganz normaler Durchschnittsbürger, und man erkennt ihn erst nach »getaner Arbeit« an den Spuren, die er hinterlassen hat.
> - Einen DAU anzutreffen, ist oft ein Hinweis darauf, dass man in der Ausgestaltung der eigenen Kommunikation – im persönlichen Dialog oder bei Online-Angeboten – noch Optimierungspotenzial hat. Darum sollte man sich dem DAU gegenüber stets höflich und diskret verhalten und ihm seine Fehler nicht nachtragen.

Erfolgreiche E-Mail-Kommunikation

7.1   E-Mail als treibende Kraft in der geschäftlichen Kommunikation   – 116

7.2   Warum E-Mails Stress verursachen   – 116

7.3   Der Aufbau einer »idealen« E-Mail   – 119

7.4   Reaktionszeit für E-Mail-Antworten   – 128

7.5   Vertraulichkeit von E-Mails   – 128

7.6   Konfliktpotenzial von E-Mails   – 129

7.7   Spam   – 132

7.8   Schulung zum E-Mail-Gebrauch   – 133

7.9   Der DAU in der E-Mail-Kommunikation   – 136

7.10   Zusammenfassung: Erfolgreiche E-Mail-Kommunikation   – 137

Lesen Sie in diesem Kapitel:
- Welche Aspekte Sie für die professionelle E-Mail-Kommunikation beachten sollten,
- warum es so wichtig ist, Verantwortlichkeiten in der Zusammenarbeit via E-Mail klar zu definieren und
- wie man Mitarbeiter für den professionellen Umgang mit E-Mail schulen kann.

7.1 E-Mail als treibende Kraft in der geschäftlichen Kommunikation

Beispiel

»Ich glaube, dass die Leute nicht genau verstehen, für welche Form von Kommunikation E-Mail geeignet ist und für welche nicht. So landet alles in den E-Mails. Daher kommt auch die große Menge. Früher hat man die Leute in einen Schreibmaschinenkurs geschickt. Danach hat man gewusst, die können nun mit der Schreibmaschine schreiben. Aber E-Mail ist irgendwie so gekommen und es wurde davon ausgegangen, dass die Leute damit umzugehen wissen. Und jetzt leiden alle darunter.«
M, 40, Global Release IT-Manager, Versicherungsbranche

Die E-Mail-Kommunikation hat im geschäftlichen Alltag eine zentrale Rolle

Die E-Mail-Kommunikation hat im geschäftlichen Alltag eine zentrale Rolle eingenommen. Die **Vorzüge** sind bestechend: zeitlich unabhängig in der Bearbeitung, schnell, kostengünstig und – je nach Gestaltung – auch sehr effizient in der Informationsvermittlung.

Aber auch die **Nachteile** sind augenfällig, allen voran die viel beklagte Flut in der persönlichen Mailbox. Relevante von weniger relevanten E-Mails zu unterscheiden, ist zur täglichen und oft lästigen Routine geworden. Gerade Manager beklagen sich, dass sie mit vielen unwichtigen Mails »zugemüllt« werden.

In diesem Kapitel wird nun genau beschrieben, was erfolgreiche E-Mail-Kommunikation ausmacht, wo ihre Fallstricke liegen, wie man die Mailflut bekämpfen und sich in der Mailbox anderer Leute Aufmerksamkeit verschaffen kann.

7.2 Warum E-Mails Stress verursachen

7.2.1 Große Volumen mit wenig Struktur

Die **E-Mail-Flut** ist sprichwörtlich, nicht nur nach den Ferien oder einer längeren Abwesenheit vom Arbeitsplatz (◘ Abb. 7.1). Je nach Firmenkultur und Stellung der Person können schon ein paar Stunden ausreichen, um die Mailbox wieder bis oben hin zu füllen. Das Problem dabei bleibt immer das gleiche: Man hat vor sich eine lange Liste und sollte anhand minimaler Informationen (Datum, Sender, Betreffzeile, Priorität) erkennen, ob die

7.2 · Warum E-Mails Stress verursachen

◘ **Abb. 7.1.** Der Kampf mit der Mailflut

E-Mails relevant oder irrelevant sind, ob sie konkrete Aktivitäten erfordern oder nur informieren wollen und ob eine Sache überhaupt noch aktuell ist oder sich in der Zwischenzeit von selbst erledigt hat. Hat man eine Mail dann geöffnet, sollte man den Inhalt möglichst rasch erfassen und adäquat darauf reagieren können. Mit wachsender Anzahl sinkt darum die Toleranzschwelle für schlecht gestaltete E-Mails, und man reagiert rasch mit Ärger und Ungeduld, wenn jemand nicht in ein paar Sätzen auf den Punkt kommt.

E-Mail-Stress durch schlechte Strukturierung

7.2.2 Unerwidertes Kommunikationsangebot

Persönliche E-Mails haben (im Gegensatz zu unpersönlichen Newsletters) außerdem die Eigenschaft, dass sie immer ein Kommunikationsangebot des Senders beinhalten. Die sozialen Normen im Umgang mit anderen besagen, dass man auf das Kommunikationsangebot eines Menschen reagieren sollte. Darum verursacht E-Mail-Verkehr neben der Informationsflut zusätzlich **sozialen Stress**, weil man dieser sozialen Anforderung oft nicht gerecht werden kann. Dies wird zwar oft nur unterschwellig wahrgenommen, führt aber zu einem zusätzlichen Unwohlsein im Umgang mit der übervollen Mailbox.

Mehr zum Thema »sozialer E-Mail-Stress« ▶ Kap. 13.2.2.

7.2.3 Verantwortungsdiffusion

E-Mail-Stress durch unklare Zuweisung von Verantwortung und mangelnde Verantwortungsübernahme

Ein wichtiger Grund für E-Mail-Stress basiert auf **unklarer Zuweisung von Verantwortung** und auf mangelnder Verantwortungsübernahme. Man spricht in diesem Zusammenhang von **Verantwortungsdiffusion**. Der Begriff stammt aus der Sozialpsychologie und erklärt, warum eine große Menge von Zuschauern bei einem Unglück (z. B. dem Zusammenbruch einer Person auf offener Straße) passiv bleibt und warum in der gleichen Situation Hilfe geleistet wird, wenn nur ein oder wenige potentielle Helfer vor Ort sind (Darley & Latané, 1968). Der Grund liegt darin, dass bei der Anwesenheit zahlreicher Menschen alle annehmen, die anderen würden eingreifen, und sich selbst nicht angesprochen fühlen.

Dieses Problem existiert auch in der E-Mail-Kommunikation. Es zeigt sich unterschiedlich.

- **Mailkopien zur Absicherung:** Cc-Mails dienen oft dazu, sich als Mitarbeiter bei anderen, z. B. bei Vorgesetzten, auf relativ bequeme Art abzusichern. Hat man die Mail Cc an den Chef geschickt, kann man jederzeit sagen: »Ich habe Dich ja darüber informiert (und kann darum auch nichts dafür, dass es jetzt schief gegangen ist).«
- **Unklare Auftragserteilung an mehrere Personen:** Oft werden E-Mails mit unklarer Rollenzuweisung geschickt mit dem Auftrag: »Bitte macht ihr mal einen Projektplan und gebt mir dann Bescheid!« Die Empfänger wissen nun aber nicht, wer was in welcher Reihenfolge bearbeiten soll, und müssen sich in mühsamem Folge-E-Mail-Verkehr oder telefonisch absprechen, wie man denn nun vorgehen soll.

Die E-Mail-Flut ist also teilweise auch eine **Frage der Organisation** und der **Unternehmenskultur**. Auch das Management kann ihr entgegenwirken, indem es den Mitarbeitern Kompetenzen so erteilt, dass diese ihren Verantwortlichkeitsbereich kennen und sich nicht für alle Details absichern müssen.

Die oben erläuterten Faktoren Volumen, sozialer Stress und Verantwortungsdiffusion wirken zusammen und lösen **Gefühle von Kontrollverlust** (▶ Kap. 5.8) aus, weil die Mailbearbeitung in verschiedener Hinsicht hohe Anforderungen stellt und man ein vergleichsweise eingeschränktes Handlungsfeld hat, um sie zu erfüllen. Mehr zur Stressbekämpfung im E-Mail-Verkehr ▶ Kap. 13.3.

7.3 Der Aufbau einer »idealen« E-Mail

7.3.1 Aufmerksamkeit erhalten

Es gibt wenige Möglichkeiten, sich mit einer E-Mail Aufmerksamkeit zu verschaffen. Man kann den Text in der Betreffzeile variieren und gegebenenfalls die E-Mail mit einer hohen Priorität versehen. Die beschränkten Mittel zum Erzeugen von Aufmerksamkeit sollten also sehr gezielt eingesetzt werden. Der Absender – als wichtiger Blickfang – kann in den meisten Fällen nicht verändert werden: Die **Theorie der sozialen Schließung** besagt, dass Mails von Bekannten und von Personen, mit denen man persönlich in Beziehung steht, denjenigen von Unbekannten vorgezogen werden (Stegbauer, 2001).

Ein wichtiger Aspekt von Aufmerksamkeit betrifft die **längerfristige Zusammenarbeit** mit anderen. Ein Großteil der Kommunikation verläuft ja nicht mit Unbekannten, um deren Aufmerksamkeit man im Erstkontakt buhlen muss; wir verkehren im Alltag meist mit den immer gleichen Leuten. Im Umgang mit ihnen verschafft man sich bald eine Reputation: entweder gehört man zu denen, deren E-Mails gern gelesen werden, weil sie kurz gefasst sind und die wichtigsten Punkte hervorgehoben werden. Oder man gehört zu den anderen, deren Mails immer erst zuletzt geöffnet werden, weil man weiß, was für ein Kampf mit Prosatext und überflüssigem Inhalt einen erwartet.

Wie man in den Wald ruft, so schallt es heraus – auch bei E-Mails

> ❗ **Im Berufsalltag kann man durch sein Verhalten recht stark selbst bestimmen, wie viel Aufmerksamkeit den eigenen E-Mails geschenkt wird: Indem man gezielt an seinem guten Image arbeitet und die wichtigen Gestaltungsregeln einer E-Mail beachtet. Darum geht es in diesem Kapitel.**

Inhalt der Betreffzeile

Wie weiter oben erläutert, führt die Schwierigkeit, Mailinhalte schnell beurteilen zu können, zu Stress. Darum sollte die Betreffzeile den Inhalt der E-Mail **möglichst genau voraussagen**. In einigen Fällen ist es dann sogar möglich, dass man die Mail beantworten kann, ohne sie überhaupt zu öffnen. Wenn angebracht, kann die Betreffzeile auch eine direkte Ansprache des Empfängers beinhalten, damit er sieht, dass die E-Mail nur an ihn und nicht an mehrere Empfänger gesendet wurde (verhindert Verantwortungsdiffusion).

Arbeitsanweisungen

Um die **Aufgabenpriorisierung** durch den Empfänger zu unterstützen, ist es sinnvoll, in der Betreffzeile anzugeben, ob überhaupt und was man von ihm zu tun erwartet. Das sieht z. B. so aus:
- FYI oder zK (For Your Interest, zur Kenntnis) zu Beginn der Betreffzeile als Kennzeichnung, dass lediglich die Kenntnisnahme erforderlich ist.

- »Action required« oder »Bitte um Feedback bis …« als Hinweis auf erwünschte Aktivität des Empfängers.
- (eom) für »End of Message« oder (Ende) am Ende der Betreffzeile für kurze Mitteilungen, die sich in der Betreffzeile abhandeln lassen und keinen Mailtext benötigen. Zum Beispiel »Bitte Heidi zurückrufen! (eom)«.

Ausformuliert könnte das dann z. B. so aussehen:
»Vorgehen Mitarbeiterschulung: Bitte um Dein Feedback bis Do 12 Uhr.«
Die Verwendung von spezifischen Hinweisen in E-Mail-Betreffzeilen kann als Teil der Unternehmenskultur eingeführt werden; es braucht allerdings eine gewisse Zeit, bis sie sich etablieren und von allen selbstverständlich angewandt werden. Außerdem ist es wichtig, die **Tonalität** den Umgangsformen im Unternehmen und dem jeweiligen Empfänger anzupassen. Gerade Vorgesetzte können je nachdem auf einen »Befehlston« empfindlich reagieren.

! Zum heutigen Zeitpunkt wird die Betreffzeile viel zu selten aktiv für die Informationsübermittlung genutzt. Gerade dieser Punkt trägt erheblich zum Stress im Umgang mit E-Mails bei.

7.3.2 Textgestaltung

Erster Blick in die E-Mail

Was für die Betreffzeile gilt, ist auch bei der Textgestaltung elementar: Der Inhalt einer Mail sollte so gestaltet sein, dass sich der Empfänger schnell und einfach einen Überblick verschaffen kann. Zur Erinnerung: Effiziente Informationsverarbeitung läuft immer **top-down**, d. h. konzeptgesteuert von den wichtigen Oberbegriffen hin zu den Details (▶ Kap. 5.4.3).

Auf den ersten Blick: Inhalt und Handlungsbedarf

Die wichtigsten Informationen sollten darum auf den ersten Blick sichtbar sein, evtl. optisch hervorgehoben (als Titel oder durch Einfügen eines Zeilenabstands):
- Worum geht es?
- Besteht Handlungsbedarf von meiner Seite? Falls ja, welcher?
- Wie dringend ist das alles? Gibt es Termine?

Formatierungen in E-Mails (fett, farbig hervorgehoben, kursiv etc.) sollte man nur verwenden, wenn man weiß, dass der Empfänger über ein HTML-fähiges E-Mail-Programm verfügt (z. B. wenn firmenintern das gleiche Programm verwendet wird). Ist dies nicht der Fall, werden solche Formatierungen nicht korrekt angezeigt und können den Empfänger verwirren.

Textgestaltung der E-Mail

E-Mails sollten grundsätzlich immer **möglichst kurz** gefasst sein. »Prosatext«, lange, ausführliche, blumige Sätze und Schachtelsätze sollten vermieden werden. Füllwörter und Schnörkel sind unnötig und verärgern die Empfänger! Besser ist es, sich knapp zu fassen und stichwortartig zu schreiben.

Zwischen den einzelnen Abschnitten immer eine **zusätzliche Leerzeile** einfügen.

Vertiefende Informationen, falls nötig, ans Ende der Mail verschieben oder via Link auf einer Intranet- oder Webseite zugänglich machen.

Ein Thema – eine E-Mail?

Es gibt Gründe, die dafür sprechen, für jedes Thema eine eigene E-Mail zu schreiben. Gewisse Empfänger benutzen E-Mails als **Aufgabenliste**, die sie systematisch in der Mailbox abarbeiten. Für diese ist es eine Hilfe, wenn nicht mehrere, sehr heterogene Themen in einer E-Mail abgehandelt werden – weil sie dann z. B. das eine Thema noch unerledigt lassen können, wenn die anderen bereits abgearbeitet sind. Andererseits ist jede neue E-Mail ein Beitrag zur E-Mail-Flut. Und »**Sammelmails**« haben den Vorteil, dass man z. B. mehrere noch zu erledigende Aufgaben übersichtlich vor sich hat. Darum: Man kann diese Frage nicht allgemein beantworten, es kommt auf den aktuellen Zusammenhang an, welche Form man wählt. Eine aussagekräftige Betreffzeile, die alle relevanten Inhalte der E-Mail enthält, ist sicher wichtiger als die Aufteilung in mehrere E-Mails.

Eine E-Mail – ein Empfänger?

Diese Frage lohnt sich zu stellen – denn wie weiter oben erläutert, besteht bei einer E-Mail an mehrere Personen immer die Gefahr der **Verantwortungsdiffusion**. Spricht man jemanden einzeln und direkt an, erhöht sich die Wahrscheinlichkeit, dass er den Auftrag auch wirklich erledigt. Dies ist allerdings für den Sender mit einem zusätzlichen Arbeitsaufwand verbunden. Wer diesen nicht auf sich nehmen will, muss sicherstellen, dass innerhalb der E-Mail alle Verantwortlichkeiten verbindlich mit den Namen der Empfänger versehen werden.

Verantwortlichkeiten klar zuweisen

Schreibstil und Sorgfaltspflicht

Bei digitalem Text besteht immer ein gewisses Risiko für einen **nachlässigen Schreibstil** (▶ Kap. 2.5.7). Je nach Unternehmenskultur ist das intern unproblematisch. Gerade bei Personen, die man nicht gut kennt, im Kundenkontakt und gegenüber Vorgesetzten sollte man aber vorsichtig sein und auf gepflegten Stil achten. Die **Struktur eines Briefes** sollte grundsätzlich beibehalten werden. Wichtig sind die höfliche Anrede und eine Grußformel: »Guten Tag Frau...« oder »Hallo Herr...« als Anrede, »MfG« statt »Mit freundlichen Grüßen« kann bereits als unhöflich empfunden werden.

Eine E-Mail-Signatur am Ende der E-Mail ist hilfreich, wenn der Empfänger schnell Kontakt aufnehmen will (wird oft als »Telefonbuch-Ersatz« verwendet). Die **Signatur** sollte nur die wichtigsten Daten (z. B. Telefon direkt, Telefon Zentrale, URL) enthalten und möglichst kurz sein.

Smileys und Emoticons (wie ;-) oder ROFL, ▶ Kap. 4.2.3) nur verwenden, wenn man sicher ist, dass der Empfänger diese »junge« Kommunikationsform versteht und nur, wenn man die Person bereits kennt.

Als technische Unterstützung für das »gepflegte« Schreiben kann man die **Rechtschreibprüfung** beiziehen, die in vielen Mailprogrammen aktiviert werden kann. Damit lassen sich viele Tippfehler vor dem Senden entfernen.

❗ **Als Faustregel für den zu wählenden Schreibstil gilt: Immer (mindestens) so formell antworten, wie geschrieben wurde.**

Die Reaktionen auf unsorgfältig geschriebene E-Mails können unterschiedlich sein, wie die unten stehende Kurzumfrage zeigt.

Reaktionen auf nachlässig geschriebene E-Mails

> **Beispiel**
>
> **Wie reagieren Sie, wenn Sie eine salopp geschriebene E-Mail erhalten?**
>
> »Ich versuche zu verstehen, ob die Person nicht besser schreiben kann. Wenn ich aber weiß, dass es an und für sich eine Person ist, die grammatikalisch gut Bescheid weiß, dann reagiere ich relativ sauer. Dann finde ich, diese Person hat sich nicht die Mühe genommen, mir eine saubere Mail zu schreiben. Dann gehe ich auch davon aus, dass sie diese Mitteilung nicht wahnsinnig ernst nimmt.«
> *M, 58, Sales Manager international tätiges Unternehmen für Arbeitsschutzprodukte*
>
> »Das finde ich total okay. Ich glaube, von 10 E-Mails haben 8 einen Tippfehler bei mir. Ich schreibe z. B. oft alles klein. Ich meine, wenn du 60 E-Mails am Tag schreibst, kann man nicht wirklich verlangen, dass die alle korrekt geschrieben sind. Man kann sagen, je wichtiger der Kontakt, desto formeller schreibe ich. Wenn ich einem User schreibe, er soll sein Profil löschen, dann ist das eher salopp, und wenn ich einem potentiellen Investor schreibe, dann eher formell.«
> *M, 29, CEO Internet Community*
>
> »Wenn die saloppen E-Mails von mir unbekannten Personen kommen, stört mich das ebenso wie Tippfehler. Saloppe E-Mails schreibe ich wirklich nur sehr eng bekannten Personen. Ich rege mich auf, wenn Studenten Klein- und Großschreibung verwechseln oder Kommafehler machen. Aber auch bei Dozenten, dann rege ich mich noch mehr auf.«
> *M, 38, Leiter Wirtschaftsstudiengänge einer Fachhochschule*
>
> »Saloppe E-Mails, z. B. mit Smileys usw., gehören für mich in den privaten Bereich. Im Geschäftsbereich soll eine E-Mail immer formell sein. Eine E-Mail ist wie ein Brief, sie soll Struktur haben; die E-Mail ist auch eine Visitenkarte nach außen. Sie sollte frei von Rechtschreib- und Tippfehlern sein.«
> *M, 35, Leiter Finanz- und Rechnungswesen*
>
> »Ich denke mir einfach meinen Teil, das wirkt sehr negativ auf mich und ich werde auf jeden Fall nicht im gleichen Ton antworten. Also das finde ich ganz schwach, wenn einer schon die zweite oder dritte Mail lasch schreibt, so ohne Begrüßung, das kommt gar nicht gut an bei mir.«
> *W, 41, Informatik-Projektleiterin, Öffentliche Verwaltung*

7.3.3 Attachments

Attachments (Dateianhänge) sind eine weitere Lästigkeit im an und für sich schon zeitaufwändigen E-Mail-Verkehr. Sie erfordern einen zusätzlichen Arbeitsschritt, weil man sie öffnen muss, um zu wissen, was drin steht. Außerdem führen Attachments rasch zu einer überfüllten Mailbox, was besonders ärgerlich ist, wenn z. B. von Unternehmensseite die Postfachgröße beschränkt wurde und wegen zwei, drei umfangreicher Attachments keine weiteren Mails mehr empfangen werden können. Personen, die unterwegs sind, können zwar oft ihre E-Mails mit einem mobilen Gerät abfragen, Attachments aber nicht.

Das führt zu drei **goldenen Regeln** im Umgang mit Attachments:

1. **Inhalt und Handlungsbedarf angeben:** In den Begleittext zum Attachment gehört immer die Erläuterung, worum es sich beim Anhang handelt, was (gegebenenfalls) daran geändert wurde und was der Empfänger damit tun soll (durchlesen, Stellung nehmen, überarbeiten, zur Ablage etc.). Dadurch erhält der Empfänger auch eine gewisse Sicherheit, dass das Attachment wirklich zur Mail gehört und nicht von einem Spammer stammt, der einen Virus verbreiten will. Die Handlungsanweisung zu formulieren, hilft dem Sender auch, sich bewusst zu werden, ob ein Attachment tatsächlich mitgesandt werden muss (wenn er nicht genau weiß, was er dazu schreiben soll, wahrscheinlich eher nicht).

    Attachments nicht unkommentiert mitsenden

2. **Anhänge zentral ablegen:** Vor allem größere Attachments nach Möglichkeit gar nicht mitsenden, sondern in einem Verzeichnis ablegen, das für den Empfänger zugänglich ist und in dem er sie abrufen kann (gilt v. a. für die firmeninterne Kommunikation). So wird verhindert, dass die Mailbox des Empfängers überfüllt ist und dass er mit einer veralteten Version arbeitet (wer weiß schon, wann er das Dokument anschaut und was bis dahin schon wieder alles geändert wurde).

3. **Standardformate verwenden:** Nach Möglichkeit sollte man Attachments in PDF-Format umwandeln. Damit ist gewährleistet, dass das Dokument in seiner Form nicht verändert werden kann und dass auch Empfänger es lesen können, die vielleicht nicht das gleiche Bearbeitungsprogramm haben wie der Ersteller (Ausnahme: Wenn das Dokument vom Empfänger überarbeitet werden *muss*, kann man natürlich kein PDF-Format verwenden).

7.3.4 Cc-Mail (Kopie)

> **Beispiel**
>
> »Dieses Einkopieren entwickelt so eine Eigendynamik. Jeder kopiert jeden ein und will dadurch die Verantwortung abwälzen oder teilen, nach dem Motto:»Ok, du hast es ja gewusst«. So kriegst du viele Mails mit Cc und weißt nicht so recht,»Was soll ich jetzt damit anfangen, wird da jetzt

Rangliste der unbeliebtesten E-Mail-Arten: 1. Spam, 2. Cc-Mails

> etwas von mir erwartet?« Und umgekehrt, wenn du nicht alle möglichen Leute einkopierst, dann wirst du teilweise nicht ernst genommen. Wenn du z. B. etwas verlangst, von einer höheren Hierarchie, und du kopierst dann vielleicht mehr aus politischen Gründen deinen Chef mit ein, heißt das dann, ok, der ist damit einverstanden. Das hat dann so eine politische Note, wer wo mit einkopiert ist. Da ist es schwierig, das richtige Maß zu finden, v. a., wenn das dann so eine Inflation erfährt, dass du nicht mehr für voll genommen wirst, wenn du nur als *du* jemanden anfragst. Weil, es bist ja nur du gewesen, und du kriegst erst eine Reaktion, wenn du noch Hinz und Kunz von zwei Ebenen höher mit einkopierst.«
> W, 43 Jahre, Mittleres Management, global tätiges Pharmaunternehmen

Würde man eine Rangliste der unbeliebtesten Mailformen machen, wären die Cc- sicher auf Platz 2 unmittelbar nach den Spam-Mails. Dies hat in erster Linie mit ihrer zahlenmäßigen Häufigkeit zu tun, aber auch damit, dass oft unklar ist, was man damit anfangen soll, weil man ja nicht direkt angesprochen ist und darum auch keinen direkten Auftrag erhält. Dies führt zu einem diffusen **Unsicherheitsgefühl**: Erhalte ich diese E-Mail wirklich nur »zur Kenntnis«? Warum gerade ich (ich bin doch gar nicht im Projekt-Kernteam)? Müsste ich wohl die umfangreiche Dokumentation im Anhang durchlesen? Verpasse ich etwas Wichtiges, wenn ich das nicht tue? Bin ich einkopiert, weil irgendwelche politischen Spiele ablaufen, und welche Rolle habe ich dabei? – Irgendein Auftrag muss ja mit der Cc-Mail verbunden sein (sonst würde man sie nicht erhalten), aber welcher das ist, muss man oft selber herausfinden und dafür Zeit aufwenden.

Der Sender hingegen hat keine Probleme damit, 2, 5 oder 20 Personen »zur Kenntnis« auf die Mail zu setzen. Und meist ist er sich auch nicht bewusst, dass er all diesen Personen Arbeitsaufwand beschert – auch wenn der nur darin besteht, zu merken, dass man die Mail ungelesen löschen kann.

> ❗ E-Mails, insbesondere Cc-Mails, haben das Potenzial, auf der Empfängerseite unnötigen Arbeitsaufwand zu bescheren, ohne dass die Senderseite dies wahrnimmt oder dafür sanktioniert wird.

Das Verursacherprinzip im E-Mail-Verkehr einführen

Überlegungen, wie man beim E-Mail-Verkehr das **Verursacherprinzip** einführen könnte, haben darum sicher ihre Berechtigung (s. dazu das Interview in ▶ Kap. 14.7).

Motive für das Senden von Cc-Mails

Es gibt verschiedene Gründe, eine Mail Cc zu senden:
- **Political correctness**: Alle informieren, die in irgendeiner Form interessiert sein könnten.
- Sich **absichern** gegen mögliche Fehler und Verantwortung delegieren: »Es hätte sich ja einer beschweren können, wenn es ihm nicht gepasst hat«.
- Dem Chef zeigen, dass man **sehr beschäftigt** ist.

- **Druck** auf den Empfänger **ausüben** (Cc an Vorgesetzte).
- Erhöhtes **Mitteilungsbedürfnis**.
- **Zeitdruck** und Eile: Keine Zeit, über den Empfängerkreis nachzudenken, darum lieber zu viele als zu wenige darauf setzen.

Wann sind Cc-Mails sinnvoll?
Wenn man sie korrekt anwendet, haben Mailkopien eine sehr eingeschränkte Geltung.

> ❗ **Cc-Mails sind richtig eingesetzt, wenn sie jemanden über einen Sachverhalt nur in Kenntnis setzen und ihm daraus keine weiteren Aufträge entstehen.**

Cc-Mails immer nur »zur Kenntnis« senden!

Cc-Mails müssen **ungelesen gelöscht** werden können, ohne dass jemandem daraus Schaden entsteht. Wann immer man diese Frage nicht bejahen kann, darf man dieser Person keine Cc-Mail senden, sondern sollte sie direkt ansprechen.

Es ist wichtig und hilfreich, innerhalb der Firma die Bedeutung von Cc-Mails genau zu definieren und das dann auch so durchzuziehen. Wenn durch diese Vereinbarung sicher gestellt ist, dass man keine wichtigen Informationen verpasst, kann man die Cc-Mails getrost mit einem vordefinierten Filter direkt in einen separaten Mail-Ordner umleiten und nur dann abarbeiten, wenn man zeitlich nicht unter Druck ist.

Cc an andere Hierarchiestufe
Eine Mailkopie an Vorgesetzte verleiht einer E-Mail höheres Gewicht. Dies kann in gewissen Situationen durchaus Sinn machen. Mails, die Cc an eine andere Hierarchiestufe als der Hauptempfänger gesendet werden, beinhalten aber auch im »friedlichen« Fall ein relativ großes Potenzial für Missverständnisse und Konflikte (▶ Kap. 7.6).

> **Beispiel**
>
> Frau K. ist verantwortlich für die Intranet-Redaktion (nicht aber für das Publizieren der Inhalte, das vom Webteam vorgenommen wird). Ihr Chef bittet um die dringende Aktualisierung eines Inhalts. Frau K. schreibt die Änderung und informiert das Web-Team, dass der Inhalt sofort hineingestellt werden soll. Um ihren Chef zu informieren, dass sie den Auftrag erledigt hat, setzt sie ihn Cc auf die Mail.
> Die Verantwortliche vom Webteam reagiert stinksauer, fühlt sich bevormundet und bloßgestellt. Sie arbeite ja schließlich zuverlässig und brauche nicht unter Druck gesetzt zu werden.

Empfängerkreis einschränken
Wer jeweils informiert werden soll und wer nicht, lässt sich nicht so leicht allgemeingültig und verbindlich vereinbaren. Teilweise ist es tatsächlich

heikel, gewisse Leute von der Information auszuschließen, weil sie das als bewusste Ausgrenzung empfinden könnten. Hier hilft am ehesten die klare **Definition von Kompetenzbereichen**: Wenn jemand weiß, für welche Arbeiten er und seine Mitarbeiter zuständig sind, kann er auch besser einschätzen, wer von diesen Personen über welche Sachverhalte informiert werden muss. Dies ist in erster Linie eine Management-Aufgabe – und nicht immer einfach umzusetzen.

7.3.5 Bcc-Mail (Blindkopie)

Bcc-Mails können Konfliktsituationen anzeigen

Blindkopien zu verwenden ist noch heikler als Cc-Mails. Nicht selten handelt es sich bei Bcc-Nachrichten um besonders **schwierige** und **persönliche Angelegenheiten**. Wer nun aber jemanden »insgeheim« über die E-Mail an eine andere Person informiert, muss immer damit rechnen, dass diese »geheime« Person die »blinde« Kopie weiterverwendet, weitersendet und damit eine neue Dynamik auslöst (z. B. Eskalation zu einer höheren Management-Stufe, Information an weitere nicht involvierte Dritte etc.). Wenn der offizielle Empfänger dadurch erfährt, dass es bei dieser Nachricht Bcc-Mitleser gab, fasst er dies schnell als **Vertrauensbruch** oder Misstrauensvotum auf. Bcc sollte man darum nur einsetzen, wenn man sicher ist, dass der »blinde« Empfänger die Nachricht ganz sicher nicht weiterverwendet. Da der Empfänger der DAU ist, kann man davon aber eigentlich nie ausgehen.

> ❗ Vor dem Senden an eine Bcc-Adresse kurz innehalten und sich überlegen, welche Gründe dazu führen, dass man diese Person nicht »offiziell« als Cc-Empfänger einsetzen kann. An diesem kleinen Detail (Cc oder Bcc) kann man manchmal tiefer liegende Konfliktsituationen erkennen.

Es gibt aber auch eine wichtige und **zwingende Anwendung** von Bcc: Wenn man eine E-Mail an eine große Empfängerzahl sendet, sollte man diese Mailadressen verstecken – insbesondere, wenn firmenexterne E-Mail-Adressen dabei sind. Nicht alle Empfänger wären von sich aus bereit, ihre Adresse Dritten bekannt zu geben, darum sollte man das nie ungefragt tun. Außerdem besteht Missbrauchsgefahr: Dritte können offen gelegte Adressen unerlaubterweise weiterverwenden, z. B. für Kartell-Absprachen oder Konkurrenzanalysen.

7.3.6 E-Mails weiterleiten

Dies ist ein heikler Punkt, der zu Konflikten und Peinlichkeiten führen kann. Oft werden E-Mails gedankenlos über mehrere Personen und Stellen weitergeleitet, ohne dass man den ganzen »Rattenschwanz« anschaut, der mitgesandt wird. Nicht selten befinden sich weiter hinten in der E-Mail **pikante Details**, die gar nie für eine größere Öffentlichkeit gedacht waren. Darum: Auch wenn es bequem ist, nicht selber schreiben zu müssen, sollte

7.3 · Der Aufbau einer »idealen« E-Mail

man E-Mails nur weiterleiten, nachdem man sie gründlich auf mögliche Peinlichkeiten für den ursprünglichen Sender durchsucht hat. Besondere Vorsicht ist geboten bei langen »Rattenschwänzen« von bereits mehrfach weitergeleiteten E-Mails oder wenn sich der Adressatenkreis beim Antworten auf eine vertrauliche E-Mail erweitert.

Keine »Rattenschwänze« weiterleiten

7.3.7 Zusammenfassung: E-Mail-Gestaltung

Checkliste: E-Mail-Gestaltung

Aufmerksamkeit erhalten
- Betreffzeile sagt den Inhalt voraus (Relevanz).
- Betreffzeile sagt etwas über die gewünschte Aktivität voraus (»action required«).

Textgestaltung
- Ziel der Textgestaltung: Der Empfänger erhält ohne Zusatzaufwand alle Informationen, die er für die Weiterbearbeitung eines Themas braucht (aber nicht mehr!).
- Höflicher, gepflegter Stil wie beim traditionellen Brief, insbesondere wenn der Empfänger nicht oder nicht gut bekannt ist.
- Faustregel beim Beantworten: Stil muss mindestens so gepflegt sein wie derjenige des Senders.
- Zentrale Aussage und Handlungsanweisung ist auf den ersten Blick klar ersichtlich.
- Prosa vermeiden, Leerzeilen zwischen den einzelnen Abschnitten einfügen.
- Attachments nach Möglichkeit nicht mitsenden, sondern in der Mail per Link auf die Dateiablage verweisen (geht meist nur in der firmeninternen Kommunikation).
- Falls Anhänge mitgesendet werden sollen, diese im Text kommentieren und mit Handlungsanweisungen versehen.
- Inhalte weiterleiten sollte man nur, wenn dadurch dem ursprünglichen Autor eines Textes kein Schaden entsteht.

Cc und Bcc
- Cc nur wählen, wenn es um reine Kenntnisnahme geht, und diese Regel innerhalb der Firma als verbindlich durchsetzen.
- Für die Eindämmung von Cc-Mails die Verantwortlichkeitsbereiche der Mitarbeiter klar definieren.
- Bcc am besten gar nicht wählen (Missbrauchs- und Konfliktgefahr), sondern durch Cc ersetzen. Ausnahme: Bei großen Mailverteilern müssen die einzelnen Adressen im Bcc-Feld versteckt werden.
- Bei Cc an höhere Hierarchiestufe: vor dem Senden die mögliche Wirkung auf den »To:«-Empfänger überprüfen.

7.4 Reaktionszeit für E-Mail-Antworten

7.4.1 Kundenkontakt

Antwortzeit im Kundenkontakt: 24 Stunden

Im Kundenkontakt sollte man innerhalb von 24 Stunden auf eine E-Mail antworten. Wenn das nicht möglich ist, z. B. bei sehr großem Mailvolumen, sollte man innerhalb dieser Frist zumindest eine kurze Mitteilung verschicken, die den Erhalt der Anfrage bestätigt und angibt, in welchem Zeitraum mit einer ausführlichen Antwort zu rechnen ist (▶ Kap. 12.2, Kundenkontakt per E-Mail).

7.4.2 Persönlicher Mailverkehr

In der persönlichen Korrespondenz kann man die Prioritäten und Reaktionszeiten etwas freier festlegen – immer im Bewusstsein, dass das Nicht-Beantworten einer E-Mail Interpretationsspielraum beim Empfänger offen lässt (▶ Kap. 13.2.2). Innerhalb der Firma kann man mit einem »Out-of-office«-Assistent auf längere Abwesenheit hinweisen. Firmenextern oder beim privaten Mailkonto kann das aber problematisch sein, weil die Nachricht auch an Spam-Mail-Absender geschickt und somit für Spammer sichtbar wird. Diese wissen dann, dass diese Adresse in Betrieb ist und in Zukunft weiter verwendet werden kann.

7.5 Vertraulichkeit von E-Mails

7.5.1 Informationssicherheit und Verschlüsselung

Viele Leute senden relativ gedankenlos vertrauliche Informationen durchs Netz. Dies hat einerseits mit **mangelnder Sensibilisierung** zu tun, andererseits auch mit der Schwierigkeit, Daten adäquat vor unbefugtem Zugriff zu schützen. **Verschlüsselungstechnologien** sind für den privaten Gebrauch relativ kompliziert und können Missbrauch nicht gänzlich verhindern, denn der geschieht oft nicht während des Sendens, sondern danach.

Innerhalb von Unternehmen kann man zumindest interne E-Mails oft mit einem einzigen Mausklick verschlüsseln. Dies macht z. B. dann Sinn, wenn Drittpersonen Zugriff zur persönlichen Mailbox haben (z. B. zur Mailverwaltung während Abwesenheiten) und gewisse Nachrichten nur für den Besitzer der Mailbox gedacht sind. Außerdem zeigt das Verschlüsselungszeichen in der Mailbox an, dass die Nachricht wirklich vertraulich ist – was den DAU unter den Empfängern vielleicht rechtzeitig daran erinnert, dass er diese E-Mail nicht an seine Freunde weiterleiten sollte.

Die **meisten Krisenfälle** passieren, weil E-Mails unbefugt Dritten zugänglich gemacht oder vertrauliche Mailtexte beim Sender oder Empfänger gesucht und aufgefunden werden. Zudem werden jedes Jahr unzählige mobile Geräte mit vertraulichen Daten unterwegs liegen gelassen, z. B. 2006 in Londoner Taxis innerhalb von sechs Monaten 4.972 Notebooks und

5.838 PDAs (NetworkWorld, 2007). Der entscheidende Faktor ist also oft der Mensch – und der ist eher schwer zu kontrollieren.

> Am sichersten fährt man, wenn man hoch vertrauliche Informationen gar nicht via E-Mail übermittelt, sondern z. B. telefonisch oder auf dem Postweg. Das ist zwar umständlich, dafür weniger missbrauchsanfällig.

Zum **Verschlüsseln** von E-Mails kann man PGP (Pretty Good Privacy, www.pgpi.org) verwenden – für Privatanwender gratis, dafür eher kompliziert in der Handhabung. Eine Alternative ist das »Secure Messaging« von PrivaSphere (www.privasphere.com), das zwar kostenpflichtig ist, dafür etwas einfacher in der Bedienung. Vertiefende Informationen zur IT-Sicherheit im Allgemeinen bietet z. B. das Deutsche Bundesamt für Sicherheit in der Informationstechnik (www.bsi.de) in der Rubrik »IT-Grundschutz«.

Das größte Vertraulichkeitsproblem ist der Mensch – nicht die Technik

7.5.2 Rechtliche Aspekte der E-Mail-Nutzung

Im Rechtsfall hilft oft auch eine technisch einwandfreie Verschlüsselung nicht weiter. Beispielsweise muss man bei einem **Rechtsstreit in den USA** damit rechnen, dass der gesamte Firmen-E-Mail-Verkehr (intern und nach außen mit den Kunden) offen gelegt wird. Einige wenige Ausnahmen gelten für Mails, die unter dem Anwaltsgeheimnis (sog. Legal Privilege) an einen bestimmten Personenkreis versandt wurden. Auch dieser Vorbehalt schützt aber nicht gegen die Offenlegung, z. B., wenn der Adressatenkreis groß und nicht auf die Personen beschränkt war, die direkt in die Thematik dieser E-Mail involviert sind. Dann muss sogar der Inhalt einer E-Mail mit Kennzeichnung als Anwaltsgeheimnis in einem Prozess offen gelegt werden und kann diesen für die eine oder andere Partei entscheidend beeinflussen. Dies sollte uns im Umgang mit E-Mails noch vorsichtiger und zurückhaltender machen.

Grundsätzlich gehört gar **nichts in eine E-Mail**, auch nicht in eine verschlüsselte oder an eine vertraute Person adressierte, was bei Veröffentlichung der Firma in irgendeiner Form **Schaden zufügen könnte**.

Zur aktuellen Rechtsprechung informiert http://eur-lex.europa.eu oder http://www.swisslex.ch.

7.6 Konfliktpotenzial von E-Mails

Beispiel

»Das Schlimmste sind diese endlosen E-Mail-Streitereien. Da kann man eigentlich nur unangemessen reagieren. Das Problem ist immer, Leute fühlen sich durch Formulierungen schnell einmal unterlegen. Und dann geht man sofort in Kampfposition. Und darum sind Streitigkeiten meistens so Machtspiele. Da ist es besser, man klärt das persönlich, dann kann man den Leuten in die Augen schauen und weiß, dass es richtig ankommt.«
Geschäftsführer einer Werbeagentur, 33

7.6.1 Gründe für E-Mail-Konflikte

Erhöhtes Konfliktpotenzial der Online-Kommunikation

Die E-Mail-Kommunikation beinhaltet verschiedene potentielle Konfliktherde. Das liegt meist an einer der zwei folgenden Eigenschaften der Online-Kommunikation:

1. Die **beschränkten Möglichkeiten**, die eigene Stimmungslage und die Umstände beim Schreiben korrekt zu übermitteln (s. Kanalreduktionsmodell ▶ Kap. 2.2). Dies wirkt besonders stark bei doppeldeutigen Aussagen, Ironie oder sehr knapp gefassten E-Mails.
2. Die **Schnelligkeit** und **Einfachheit**, mit der digitale Informationen weitergeleitet werden können (▶ Kap. 2.7) und daraus folgend die größere Gefahr, Inhalte den falschen Adressaten zukommen zu lassen. Hierzu gehört z. B. das ungefragte (wenn auch unabsichtliche) Weiterleiten von privaten Nachrichten an Dritte oder das Senden einer E-Mail an einen falschen Empfänger.

Wenn man sich in einem unternehmenspolitisch schwierigen Umfeld befindet oder in der heiklen Phase eines Projekts, kumulieren sich die dort latenten Spannungen mit den Fallstricken der Online-Kommunikation. Es ist daher wichtig, in solchen Situationen seinen Schreibstil sehr genau zu prüfen und v. a. auf heikle Elemente wie Ironie oder Doppeldeutigkeiten zu verzichten. Problematisch ist es auch, konflikträchtige Sachverhalte mit einer großen E-Mail-Gruppe zu diskutieren. Alle Empfänger können dann z. B. die Beleidigung eines Adressaten mitverfolgen, dieser fühlt sich dadurch weiter erniedrigt, beleidigt seinerseits vor den Augen aller den Sender; es verbünden sich mehrere Mailempfänger gegen den Sender etc. **Missverständnisse** und Unstimmigkeiten können online nicht nur einfacher entstehen, es ist auch **schwieriger**, sie wieder **beizulegen**, weil bei bereits bestehendem Konflikt die Schwächen der E-Mail-Kommunikation noch mehr zum Tragen kommen. Darum sollte man im Konfliktfall nach Möglichkeit den **Kommunikationskanal wechseln**.

> ❗ Bei Konflikten besser geeignet (als die E-Mail) ist das persönliche oder telefonische Gespräch, das den Interpretationsspielraum verkleinert, schnelle Reaktionen ermöglicht und Verständnisschwierigkeiten auf ein Minimum reduziert.

7.6.2 Zusammenfassung: Virtuelle Konflikte vermeiden oder deeskalieren

In konflikthaften Situationen ein reichhaltiges Medium wählen.

Checkliste: Virtuelle Konflikte vermeiden oder deeskalieren

Virtuelle Konflikte vermeiden – E-Mail-Kommunikation in konflikthaften Situationen

- Wenn möglich, verwenden Sie in konflikthaften Situationen immer das Telefon oder suchen Sie das persönliche Face-to-

face-Gespräch. Benutzen Sie ein **reichhaltiges Medium** mit verbalen, paraverbalen und nonverbalen Kommunikationskanälen (▶ Kap. 3.1.2).
- Seien Sie möglichst **explizit** in Ihrer Wortwahl, vermeiden Sie Doppeldeutigkeiten.
- Überlegen Sie immer genau, wer der Adressat Ihrer E-Mail ist. Versuchen Sie, möglichst viele Informationen über die Person und ihr Umfeld einzuholen.
- Seien Sie vorsichtig beim Verwenden von Mailkopien (Cc). Gerade in heiklen Situationen ist die Gefahr für Fehlinterpretationen groß, besonders dann, wenn eine höhere Hierarchiestufe in der Cc-Adresszeile steht.
- Je größer die Anzahl Adressaten, desto größer die Gefahr, dass ein Konflikt sich weiter ausbreitet. Jede Person kann ein **Multiplikator** für schlechte Stimmung sein. Dadurch wird ein Konflikt rasch unkontrollierbar.
- Lassen Sie immer mindestens eine andere Person eine heikle E-Mail gegenlesen, bevor Sie sie absenden.

Virtuelle Konflikte deeskalieren
- Gehen Sie wenn immer möglich persönlich bei der Person vorbei, und versuchen Sie, die Situation im Gespräch zu klären. Legen Sie dabei Ihren Standpunkt dar und Ihre persönliche Betroffenheit, ohne Ihrem Gegenüber etwas zu unterstellen.
- Per E-Mail kommunizieren sollten Sie nur, falls aus irgendwelchen Gründen kein persönlicher Kontakt möglich ist.
- Scheuen Sie sich nicht davor, einen Fehler einzugestehen. Auch ein Vorgesetzter verliert dadurch nicht an Würde, sondern kann den Respekt seiner Angestellten zurückgewinnen. Eine ernst gemeinte und explizit formulierte Entschuldigung (»Sorry« ist nicht ausreichend) hat eine stark deeskalierende Wirkung in einem Konflikt.
- Konflikte werden nie durch Schuldzuweisungen gelöst! Lassen Sie sich keinesfalls darauf ein, per E-Mail eine Schuldfrage zu diskutieren, das lässt den Konflikt zusätzlich eskalieren. Ausnahme: Sie dürfen über Ihre eigene Mitverantwortung am Problem sprechen, falls Sie bei sich einen Fehler sehen und den eingestehen wollen.
- Schildern Sie den Sachverhalt so transparent und sachlich wie möglich.
- Schreiben Sie, dass es sich Ihrer Meinung nach um ein Missverständnis handelt (wenn es so ist) und welche Gründe Sie für dieses Missverständnis sehen.
- Lassen Sie eine andere Person Ihre E-Mail gegenlesen, bevor Sie sie absenden. Falls das nicht möglich ist, warten Sie nach dem Schreiben mindestens eine Stunde oder über Nacht und lesen Sie dann die E-Mail noch einmal durch, bevor Sie sie absenden.

7.7 Spam

Spam- oder Junk-E-Mails gehören zum E-Mail-Alltag. Die ungefragt zugestellten Werbesendungen machten im Jahr 2006 85% des gesamten Internet-Mailverkehrs aus (Bundesamt für Sicherheit in der Informationstechnik, 2007). Die Techniken der Spammer ändern und verfeinern sich stetig. Sie verursachen beträchtliche Kosten (immense Datenmengen im Mailverkehr, Installation und Anpassung von Spamfiltern, manuelles Aussortieren etc.).

7.7.1 Wie entsteht Spam?

Spam entsteht durch die missbräuchliche Verwendung von E-Mail-Adressen. Die Spammer gelangen über verschiedene Methoden an die Adressen (Zusammenstellung nach Eggendorfer, 2005):

- **Freiwillige Angabe der Adresse:** Die Adressbesitzer werden aufgefordert, auf Websites, telefonisch oder auf Papierformularen ihre Adresse anzugeben, meist unter Vorspiegelung eines Gewinnspiels oder als Zugang zu einer »zwie- oder rotlichtigen Seite« (Zitat: Eggendorfer, 2005). Auch gewisse Online-Dienstleister, bei denen man zwingend eine Mailadresse angeben muss, verkaufen diese an Dritte weiter.
- **Durchsuchen von Internetseiten:** Es gibt spezifische Programme, die das systematische Durchsuchen von Websites nach E-Mail-Adressen ermöglichen (E-Mail-Harvester – »Erntemaschinen«).
- **Durchsuchen von Mailinglisten und Newsgroups:** Dass viele Mailinglisten und Newsgroups im WWW zugänglich sind, erleichtert den Harvestern die Arbeit. Newsgroup-Beiträge sind E-Mail-basiert, darum liefert meist jeder neue Eintrag auch eine neue Mailadresse.
- **Erraten von Adressen:** Viele Mailadressen einer Firma lassen sich erraten, wenn man die Systematik des Aufbaus kennt (z. B. vorname.nachname@firma.com).
- **Adresshandel:** Spammer verkaufen die Adressen weiter, die sie nach den oben genannten Varianten geerntet haben.

7.7.2 Spam vermeiden

Hilft gegen Spam: Eigene Mail-Adresse nicht auf Websites bekannt geben

Es gibt verschiedene Maßnahmen, wie man Spam in der eigenen Mailbox eindämmen kann (Zusammenstellung nach Eggendorfer, 2005):

> **Checkliste: Spam vermeiden**
> - Mit E-Mail-Adressen Dritter sorgfältig umgehen: bei Mails an große Verteiler alle Empfänger im Bcc-Feld adressieren.
> - Auf Websites, in Online-Gästebüchern oder Foren prinzipiell nie die
> ▼ eigene Mailadresse angeben.

- Für Newsletter und Online-Bestellungen eine separate E-Mail-Adresse einrichten, so dass privater und »öffentlicher« E-Mail-Verkehr getrennt sind.
- Keinesfalls auf Spam-Mails antworten oder auf einen Unsubscribe-Link in Spam-Mails klicken (Ausnahme: Bei Newsletters, die man ursprünglich abonniert hatte, kann man sich natürlich via Unsubscribe-Link abmelden).
- Beim privaten Mailkonto während den Ferien keinen »Abwesenheits-Assistenten« aktivieren.
- Bei viralen Online-Spielen die Adressen von Freunden und Bekannten nicht ungefragt weitergeben.
- Die eigene Adresse auf Online-Networking-Plattformen (z. B. xing.com, linkedin.com) nicht standardmäßig sichtbar machen.

Eggendorfer (2005) schlägt noch weitere, technische Varianten vor, wie Spam bekämpft werden kann; für Details dazu und weitere nützliche Tipps zur Spambekämpfung sei auf sein Buch verwiesen.

Sehr nützlich: Wegwerf-Mailadressen

Für die Teilnahme an Online-Gewinnspielen (oder bei anderen Diensten mit nur einem einmaligen Mailkontakt) können sog. »Wegwerf-Adressen« eingerichtet werden, die eine definierte Anzahl E-Mails für den Absender unsichtbar an die eigene Mailadresse weiterleiten. Ist die Anzahl erreicht, löscht sich der Account automatisch von selbst (erhältlich z. B. bei www.spamgourmet.com).

E-Mails für den Einmalgebrauch: www.spamgourmet.com

7.8 Schulung zum E-Mail-Gebrauch

> **Beispiel**
>
> »Wir haben folgende verbindliche Regelung: Cc bedeutet »nice to know« und beinhaltet in keinem Fall für den Cc-Empfänger einen Auftrag. Dort, wo Arbeitsanweisungen, Instruktionen etc. erteilt werden, geht die E-Mail bei uns immer unter »geht an« an den Empfänger. Zudem werden alle eingehenden E-Mails an meine Assistentin umgeleitet, die eine erste Selektion vornimmt und möglichst viele E-Mails selber bearbeitet.«
> *W, 38, Geschäftsleitung internationaler Industriekonzern*

Ein eigenes Kapitel zum Thema E-Mail-Schulung hat gute Gründe.

Zum einen, weil die E-Mail-Flut gerade in mittleren und großen Unternehmen besonders ausgeprägt ist. Je mehr potentielle Kommunikationspartner am E-Mail-Austausch beteiligt sind und je weniger die Möglichkeit zum niederschwelligen Face-to-face-Kontakt besteht, desto eher schwillt das Mailvolumen an. Dadurch entsteht genau in diesen Unternehmen ein Bedarf nach **verbindlichen Regeln**.

Zum anderen, weil es relativ schwierig ist, Regeln für die E-Mail-Kommunikation zu definieren und zu etablieren. Man kann ja die Mitarbeiter nicht »zwingen«, so oder so zu schreiben und von jetzt an nur noch diese oder jene Person per Cc zu informieren. In einer Schulung können Mitarbeiter für die Ursachen und Folgen unachtsamer E-Mail-Nutzung **sensibilisiert** werden.

> Eine Schulung muss sich der Schwierigkeit widmen, wie auf möglichst einfachem und unbürokratischem Weg ein gemeinsames Verständnis über den professionellen Umgang mit E-Mail geschaffen werden kann.

Dies kann in mehreren Modulen und Themen geschehen. Sie werden im Folgenden aufgezeigt.

7.8.1 Modul 1: Empfängerzentriertes Senden

Verbesserte E-Mail-Kommunikation durch die Perspektive auf den Empfänger

Schulungsbedarf: Alle Mitarbeiter
Ein zentrales Element erfolgreicher E-Mail-Kommunikation ist es, die Perspektive des Empfängers einzunehmen und einzuüben. Dies kann auch allgemein zu mehr Kundenorientierung beitragen.

Schulungsthemen
Folgende Aspekte können beim **Einüben der Empfängerperspektive** hilfreich sein:

- **Analyse des eigenen Leseverhaltens in der Mailbox:** Welche E-Mails lese ich zuerst? Bei welchen empfinde ich Stress? Warum empfinde ich allgemein Stress? Eine Aufstellung machen, welche Aspekte der E-Mail die eigene Aufmerksamkeit begünstigen und welche hinderlich sind.
- **Zugrunde liegende psychologische Prozesse kennen:**
    - Warum E-Mail-Kommunikation ein Konfliktpotenzial hat (▶ Kap. 7.6.1),
    - wie man in der Mailbox auf sich aufmerksam machen kann (▶ Kap. 7.3.1),
    - welcher Aufbau eines Textes das schnelle Verständnis begünstigt (▶ Kap. 5.4.3),
    - warum E-Mails Stress verursachen (▶ Kap. 7.2 und 13.2),
    - warum Verantwortungsdiffusion entsteht (▶ Kap. 7.2.3).
- **Analyse eigener E-Mails:** Welche dieser psychologischen Erkenntnisse wende ich bereits an? Wo habe ich noch Optimierungspotenzial?
- **Analyse des potentiellen Gegenübers:** Wer sitzt normalerweise auf der anderen Seite? Wie sieht sein Zeit- und Aufmerksamkeitsbudget aus?
- **Entwicklung eigener Lösungsstrategien:** Wie werde ich selbst am liebsten aufmerksam gemacht? Wie will mein Gegenüber mit Informationen bedient werden?
- **Schreibübungen:**
    - Eine E-Mail mit Top-down-Gliederung schreiben.

7.8 · Schulung zum E-Mail-Gebrauch

- Eine E-Mail nur mit Betreffzeile schreiben. Was muss darin stehen, damit die Empfänger die Mail gar nicht öffnen müssen?
- Eine E-Mail unter Berücksichtigung wichtiger Gestaltungselemente schreiben (▶ Kap. 7.3).
- **Cc-Mails:** Funktion und Schwierigkeit von Cc- und Bcc-Mails. Verbindliche Vereinbarung mit den Schulungsteilnehmern über die Anwendung von Cc (▶ Kap. 7.3.5).

7.8.2 Modul 2: Projektkommunikation

Schulungsbedarf: Projektleiter, Projektmitarbeiter
Effiziente E-Mail-Kommunikation unterstützt die Zusammenarbeit in Projekten und hilft bei der Priorisierung von Aufgaben.

Aufgaben priorisieren und Verantwortung zuteilen

- **Als Basis: Die Themen von Modul 1**
  Insbesondere die psychologischen Prozesse und die Verwendung von Cc-Mails.
- **Verantwortung übernehmen:** Welche Themen kann ich eigenständig bearbeiten, ohne andere zu involvieren und zu informieren? Welche Schnittstellen bestehen, wen muss ich worüber informieren?
- **Verantwortung klar zuteilen:**
  - Das Konzept der Verantwortungsdiffusion und die wirksamen Gegenstrategien kennen lernen (▶ Kap. 7.2.3).
  - E-Mails mit klarer Aufgabenzuteilung formulieren.
- **Gemeinsam an Dokumenten arbeiten:**
  - Umgang mit Attachments in E-Mails (▶ Kap. 7.3.3),
  - gemeinsam genutztes Ablageverzeichnis (▶ Kap. 13.4.4),
  - Arbeitsabläufe definieren, um weiteren Abstimmungsbedarf und »Folgeverkehr« zu vermeiden.
- **Priorisierung von Aufträgen:**
  - Welche Unterstützung können E-Mails oder der elektronische Kalender bieten (▶ Kap. 7.3.2)?
  - Wie kann man E-Mails priorisieren (▶ Kap. 13.3.2)?
  - Welche Schwierigkeiten bei der Priorisierung entstehen erst durch die digitale Kommunikation (▶ Kap. 13.2)?
- **Die Wahl des geeigneten Mediums:** Wann ist face-to-face dem E-Mail-Kontakt vorzuziehen, und weshalb? Welche Medien können ergänzend zur E-Mail in der Projektkommunikation eingesetzt werden? Wie funktioniert Projektkommunikation in virtuellen Teams (▶ Kap. 2.6.3 und ▶ Kap. 3)?

7.8.3 Modul 3: Vertraulichkeit – Rechtliche Aspekte

Schulungsbedarf: Alle Mitarbeiter
Vertraulichkeit ist ein Thema, das viel mit dem Faktor Mensch zu tun hat. Die Sensibilisierung dafür ist deshalb sehr wichtig.

Sensibilisierung für Vertraulichkeitsprobleme

- **Die Eigenschaften digitaler Information und ihre Auswirkungen:** Wie sich digitale Information weiterverbreitet. Warum sie gleichzeitig flüch-

tig und »ewig haltbar« ist. Warum E-Mails ein gefährliches Potenzial haben (▶ Kap. 2.7).
- **Der DAU:** Wer er ist, warum er immer genau das macht, was er nicht soll und was dies für den Umgang mit vertraulichen Informationen bedeutet (▶ Kap. 6 und 7.8).
- **E-Mails weiterleiten:** Was man dabei beachten sollte (▶ Kap. 7.3.4).
- **Verschlüsselung von E-Mails:** Welche Verschlüsselungsmethoden bestehen in der Firma? Was kann Verschlüsselung bieten, was nicht? Wann sollte man sie anwenden? Wovor bietet Verschlüsselung keinen Schutz (▶ Kap. 7.5.1)?
- **Rechtliche Aspekte von E-Mail:** Was man grundsätzlich in Mails schreiben sollte und was grundsätzlich nicht (▶ Kap. 7.5.2).

7.9 Der DAU in der E-Mail-Kommunikation

Beispiel

Stellenwechsel per E-Mail
»Da kommt mir eine peinliche Geschichte in den Sinn. Bei uns hat sich mal ein GL-Mitglied um eine neue Stelle bei der Konkurrenz beworben. Nach den ersten Gesprächen mit dem zukünftigen Chef hat er diesem per E-Mail seine Anforderungen bezüglich Gehalt, Position etc. mitgeteilt und sich noch ziemlich despektierlich über unser Unternehmen geäußert. Leider hat er beim Versenden der E-Mail die Funktion »an alle« gewählt und dadurch seine hochvertrauliche Mitteilung an alle Mitarbeiter seines aktuellen Arbeitgebers versandt. Die Geschichte hatte einen Vorteil, er musste nicht mehr kündigen, weil er fristlos entlassen wurde.«
W, 38, Geschäftsleitung internationaler Industriekonzern

Wie der DAU mit E-Mail arbeitet
Der DAU
- liest E-Mails grundsätzlich sehr ungern,
- fühlt sich von E-Mails nicht angesprochen und beantwortet sie darum auch nicht,
- will wissen, was in der E-Mail steht, ohne dass er sie öffnen muss,
- liest sowieso nur die ersten paar Sätze einer E-Mail,
- löscht die Mail sofort, wenn sie lange Prosatexte enthält,
- ist rasch und dauerhaft beleidigt, wenn er eine zweideutige E-Mail erhält,
- schickt eine verärgerte E-Mail ab, bevor sein Ärger abgeflaut ist,
- hat ein großes Mitteilungsbedürfnis und sendet seine E-Mails darum immer an möglichst große Verteiler,
- sendet prinzipiell immer eine Mailkopie an seinen Chef, damit der sicher nichts verpasst,
▼

- findet es toll, wenn alle seine Freunde sehen, wie viele berühmte Leute er kennt, und lässt darum alle Empfänger sichtbar im Adressfeld der E-Mail stehen,
- macht begeistert mit seiner geschäftlichen E-Mail-Adresse an Online-Gewinnspielen mit,
- sendet vertrauliche Informationen immer an Dritte weiter und
- plaudert im privaten Mailverkehr mit seinen Kollegen gern über heikle Interna der Firma.

7.10 Zusammenfassung: Erfolgreiche E-Mail-Kommunikation

Checkliste: Regeln für die professionelle E-Mail-Kommunikation
- E-Mail-Kommunikation ist ein nützlicher und elementarer Bestandteil von Geschäftskommunikation, aber häufig auch Anlass zu Stress und Konflikten.
- Potentiell konfliktträchtig sind zweideutig geschriebene E-Mails oder Cc-Mails an eine andere Hierarchiestufe als der Erstempfänger.
- Stress entsteht durch die Schwierigkeit, in der Mailbox rasch relevante von irrelevanten Nachrichten zu unterscheiden und die zentralen Aussagen der Mails zu erkennen.
- Um Verantwortungsdiffusion zu vermeiden, sollten E-Mails klare Aufgabenzuteilungen enthalten.
- Zur schnellen Bearbeitung muss die Betreffzeile den Inhalt der Mail voraussagen, der Mailtext selbst muss top-down gestaltet sein, d. h. die wichtigsten Infos zuerst enthalten.
- Firmen sollten mit ihren Mitarbeitern vereinbaren, dass Cc-Mails nur rein informativ verwendet werden und keine Aufgaben und Handlungsanforderungen beinhalten.
- Im Kundenkontakt sollten E-Mails innerhalb von 24 Stunden beantwortet werden.
- Verschlüsselung von E-Mails bietet eine gewisse Vertraulichkeit, gegen den Faktor Mensch (DAU) schützt sie allerdings nicht.
- Spam-Vermeidung heißt in erster Linie, die private E-Mail-Adresse nicht auf Websites oder für Newsletter-Abos anzugeben. Nutzung für private Korrespondenz sollte von der Anwendung im Web durch separate Mailadressen getrennt werden.
- Eine Schulung zur E-Mail-Nutzung kann Mitarbeiter für die Eigenschaften und Risiken der E-Mail-Kommunikation sensibilisieren und dazu beitragen, innerhalb der Firma eine gemeinsame Kommunikationskultur zu entwickeln. Hilfreich ist insbesondere das empfängerorientierte Senden.

Weiterführende Literatur

De Vries, J. (2006). E-Mail-Guide. München: Gräfe & Unzer.
Schlichter, knapper, preisgünstiger Ratgeber zur Vertiefung der E-Mail-Kommunikationskompetenz.

Eggendorfer, T. (2005). No Spam! Besser vorbeugen als heilen. Frankfurt: Software & Support Verlag.
Umfassende, technisch ausgerichtete Einführung zu Entstehung und Funktionsweise von Spam und zur Spamprophylaxe.

Professionelle Website-Gestaltung

8.1 Gibt es die »gute« Website? – 140

8.2 Kundenbindung auf Websites herstellen – 144

8.3 Online-Vertrauen aufbauen – 145

8.4 Die Konzeption einer Website – 149

8.5 Ressourcenplanung – 159

8.6 Nutzungshindernisse und Motivationskiller für Websites – 162

8.7 Beispiele psychologisch wirksamer Websites – 163

8.8 Der DAU auf der Website – 165

8.9 Übersicht: Kommunikationsziele von Websites und entsprechende Maßnahmen – 165

> > Lesen Sie in diesem Kapitel:
> - Welche Kriterien es für die »gute« Gestaltung von Websites gibt,
> - wie man Online-Kunden an sich bindet und Vertrauen zu ihnen aufbaut,
> - wie Sie eine Website kundenorientiert konzipieren können,
> - wie Sie den zeitlichen und/oder finanziellen Aufwand für Ihre Website abschätzen können und
> - welche Motivationskiller Ihre potentiellen Kunden an der Nutzung Ihrer Website hindern.

8.1 Gibt es die »gute« Website?

Die Nutzung von Websites hat sich im letzten Jahrzehnt zu einem elementaren Bestandteil der allgemeinen Mediennutzung entwickelt. Man konsultiert das Internet, um Informationen über Produkte und Dienstleistungen einzuholen, und geht selbstverständlich davon aus, dass ein Unternehmen über einen Webauftritt verfügt und dass es seine Online-Kommunikationsmaßnahmen in die integrierte Kommunikationsplanung mit einbezieht.

Weniger klar und selbstverständlich als die Verfügbarkeit eines Webauftritts an sich ist, was einen »guten« von einem »schlechten« unterscheidet. Das hängt immer davon ab, was das Ziel des Auftritts überhaupt sein soll. Geht es darum, das Unternehmen attraktiv und edel zu repräsentieren? Will man damit ein möglichst breites Publikum erreichen? Oder sucht man eher den intensiven Kontakt zu einem kleinen Nutzerkreis?

8.1.1 »Gut« als Funktion der Zielerreichung

Die Nützlichkeit steht an erster Stelle

Allgemein gilt die Trias »**Utility, Usability, Enjoyment**« als Maßstab für einen gelungenen Webauftritt aus der Perspektive des Users:
1. Utility (Brauchbarkeit): Sind die Dienste der Website für die Person nützlich und notwendig?
2. Usability (Benutzerfreundlichkeit): Erreicht die Person das gewünschte Ziel auf der Website schnell und unkompliziert?
3. Enjoyment (Vergnügen): Vermittelt die Nutzung neben der sachbezogenen Zufriedenheit auch einen Spaß-Faktor (Originalität, Humor, besondere Ästhetik etc.)?

Dies relativiert die Usability als bekanntestes Schlagwort im Zusammenhang mit »guten« Websites und setzt sie ins Verhältnis zu anderen wichtigen Faktoren: denn es reicht nicht aus, eine Website benutzerfreundlich zu gestalten – ihre **Nützlichkeit** für die Zielgruppe muss an erster Stelle stehen.

8.1 · Gibt es die »gute« Website?

Ob eine Website »gut« konzipiert und gestaltet ist, steht daher in einem direkten Zusammenhang mit der ursprünglichen Zieldefinition.

> ❗ Hat man mit den getroffenen Maßnahmen diejenige Zielgruppe erreicht, die man wollte, verhält sich die Zielgruppe so, wie man das für sie vorgesehen hatte und ist dabei zufrieden, kann man von »Erfolg« sprechen.

Es ist daher von zentraler Bedeutung, sich bei der Konzeption Gedanken zu machen, welche **Ziele** erreicht werden sollen und welche spezifischen Elemente und Wirkmechanismen der Website helfen, diese Ziele zu erreichen. Dies kann dazu führen, dass man eine Website **redimensioniert** und den Auftritt »klein, aber fein« gestaltet – weil man merkt, dass man die gewünschten Ziele auch mit einfachen Mitteln und weniger hohen Kosten erreichen kann. Eine Zusammenstellung der möglichen Ziele und Wirkmechanismen ist am Ende dieses Kapitels (▶ Kap. 8.8) zu finden.

Manchmal ist weniger mehr – auch bei der Website-Konzeption

8.1.2 »Gut« als Synonym für »gut besucht«

Unabhängig von der Zielerfüllung kann die **Besucherfrequenz** ein wichtiges Kriterium für eine »gute« Website sein. Gut besuchte Angebote haben immer ein großes Potenzial, da sie für Werbetreibende attraktiv sind und dem Anbieter zu potenziell weltweiter Berühmtheit und somit zu einer gewissen Marktmacht oder Meinungsbildungsmacht verhelfen. Mechanismen, die einer Website zu einer hohen Anzahl Besucher verhelfen, sind also so oder so wichtig zu kennen.

Mechanismen für hohe Besucherfrequenzen

Nun ist es nicht so einfach, Tipps zu geben, die garantiert zu hoher Besucherfrequenz führen. Ob ein Online-Angebot »massentauglich« ist, hat immer auch mit Glück zu tun – so wie das z. B. auch im Buchmarkt der Fall ist. Man kann aber auf jeden Fall sagen, welche Aspekte für die gute Nutzung eines Angebots förderlich sind.

Unterstützend für eine hohe Besucherfrequenz wirken

Bezogen auf die Inhalte
– Originelle und einzigartige Inhalte
– Stets aktuelle und häufig aktualisierte Inhalte
– Sehr nützliche Inhalte
– Inhalte mit hohem Fun-Faktor und Unterhaltungswert
– Authentische Inhalte
– Insider-Wissen und exklusive News
– Skandale, Probleme
– Voyeurismus, zur Schau gestellte Intimität
– (Und natürlich alle Arten von Erotik und Sex)

▼

> **Bezogen auf das Unternehmen/Marketingmaßnahmen**
> - Bekanntheit als etabliertes Unternehmen
> - Gute Vernetzung mit anderen Online-Anbietern (z. B. in Form von Kooperationen mit anderen Unternehmen)
> - Die Verknüpfung mit Offline-Aktivitäten (z. B. Sportanlässe, verbunden mit einem Online-Angebot, das Zusatzservices bietet)
> - Traditionelle Marketingmaßnahmen in anderen Medien
> - Virales Marketing für die Website
> - Sehr klare und trennscharfe Definition der Zielgruppen und Zuschneidung des Angebots genau auf diese definierten Gruppen
>
> **Bezogen auf psychologische und technische Aspekte**
> - Suchmaschinen-Optimierung
> - Eine Adresse (URL), die man sich gut merken kann
> - Die Möglichkeit, das Angebot niederschwellig und einfach weiterzuempfehlen (kopierbarer Link, Weiterleitungsfunktion)
> - Die Möglichkeit, sich als User aktiv zu involvieren und an den Inhalten zu beteiligen
> - Die Möglichkeit, sich mit anderen auszutauschen und eine Community zu bilden

Grundsätzlich lässt sich sagen, dass die **Inhalte** das wichtigste Kriterium für die Nutzungshäufigkeit darstellen.

> ❗ Ohne attraktive und unverwechselbare Inhalte, die einem Online-Angebot eine individuelle und persönliche Note geben, ist auch eine noch so aufwändig gestaltete, mit allen technischen Schikanen ausgestattete Website nicht nachhaltig von Interesse.

Attraktive Inhalte sind ressourcenintensiv

Dies hat einen großen **Vorteil**: Inhalte sind grundsätzlich nicht abhängig von der technischen Ausgestaltung. Es ist also auch mit wenig technischen Kenntnissen möglich, ein gut besuchtes Angebot bereitzustellen. Der **Nachteil** ist aber ebenso groß: Die Bereitstellung von Inhalten ist der langfristig kostspieligste Aspekt einer Website, weil dazu personelle Ressourcen notwendig sind. Wer nicht auf Web 2.0-Technologie setzen kann (d. h. die User stellen die Inhalte selber zur Verfügung), muss sich deshalb gut überlegen, wie er die Attraktivität seiner Inhalte ressourcenseitig auf die Dauer sicherstellen kann. Auch hier lohnt es sich unter Umständen, nur ein sehr kleines, inhaltlich scharf eingegrenztes Gebiet online zur Verfügung zu stellen, das dann auch vom Aufwand her überschaubar bleibt.

Man darf außerdem nicht vergessen, dass hohe Besucherzahlen sich normalerweise nicht im Laufe von Wochen, sondern eher von Monaten (manchmal sogar Jahren) entwickeln. Das heißt, man braucht einen relativ langen Atem, bis sogar gute Inhalte den Weg zu einer breiteren Öffentlichkeit finden. Idealerweise koppelt man daher die publizierten Inhalte an begleitende **Sponsoring-, Werbe- und PR-Aktionen**; man veranlasst Medien, über das Angebot zu berichten, verlinkt seinen Beitrag auf verwandten, gut besuchten Seiten etc.

8.1.3 »Gute« visuelle Gestaltung und Gestaltungsstandards

Wie weiter oben erläutert, ist der Erfolg einer Website nicht unbedingt von einem besonders übersichtlichen und attraktiven Design abhängig. Es gibt Beispiele, die gerade wegen ihrer abschreckend schlechten Gestaltung Kultstatus erlangt haben. Die Originalität eines Inhalts kann alle Usability-Grundregeln über den Haufen werfen.

Schlechter Auftritt mit Kultstatus: Mahir Cagri www.ikissyou.org

Die visuelle Gestaltung einer Website ist außerdem auch immer eng an das **individuelle Image** einer Firma geknüpft und an das **Ziel**, das man mit dem Online-Auftritt erreichen will. So ist es selbstverständlich, dass ein globaler Finanzdienstleister anderen Standards entsprechen will (und muss) als eine kleine Firma, die eine Direktmarketingaktion für Jugendliche plant.

Arndt (2006) weist in seinem Standardwerk zur Website-Gestaltung darauf hin, dass sich in der Gestaltung von Websites zwar automatisch Standards herausbilden und viele davon ausgehen, dass es für die Usability notwendig ist, diese Standards bei der Neukonzeption einer Website einzuhalten. Entgegen dieser Erwartung würden Studien aber zeigen, dass »eine nicht den Standards entsprechende Positionierung der meisten Elemente einer Website die User Experience nicht negativ beeinflusst. Weder die Usability der Website noch die vom Nutzer subjektiv empfundene Zufriedenheit werden dadurch beeinträchtigt« (Arndt, 2006, S. 92).

Der visuelle **Gestaltungsfreiraum** ist also für erfolgreiche Websites erfreulicherweise relativ groß. Neues auszuprobieren und Gestaltungsstandards *nicht* einzuhalten, hat nicht zwingend einen negativen Einfluss auf die Usability. Darum wird im vorliegenden Buch auch bewusst darauf verzichtet, Hinweise für die visuelle Gestaltung von Websites zu geben, die nicht unmittelbar an die hier beschriebenen psychologischen Wirkmechanismen gekoppelt sind.

Für bestehende visuelle Standards und Gestaltungselemente einer Website gibt Arndt (2006) einen umfassenden Überblick.

8.1.4 »Gute« Gestaltung aus psychologischer Sicht

Die psychologischen Gestaltungselemente einer Website sind nicht auf den ersten Blick sichtbar. Die Fragestellung, ob ein Webauftritt aus psychologischer Sicht gelungen ist, lautet:

> ❗ Ist die Site so gestaltet, dass die relevanten psychologischen Wirkmechanismen (Wahrnehmungs-, Informationsverarbeitungs-, Gedächtnis-, Motivationsprozesse etc.) erkannt und gezielt adressiert wurden?

Die Analyse, welche psychologischen Prozesse auf einer Site wichtig sind und wie sie angesprochen werden, muss im Rahmen der Zieldefinition in der Konzeptionsphase stattfinden. Eine Übersicht dazu bietet ▶ Kap. 8.9. Dort sind auch die Verweise auf die jeweils vertiefenden Kapitel innerhalb dieses Buches zu einem spezifischen Thema zu finden.

8.2 Kundenbindung auf Websites herstellen

Die Kundenbindung steht nicht bei jedem Internetauftritt im Vordergrund. Gerade bei öffentlichen Diensten und je nachdem auch bei Corporate Websites ist es nicht von prioritärem Interesse, dass Kunden die Website möglichst häufig besuchen, ganz im Gegenteil zu Promotions-, Marketing- oder Newssites. Trotzdem können Kundenbindungsmaßnahmen die Attraktivität einer Website erhöhen. Hilfreich ist das Wissen über die zugrunde liegenden psychologischen Prozesse (▶ Kap. 5):

Belohnungen, Verarbeitungstiefe und Erinnerungshilfen als Kundenbindungsmaßnahmen

Belohnungen

Wer für einen Besuch auf der Website belohnt wird, kommt wieder. Mögliche Belohnungen sind:
- exklusive Inhalte,
- nützliche Downloads,
- unerwartete Geschenke sowie
- Spiele oder Überraschungen (eine Zusammenstellung ist in ▶ Kap. 5.5.3 zu finden).

Verarbeitungstiefe

Die tiefere Verarbeitung von Webinhalten erleichtert die Erinnerung daran und erhöht somit auch die Kundenbindung. Zur Förderung der Verarbeitungstiefe dienen alle Arten der **interaktiven Auseinandersetzung** wie Spiele, Tests, Umfragen oder Wettbewerbe, insbesondere diejenigen, die über reine »Multiple-Choice-Formulare« hinausgehen und den User involvieren (▶ Kap. 5.6.1). Dies kann gerade auch im Online-Marketing wichtige Dienste leisten (▶ Kap. 10.4.3).

Erinnerungshilfen

Als Erinnerungshilfe können Newsletters dienen, aber auch **Werbemaßnahmen** in anderen Medien oder Werbefenster und -banner auf anderen Sites, die erneut auf das eigene Angebot aufmerksam machen (▶ Kap. 5.6.3).

Grundsätzlich wichtig ist eine sorgfältige, zielorientierte und an den Zielgruppen ausgerichtete **Websitekonzeption**, wie sie in ▶ Kap. 8.4 beschrieben wird.

8.3 Online-Vertrauen aufbauen

> **Beispiel**
>
> **Vertrauensbildung online**
> »Wenn mich ein Angebot interessiert, dann schaue ich zuerst, wer hinter der Webseite steckt. Ich suche dann eine Beschreibung, ein »Über uns«. Dann lese ich auch Allgemeine Vertragsbestimmungen, ich bin eher vorsichtig. Wenn es eine bekannte Webseite ist, wie z. B. Amazon, die man kennt, dann ist mein Vertrauen größer. Wenn man dann mit Kreditkarte zahlen kann, achte ich auf eine sichere Übertragung der Daten, lese die Datenschutz-Erklärung. Bin eher zurückhaltend und vorsichtig in diesem Bereich.
> Also ich kann sagen, dass ich Bewertungssystemen grundsätzlich vertraue, nicht zu 100%, da ich mir bewusst bin, dass es bei solchen Systemen auch Missbrauch geben kann. Generell denke ich aber, dass diese Systeme schon funktionieren, dass sie mich aber nicht 100% vor einem Missbrauch schützen können.«
> *Leiterin Internetabteilung, 37, Tourismusbranche*

Der Aufbau von Vertrauen zwischen Sender und Empfänger, Anbieter und Nachfrager ist Grundlage und Basis aller erfolgreichen Online-Interaktionen, sei es im Bereich Kommunikation oder im E-Commerce. Fehlendes Vertrauen in die Sicherheit von Online-Transaktionen ist noch heute bei vielen Personen der Grund, warum sie Online-Shopping nicht oder nicht häufiger praktizieren. Aber auch für die Unternehmenskommunikation ist es nötig, die eigene Marke als glaubwürdig und verlässlich zu präsentieren.

Online-Vertrauen als Basis für erfolgreiche Online-Interaktionen

> ❗ Wer mit Kunden vorwiegend oder ausschließlich in virtuellem Kontakt steht, sollte sich darum mit der Vertrauensbildung beschäftigen und Maßnahmen ergreifen, um diesen Prozess positiv zu beeinflussen.

Aus **psychologischer Sicht** wird Vertrauen definiert als »die Erwartung eines Individuums oder einer Gruppe, dass ein Wort, ein Versprechen, ein mündliches oder schriftliches Statement einer anderen Person verlässlich ist« (Rotter, 1967). Wodurch zeichnet sich nun aber das Online-Vertrauen (»Online trust«) aus? Verschiedene Aspekte sind dabei zu beachten.

8.3.1 Vertrautheit der Marke

Für die Vertrauensbildung ist es hilfreich, wenn eine Online-Marke in Beziehung zur bekannten »Offline-Welt« gesetzt werden kann. Im einfachsten Fall heißt das, dass ein Unternehmen bereits offline bekannt ist und der Web-Auftritt als Ergänzung und Zusatzangebot wahrgenommen wird (**Markentransfer**). Das bereits bestehende Vertrauen zur Marke wird dann auch auf den Online-Bereich übertragen. Aber auch eine reine Online-Marke kann sich etablieren,

- indem sie Kooperationen mit anderen, bekannten und etablierten Unternehmen sucht und online bekannt gibt,

- indem sie sich von den Medien porträtieren und »auf die Finger schauen lässt« oder
- indem sie die Bewertung ihrer Dienstleistungen durch die Kunden offen legt.

Die Bildung einer vertrauenswürdigen Online-Marke ist wie auch offline ein **langfristiger Prozess**. Und genauso haben auch hier Betrugsfälle, Kreditkartenmissbrauch oder der Verlust vertraulicher Daten durch den Anbieter verheerende Folgen und können ein positives Marken-Image sehr rasch zerstören.

8.3.2 Verlässliche Inhalte

Die Inhalte der Site müssen verlässlich und aktuell sein und der Realität entsprechen. Dazu gehören korrekte und umfassende **Produktinformationen** und **Hintergrundinfos**. Wer unseriöse Informationen bietet, kann sich langfristig nicht etablieren.

Für den Aufbau von Vertrauen erweist es sich zudem als sehr hilfreich, auf einer Site die **Personen** anzuzeigen, die hinter dem Angebot stehen (Managementteam, Firmengründer, je nach Größe auch das gesamte Team). Bilder ermöglichen es, Inhalte emotional einzuordnen und auf ihre Glaubwürdigkeit zu überprüfen (▶ Kap. 2.4.1).

8.3.3 Transparente Prozesse

Die Prozesse, die in der Interaktion mit den Kunden anfallen, müssen möglichst transparent gemacht werden: Wie wird mit meiner Bestellung verfahren? Wann erhalte ich den bestellten Artikel? Wer geht auf meine Anfrage ein, und wie lange dauert das? Wie sicher ist die Online-Zahlung?

Je genauer der Kunde über solche Fragen Bescheid weiß, umso eher wird er sich zu einem Online-Kauf oder zu einer sonstigen Interaktion mit dem Anbieter entscheiden.

Zum vertrauensbildenden Prozess gehört zwingend die Bereitstellung der nötigen **IT-Sicherheitsmaßnahmen** (Verschlüsselung von Transaktionen inkl. Beschreibung derselben, Bezugnahme auf international geltende Security-Standards). Es lohnt sich außerdem, einzelne Prozessschritte – per E-Mail an den Kunden – zu bestätigen. Mehr zum Thema Transparenz in der Kundenkommunikation ▶ Kap. 12.3.2.

Transparenz gibt dem Kunden Sicherheit

8.3.4 Visuelle Gestaltung und Informationsstrukturierung

Wang und Emurian (2005) haben in einem Übersichtsartikel zahlreiche relevante Studien zum Thema »Online Trust« ausgewertet und **Gestaltungs-**

8.3 · Online-Vertrauen aufbauen

elemente von Websites auf ihre **vertrauensbildende Wirkung** analysiert. Folgende Elemente werden genannt:
- Verwendung von gedämpften, kühlen Pastelltönen,
- sorgfältig ausgewählte, professionelle Fotografien,
- Bilder der Firmenverantwortlichen, der Kundenbetreuer und Kontaktpersonen,
- einfache, leicht verständliche Navigation, die über den gesamten Webauftritt konstant ist,
- keine toten Links und fehlenden Bilder,
- Navigationshilfen (Suchhilfen, Anleitungen, Sitemaps),
- Darstellung markenspezifischer Informationen (Logo, Claim der Firma),
- Gütesiegel und Qualitätszertifikate gut sichtbar anzeigen sowie
- synchrone Kommunikationsformen für den Kundenkontakt bieten und anzeigen (Telefon, Chat, Instant Messaging).

Eine **Anmerkung hierzu**: Die von den Autoren erwähnte Farbgebung – kühle Pastelltöne – darf sicher nicht als allgemein gültig angeschaut werden; die Gestaltung sollte sich viel mehr an der Corporate Identity (CI) der Firma orientieren. Eine konsistente Umsetzung des CI ist wichtiger als die »absolute« Einhaltung gewisser Farbtonalitäten.

Viele der hier genannten Aspekte der Vertrauensbildung scheinen selbstverständlich zu sein. Es kann jedoch leicht geschehen, dass sie in der Umsetzung dennoch vergessen werden und man es dadurch verpasst, einfache Chancen für die Unterstützung von Online Trust zu nutzen. Es lohnt sich auch, eine bestehende Website anhand der oben genannten Punkte zu durchkämmen und gegebenenfalls entsprechende Ergänzungen vorzunehmen.

Fotos der verantwortlichen Personen sind ein wichtiges vertrauensbildendes Element

8.3.5 Online-Bewertungssysteme

Online-Reputationssysteme geben Internetnutzern in bestimmten Bereichen die Möglichkeit, Personen, Beiträge oder Produkte zu bewerten. Bekanntheit haben sie v. a. in Zusammenhang mit Websites wie eBay oder Amazon erlangt, wo Handelspartner einander gegenseitig beurteilen und dadurch späteren potentiellen Käufern und Verkäufern Anhaltspunkte geben, ob einer anderen Person zu trauen ist, die Dienstleistung rasch und reibungslos erfolgt oder man evtl. Probleme zu erwarten hat.

Online-Reputationssysteme versuchen, die **Nachteile der Anonymität** im virtuellen Raum zu **kompensieren** und den Aufbau von Vertrauen, Respekt und Beziehungen zu unterstützen. Man kann sich das bildlich so vorstellen, als würde man an einem Marktstand von 200 bisherigen Käufern beraten, ob die Produkte dieses Verkäufers gut sind oder ob man besser die Finger davon lässt (❒ Abb. 8.1). Diese »Berater« sind folglich eine beeindruckende Marktmacht und müssen vom Verkäufer am Stand durchaus ernst genommen werden.

Kein Wunder, sind auch Websites, die Online-Bewertungen von Produkten und Dienstleistungen anbieten, beliebt und viel besucht (Beispiele sind ciao.de, stiftung-warentest.de, dooyoo.de). Im Unterschied zum realen

Abb. 8.1. Online-Reputationssysteme als vertrauensfördernde Maßnahme

Marktstand ist es außerdem im digitalen Umfeld viel einfacher, die durchschnittliche Zufriedenheit der 200 bisherigen Käufer herauszufinden oder sehr rasch zu jenen fünf unzufriedenen vorzudringen, deren Meinung man näher kennen lernen will.

Online-Reputationssysteme können manipuliert werden

Online-Reputationssysteme sind aber nicht in jedem Fall vertrauenswürdig – sie können gefälscht oder manipuliert werden (Josang et al., 2007): So besteht z. B. die Gefahr, dass **zu positive Bewertungen** abgegeben werden – aus Angst davor, der (schlecht) Bewertete könnte sich mit einem negativen Gegenrating rächen. Auch **übertrieben negative Ratings** ohne Realitätsbezug können ein Problem darstellen (die z. B. absichtlich falsch angegeben werden, um das Geschäft der Konkurrenz zu schädigen). Außerdem kann sich die Qualität eines Dienstleisters im Laufe der Zeit verändern; dies wird im Bewertungssystem aber nicht unbedingt sichtbar.

Interessanterweise werden die Online-Reputationssysteme trotz der bestehenden Manipulierungsmöglichkeiten von renommierten E-Commerce-Anbietern weiter verwendet. Dies kann verschiedene Gründe haben. Resnick und Zeckhauser (2002) argumentieren, dass die Systeme trotz der Gefahr zur Fälschung einen Anreiz bieten, sich angemessen zu verhalten. Josang et al. (2007) vermuten, dass es bei diesen Systemen gar nicht um die Bewertung an sich gehe, sondern darum, zur Verkaufsförderung möglichst viele Leute auf die Website zu locken (social networking). Oder dass solche Systeme implementiert werden, weil das Vorhandensein von Empfehlungen anderer grundsätzlich verkaufsunterstützend wirkt.

Wer ein seriöses Online-Reputationssystem aufbauen will, sollte sich aber auf jeden Fall über die oben stehenden Fälschungsmöglichkeiten Gedanken machen und die nötigen Maßnahmen treffen, sie zu verhindern (näheres dazu bei Josang et al., 2007).

8.4 Die Konzeption einer Website

Nach diesen mehr allgemeinen Ausführungen zu psychologischen Wirkmechanismen geht es nun um den konkreten **Aufbau** einer Website. Dieser beinhaltet eine intensive **Analysephase**, die sowohl die eigenen Ziele als auch die Bedürfnisse und Eigenschaften der Zielgruppen immer im Auge behält. Im Folgenden werden die wichtigsten Aspekte für die Konzeption einer Website aufgezeigt. Auch wenn hier Spezialformen wie **Intranet** oder **Extranet** nicht explizit erwähnt sind, gelten die unten stehenden Themen auch in jenen Bereichen, denn firmeninterne »Kunden« unterscheiden sich nicht grundsätzlich von den externen.

Mitarbeiter sind firmeninterne Kunden

In ▶ Kap. 8.9 sind die wichtigsten Punkte für die Konzeption verschiedener Website-Typen noch einmal zusammengefasst.

8.4.1 Zieldefinition

> **Beispiel**
>
> »Wie schon angesprochen, können sich Kunden auf unserer Homepage ausführlich über unsere Produkte (Autos und Autozubehör) sowie über unsere Dienstleistungen orientieren. Der Kunde hat also die Möglichkeit, sein Traumauto online zu konfigurieren, ohne dass er dafür auf die Hilfe eines Verkäufers angewiesen ist. Das hat zur Folge, dass viele Kunden, die unser Geschäft besuchen, sich vorab im Internet informiert haben und so bestens vorbereitet in das Verkaufsgespräch einsteigen.
> Im Dienstleistungsbereich bieten wir unseren Kunden z. B. die Möglichkeit, ihr Fahrzeug online zur Reparatur oder zum Service anzumelden. Alles in allem ist unser Internetauftritt bereits ein wichtiges Arbeitsinstrument und kann durchaus als Bereicherung eingestuft werden.«
> *M, 44, Geschäftsleitungsmitglied Autogaragenbetrieb*

Der Aufbau einer Website bedingt, dass zuerst einmal die Ziele festgelegt werden, die damit erreicht werden sollen. Je klarer sie sind, desto besser wird es auch gelingen, ein attraktives Angebot zu erstellen. Dadurch können die vorhandenen finanziellen und personellen Ressourcen effizient eingesetzt werden: Bei einer Corporate Website steht dann z. B. nicht die Möglichkeit zur Personalisierung im Vordergrund, sondern die einfache Erreichbarkeit des Kundendiensts und der Online-Dienstleistungen. Auf einer Website, die v. a. die Akquisition neuer Kunden unterstützen soll, werden Referenzen und Fachwissen präsentiert. Eine Promotionssite konzentriert sich auf »erinnerungsfördernde« interaktive Spiele etc.

> ❗ Von der Vielzahl von möglichen Gestaltungselementen, technischen und inhaltlichen Optionen, die das Internet bietet, sollen nur jene ausgewählt werden, die ganz explizit einem im Voraus klar definierten Kommunikations- oder Marketingziel dienen.

Alles andere verursacht unnötige **Zusatzkosten** und bringt **keinen wirklichen Nutzen**. Gerade die sich rasch ändernden Trends und Modeströmungen im Internet bewirken immer wieder, dass Unternehmen relativ konzeptionslos neue »Features« in ihre Website einbauen, ohne den Nutzen abzuklären. Das ist teuer und kann auch unangenehm werden, wenn man z. B. mangels Ressourcen oder infolge eines Imageschadens plötzlich ein Angebot wieder zurücknehmen muss.

Eine Unterstützung bei der Zieldefinition kann die Auswahl an möglichen Kommunikations- bzw. Marketingzielen in ▶ Kap. 8.9 bieten.

8.4.2 Zielgruppenorientierung

Die Zielgruppenorientierung ist in der Konzeptionsphase von zentraler Wichtigkeit. Dazu gehören zwei Aspekte:
- Die Bedürfnisse der Zielgruppe(n) sowie
- Motivationslage und Nutzungsbedingungen der Zielgruppe(n).

Die Bedürfnisklärung

Welche Bedürfnisse die User in Bezug auf ein Online-Angebot effektiv haben, findet man am verlässlichsten heraus, indem man die **Nutzer direkt befragt** oder über ein Forschungsinstitut untersuchen lässt (Arndt, 2006). Hinweise geben auch die **Nutzungsstatistiken** (Logfiles) einer bestehenden Website, die Analyse bestehenden Nutzerverhaltens anhand von **Ratings** (beliebte, gern gelesene Artikel, oft bestellte Produkte etc.) oder **Feedback**, das die Kunden über die bestehende Website (oder in einer Testphase vor der Neulancierung) abgeben.

Klärung von Motivation und Nutzungsbedingungen

Die Motivation der Zielgruppe bestimmt über die Gestaltung der Website

Will man Kunden erfolgreich ansprechen, ist es wichtig, ihre Motivation, ihre persönlichen Skills im Umgang mit dem Internet und ihre äußeren Nutzungsbedingungen zu kennen. Die Erkenntnisse aus der Motivationspsychologie (▶ Kap. 5.7.3) zeigen, dass bereits ein minimales Hindernis ausreicht, um ein Online-Angebot gänzlich links liegen zu lassen. Folgende Fragen sollte man sich stellen:
- Welche **Motivation** haben unsere potentiellen Kunden grundsätzlich zur Nutzung unserer Website?
- Sind unsere Kunden stark oder eher schwach motiviert, ausgerechnet unsere Site zu besuchen (dies ist u. a. davon abhängig, ob es **vergleichbare andere Angebote** gibt, die als Alternative zur Verfügung stehen)?
- Welche unserer Inhalte können wir gezielt zur Motivation unserer Zielgruppen online zur Verfügung stellen (basierend auf der Bedürfnisanalyse)? Sind diese Inhalte einfach aufzufinden?
- Gibt es »**Motivationskiller**« auf unserer Website? Wie können wir sie ausschalten?

Anhaltspunkte zur Motiviertheit der Kunden kann auch das eigene Firmenprofil geben:
- **Über hoch motivierte Kunden** verfügen Unternehmen, die exklusive Produkte oder Inhalte anbieten, die anderswo nicht zu erhalten sind.
- **Wenig motiviert sind die Kunden** auf Websites, die eine große inhaltliche Konkurrenz haben und deren Produkte nicht exklusiv und austauschbar sind.

Bei wenig motivierten Kunden muss der Kontakt auf der gesamten Website möglichst niederschwellig konzipiert sein, so dass auch die User mit ausgeprägtem Hang zu Bequemlichkeit erfolgreich zu einem gewünschten Ziel geführt werden.

Eine tiefer gehende Analyse zum Thema Motivation ist im ▶ Kap. 5.7 nachzulesen, mögliche Motivationskiller werden in ▶ Kap. 8.6 aufgelistet.

8.4.3 Inhalte

Bevor man sich mit den funktionellen Aspekten der Website befasst, müssen die Inhalte definiert werden. Folgende Fragen sind dabei wichtig:

Die Ressourcenfrage ist bei der Inhaltskonzeption zentral

Fragen zur Inhaltskonzeption
- Welche Inhalte bringen die **Identität**, die **Kernkompetenzen**, den **Auftrag** unseres Unternehmens zum Ausdruck?
- Welche Inhalte werden von den Zielgruppen gewünscht und **nachgefragt**?
- Sind diese Inhalte oder Teile davon bereits heute in einer Form aufbereitet, dass sie **ohne großen Zusatzaufwand** auf der Website veröffentlicht werden könnten? Falls nein: wo bzw. durch wen könnte diese Aufbereitung idealerweise stattfinden?
- Wie groß ist der **zeitliche Aufwand** für die Bereitstellung der Inhalte? Ist der Aufwand einmalig oder wiederkehrend? Ist dieser Aufwand in einem annehmbaren Verhältnis zum erwarteten Nutzen?
- Wie können wir sicherstellen, dass veraltete Inhalte entfernt und **Aktualisierungen** überall rechtzeitig vorgenommen werden?

> ❗ **Am wenigsten Aufwand verursachen Inhalte, die von bestehenden Geschäftsprozessen oder bereits etablierten Informationskanälen übernommen und internetgerecht aufbereitet werden können.**

Wenn unklar ist, ob langfristig genügend Ressourcen für die Inhaltspflege bereitgestellt werden können, empfiehlt es sich, schon von Anfang an das Online-Angebot knapp zu halten und auf die allerwichtigsten Aufgaben der Website (Kundenkontakt, Kommunikation der Kernkompetenzen) zu **beschränken**.

8.4.4 Bessere Nutzung durch Analyse von Zugriffsstatistiken

Die regelmäßige **Überprüfung der Logfiles**, die das Surfverhalten der User auf der Website dokumentieren, ist in mehrerer Hinsicht sehr wertvoll:

- Sie zeigt auf, welche der angebotenen Themen auf der Website besonders gefragt sind. Das ermöglicht eine bessere **Anpassung des Angebots an die Nachfrage** und die entsprechende Gestaltung der Einstiegsseite, so dass die häufig gefragten Themen prominent auf oberster Ebene zu finden sind.
- Sie gibt Auskunft darüber, **zu welcher Tageszeit** besonders viele Nutzer eine Seite besuchen. Dies ist v. a. für Newsdienste mit häufigem Aktualisierungsdatum relevant, die neue Artikel idealerweise zu diesen »Stoßzeiten« publizieren sollten. Dadurch belohnt man die Besucher unmittelbar mit topaktuellen Inhalten, was die Wahrscheinlichkeit für ein erneutes Abrufen der Site erhöht (▶ Kap. 5.5.3, operante Konditionierung).
- Manchmal erlebt man **Überraschungen**: so werden plötzlich Themen zum Renner, denen man das gar nicht zugetraut hätte. Die Internetnutzung (innerhalb der Firma oder kundenseitig) kann somit auch zum **Frühindikator** werden bezüglich Inhalten, die vom Unternehmen aufgegriffen und vertieft behandelt werden sollten.

Ein Inhaltskonzept stellt den Informationsauftrag sicher

Die Problematik dieser Art von Anpassung zwischen Angebot und Nachfrage ist, dass die Menge von Zugriffen nicht unbedingt auf die Qualität eines Inhalts schließen lässt. Durch eine allzu starke Angleichung an das Informations-Konsumverhalten der Nutzer wird das inhaltliche Profil der Website schwammig.

Die Analyse von Zugriffsstatistiken macht am meisten Sinn, wenn sie **mit einem Inhaltskonzept gekoppelt** ist, das sicherstellt, dass nicht nur die »Kassenschlager« publiziert werden, sondern dass der effektive Informationsauftrag einer Website erfüllt wird.

8.4.5 Präsentationsform (Rich oder »Poor« Media?)

Die Präsentationsmöglichkeiten auf Websites erweitern sich in rasantem Tempo, bedingt durch immer schnellere Übertragungsraten im Internet. Grundsätzlich gilt: Es ist gut, den Kunden Inhalte in unterschiedlichen Präsentationsformen anzubieten.

> ❗ **Text wird nach Möglichkeit durch Bilder, Videos, Ton und interaktive Elemente ergänzt, um sicherzustellen, dass jeder User die Infos gemäß seiner individuellen Präferenzen erhält.**

Bilder können besser als Text Emotionen übermitteln und die konzeptgesteuerte Informationsverarbeitung erleichtern (▶ Kap. 2.4).

Die Bandbreite an Präsentationsformen ist auch abhängig vom verfügbaren Budget, von den Präferenzen der Zielgruppen und von der Kommunikationsaufgabe (▶ Kap. 3.1.2). Außerdem ist es wichtig, dass die Kunden

8.4 · Die Konzeption einer Website

jederzeit die Wahlfreiheit haben, einen (Kommunikations-) Kanal auch *nicht* zu wählen (▶ Kap. 14.4). Es ist z. B. kontraproduktiv, wenn jemand »gezwungen« wird, eine Flash-Animation oder eine Videosequenz anschauen zu müssen, um zu den ihn interessierenden Informationen zu gelangen.

Ein wichtiger Standard ist die **Barrierefreiheit** – die Gestaltung von Websites, so dass sie auch für Blinde und Sehbehinderte zugänglich sind. Mehr Informationen dazu und eine Checkliste der wichtigen Punkte sind im Internet unter www.w3c.de/Trans/WAI/webinhalt.html zu finden.

> Barrierefreiheit – Internetzugang für Behinderte

8.4.6 Grundsätze der Informationsstrukturierung

Die Informationsstrukturierung befasst sich mit der Frage, in welcher Aufteilung und Gliederung Informationen idealerweise zur Verfügung gestellt werden. Dies beinhaltet
- die **Navigation** innerhalb der Website,
- die **Hierarchisierung** von Inhalten,
- die Gestaltung der **Einstiegsseite** als Tor zum gesamten Auftritt und
- die **Textgestaltung** innerhalb der einzelnen Seiten.

Eine gute Strukturierung ist entscheidend dafür verantwortlich, ob eine Website gut genutzt wird oder ob die User nach einigen erfolglosen Versuchen den Besuch abbrechen. Entsprechend anspruchsvoll ist das Thema – und es gibt auch hier kein »Richtig« oder »Falsch«, sondern nur besser und weniger gut geeignete Lösungen, um Inhalte zugänglich zu machen.

Flache oder tiefe Hierarchie?
Der hierarchische Aufbau von Informationen ist psychologisch begründbar (▶ Kap. 5.4.3). Eine Aufbereitung von Inhalten nach dem **Top-down-Prinzip** (vom großen Ganzen zur immer größeren Detailliertheit) ermöglicht die Einordnung von neuem Wissen in bereits bestehende Strukturen und dient der effizienten Verarbeitung und dem besseren Verständnis von Inhalten.

Bei der Gestaltung von Websites können diese Erkenntnisse gewinnbringend umgesetzt werden. Arndt (2006) beschreibt die Vor- und Nachteile der verschiedenen Hierarchie-Typen in der Website-Gestaltung, wie in ◘ Abb. 8.2 dargestellt.

Basierend auf Arndts Analyse lassen sich folgende **Verwendungsarten** empfehlen:
- **Flache Hierarchien:** Geeignet für Websites, deren Umfang und Inhalte die Besucher kennen oder gut abschätzen können. Zum Beispiel Online-Auftritte von Zeitungen, deren Rubriken bereits bekannt sind und die dann mit nur einem Klick gezielt abgefragt werden können. Nachteil: Eine Website mit sehr vielen Navigationstiteln kann unübersichtlich und abschreckend wirken.
- **Tiefe Hierarchien:** Eher geeignet für Websites, bei denen die Gefahr groß ist, dass die User sich wegen Unkenntnis der zu erwartenden Inhalte schlecht orientieren können. Die tiefe Hierarchie ermöglicht es, auf das Navigationsverhalten des Users stark Einfluss zu nehmen (indem

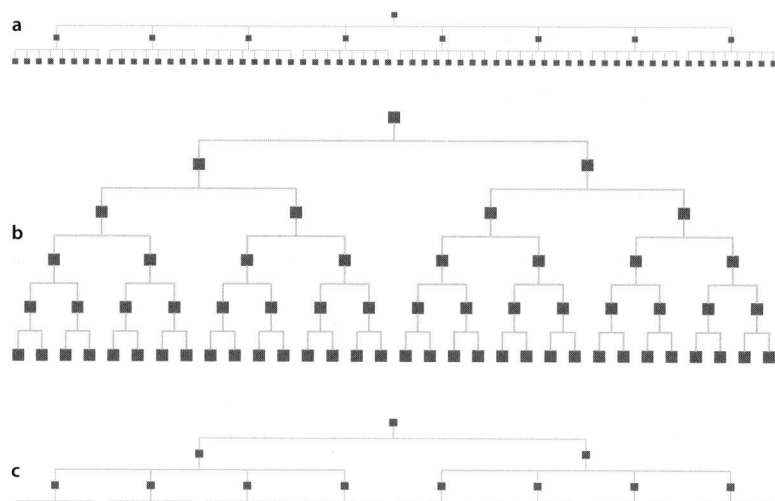

Abb. 8.2. a Flache, b tiefe und c taillierte Hierarchien in Websites. (Nach Arndt, 2006, S. 143)

er nur zwei oder wenig mehr Alternativen hat). Der Nachteil davon ist, dass sich der User mit relativ vielen Klicks bis zum Ziel durchkämpfen muss und darum vielleicht auf halbem Weg aufgibt. Außerdem ist nicht sicher, dass der User die vorgeschlagene Hierarchie nachvollziehen kann, was dazu führt, dass er sich in der Struktur verliert.

Taillierte Hierarchien als Königsweg der Informationsstrukturierung

– **Taillierte Hierarchien:** Dies ist in vielen Fällen der Königsweg. Die User werden auf der obersten Ebene in relativ wenige Bereiche kanalisiert. Auf den tiefer gelegenen Stufen können die Inhalte schon viel detaillierter beschrieben werden, darum finden die Nutzer auch bei einer größeren Bandbreite an Wahlmöglichkeiten relativ sicher zum gewünschten Ziel.

8.4.7 Die Einstiegsseite

Die Einstiegsseite ist von zentraler Wichtigkeit für die Nutzung der gesamten Website. Welche Inhalte gehören darauf, und nach welchen Kriterien priorisiert man sie?

Priorisierung der Inhalte nach Zielgruppen und Zieldefinitionen

Die gesetzten Ziele und Aufgaben, die der Webauftritt zu erfüllen hat (▶ Kap. 8.4.1), sind auch bestimmend für die Inhalte auf der Einstiegsseite. Wenn etwa die Vertrauensbildung wichtig ist (wie bei einem E-Shop), gehören neben den Infos zum Sortiment die vertrauensbildenden Elemente auf die vorderste Seite (z. B. Sicherheitsvorkehrungen, Infos zur Prozesssicherheit).

Die Gestaltung der Einstiegsseite ist oft ein firmeninternes Politikum

Die Gestaltung einer Website ist oft ein **interner politischer Prozess**, bei dem sich keine Sparte des Unternehmens benachteiligt fühlen will. Dies führt dann gerade auf der Einstiegsseite oft zu einem inkonsistenten **Potpourri**, das die Kunden verwirrt und abschreckt. Hier kann die klare vorgängige Zieldefinition helfen, die Anzahl dargestellter Inhalte auf der obersten Ebene zu beschränken und diese Einschränkung auch argumentativ zu begründen.

Die Frage muss heißen: **Welche Kunden** wollen wir auf unserer Site abholen, und mit welchen Inhalten können wir das tun? Alle anderen, **politischen** und **firmeninternen Interessen** sind im Sinne der Kundenorientierung **zweitrangig** (außer es besteht die Situation, dass man eine Website explizit zu dem Zweck erstellt, politische Grabenkämpfe zu beseitigen).

Die Kunden wollen gemäß ihren persönlichen Interessen auf der Einstiegsseite angesprochen werden. Daher ist es wichtig, zu überprüfen, ob alle definierten Zielgruppen entsprechend ihrer Wichtigkeit auf der obersten Ebene der Website das ihnen zugedachte **Einstiegstor** finden können.

❗ **Wer auf der Einstiegsseite nicht abgeholt wird, geht als Website-Besucher verloren.**

Psychologische Aspekte

Um die Einstiegsseite aus psychologischer Sicht wirksam zu gestalten, ist es wichtig, die Wahrnehmung positiv zu beeinflussen und mögliche Motivationshindernisse aus dem Weg zu schaffen. Dies geschieht durch folgende Maßnahmen:

- **Wenige**, aber für die Zielgruppen **hochrelevante Inhalte** zu oberst platzieren.
- Relevanz ist besser und wirkt nachhaltig positiver als schrille Reize auf der Einstiegsseite.
- Den Nutzen der Website mit einem Bild oder einem kurzen Text prägnant und übersichtlich darstellen.
- **Nur Titel und Themen** zuvorderst präsentieren (Top-down-Gestaltung; ▶ Kap. 5.4.3). Erläuterungen und Prosatext gehören nicht auf die Einstiegsseite.
- **Suchmaschinen** so platzieren, dass sie auf der vordersten Seite gleich verwendet werden können (Suchbegriff eingeben) und mit nur einem Klick zum Suchresultat führen.
- **Kontakt- und Hilfeseiten** sollen mit einem Klick erreicht werden können.
- Falls ein **Newsletter** angeboten wird, die Anmeldemöglichkeit auf der Einstiegsseite platzieren.
- **Registrierungsprozesse**, falls notwendig, **nicht als Vorbedingung** für die Website-Nutzung zwischenschalten. Die Leute zuerst mit den attraktiven Inhalten für sich gewinnen, damit sie für den anstrengenden Teil (Registrierung) Motivation aufbauen können.

Zielgruppen mit relevanten Inhalten abholen

8.4.8 Verlinkung und Textgestaltung

Hyperlinks

Die Bereitstellung und Nutzung von **Hypertext** (assoziative Verknüpfung von Text durch Hyperlinks) ist eine Kerneigenschaft des Internets, denn die Verlinkung von Inhalten wird durch digitalisierte Informationsaufbereitung erst möglich. Nicht bewahrheitet haben sich aber jene visionären Vorstellungen der frühen 90er-Jahre, die besagten, Hypertext sei *die* Methode für effiziente Informationsverarbeitung, weil man nun fähig sei, Inhalte assoziativ zu verknüpfen und dadurch die mentalen Strukturen im Gehirn besser abzubilden. Eher das Gegenteil hat sich gezeigt: Menschen sind bei der Nutzung von Hypertext sehr rasch überfordert, verlieren sich in der assoziativen Informationsstruktur und können die relevanten Informationen nicht mehr herausfiltern. Dieses Phänomen wird als »**Cognitive Overhead**« bezeichnet, in seiner schwerwiegendsten Ausprägung gar als »**Lost in Hypertext**«. Die hierarchische Strukturierung von Inhalten hat gegenüber der Hypertextstruktur klare Vorteile. Idealerweise wird aber eine hierarchische Verknüpfung mit Hyperlinks ergänzt, so dass User innerhalb von Unterseiten die Möglichkeit haben, ähnliche Themenbereiche einfach aufzufinden.

> Es ist wichtig, die Anzahl der Hyperlinks zu beschränken, um das Gefühl von Informationsüberlastung beim User zu verhindern.

Auch die Bewirtschaftung der Website ist einfacher und ressourcenschonender, wenn nicht zu viele Links gesetzt werden.

Link-Selektion: Einfluss der Position in der Linkliste und der Linkkommentierung

Verschiedene Studien bestätigen, dass Links am Anfang einer Liste oder einzelner Ressorts durchwegs am häufigsten angeklickt werden (Schweiger, 2001). Dieser Befund ändert sich jedoch, wenn die Links kommentiert sind: dann können auch weiter hinten platzierte Links stärker genutzt werden als die erstplatzierten. Außerdem verringert sich die Fehlnutzung von Webseiten dadurch um etwa ein Drittel.

Links, die nicht direkt in den Texten platziert sind, sondern in einem **separaten Bereich** außerhalb oder am unteren Ende des Textes, werden von den Usern mehr geschätzt und verbessern die Aufmerksamkeit bei der Selektion.

Einfluss der Seitenlänge: Viel Text oder wenig?

Auch wenn man intuitiv davon ausgehen möchte, dass lange Texte im Internet nichts zu suchen haben, beweisen empirische Studien zumindest teilweise das Gegenteil (Schweiger, 2001). Seitenlänge und Textmenge haben keinen Einfluss darauf, ob eine Seite grundsätzlich angeschaut wird. Das heißt, die Nutzer bevorzugen nicht grundsätzlich kürzere und textärmere Seiten und es kommt dort nicht seltener zu Leseabbruch als bei langen Seiten. Der Inhalt wird bei kürzeren Seiten aber aufmerksamer gelesen und besser erinnert. Die Erinnerungsleistung wurde nach einer Textgröße von 2.000 Zeichen markant schlechter bzw. es verstärkte sich die Neigung zum unaufmerksamen Überfliegen. Die Scrollgrenze einer Internetseite befindet sich aber bei ca. 1.000 Zeichen. Man kann also davon ausgehen, dass die Notwendigkeit zu scrollen nicht zwingend zu einem Abbruch des Lesens dieser Seite führt. Auch Texte mit mehr als einer Seitenlänge werden gelesen.

Für die **Textgestaltung** ist v. a. der strukturierte, hierarchische **Aufbau der Inhalte** wichtig. Ist dieses Kriterium erfüllt, ist die Toleranz der User auch gegenüber längeren Texten vorhanden.

Texte sollten in relativ schmalen Spalten gehalten sein und sich nicht bis zum Bildschirmrand erstrecken. Zu »breite« Texte erschweren das Online-Lesen. Für längere Texte sollte zudem immer eine **Print-Funktion** vorhanden sein.

8.4.9 Stolperstein Aktualität

Bei einer Website geht der Besucher grundsätzlich davon aus, dass die Inhalte aktuell sind. Es wirkt darum höchst irritierend, wenn eine Unterseite, geschweige denn die Einstiegsseite eines Webauftritts ein Erstellungsdatum hat, das mehrere Jahre zurückliegt. Mit einem solchen Datum versehen, wirken auch substanzielle **Inhalte sofort wertlos**. Gerade bei Firmenreferenzen ist es besonders wichtig, dass das letzte Fallbeispiel nicht mehrere Jahre zurückliegt, da sonst der Kunde automatisch daraus folgert, die Firma habe in jüngster Zeit nicht mehr so viel Gutes vorzuweisen.

Langfristig gültige Inhalte (z. B. Unternehmens- oder Produktbeschreibungen, Services) brauchen nicht zwingend mit einem Aktualisierungsdatum versehen zu werden, v. a. dann, wenn absehbar ist, dass eine regelmäßige Aktualisierung ressourcenmäßig nicht möglich ist. Falls man ein Datum setzt, sollte man sicherstellen, dass die Seite mindestens jedes halbe Jahr aktualisiert wird – und sei es auch nur, dass bei gleich bleibenden Inhalten das Datum angepasst wird.

Kritisch sind hingegen **News-Bereiche** auf Websites. Viele Unternehmen setzen solche **Teaser** auf der Einstiegsseite (**What's new**?), ohne sich bewusst zu sein, dass sie sich dadurch selber die Verantwortung auferlegen, diese News beständig zu pflegen, zu aktualisieren und zu löschen (der absolute Lustkiller sind z. B. Hinweise auf Veranstaltungen, die in der Vergangenheit liegen). Man sollte sich von Anfang an fragen, ob man die Aktualisierung langfristig aufrechterhalten kann – und wenn das nicht der Fall ist, auch nachträglich den Mut haben, einen Newsbereich wieder von der Site herunterzunehmen.

News-Bereiche verlangen häufige Pflege

8.4.10 Wie viel Interaktivität?

Die Möglichkeit zur Interaktivität ist das Kernmerkmal aller Online-Dienste. Zur erfolgreichen Online-Kommunikation gehört darum auch immer das **Angebot zum Dialog**. Nun gilt aber nicht: »je mehr Interaktion, desto besser« – denn man kann sich damit durchaus auch Probleme schaffen. Der gewählte Interaktivitätsgrad ist in erster Linie abhängig vom definierten Ziel der Website. Je intensiver der Austausch mit den Kunden sein soll, desto komplexer und auch zeitaufwändiger gestaltet sich der interaktive Bereich. Gerade **Corporate Blogs** oder **Online-Foren** auf der Unternehmens-Website sind sehr zeitintensiv und sollten nur nach sorgfältiger Abwägung realisiert werden. Entscheidungsgrundlagen hierzu finden sich in ▶ Kap. 12.5.

8.4.11 Bekanntmachung und Suchmaschinenoptimierung

Unentbehrlich für die Bekanntmachung: Suchmaschinenoptimierung

Maßnahmen zur Bekanntmachung sind wichtige Elemente bei der (Neu-) Konzeption einer Website. Von zentraler Bedeutung ist die Suchmaschinenoptimierung (auch SEO für Search Engine Optimisation genannt), denn immer mehr Leute nutzen Suchmaschinen als Einstiegsportal zum Wissen, das im Internet verfügbar ist, und wählen ihre Informationsquellen anhand der Verfügbarkeit und dem Ranking in der Suchmaschine.

Zu den Faktoren, die die Wertung einer Website durch Suchmaschinen positiv beeinflussen, gehören z. B. die Häufigkeit der Aktualisierung und der textliche Umfang, die Anzahl Links von anderen Websites zum Angebot und die Relevanz der Sites, die den Link zu diesem Angebot setzen. Es gibt aber noch zahlreiche andere, inhaltliche wie technische Möglichkeiten, die prominente Platzierung einer Website in den Suchmaschinen zu bewirken. Die wichtigsten entsprechen auch Gestaltungsstandards, die aus Usability-Sicht eingehalten werden sollten, wie die unten stehende Checkliste zeigt.

> **Checkliste: Wichtige Aspekte der Suchmaschinen-Optimierung (nach Erlhofer, 2007)**
> - **Die Sprache der User sprechen:** Wer im Netz nach einem Thema sucht, kennt (noch) keine Fachbegriffe. Die Schlüsselwörter auf einer Website müssen daher allgemein verständlich und bekannt sein – auch wenn dies aus fachlicher Sicht evtl. nicht ganz korrekt ist. Dafür wird die Seite so eher aufgefunden.
> - **Textmenge auf der Website:** Je mehr Informationsgehalt eine Seite hat, desto besser ist das Ranking. Flash-basierte Seiten, die fast nur aus Bildern bestehen, sind für Suchmaschinen nur schwer analysierbar.
> - **Schlüsselwörter in Überschriften innerhalb der Seite erwähnen:** Suchmaschinen gewichten Überschriften stärker für die Inhaltsanalyse als Stichwörter innerhalb des Fließtexts.
> - **Sinnvoller Seitentitel:** Wenn der Titel den Seiteninhalt gut beschreibt, wird die Seite höher gewichtet.
> - **Beschreibende Anchor-Texte:** Der Text, der als Link zu einer anderen Seite führt, sollte das Schlüsselwort enthalten, von dem die Zielseite handelt. Beispiel: statt »*Mehr...*« sollte man schreiben: »*Golfspielen in Italien*« (wenn es auf der Zielseite wirklich um Golfspielen in Italien geht).

8.5 · Ressourcenplanung

In Erlhofer (2007) ist eine umfassende Zusammenstellung zum Thema SEO auch aus technischer Sicht zu finden. Die Gewichtungskriterien bei Suchmaschinen sind aber nur mittelfristig verbindlich, da die Suchmaschinenbetreiber sie von Zeit zu Zeit anpassen und nicht alle Parameter der Öffentlichkeit bekannt geben.

Abgesehen vom Thema Suchmaschinen gibt es andere Möglichkeiten, eine Website bekannt zu machen. Sie bedingen aber meist einen kommunikativen Aufwand der Site-Betreiber (▶ Kap. 8.1.2, hohe Besucherfrequenz bei Websites).

8.4.12 Spamgefahr: Öffentlich zugängliche E-Mail-Adressen

Auf einer Website kann ungewollt die Spam-Problematik gefördert werden: Als eine Methode, an neue E-Mail-Adressen zu gelangen, suchen Spammer das Internet systematisch nach öffentlich publizierten E-Mail-Adressen ab. Dies ist technisch einfach, es existieren sogar fertige Programme für solche Zwecke (z. B. E-Mail-Hunter oder E-Mail-Spider). Auch die Mailadressen in Kontaktformularen können von solchen Programmen gelesen werden. Eggendorfer (2005) erläutert verschiedene Methoden, wie man öffentlich zugängliche E-Mail-Adressen auf Websites dem **Zugriff von Spammern entziehen** kann:

- Die Adressen mit HTML-Code oder Java Script verstecken.
- Kontaktformulare mit ebenfalls verändertem HTML-Code verwenden.
- Die Mailadresse verfälschen, z. B. anna.muster[at-zeichen]firma.com.
- Die Mailadresse als Bild in die Website einfügen.

Öffentlich publizierte E-Mail-Adressen fördern Spam

Für die technische Realisierung finden sich im Buch von Eggendorfer (2005) die detaillierten Anleitungen. Viele dieser Verfahren sind aber **problematisch**, weil sie von der Person, die Kontakt aufnehmen will, einen Mehraufwand erfordern (Adresse manuell eingeben oder abändern) oder für Blinde und Sehbehinderte nicht zugänglich sind. Kontaktaufnahme sollte für alle Kunden aber möglichst niederschwellig sein und sicher zum Ziel führen – in dem Sinne ist ein **Kontaktformular mit** (technisch) **versteckter Mailadresse** wohl die beste Lösung.

Grundsätzlich ist es zur Spamprophylaxe sinnvoll, möglichst wenig verschiedene E-Mail-Adressen auf der öffentlich zugänglichen Website anzugeben.

8.5 Ressourcenplanung

Ein sehr wichtiger und v. a. in der Konzeptionsphase oft zu wenig bedachter Aspekt von Websites ist der Ressourcenaufwand. Es fallen ja nicht nur Kosten für die **Erstellung** eines Internet-Auftritts an. Die **Aktualisierung** und **Instandhaltung** der Website ist mindestens so zeitintensiv.

Ressourcenplanung: Elementar für professionelle Webauftritte

Darum ist es wichtig, bezüglich Ressourcen eine langfristige Planung vorzunehmen und für den erwünschten Umfang der Website schon von Beginn an diese Restriktionen mit einzubeziehen.

> **❗ Am ressourcenintensivsten sind aktuelle, häufig wechselnde Informationen und News.**

Auch Daten, die sich oft ändern und nicht automatisch angepasst werden können, verursachen viel Zusatzarbeit (z. B. die Pflege von Adressdatenbanken). Es gibt aber noch weitere große und kleine »**Ressourcenfresser**«, die zum Teil ohne große qualitative Einbuße gemieden werden können. ◘ Tabelle 8.1 gibt eine nicht abschließende Auflistung.

◘ **Tab. 8.1.** Ressourcenintensive Bereiche und Aspekte von Websites

Ressourcenintensives Element	Grund für die Aufwändigkeit	Mögliche Alternative, Problemlösung
Monatlich oder öfter aktualisierte Inhalte	Bedingt die Festlegung von neuen Themen, die redaktionelle Bearbeitung und Aufbereitung von Inhalten	Turnus für die Gestaltung der Inhalte festlegen (verschiedene Verantwortliche über die Zeit) Aktuelle Inhalte auf ein kleines, überschaubares Thema einschränken Inhalte von einem externen Newsprovider einkaufen (dadurch entstehen aber wieder Zusatzkosten)
Thematisch zu den oft aktualisierten Inhalten passende Bilder oder jahreszeitspezifische Bilder	Bilder müssen zusammen mit den Inhalten immer neu festgelegt und ausgewechselt werden Die Bildrechte müssen je nach Ursprung beantragt und gekauft werden	Bilder bevorzugen, die keinen vom Inhalt abhängigen Aktualisierungsbedarf haben Bilder gezielt einsetzen und ein langfristiges Konzept für die Bildverwendung erstellen
Inhalte, die regelmäßig von verschiedenen firmeninternen Stellen zusammengezogen werden müssen	Die für die Inhalte zuständige Person muss bei zahlreichen Stellen die benötigten Informationen eintreiben. Die verantwortlichen Personen können aber nicht immer erreicht werden, oder (noch schlimmer) sie lassen sich verleugnen, weil sie wissen, dass die Aufbereitung der Inhalte mit Arbeit verbunden ist	Inhalte nach Möglichkeit innerhalb bestehender Geschäftsprozesse (Meetings, Reporting) einholen Dezentrale Informationsaufbereitung bevorzugen
Medienspiegel, Referenzseiten und Fallstudien	Es ist sehr wichtig, dass solche Bereiche regelmäßig gepflegt werden, da der Kunde zeitlichen Lücken zu Ungunsten der Firma interpretiert. (Hat die Firma in letzter Zeit kein Medienecho mehr erregt? Gibt es keine aktuellen vorzeigbaren Referenzen? etc.)	Medienberichte, die älter als ein Jahr sind und nicht durch neuere ergänzt werden können, von der Website entfernen Bei der Planung einer Referenzseite die Ausführlichkeit der Fallstudien anhand der langfristig verfügbaren Ressourcen festlegen. Falls Engpässe vorhanden sind, auf detaillierte Fallstudien eher verzichten und nur die Firmennamen an sich als Referenzen angeben Referenzseiten müssen grundsätzlich mindestens halbjährlich überprüft und ergänzt werden

8.5 · Ressourcenplanung

Tab. 8.1. *Fortsetzung*

Ressourcenintensives Element	Grund für die Aufwändigkeit	Mögliche Alternative, Problemlösung
Online-Foren, Gästebücher und Blogs auf der Website (▶ Kap. 12.5)	Qualitätskontrolle wichtig. Müssen regelmäßig (täglich) nach unpassenden Kommentaren durchsucht werden. Kritik muss adressiert werden. Zeitaufwändige und schwierige Diskussionen!	Auf öffentlich sichtbare interaktive Elemente verzichten Falls man nicht verzichtet, klare und transparente Regeln aufstellen (und an die Benutzer kommunizieren), welche Art von Beiträgen sofort gelöscht wird Unter den Nutzern von Foren Moderatoren suchen und sie mit der Qualitätskontrolle beauftragen
Umfangreiche Adressangaben im Online-Kontaktbereich	Adressen und Namen der Ansprechpersonen ändern häufig. Das Risiko, eine falsche Adresse anzugeben, darf aber nicht eingegangen werden	Adressangaben dynamisch einspeisen via Datenbank, die anhand von internen Geschäftsprozessen laufend aktualisiert wird Eventuell auf vollständige Adressen verzichten, stattdessen nur Funktion mit Telefonnummer angeben
Hierarchisches Redaktionssystem (v. a. bei Intranet)	Chefredaktion muss OK geben für alle Seiten, die freigeschaltet werden sollen. Dort entsteht ein »Flaschenhals«	Dezentrale Organisation bevorzugen und Bereichsverantwortliche definieren. In der externen Kommunikation kann eine Chefredaktion (je nach Größe des Unternehmens) über die gesamte Website jedoch Sinn machen
Häufig ändernde Elemente von Websites in Form von Grafikdateien (z. B. Navigationstitel als Textbilder)	Navigationen ändern relativ häufig; die Herstellung von neuem Bildmaterial ist aufwändig (Auftrag an Grafiker geben, Bild zuschneiden etc.)	Nach Möglichkeit Systemtext verwenden oder Grafikelemente langfristig als Aufwand einplanen
Fotogalerien von Mitarbeitenden, insbesondere auf Vollständigkeit angelegte Gruppenbilder	Jeder Ein- und Austritt eines Mitarbeiters verursacht neuen Aufwand (neues Foto machen, altes Foto löschen, im schlimmsten Fall sogar ein neues Gruppenbild erstellen!)	Nur Vorgesetzte abbilden, ganz auf Fotogalerien verzichten oder bei fehlenden Bildern Platzhalter einfügen (darf aber nur bei einer Minderheit der Abgebildeten der Fall sein)
Link-Sammlungen oder zahlreiche Links zu internen und externen Quellen	Links veralten rasch und sind schwer zu kontrollieren	Auf Link-Sammlungen verzichten – Suchmaschinen sind sowieso effizienter! Allgemein auf zu viele Links außerhalb der gezielten Navigation verzichten Bei internen Links nur systemgenerierte Verlinkungen setzen (die automatisch mitwandern, wenn sich die Zielseite verschiebt)
Vollständige umfangreiche Dokumentationen online zur Verfügung stellen	Sie veralten und man vergisst leicht, sie zu aktualisieren. Verschiedene Versionen sind dann im Umlauf	Nur diejenigen online haben, die sehr oft heruntergeladen werden (Nutzerstatistiken befragen) und diese regelmäßig aktualisieren. Für die anderen eine Bestelladresse angeben, auf Lieferfrist hinweisen und sie nur bei genügender Nachfrage aktualisieren
Allgemein: Umfangreicher Webauftritt (Inter- oder Intranet) mit vielen Unterseiten	Mit dem Umfang wächst das Risiko für veraltete Inhalte. Je unübersichtlicher die Site wird, desto geringer ist auch die Motivation, sie zu überarbeiten	Verfalldatum für erstellte Seite als Pflicht, inkl. Erinnerungsmail, wenn die Seite gelöscht werden muss. Anhand der Nutzerstatistiken lange nicht aufgerufene Seiten entfernen

Natürlich gibt es Fälle, in denen man auf einen oder mehrere dieser genannten »Ressourcenfresser« nicht verzichten kann oder will. Dann muss aber unbedingt der entsprechende langfristige Mehraufwand eingeplant werden.

8.6 Nutzungshindernisse und Motivationskiller für Websites

Attraktive Inhalte: notwendig, aber oft nicht hinreichend für gute Nutzung

Die folgende Auflistung von möglichen Nutzungshindernissen kann erklären helfen, warum eine Website nicht den Erwartungen gemäß genutzt wird.

> **Checkliste: Nutzungshindernisse und Motivationskiller für Websites**
>
> **Inhaltsbezogene Hindernisse**
> — Unattraktive Inhalte
> — Statische Inhalte ohne Aktualität
> — Prosatexte, zu viel Info auf Einstiegsseite
> — Langer Weg zur gesuchten Information (tiefe Hierarchie)
>   ▶ Kap. 8.4.6)
> — Kostenpflichtige Online-Angebote
>
> **Psychologische Hindernisse (nutzerseitig)**
> — Fehlende Motivation zur Nutzung (Angebot ist nur »nice to have«)
> — Stress durch Unübersichtlichkeit und fehlende Kontrollmöglichkeiten (= Such- und Hilfefunktionen)
> — Schwierigkeit, relevante Informationen herauszufiltern
> — Fehlender subjektiver Nutzen
>
> **Technische Hindernisse (angebotsseitig)**
> — Registrierung und Passwort per se: v. a. netzunerfahrene Leute wollen sich oft nicht registrieren lassen aus Angst vor Datenmissbrauch
> — Zwingender Registrierungsprozess, bevor man weiß, was man als Gegenleistung erhält
> — Komplizierter Registrierungsprozess und mangelhafte Hilfestellung, um ein vergessenes Passwort wieder zu erhalten
> — Lange Ladezeiten, schlechte Performance der Websites (Flash-Intro, viele große Bilddateien, dynamisch eingespeiste Inhalte mit Ladeschwierigkeiten)
> — Fehlerhafte Seiten und nicht funktionierende Links
> — Fehlende oder mangelnde Kontaktmöglichkeit
> — Fehlende Suchmaschine und/oder Sitemap
> — Suchmaschine, die auch bei einfachen Anfragen keine Treffer zeigt

8.7 Beispiele psychologisch wirksamer Websites

Es folgen drei Beispiele von Websites, die auf Unternehmenskommunikation ausgerichtet sind. Gelungene Marketing-Websites sind im ▶ Kap. 10.5 zu finden.

Websites mit umfangreichen, heterogenen Inhalten sind anspruchsvoll zu gestalten und werden leicht unübersichtlich. Die Website der Stadt Frankfurt (◘ Abb. 8.3) ist optisch klar gegliedert und setzt Bilder so ein, dass sie die inhaltliche Orientierung vereinfachen. Die Suchfunktion ist prominent platziert und selbsterklärend, die Rubrik »Oft gesucht« zeigt die Orientierung an Kundenbedürfnissen auf.

Gerade bei Corporate Websites von Großunternehmen besteht die Gefahr, dass **Unternehmensinformationen** und **Marketingaktivitäten** konzeptlos gleichzeitig auf der Einstiegsseite platziert werden. Bertelsmann (◘ Abb. 8.4) ist eine geradlinige Corporate Website, die optisch ansprechend und inhaltlich nicht überladen ist und die ganz klar auf Informationen zum Unternehmen fokussiert.

Die Schweizerischen Bundesbahnen (◘ Abb. 8.5) haben die Analyse ihrer Website-Nutzungsstatistiken radikal umgesetzt: Beim Relaunch wurde der Fahrplan zuvorderst auf der Einstiegsseite platziert, weil er

SBB.ch: Radikale Kundenorientierung

◘ Abb. 8.3. frankfurt.de: Übersichtliche Informationsstruktur mit Zielgruppenorientierung

Kundenorientierung als Politikum

von den Usern mit Abstand am meisten nachgefragt wurde. Oft scheitern solche Schritte am **internen Widerstand** innerhalb eines Unternehmens, weil alle Sparten auf der Einstiegsseite prominent vertreten sein wollen (▶ Kap. 8.4.7).

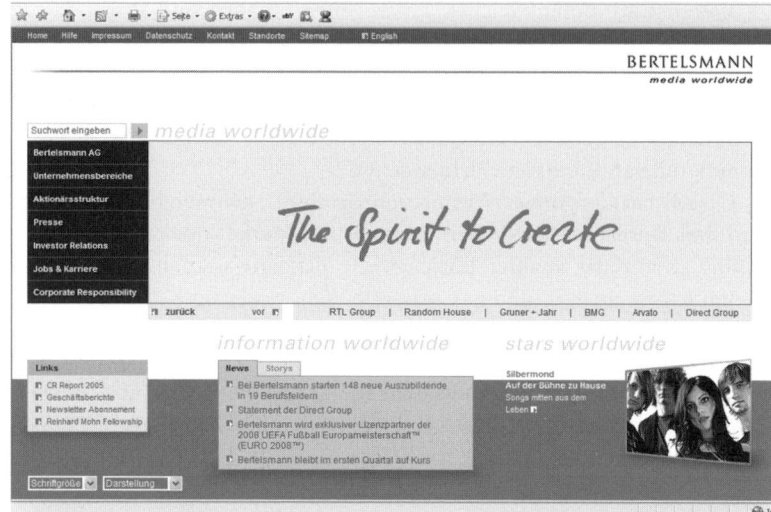

◘ **Abb. 8.4.** bertelsmann.de: Corporate Website mit klarer Zieldefinition

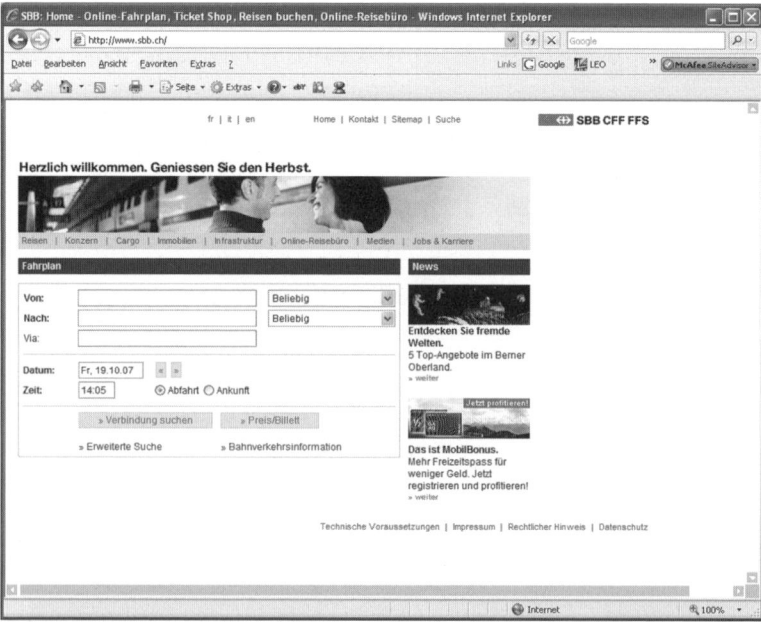

◘ **Abb. 8.5.** sbb.ch: Radikale Ausrichtung auf die Kundenbedürfnisse

8.8 Der DAU auf der Website

Der DAU

- besucht Websites grundsätzlich ungern,
- vertippt sich schon bei der Eingabe einer Website-Adresse, weil er Mühe mit der Rechtschreibung oder den Firmennamen falsch in Erinnerung hat,
- lässt sich sofort entmutigen und versucht es kein zweites Mal, wenn er beim Abrufen einer Webpage eine Fehlermeldung erhält,
- wird ungeduldig bis ausfällig, wenn die Ladezeit einer Seite länger als vier Sekunden ist,
- will sich nicht eingehend mit einem Thema beschäftigen,
- braucht zwingend eine Suchmaschine, weil er sonst sowieso nie findet, wonach er sucht,
- will nicht mehr als einmal klicken, um mit einem Anbieter in Kontakt zu treten,
- personalisiert eine Website nur dann, wenn es extrem wichtig für ihn ist oder er belohnt wird,
- besucht keine Website, wenn er nicht regelmäßig daran erinnert wird und
- lässt sich durch lästige Kleinigkeiten wie Registrierungsprozesse sogar von höchst nützlichen Websites fernhalten.

8.9 Übersicht: Kommunikationsziele von Websites und entsprechende Maßnahmen

In ◘ Tabelle 8.2 sind mögliche Ziele für einen Webauftritt zusammengestellt. Bei der Konzeption einer Website sollte man sich auf jene Maßnahmen (in der Spalte Wirkmechanismen, Lösungswege) beschränken, die den Zielen entsprechen, welche man für die eigene Website festgelegt hat. In Klammern sind – wo zutreffend – die Kapitel aufgeführt, die das Thema ausführlicher behandeln.

Wichtig: Auf der Website nur klar definierte Kommunikationsziele umsetzen

◘ Tab. 8.2. Psychologische Wirkmechanismen für verschiedene Website-Typen

Online-Angebot	Mögliche Kommunikations- und/oder Verkaufsziele	Wirkmechanismen, Lösungswege
Corporate Auftritt	Vertrauensbildung (Seriosität ausstrahlen)	Gestaltungselemente für Vertrauensbildung beachten (▶ Kap. 8.3)
	Professionelle Kundenkommunikation, Kundenservice (▶ Kap. 12)	Interaktive Elemente sorgfältig gestalten (▶ Kap. 12.3) E-Mail-Verkehr durch Einführung von Rubriken vorsortieren (▶ Kap. 12.2.5) Dem Kunden den benötigten Zeitraum für die Bearbeitung einer Anfrage bekannt geben (▶ Kap. 12.3.2) Konfliktpotenzial von Online-Medien kennen, Konflikte verhindern (▶ Kap. 7.6)

☐ **Tab. 8.2.** *Fortsetzung*

Online-Angebot	Mögliche Kommunikations- und/oder Verkaufsziele	Wirkmechanismen, Lösungswege
	Dienstleistungsangebot einfach zugänglich machen	Top-down-Gestaltung (▶ Kap. 5.4.3) Inhaltliche Priorisierung nach Zielgruppen (▶ Kap. 8.4.2) Suchmaschinen einfach verfügbar Barrieren und Motivationskiller meiden (▶ Kap. 8.6)
Marketing/Promotion (▶ Kap. 10)	Kundenbindung (▶ Kap. 8.2)	Motivation der Zielgruppe analysieren (Kap. 5.7) Exklusive Angebote, Wettbewerbe Niederschwelliges Newsletter- oder SMS-Abo
	Markenbildung	Vertrauensbildende Elemente einsetzen (▶ Kap. 8.3) Verarbeitungstiefe erhöhen (▶ Kap. 5.6.1) Spiele und interaktive Anwendungen (User involvieren, ▶ Kap. 10.4.3)
	Verkaufsförderung	Motivation beachten (▶ Kap. 8.4.2): Je nach Motivationsstand der User Produkte gratis oder zu günstigen Konditionen anbieten (»Schnäppchen«) Online-Beurteilungssysteme implementieren (▶ Kap. 8.3.5)
Öffentlichkeitsarbeit/PR (▶ Kap. 11)	Dialog mit Anspruchsgruppen	Ansprechpersonen mit Foto (▶ Kap. 8.3) Geeignete Form suchen, nicht immer ist »mehr« Interaktivität besser (▶ Kap. 12.5)!
	Positive Beeinflussung der Meinungsbildung	Informationen möglichst frühzeitig und proaktiv vermitteln Inhalte müssen authentisch sein und dürfen keine Unwahrheiten verbreiten
	Schnelle und transparente Kommunikation und Information (▶ Kap. 11.3.1)	Newsletter-Abo für Presse- und PR-Meldungen (▶ Kap. 9) Agenda kommender Veranstaltungen bzw. Pressetermine für die mittelfristige Planung der Medienleute Inhalte häufig (wöchentlich, monatlich) aktualisieren (▶ Kap. 8.4.9)
	Professionelle Behandlung von Anfragen (▶ Kap. 12.3)	E-Mail-Verkehr durch Einführung von Rubriken vorsortieren Konfliktpotenzial von Online-Medien kennen (▶ Kap. 7.6)
Intranet/interne Kommunikation	Möglichst alle Mitarbeiter erreichen (▶ Kap. 6.3)	Verschiedene Kommunikationskanäle nutzen (▶ Kap. 8.4.5) Intranet durch Push-Kanäle ergänzen (E-Mail, Newsletter, News-Bereich im Intranet)
	Mitwirkung ermöglichen (▶ Kap. 12.5)	Dezentrale Inhaltsverwaltung (Redakteure für Teilbereiche einsetzen) Interaktivitätsgrad definieren Evtl. Foren oder Wiki-Technologien einsetzen
	Feedback zur Geschäftsleitung, transparente Kommunikation	Niederschwellige Feedbackmöglichkeiten: Antwortbutton, Kontaktformulare im Intranet

8.9 · Übersicht: Kommunikationsziele von Websites und entsprechende Maßnahmen

◘ **Tab. 8.2.** *Fortsetzung*

Online-Angebot	Mögliche Kommunikations- und/oder Verkaufsziele	Wirkmechanismen, Lösungswege
	Informationen gut auffindbar präsentieren (► Kap. 8.4.6)	Interne Zielgruppen genau definieren Inhalte anhand der Zielgruppen ordnen, nicht in erster Linie anhand der Organisationsstruktur (► Kap. 8.4.7) Bringschuld der Unternehmensleitung (► Kap. 6.3)
Personalrekrutierung	Sich als attraktiven Arbeitgeber präsentieren	Referenzen von Kunden und Mitarbeitenden zeigen (z. B. Mitarbeiterblog) Vertrauensbildende Elemente beachten (► Kap. 8.3) Website aktuell halten
	Spontane Online-Bewerbungen begünstigen	Aktuelle Vakanzen prominent aufführen Motivationslage beachten (► Kap. 8.4.2): Online-Bewerbungsprozess einfach und ohne Barrieren gestalten Kontaktmöglichkeit mit einem Klick
Akquisition	Vertrauen gegenüber der Firma erhöhen	Gestaltungselemente für Vertrauensbildung beachten (► Kap. 8.3) Gesichter der Personen zeigen, die für das Angebot stehen Referenzen und Kooperationen angeben (► Kap. 8.4.9)
	Qualitäten auf den ersten Blick sichtbar machen (► Kap. 8.4.7)	Top-down-Gestaltung (► Kap. 5.4.3) Nur die allerwichtigsten Inhalte (Qualitäten) auf der vordersten Seite (► Kap. 8.4.3)
	Den Kunden Argumente liefern, sich für die Firma zu entscheiden	Expertise zeigen (z. B. Know-how-Blog oder andere Formen von Wissenstransfer, ► Kap. 11.3.2) Vertiefende Informationen und Kundenreferenzen angeben Leistungsangebot übersichtlich darstellen
Informationsaufbereitung/News	Aktualität (► Kap. 8.5)	Redaktionelle Aufbereitung der Inhalte Aktualisierung zu Tageszeiten mit hoher Nutzung (► Kap. 8.4.4) Newsletter oder Microblog (Twitter) für Push-Infos (► Kap. 9 und ► Kap. 11.3.2)
	Relevante Inhalte sichtbar machen (► Kap. 8.4.7)	Top-down-Gestaltung (► Kap. 5.4.3) Website-Statistiken und User-Bewertungssysteme bei der Priorisierung beachten (► Kap. 8.4.4)
	Maßgeschneiderte Infos für verschiedene User	Personalisierbarkeit von Infos (► Kap. 9.2.4)
Unterhaltung/Freizeit	Hohen Unterhaltungswert gewährleisten	Inhalte gemäß der Abrufhäufigkeit platzieren (Statistiken, ► Kap. 8.4.4) Bewertung durch User mit einbeziehen (► Kap. 8.3.5) Redaktionsteam trifft Auswahl und Wertung
	Interaktivität mit den Nutzern (► Kap. 12.5)	Beurteilungssysteme, Online-Abstimmungen, Möglichkeiten zur Mitwirkung via Web, Handy oder anderen Kanälen

◘ **Tab. 8.2.** *Fortsetzung*

Online-Angebot	Mögliche Kommunikations- und/oder Verkaufsziele	Wirkmechanismen, Lösungswege
	Aktualität und Exklusivität von Inhalten mit möglichst geringem Aufwand	Partizipation von Usern (Web 2.0-Technologien; ► Kap. 10.4.4)
	Hohe Besucherfrequenz (► Kap. 8.1.2)	Häufige Aktualisierung der Inhalte Neuwertige Infos
	Seriosität sicherstellen	Redaktionsteam, das Inhalte überprüft Den Usern die Möglichkeit bieten, kritische Inhalte zu melden
E-Shop	Sicherheit bei der Transaktion (► Kap. 8.3 und 12.3.2)	Technische Aspekte der IT-Sicherheit beachten (Verschlüsselung, sichere Zahlungsmethoden)
	Qualität der Produkte zeigen	Online-Bewertungssysteme einbauen (► Kap. 8.3.5)
	Produkte einfach auffindbar machen	Geeignete Taxonomien einsetzen (► Kap. 13.4)
	Zeitliche Verzögerungen und daraus folgende Unzufriedenheit bei den Kunden verhindern	Abrufmöglichkeit des Lagerbestandes, der Lieferbarkeit
	Positives Einkaufserlebnis vermitteln	Auf professionelle Kundenbetreuung achten (► Kap. 12) Kontaktmöglichkeit mit einem Klick Bei Reklamationen rasch und kulant reagieren
Online-Beratung (► Kap. 12.6.2)	Anonymität sicherstellen	Technische Sicherheitsvorkehrungen treffen (► Kap. 8.3.3)
	Vertrauen in die Beratung herstellen (► Kap. 8.3)	Fotos der Berater abbilden Infos über technische Sicherheitsmaßnahmen gut sichtbar machen Fachkompetenz der Berater präsentieren Referenzen angeben Downloads und Zusatzinformationen zum Beratungsbereich zur Verfügung stellen Beratungsprozesse und -inhalte online beschreiben

Weiterführende Literatur und Links

Arndt, H. (2006). Integrierte Informationsarchitektur. Die erfolgreiche Konzeption professioneller Websites. Berlin: Springer.
Detaillierte und umfassende Einführung in die Konzeption und visuelle Gestaltung einer Website.

Erlhofer, S. (2007). Suchmaschinen-Optimierung für Webentwickler. Bonn: Galileo Press.
Sehr ausführliche, praxisorientierte Zusammenstellung der relevanten Faktoren für die Suchmaschinen-Optimierung, eher techniklastig.

Fischer, M. (2006). Website Boosting. Suchmaschinen-Optimierung, Usability, Webseiten-Marketing. Heidelberg: Redline.
Praxisbezogene, umfassende Darstellung der Erfolgsfaktoren einer Website, auch mit technischen Angaben.

www.useit.com
Das Online-Nachschlagewerk von Usability-Guru Jakob Nielsen.

Nielsen, J. & Loranger, H. (2006). Prioritizing Web Usability. Berkeley: New Riders.
Das Buch zu Nielsens Online-Nachschlagewerk.

Gestaltung von Newsletters

9.1 Der Newsletter: Belästigung auf freiwilliger Basis – 170

9.2 Newsletter-Konzeption – 174

9.3 Newsletter-Gestaltung – 178

9.4 Spamfilter – 184

9.5 Beispiele wirksamer Newsletters – 185

9.6 Der DAU liest Newsletter – 188

9.7 Zusammenfassung: Idealtypischer Aufbau eines Newsletters – 188

9.8 Zusammenfassung: Erfolgsfaktoren für einen Newsletter – 189

> > Lesen Sie in diesem Kapitel:
> - Warum viele Newsletter trotz Infoflut nicht abbestellt werden,
> - wie man sich in einer überfüllten Mailbox Aufmerksamkeit verschaffen kann,
> - wie ein gut gelesener Newsletter konzipiert wird (inhaltlich, gestalterisch) und
> - warum Newsletters im Spamfilter landen können.

9.1 Der Newsletter: Belästigung auf freiwilliger Basis

Newsletters als effizienteste Form der Online-Werbung

Newsletters sind eine gute Möglichkeit, den **Dialog mit Kunden** zu etablieren und aufrecht zu erhalten. Gemäß Nielsen (2006) bieten sie sogar die effizienteste Form der Online-Werbung, unter anderem darum, weil sie in der Mailbox stattfindet, die vom User (im Unterschied zu Websites) auf jeden Fall regelmäßig genutzt wird.

Gleichzeitig sind sogar freiwillig abonnierte Newsletters für viele User immer wieder ein Ärgernis (◘ Abb. 9.1). Sie überfüllen regelmäßig die Mailbox und tragen dadurch zur Infoflut bei. Oft hat man keine Zeit, sie zu lesen, und löscht sie direkt, manchmal mit dem unguten Gefühl, vielleicht etwas Wichtiges verpasst zu haben. Gar nicht toleriert werden hingegen **ungebeten erhaltene Newsletters**. Die meisten Leute empfinden sie als Spam und behandeln sie auch so.

Bei so viel Ambivalenz gegenüber einem so oft verwendeten Kommunikationsmittel lohnt sich die nähere Auseinandersetzung. Nicht nur, um über die professionelle Gestaltung nachzudenken, sondern auch, um die Motive zu erkennen, die Empfänger dazu bringen, dieses Ärgernis Newsletter regelmäßig über sich ergehen zu lassen.

Die **wichtigsten Fragen** lauten: Warum werden viele Newsletters trotz allem *nicht* abbestellt? Wie kann man die Toleranz von Usern gegenüber Newsletters positiv beeinflussen und wie vergrault man sie nachhaltig? Darum geht es im Folgenden.

9.1.1 Motive, einen Newsletter nicht abzubestellen

Es gibt verschiedene Gründe, sich für einen Newsletter anzumelden und das Abo auch aufrecht zu erhalten. Unten stehend eine Auflistung der wichtigsten Motive.

Inhaltsbezogene Motive
- **Push-Funktion für wichtige und erwünschte Informationen**: Sich erwünschte Informationen direkt in die Mailbox liefern zu lassen, ist das wohl wichtigste Motiv, einen Newsletter zu abonnieren. Da die Bearbeitung des E-Mail-Verkehrs zum normalen Arbeitsprozess gehört, ist

9.1 · Der Newsletter: Belästigung auf freiwilliger Basis

Abb. 9.1. Belästigung auf freiwilliger Basis

die Wahrscheinlichkeit relativ groß, dass diese Informationen so nicht verloren gehen oder vergessen werden.
- **Exklusive Services und/oder Inhalte**: Manche Newsletters muss man einfach abonnieren, weil sie für die eigenen Arbeitsprozesse notwendige Informationen vermitteln, die man sonst nicht erhält oder die man nicht verpassen darf.
- **Erinnerungsfunktion**: Manche Newsletters werden nicht wegen eines bestimmten Inhalts abonniert, sondern allein deswegen, weil sich der User eine automatische Gedächtnishilfe setzen will. »Dieses Thema ist jetzt gerade nicht aktuell für mich, aber ich weiß, dass es in drei Monaten so sein wird. Das will ich nicht vergessen.«
- **Sympathie für das Angebot**: Gewisse Leute erwarten nichts Bestimmtes von einem Newsletter, sind aber gegenüber einem Unternehmen oder Produkt so positiv eingestellt, dass sie für alle diesbezüglichen Infos offen sind.

Newsletters als Erinnerungshilfe

Personenbezogene Motive
- **Neugier**: Viele Internetnutzer sind mit einer natürlichen Neugier ausgestattet, v. a., wenn sie zum ersten Mal auf einer neuen Website sind.

Diese Neugier motiviert sie, den Newsletter zu abonnieren. Wenn er sie gerade von der ersten Seite »anspringt« und Gutes verheißt – warum nicht? Wenn der Newsletter dann nicht hält, was er verspricht, zögern sie dennoch, sich wieder abzumelden, weil ja doch mal etwas Nützliches dabei sein könnte.

- **Kontrolle über den Empfang**: Diese Leute sind mit den Neugierigen wesensähnlich. Sie ärgern sich zwar oft über die unnützen Newsletters, die sie erhalten. Da sie aber wissen, dass sie ihre Newsletters selber bestellt haben und jederzeit abbestellen können, tolerieren sie sie weiterhin – weil die Angst, etwas zu verpassen, größer ist als die empfundene Belästigung.
- **Unachtsamkeit**: Wenn man auf gewissen Websites ein Profil erstellt, wird ein Newsletter-Abo empfohlen oder automatisch auf aktiv gesetzt. Viele Leute achten nicht darauf, dass sie dieses beim Profil-Erstellen deaktivieren müssten, oder sie lesen das Kleingedruckte nicht, so dass sie nachher überrascht sind, plötzlich einen neuen Newsletter in der Inbox zu haben.
- **Bequemlichkeit**: Manche Leute melden sich nicht ab, weil die Unsubscribe-Funktion im Newsletter schwer oder nicht aufzufinden ist oder weil sie die Newsletters lieber gleich in der Mailbox löschen, statt noch irgendeinen Zusatzaufwand zu betreiben.

Gute Inhalte führen zu stärkerer Kundenbindung

In dieser Vielfalt von Motivlagen haben sich die unzähligen Anbieter von Newsletters zu positionieren und ihre treuen Kunden zu finden. Es liegt auf der Hand, dass die inhaltsbezogenen Motive eher zu einer **starken Kundenbindung** führen als die psychologischen, da sie auf einer stabileren Interessenslage basieren. Dennoch ist es möglich, auch »zufällige« Neukunden zu treuen Newsletter-Abonnenten zu machen.

> ❗ Die Konkurrenz zwischen den verschiedenen Newsletters ist grundsätzlich sehr scharf. Ein kleiner Störfaktor reicht, um selbst ein hochwertiges Angebot im Kampf um die Aufmerksamkeit gegenüber anderen unterliegen zu lassen.

9.1.2 Die fehlende zweite Chance

Beispiel

Die Überlebenschancen eines Newsletters
»Nein, ich habe noch nie einen Newsletter wieder abonniert, den ich früher abbestellt habe. Ich gebe elektronischen Medien genau *eine* Chance. Falls ein Arbeitskollege mich nochmals darauf hinweisen würde, würde ich einen vorher abbestellten Newsletter evtl. nochmals anschauen, aber das ist mir bisher noch nie passiert.«
M, 41, Geschäftsleitung Investmentgesellschaft

Inwiefern kleine Störfaktoren sich auf die Motivation zur Nutzung eines Online-Angebots auswirken können, wird in ▶ Kap. 5.7.3 und ◘ Abb. 5.4 erklärt. Wenig attraktive oder nicht relevante Newsletters sind deshalb sehr rasch außer Konkurrenz.

Solche **Störfaktoren** können sein:
- Wenn Newsletters unaufgefordert kommen,
- wenn sie zu oft erscheinen und die Qualität nicht stimmt,
- die Werbebotschaft zu aufdringlich ist,
- die Beschränkung auf das Wesentliche fehlt,
- die Strukturierung mangelhaft ist oder
- wenn der Newsletter in Form eines Attachments erscheint, das erst geöffnet werden muss.

Newsletters werden in den seltensten Fällen wieder abonniert, wenn sie einmal abgemeldet wurden. Die meisten Leute lesen einen neuen Newsletter (v. a. einen, den sie ohne starke Motivation bestellt haben) zwei-, dreimal, dann bilden sie sich ihr Urteil darüber. Wenn dieses schlecht ausfällt, lösen sie das Abo auf und weichen kaum mehr von ihrer Meinung ab. Das hat mit der **Schema-geleiteten Informationsverarbeitung** zu tun, die in ▶ Kap. 5.4.1 beschrieben wird.

9.1.3 Erwartungen an einen Newsletter

Was erwarten Leute grundsätzlich von Newsletters? Welche Kriterien soll Kommunikation mit diesem Medium idealerweise erfüllen?

Übersichtlichkeit. Newsletters haben eine starke Verwandtschaft mit E-Mails. Eine wesentliche Aufgabe jedes Newsletters sollte es darum sein, Übersichten zu bieten und Inhalte auf das Wesentliche zu verknappen.

> Newsletters haben eine starke Verwandtschaft mit E-Mails

> **❗ In Newsletters wie E-Mails besteht ein Zwang zu Kürze, denn beim Bearbeiten der Mailbox leiden die meisten Leute unter Zeitknappheit.**

Relevanz. Unmotiviert daherkommende Newsletters ohne klar definiertes Thema oder Ziel erwecken bald den Verdacht, dass hier eine Firma billig auf sich aufmerksam machen will. Reizstärke statt Reizrelevanz (▶ Kap. 5.3.2) – das mindert die Akzeptanz für das Produkt.

Freiwilligkeit. Newsletters dürfen nie ungefragt gesendet werden oder zwingend an ein anderes Angebot geknüpft sein. Der Empfänger muss stets Kontrolle darüber haben, ob er Abonnent werden oder weiterhin bleiben will. Nur wer kann und nicht muss, bringt einem (noch so guten) Angebot Sympathie entgegen (▶ Kap. 12.3.2).

9.2 Newsletter-Konzeption

Der Newsletter als Teil des Website-Gesamtkonzepts

Die Konzeption eines Newsletters gehört immer zum **Gesamtkonzept** einer Website respektive eines Online-Auftritts, wie er in ▶ Kap. 8.3 beschrieben wird. Es lohnt sich, die beiden Kommunikationsmedien in ihrer Ergänzung anzuschauen. Gerade die inhaltliche Konzeption von Newsletter und Website geschieht idealerweise nicht unabhängig, denn oft können Inhalte der Website für einen Newsletter ausgewertet werden – oder der Newsletter kann als zusätzliche Möglichkeit genutzt werden, auf Website-Inhalte aufmerksam zu machen.

9.2.1 Entscheidungshilfe: Newsletter – Ja oder nein?

Wann soll man überhaupt einen E-Mail-Newsletter versenden, wann ist ein gedruckter Newsversand auf Papier eher angebracht? Entscheidungshilfe zu dieser Frage gibt die Übersicht in ▶ Kap. 3.2.1 (Gedruckt oder online?) und ◘ Tab. 3.1.

Von den spezifischen Vor- und Nachteilen der digitalen gegenüber der gedruckten Kommunikation einmal abgesehen, gibt es noch andere Argumente pro und contra E-Mail-Newsletters. Sie fließen in die Zieldefinition ein, die zu Beginn der Newsletter-Konzeption stattfinden sollte. Dabei wird relativ bald klar, ob ein Newsletter überhaupt Sinn macht und welche Aufgabe(n) er erfüllen soll.

Chancen

- **Kunden zum Kauf anregen**: Newsletters sind eine gute Möglichkeit, User auf regelmäßiger Basis an interessante Angebote zu erinnern oder ihnen neue Produkte zu empfehlen.
- **Anonyme »Visitors« zu Kunden machen**: Von den meisten Besuchern einer Website kennt man nie mehr als ihre IP-Adresse, die im Logfile der Website aufgezeichnet wird. Der Newsletter ist eine Möglichkeit, mit ihnen aktiv in Kontakt zu treten.
- **Mit Kunden regelmäßig in Kontakt bleiben**: Eine Beziehung festigt sich mit der Anzahl der Interaktionen zwischen zwei Partnern. Newsletters helfen, diesen Dialog aufrecht zu erhalten.
- **Positiv eingestellten, aber vergesslichen Kunden beim Erinnern helfen**: Viele User würden sich gern an interessante Anlässe, Sonderangebote oder nützliche Infos einer Firma erinnern, wenn sie nur wüssten, wie.
- **Firmen-Know-how, Dienstleistungen und Fachkompetenz einfach zugänglich machen**: Oft sind gerade große Unternehmens- oder staatliche Websites für Besucher ein wahrer Dschungel. Wenn man sich einmal zum gewünschten Thema durchgekämpft hat, ist man froh, wenn man von da an automatisch bedient wird und nicht mehr selber suchen muss.
- **»Traffic« (Anzahl der Zugriffe) auf der Website erhöhen**: Entsprechend gestaltete Newsletters (mit Themenanrissen und Links) sind eine gute Möglichkeit, einer Website mehr Besucher zu verschaffen und sie vor dem »stillen Tod« zu bewahren.

Risiken

- **Ressourcenaufwand**: Die Inhalte müssen gekauft oder firmenintern bei den Themenverantwortlichen eingetrieben werden. Das kann für die zuständigen Redakteure zur Nervensache werden. Auch das Schreiben und Verknappen der Texte auf die relevanten Kernpunkte ist aufwändig. Für die visuelle Gestaltung fällt ebenfalls Aufwand an, v. a., wenn Bilder thematisch eingesetzt werden.
- **Unklares Kosten-Nutzen-Verhältnis**: Bei einem kleinen und/oder aus thematischen Gründen nicht beliebig erweiterbaren Verteiler stellt sich durchaus die Frage, ob sich der Aufwand für einen Newsletter lohnt. Eventuell kann man hier eine reduzierte Form wählen, z. B. nur den Hinweis auf eine Aktualisierung der Website senden.
- **Zielgruppen mit sehr heterogenen Interessen**: Wenn man hier nicht die Möglichkeit hat, die Newsletters thematisch einzuschränken und auf die einzelnen Interessen zuzuschneiden, läuft man Gefahr, einen zu »allgemeinen« Newsletter zu verschicken, der so unspezifisch oder umfangreich ist, dass er keine der gewünschten Zielgruppen wirklich zufrieden stellt.

Der Ressourcenaufwand für Newsletters wird oft unterschätzt

9.2.2 Zielgruppenorientierung

Wie bei der Website sind auch beim Newsletter die **Klärung der jeweiligen Bedürfnisse** und der **Motivationslage** der Zielgruppe besonders wichtig. Newsletters müssen aber noch niederschwelliger und kundenfreundlicher gestaltet sein, da mangelnde Qualität sehr rasch in bleibender Nichtbeachtung resultiert.

Zum detaillierten Vorgehen ▶ Kap. 8.3.2, Zielgruppendefinition bei Websites.

9.2.3 Inhalte

Die Inhalte sind für den Erfolg des Newsletters entscheidend. Es gilt die – etwas provokante – Faustregel:

❗ Je relevanter und exklusiver die Inhalte des Newsletters, desto weniger Aufwand muss man in die visuelle Gestaltung stecken.

Dies ist allerdings kein Freibrief für eine unübersichtliche Prosa-Abhandlung – der gute Aufbau trägt ebenfalls maßgeblich zum Erfolg eines Newsletters bei. Wenn man aber begrenzte Ressourcen zur Verfügung hat, sollte man sie besser für vertiefte redaktionelle Arbeit einsetzen als fürs »Aufpeppen« mit tollen Bildern. Es gilt: **Reizrelevanz** ist wichtiger als bloße **Reizstärke** (▶ Kap. 5.3.3). Zur vertieften Analyse und Konzeption der geeigneten Inhalte ▶ Kap. 8.3.3.

Bei einem bereits bestehenden Newsletter hilft die regelmäßige Analyse der Zugriffsstatistiken, diejenigen Bereiche zu erkennen und gezielt auszubauen, die auf das größte Interesse der Nutzer stoßen.

Mit der Festlegung der Inhalte sollten – bei großem Inhaltsvolumen – **feste Rubriken** geschaffen werden, die sich in jedem Newsletter wiederholen. Dies hilft den Kunden bei der Orientierung. Die Anzahl Rubriken/Themen im Newsletter sollten auf maximal 7–9 beschränkt werden. Die Kunden erwarten eine Verknappung auf das Relevante und keine Sammlung von tausend Neuigkeiten. Die **Verdichtung der Inhalte** ist eine Kernaufgabe der Newsletter-Redaktion.

Zu Ende lesende Kunden

Es gibt einen Trick, den man anwenden kann, um Kunden zum Weiterlesen bis zum Schluss zu motivieren: Man kann als letzte Newsletter-Rubrik eine **Belohnung** einbauen (zum Nutzen von Belohnungen ▶ Kap. 5.5.2). Zum Beispiel in Form eines amüsanten oder besonders nützlichen Links. Dies ist allerdings abhängig von der allgemeinen inhaltlichen Ausrichtung des Newsletters und von der Unternehmenskultur. Die regelmäßige Bereitstellung dieser Belohnung bedarf zusätzlicher Recherchearbeit und sollte inhaltlich zum Rest passen – es empfiehlt sich keinesfalls, bei einem seriösen Newsletter am Schluss einen schmuddeligen Witz von einer »fun page« zu integrieren.

9.2.4 Personalisierung der Inhalte

Die Personalisierung von Newsletters ist technisch und von der Inhaltsbeschaffung her aufwändig und kommt darum nur bei einem größeren Unternehmen und/oder bei großem Inhaltsvolumen in Frage. Der klare Vorzug ist jedoch, dass man als User maximale Kontrolle darüber hat, welche Inhalte man zugeschickt erhält, und je nachdem kann man sogar den Zeitpunkt und die Frequenz des Empfangs frei wählen. Die **Kundenzufriedenheit** kann dadurch erhöht werden.

> ❗ **Personalisierung erlaubt es, die Relevanz von Informationen zusätzlich in die individuell gewünschte Richtung zu lenken. Sie stellt damit einen wichtigen Schritt dar auf dem Weg zur immer stärker kontextbasierten Informationsvermittlung (▶ Kap. 14.3).**

Trotzdem kann auch ein nicht personalisierter Newsletter erfolgreich sein: nämlich dann, wenn er ein klar umgrenztes inhaltliches Profil hat oder eine klar definierte Aufgabe erfüllt. Die Abonnenten erhalten dadurch eine wichtige **Entscheidungshilfe**, ob sie diese Informationen benötigen.

9.2.5 Relation zur Website

Der Newsletter soll auf die Website locken

Ein Newsletter mit zu langen Textblöcken ist in zweierlei Hinsicht nachteilig: Erstens, weil dadurch die Übersichtlichkeit leidet, und andererseits, weil man die Chance verpasst, Leute zu einem Besuch auf der Website zu bringen. Genau so ungeeignet ist es allerdings, im Newsletter nur einen Link auf die Website zu platzieren, ohne die Leser ins Thema einzuführen

9.2 · Newsletter-Konzeption

(so liest man dann z. B.: »Auf unserer Website finden Sie nun unseren neuen Newsletter! Bitte klicken Sie hier!«).

Das bedeutet, die Redaktion muss immer die **Balance finden**
- zwischen dem Anteil Information, der notwendig ist, damit sich die Leser einen Überblick verschaffen können und sich ernsthaft für das Thema interessieren und
- dem Anteil, den man dem Leser im Newsletter (noch) nicht verraten will, um ihn nicht zu überfordern oder ihn als potentiellen Besucher der Website zu verlieren.

9.2.6 Periodizität und Ressourcenplanung

Es gibt Newsletters, deren Rhythmus vom Inhalt vorgegeben ist (Newsdienste, Medienmitteilungen von Firmen, wöchentliche Shopping-Sonderangebote etc.).

Ansonsten ist die Häufigkeit des Erscheinens abhängig davon, wie viele neue Themen vorhanden sind und wer die Inhalte erstellt. Dies sollte langfristig geplant werden, z. B. mit einer Aufstellung möglicher Themen fürs erste Jahr und den dafür verantwortlichen Redakteuren. Newsletters bedeuten einen nicht zu unterschätzenden Ressourcenaufwand.

Um nicht unnötig falsche Erwartungen zu wecken, kann man auf der Website (bei den Eckdaten zum Newsletter-Abo) die Erscheinungshäufigkeit bewusst nur ungefähr angeben. **Lieber einen Newsletter weniger verschicken, dafür mit relevanten Inhalten!**

Bei komplexen und umfangreichen Informationsangeboten ist es ideal, wenn der Kunde die Wahlfreiheit hat, in welchen Intervallen er einen (oder mehrere) Newsletter erhalten will (täglich, wöchentlich, monatlich…). Dies umzusetzen, ist aber aus technischen Gründen nicht immer möglich.

9.2.7 Den Newsletter bekannt machen

Auf der Website
Wer den Aufwand für die Herstellung eines Newsletters betreibt, sollte auch **angemessen dafür werben**. Ein Link zum Newsletter-Abo – oder sogar das Eingabefeld für die E-Mail-Adresse – gehört darum unbedingt auf die Einstiegsseite des Web-Auftritts. Innerhalb der Website sollte immer dort ein Hinweis auf das Newsletter-Abo zu finden sein, wo sich Inhalte befinden, die im Newsletter abgedeckt werden. Wichtig ist, v. a. bei Newsletters für wenig motivierte Kunden, dass die Anmeldung mit möglichst wenigen Klicks auskommt (ideal: 1–2 Klicks). Mit einem komplizierten Anmeldeverfahren verliert man viele Kunden gleich beim ersten Kontakt.

Niederschwellige Anmeldemöglichkeit auf der Website

Koppelung an Unternehmens-Dienstleistungen
Wer immer eine Dienstleistung der Firma in Anspruch nimmt, sollte vor dem Absenden der Bestellung/des Auftrags darauf hingewiesen werden,

dass er den Newsletter abonnieren kann. Dies geschieht idealerweise mit einer zusätzlichen **Checkbox** innerhalb des normalen Bestell- oder Kontaktformulars, die der User **selber aktivieren** kann, wenn er das Abo wünscht.

Weiterempfehlung

Man kann in den Newsletters einen Link mit einer Weiterempfehlungsfunktion einbauen. Dies ist v. a. dann nützlich, wenn es sich um einen HTML-Newsletter handelt, dessen Links und Bilder beim Weiterleiten nicht richtig angezeigt werden. Wer anderen einen Newsletter empfehlen will, klickt aber meist dennoch auf die Weiterleiten-Funktion in seiner Mailbox. Gerade darum ist es wichtig, innerhalb des Newsletters in der Fußzeile einen Link auf die An- und Abmeldemöglichkeit oder mindestens auf die Website zu geben.

9.3 Newsletter-Gestaltung

Zwei Bereiche sind bei der Newsletter-Gestaltung relevant: Zuerst der Teil, der als eingehende E-Mail in der Mailbox sichtbar ist, und danach der Inhaltsbereich als reiner Text oder als Text-Bild-Kombination.

9.3.1 In der Mailbox auf sich aufmerksam machen

Absender und Betreffzeile müssen ideal genutzt werden

In der Mailbox kann der Newsletter nur mit dem **Absender** und der **Betreffzeile** auf sich aufmerksam machen. Das heißt, diese zwei Elemente sind sehr kostbar und müssen ideal genutzt werden. Zum heutigen Zeitpunkt ist dies vielerorts noch nicht der Fall, wie ❱ Abb. 9.2 zeigt. Hier eine Auflistung häufig gemachter Fehler:

Checkliste: Häufige Fehler bei der Gestaltung von Newsletter-Absender und -Betreffzeile

Adressfeld (Absender)
– Das Adressfeld enthält keine klare Information über den Absender.
– Das Adressfeld heißt »Newsletter« (ohne weitere Spezifizierung).
– Das Adressfeld enthält eine administrative oder technische Information.
– Das Adressfeld ist leer (Spamverdacht!).

Betreffzeile
– Die Betreffzeile enthält den gleichen Text wie das Adressfeld.
– Es wird mindestens ein Wort wiederholt, das bereits im Adressfeld steht (häufig erscheint doppelt: Der Name des Absenders oder das Wort »Newsletter«).
▼

9.3 · Newsletter-Gestaltung

- Das Datum wird in der Betreffzeile erwähnt (das ist überflüssig, weil das Datum sowieso standardmäßig in der Mailbox angezeigt wird).
- Die Betreffzeile enthält eine Meta-Aussage (News zu…, Highlights von…, Aktuelles von…) oder eine allgemeine Aussage (statt eine kurze inhaltliche Zusammenfassung).
- Die Betreffzeile enthält sehr viel Text und der wichtigste Teil davon steht an letzter Stelle (und wird so in der Mailbox nicht mehr angezeigt).

Die aussagekräftige **Gestaltung der Betreffzeile** ist v. a. wichtig bei Angeboten, die nicht per se mit einer interessierten Kundschaft rechnen können (z. B. verkaufsorientierte Newsletters ohne exklusiven Charakter) oder die unregelmäßig erscheinen. Bei einem täglichen Newsservice hingegen ist sie nicht von zentraler Bedeutung – dort wissen die Empfänger bis zu einem gewissen Grad, was sie erwartet.

Das Zauberwort bei der Gestaltung von Adressfeld und Betreffzeile heißt **Kontrolle**. Der Empfänger soll maximale Kontrolle darüber erhalten, was ihn in diesem Newsletter erwartet. Dies **verhindert Stress** und erleichtert die Verarbeitung der darin angebotenen Informationen (▶ Kap. 7.3.1).

Betreffzeile: Relevanz erzeugen und Stress vorbeugen

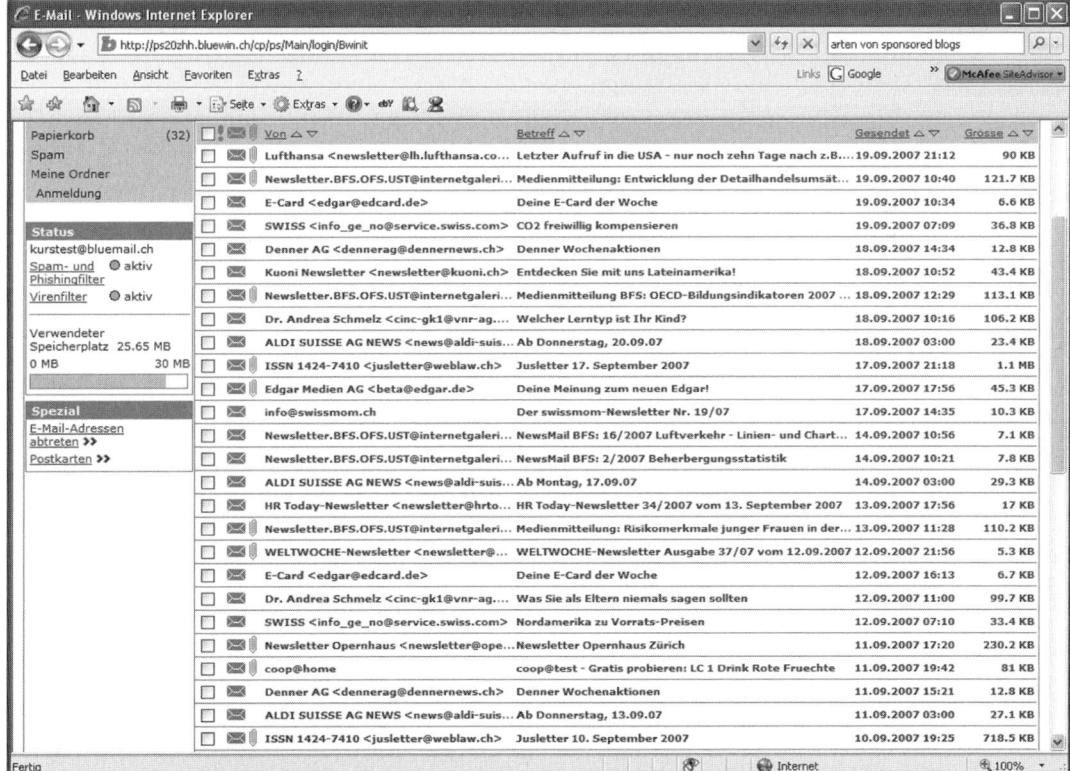

◻ **Abb. 9.2.** Der Kampf um die Aufmerksamkeit in der Mailbox

9.3.2 Gestaltung des Inhaltsbereichs

Gemäß Nielsen (2006) ist die durchschnittliche Zeit, die für das »Lesen« eines Newsletters aufgewendet wird, 51 Sekunden. Das stellt hohe Ansprüche an die Textgestaltung. Für die schnelle Orientierung im Inhaltsbereich ist die starke **hierarchische Gliederung** des Texts wichtig (▶ Kap. 5.4.3, Top-down-Informationsverarbeitung). Das bedeutet:

Fehlende Gliederung vermindert die Attraktivität

1. Die **Kernaussagen** stehen in Form eines Inhaltsverzeichnisses zu oberst im Textfeld.
2. Danach folgen fortlaufend die einzelnen **Themen**, die mit ein bis zwei kurzen Sätzen erläutert werden.
3. Unter den Kurztexten ist jeweils ein **Link** zu vertiefenden Informationen im Internet angegeben.

Nicht immer ist das Ziel, dass ein Newsletter gründlich gelesen werden muss. Manchmal steht die Erinnerungsfunktion im Vordergrund oder das Überfliegen der Inhalte, um sicher zu sein, dass man nichts Wichtiges verpasst hat.

❗ **Besonders wichtig ist die starke optische Gliederung zur Unterscheidung der verschiedenen Themen beim Überfliegen des Newsletters.**

Gliederungsmöglichkeiten bei HTML-Format
- Thematisch zugeordnete Bilder,
- Anchor-Links innerhalb des Newsletters (vom Inhaltsverzeichnis direkt zu den einzelnen Themen und von dort wieder zurück),
- Gestaltungselemente wie Balken, Linien, Tabellen sowie
- unterschiedliche Farben von Titel, Text und Hintergrund.

Gliederungsmöglichkeiten bei Nur-Text-Format
- Linien (eine Reihe von »Unterstrichen«): ____,
- Leerzeilen zwischen den Themen,
- eine Reihe von Sonderzeichen wie ===== oder *********,
- Titel durch eine Reihe von Sonderzeichen einrahmen,
- Großschreibung der Titel,
- Nummerierung oder * zu Beginn eines neuen Themas und
- aktive Links (mit http:// versehen) → sie erscheinen in der Mailbox oft unterstrichen oder blau und helfen bei der Orientierung innerhalb des Textes, wenn sie immer am gleichen Ort zu finden sind (z. B. immer am Schluss eines Themas).

Fehlt die Gliederung, sinkt selbst bei attraktiven Inhalten die Bereitschaft des Empfängers, sich mit dem Newsletter auseinanderzusetzen, weil er dazu gezwungen wird, sich selber darin zu orientieren und die Kernaussagen herauszuarbeiten. Gerade bei wenig motivierten Kunden führt dies zur Beendigung der Kommunikation.

9.3 · Newsletter-Gestaltung

> **Checkliste: Häufige Fehler bei der Gestaltung des Inhaltsbereichs**
> - Fehlendes Inhaltsverzeichnis
> - Langes Editorial
> - Fehlende optische Gliederung
> - Langer Fließtext ohne Struktur und Zwischentitel
> - Fehlende Links zur Vertiefung der Themen auf der Website
> - Große Ansammlung von Themen, die nicht inhaltlich gestrafft und hierarchisch geordnet sind
> - Fehlender Link zur An- und Abmeldung
> - Fehlender Link zur Unternehmens-Website
> - Fehlende Infos zu Kontaktmöglichkeiten/Impressum
> - Problematisch: Attachments mitsenden (stattdessen: Link auf Downloadmöglichkeit anbieten)

9.3.3 Personalisierte Ansprache – Ja oder nein?

Eine persönliche Ansprache mit Vor- und Nachname im Newsletter ist kein Muss. Auch Newsletters ohne Anrede sind gut akzeptiert, denn es ist implizit klar, dass sie an viele Personen gehen und nicht wirklich persönlich sind. Außerdem besteht bei der Anrede evtl. die Gefahr, dass man keine korrekten Angaben zum Namen besitzt und den Kunden dann »falsch« anspricht (▶ Kap. 12.4.4, »Hallo Herr Frosch«).

Personalisierte Ansprache ist kein Muss

Vorteile/Anwendungsbereiche persönlicher Anrede
- Wenn der Newsletter tatsächlich personalisiert ist, d. h. ein individuell zusammengestelltes Angebot liefert.
- Wenn sich die Empfängerzahl auf eine kleinere Gruppe beschränkt und man Exklusivität zum Ausdruck bringen will.
- Wenn man dem Empfänger klar machen will, dass er den Newsletter tatsächlich selber abonniert hat und es sich nicht um Spam handelt.

Nachteile/Risiken
- Falsche Ansprache durch fehlende oder falsche Registrierungs-Informationen (»Hallo asdf asdf«).
- Durch die Anrede (die für den Empfänger keinen Neuheitswert hat) fällt jedes Mal wertvoller Platz am Anfang des Newsletters weg, der bereits für Inhalte verwendet werden könnte.
- Eine Anrede verlangt nach einer gewissen Überleitung zum Inhaltsteil. Dadurch geht nochmals Platz verloren. Einleitungstexte werden aber gemäß Forschung meist übersprungen (Nielsen, 2006). Es empfiehlt sich also eher, sie ganz wegzulassen.

Will man eine persönliche Anrede, ist eine Beschreibung des Newsletter-Abos als einleitender Satz platzsparender, z. B.: »Persönlicher Newsletter für müller@info.com«. Diese Info kann aber auch zum Schluss des Newsletters eingefügt werden.

9.3.4 Schreibstil und Textlänge

Der Schreibstil in Newsletters soll **knapp** und **schnörkellos** sein, so dass der Kunde mit minimalem Aufwand die nötigen Informationen erhält. Ein bis zwei Sätze pro Thema genügen in der Regel. Alles, was nicht Kernaussage ist, gehört nicht in den Newsletter, sondern auf die Website zu den vertiefenden Informationen.

Die knappste Form eines Newsletters besteht in der Beschränkung auf die Titel (**Inhaltsverzeichnis**). Dies ist sehr übersichtlich, birgt aber das Risiko, dass Leser nicht weiter klicken, weil sie anhand der Titel zu wenig »gefesselt« werden. Diese Variante ist nur dann zu empfehlen, wenn man von starkem Interesse der Empfänger an den Inhalten ausgehen kann. Ansonsten ist ein Anriss des Themas hilfreich.

9.3.5 Die Verwendung von Bildern

> Bilder können die schnelle Informationsverarbeitung unterstützen

Machen Bilder einen Newsletter attraktiver? Die Antwort lautet: Ja, sie können. Tatsächlich unterstützen stimmungsvolle und **emotionale Bilder** die positive Wahrnehmung eines Newsletters und können das **schnelle Verständnis** der Inhalte unterstützen. Dies hilft aber nur, wenn die Inhalte ebenfalls aussagekräftig sind. Ein Newsletter, der nur aus einer schönen Hülle besteht, wirkt schon bald als Bumerang, denn er zeichnet das Bild eines Unternehmens, das den Kunden außer Ästhetik wenig zu bieten hat.

Wie bereits in ▶ Kap. 9.2.3 erwähnt, ist es wichtiger, Ressourcen in spannende, gut aufbereitete Inhalte zu investieren als in ein perfektes Hochglanzformat.

Bei der Verwendung von Bildern ist zu beachten, dass bei vielen Usern in E-Mails und Newsletters standardmäßig keine Bilder angezeigt werden (als Schutz vor Spam und Viren).

> ❶ Ein bildbasierter Newsletter muss darum immer eine zugrunde liegende textliche Struktur enthalten, die auch ohne Bildanzeige verständlich ist.

Idealerweise werden Bilder in Newsletters so eingesetzt, dass sie die **konzeptionelle Erfassung** des Inhalts vereinfachen. Man darf aber nicht vergessen, dass die regelmäßige Beschaffung neuen Bildmaterials einen Zusatzaufwand und Kosten bedeutet! Bei knappem Budget kann man das lösen, indem man immer die gleichen Bilder verwendet und dadurch dem regelmäßigen Leser ein zusätzliches Wiedererkennungs- und Orientierungsmerkmal im Text bietet.

9.3.6 An- und Abmeldung

Newsletters sollen grundsätzlich nur den Personen zugestellt werden, die dies aktiv wünschen und durch die eigenhändige Anmeldung bestätigt haben. Nur diese Erlaubnis-basierte (**permission-based**) Kommunikation ist Erfolg versprechend.

Anmeldung

Wie in ▶ Kap. 9.2.7 erwähnt, sollte die Anmeldung möglichst niederschwellig sein, damit man keine wenig motivierten Kunden mit zusätzlichen Hürden vergrault. Die einfachste Variante ist ein Feld, in das der Neuabonnent seine **Mailadresse** eingibt und dann auf »**Senden**« klickt.

Falls das Registrieren des Users als nötig erachtet wird (z. B. bei mehreren, personalisierbaren Newsletter-Angeboten), sollten dabei nur diejenigen Daten erfragt werden, die auch wirklich verwendet werden (z. B., wenn die Daten für weitergehende Marketingaktionen eingesetzt werden sollen). Dies muss im Voraus bei der Zielgruppendefinition festgelegt werden.

Sehr wichtig ist – im Sinne der Vertrauensbildung –, dass man unmittelbar beim Anmelde-Button angibt, für welchen Zweck die Adressdaten verwendet werden. Falls noch andere Aktionen als der abonnierte Newsletter vorgesehen sind, muss der Kunde darüber die **Wahlfreiheit** haben bzw. er darf nicht gezwungen werden, mit dem Newsletter-Abo Drittdienste oder die Weitergabe an andere Partner zu akzeptieren.

Wichtiger Standard: Anmeldebestätigung (Double-opt-in)

Es ist heute Standard, dass die Online-Anmeldung zu einem Newsletter durch Anklicken eines Links in einer Bestätigungs-E-Mail abgeschlossen werden muss. Dies macht aus zwei Gründen Sinn:

1. Der User erhält **Rückmeldung**, ob er sich korrekt angemeldet hat (oder in der Adresse ein Tippfehler war).
2. Das Unternehmen hat hohe Gewähr, dass tatsächlich nur Leute den Newsletter erhalten, die **ihn auch wirklich wollen**. Dies ist eine zentrale Voraussetzung dafür, dass der Service hohe Akzeptanz genießt und nicht auf einen Spam-Index gesetzt wird.

Newsletter-Anmeldung nur freiwillig

Abmeldung

Auch bei der Abmeldung zählt maximale **Einfachheit**. Pflicht ist ein Link zur An- und Abmeldeseite, idealerweise in Kombination mit der Adresse, für die der Newsletter angemeldet ist und mit einem personalisierten **Link** zur direkten Abmeldung (der aber nicht in allen Mailprogrammen genutzt werden kann).

Man darf sich als Anbieter nicht vor der einfachen Abmeldemöglichkeit für die Kunden fürchten. Sie werden es paradoxerweise als Pluspunkt auffassen, dass man ihnen so offensichtlich die Wahlmöglichkeit gibt, sich für oder gegen den Newsletter zu entscheiden.

Fatal ist ein Abmeldeprozess, der nicht funktioniert, oder ein gänzlich **fehlender Abmeldelink**. Bei jedem neuen Newsletter, den man von diesem Anbieter erhält, steigt die Abneigung gegen diesen. Schlechte Firmen-PR!

> **Beispiel**
>
> **Der Newsletter – ein Negativbeispiel**
> Frau K. erhält, als »Frequent Flyer« bei der Fluggesellschaft X und weil sie dort online ihre Flüge bucht, ungefragt und automatisch deren wöchentlichen Newsletter. Nachdem sie einen weiteren Flug gebucht hat und dabei eine alternative Mailadresse angab, erhält sie ihn doppelt. Das ist lästig, und sie will zumindest den einen abbestellen. Nur leider existiert kein Unsubscribe-Link in der Mail. An die Absenderadresse schreiben soll man nicht, das steht als Mahnung auf der obersten Zeile des Newsletters. Sie gibt nicht auf und besucht die Website der Fluggesellschaft. Um in ihr persönliches Profil zu gelangen, muss sie die Nummer ihrer Vielflieger-Treuekarte eingeben. Diese Karte hat sie aber nicht im Büro (wo sie sich gerade befindet), sondern zu Hause. Also legt sie das Thema zur Seite und erinnert sich erst nächste Woche wieder daran, als erneut zwei Newsletters eintreffen. Diesmal macht sie sich eine Notiz und sucht zu Hause die Treuekarte. Sie loggt sich bei der Fluggesellschaft ein und will den Newsletter abbestellen. Aber dort findet sie keine entsprechende Option. Ihr Profil kann sie nicht löschen, und wenn sie nur die Mailadresse löschen will, kann sie das Profil nicht schließen, weil eine Mailadresse zwingend erforderlich ist. Nun ist sie definitiv genervt, weiß aber gar nicht, was sie noch tun könnte – denn der Spamfilter wäre eine zu harte Radikalkur. Immerhin kommen per Newsletter attraktive Last-Minute-Angebote rein, und schließlich ist sie ja Frequent Flyer. Nach weiteren drei Wochen Doppelzustellung hat sie die Idee, dem Unterzeichneten im Newsletter (der oberste Marketingchef der Fluggesellschaft) eine Mail zu senden nach dem Muster vorname.nachname@fluggesellschaft.com. Der Marketingchef ist recht kurz angebunden. Aber nun funktioniert die Abmeldung.

9.4 Spamfilter

Die meisten Internetprovider haben heute ihre Mailserver mit Spamfiltern ausgestattet. Diese markieren den Spam, so dass solche E-Mails von der Mailbox des Empfängers automatisch aussortiert werden können. Spamfilter funktionieren großteils automatisch und analysieren den »Mail Header« (Absender-Bereich), den Inhaltsbereich (Textanalyse), gewisse andere Kriterien der E-Mails und vergleichen sie zudem mit Listen bekannter Spammer. Auch Rückmeldungen von Usern bezüglich erhaltener Spam-Mails fließen in die Beurteilung ein.

Dies kann auch für Newsletter-Anbieter zu Problemen führen: Je nachdem, wie ein Newsletter aufgebaut ist, kann er Ähnlichkeiten mit Spam-Mails aufweisen. Anfällig für Spamfilter sind v. a. **HTML-Mails mit vielen großen Grafiken**, weil Spammer oft versuchen, ihre Inhalte als Grafikdatei an der Textanalyse der Spamfilter vorbei zu schmuggeln. Rein textbasierte Newsletters sind daher auf Spamfilter weniger anfällig. Auch ein gefärbter (statt weißer) Texthintergrund kann in dieser Hinsicht schon problematisch sein oder die Verwendung von Reizwörtern wie Sex oder Viagra.

Wie funktionieren Spamfilter? de.wikipedia.org/wiki/Bayesscher_Filter

In einigen Newsletters ist die Anmerkung zu finden, der Empfänger solle doch bitte die Absenderadresse dem persönlichen Adressbuch seiner Mailbox hinzufügen, um zu verhindern, dass diese als Spam aussortiert wird. Dies hilft aber nicht immer, da viele Spam-Mails ausgefiltert werden, bevor sie die eigene Mailbox erreichen.

Gegen Spamfilter hilft nur:
- die Regeln zu kennen, nach denen Spam aussortiert wird, und den eigenen Newsletter entsprechend anders zu gestalten,
- die Double-opt-in-Regel zu beachten (▶ Kap. 9.3.6) und
- seinen Newsletter nicht über einen Gratis-Mailverteiler zu senden, sondern einen professionellen, kostenpflichtigen Anbieter zu wählen. Weil Gratisdienste auch von den Spammern genutzt werden, erhöht sich die Gefahr, auch mit einem seriösen Angebot im Spamfilter zu landen.

9.5 Beispiele wirksamer Newsletters

Vorweg muss gesagt werden, dass es gar nicht so einfach ist, Newsletters zu finden, die den meisten der hier besprochenen Kriterien entsprechen.

9.5.1 HTML-Newsletters

»**Schweiz Tourismus**« (◘ Abb. 9.3) bietet einen in jeder Hinsicht gut gelungenen Newsletter:
- Betreffzeile und Absender sind aussagekräftig.
- Das Inhaltsverzeichnis ist knapp gehalten und gut sichtbar zu oberst platziert.
- Bilder ergänzen den Text optimal, sowohl als Gliederungshilfe als auch durch die Vermittlung von Emotionen.
- Die Anzahl der Themen ist überschaubar.
- Innerhalb der Themen sind die Titel zusätzlich hervorgehoben.
- Hier nicht sichtbar: der Newsletter kann nach eigenen Interessen personalisiert werden.

Gelungene Newsletters beschränken sich auf die Kernaussagen

Der **Denner-Newsletter** (◘ Abb. 9.4) ist schlicht und überzeugend: Die Sonderangebote (Aktionen) sind übersichtlich dargestellt, der Preisvorteil als wichtigstes Element klar hervorgehoben. Inhaltlich nicht überladen, für eine Gesamtübersicht aller Angebote wird auf die Website verwiesen.

9.5.2 Plain-Text-Newsletters

Der **Heise-Newsletter** (◘ Abb. 9.5) zeigt auf, wie man Übersichtlichkeit in einen rein textbasierten Newsletter bringen kann. Einerseits mit der Kombination von Sonderzeichen wie [ ], Leerzeilen oder unterstrichenen Titeln, aber auch mit der Verwendung von Web-Adressen, die in der Mail blau unterstrichen angezeigt werden und ebenfalls Orientierungshilfe ge-

HTML-Newsletter: Optimale Ergänzung von Text und Bild

ben. Sehr gelungen ist außerdem die linke obere Ecke mit den schrägen Linien – sie gibt diesem Newsletter eine persönliche Note mit starkem Wiederkennungseffekt.

Jakob Nielsen (www.useit.com) beweist mit seinem **Usability-Newsletter** (◘ Abb. 9.6), dass die Gestaltung auch mittelmäßig sein darf, wenn

◘ Abb. 9.3. Newsletter »Schweiz Tourismus«

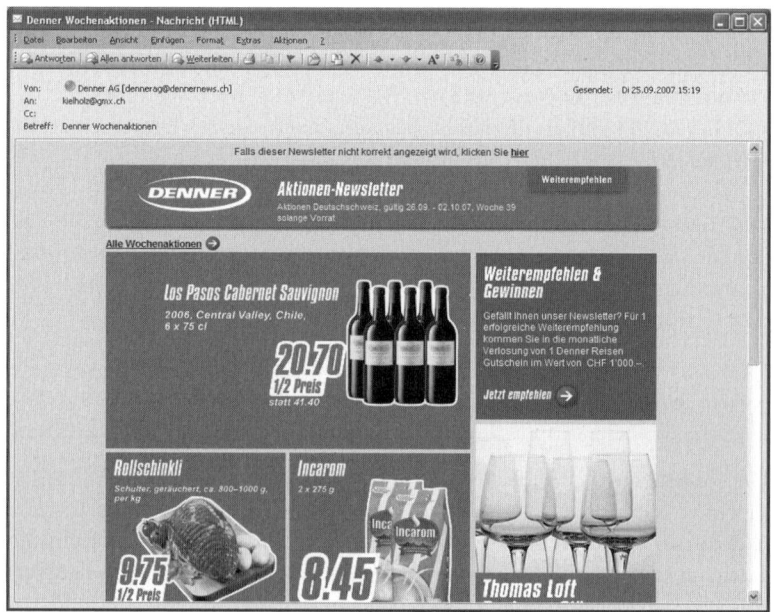

◘ Abb. 9.4. »Denner«-Newsletter

9.5 · Beispiele wirksamer Newsletters

man dafür erstklassige Inhalte bietet. Dennoch beachtet er die relevanten Details: Der ungewohnte Name (Alertbox) erhöht den Wiedererkennungswert in der Mailbox, die Betreffzeile zeigt ein Highlight des Newsletters an, das Wichtigste steht am Anfang, es ist eine gewisse (wenn auch nicht »ästhetische«) Gliederung im Text vorhanden.

Plain-Text-Newsletter: Erstklassige Inhalte und starke optische Gliederung

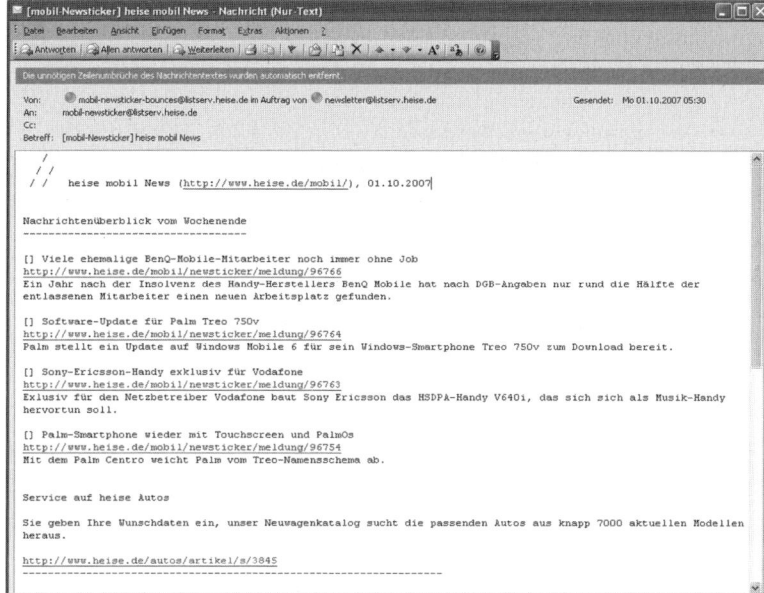

◘ **Abb. 9.5.** »Heise-mobil«-Newsletter

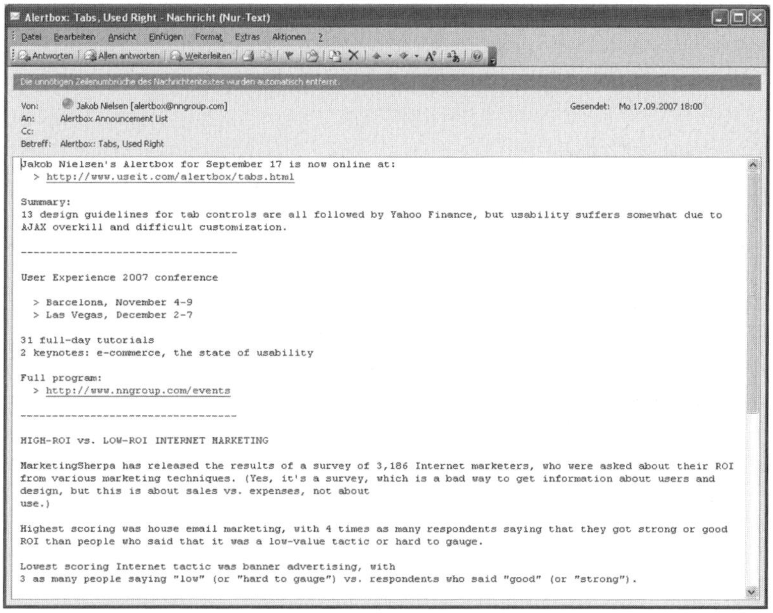

◘ **Abb. 9.6.** Die »Alertbox« von Usability-Guru Jakob Nielsen

9.6 Der DAU liest Newsletter

Der DAU als Newsletter-Empfänger
- Er abonniert Newsletters nur, wenn er auf der Website nicht danach suchen muss und wenn das Anmeldeverfahren einfach ist,
- nervt sich darüber, dass seine Mailbox ständig mit Newsletters überschwemmt wird und erinnert sich nicht daran, je selbst einen Newsletter abonniert zu haben,
- findet Newsletters nur gut, wenn sie ihm Infos auf dem Silbertablett servieren, ohne dass er sich dafür extra anstrengen muss,
- liest fast keine seiner Newsletters, weil er keine Zeit hat und die Betreffzeile der meisten sowieso langweilig und nichtssagend klingt,
- liest bei dem Newsletter, den er ausnahmsweise öffnet, die ersten paar Zeilen, und löscht ihn dann sofort, wenn er dabei nicht erfährt, worum es geht.

9.7 Zusammenfassung: Idealtypischer Aufbau eines Newsletters

Checkliste: Idealtypischer Aufbau eines Newsletters

Aufmerksamkeitssteuerung in der Mailbox

Absender: <Firmenname oder Produkt>, evtl. ergänzt mit »Newsletter«
Betreffzeile: Inhalt des Newsletters in Stichworten, Kernaussagen oder Erwähnen einer einzelnen besonderen Attraktion

Effiziente Informationsverarbeitung im Inhaltsbereich

Inhaltsverzeichnis:
Thema 1
Thema 2
Thema 3
Thema 4

_____
_____

Thema 1
Zusammenfassung des Inhalts in 1–2 Sätzen
Link zur Website für vertiefende Informationen

_____
_____

▼

> **Thema 2**
> Zusammenfassung des Inhalts in 1–2 Sätzen
> Link zur Website für vertiefende Informationen
> _____
> _____
>
> (etc.)
>
> **Gruß**
> **Feedbackmöglichkeit, Kontaktadresse**
> **Hinweise zum Abo** (An wen geht der Newsletter? Link An- und Abmeldung)
> **Link zum Web-Auftritt** der Firma

9.8 Zusammenfassung: Erfolgsfaktoren für einen Newsletter

> **Checkliste: Erfolgsfaktoren für einen Newsletter**
> - Newsletters nie ungefragt senden (nur »permission-based« mit Double-opt-in).
> - Inhalte des Newsletters sollten nah an der Kernkompetenz des Unternehmens sein.
> - Ressourcenaufwand für Newsletter-Erstellung ist nicht zu unterschätzen (regelmäßige Beschaffung aktueller Inhalte)!
> - Adressfeld und Betreffzeile müssen optimal gestaltet sein, um in der vollen Mailbox Aufmerksamkeit zu erhalten.
> - Starke inhaltliche Gliederung, hierarchischer Aufbau der Informationen (top-down: zuerst das Wichtigste in Kürze, weiter unten Vertiefung der Inhalte anbieten).
> - Beschränkung der Anzahl Themen/Rubriken pro Newsletter auf ca. 7–9.
> - Bilder konzeptionell eingliedern, um das schnelle Erfassen der Inhalte zu unterstützen.
> - Relevante Inhalte sind wichtiger als schöne Gestaltung.
> - Gefahr für HTML-Newsletters mit großen Bilddateien, in Spamfiltern zu landen (wegen Ähnlichkeit zu Spam-Mails).
> - An- und Abmeldung zu Newsletters soll möglichst niederschwellig sein.

Weiterführende Literatur

Aschoff, M. (2005). Professionelles Direkt- und Dialogmarketing per E-Mail. München: Hanser.
Praxishandbuch für die Verwendung von Newsletters als Marketinginstrument.

Effizientes Online-Marketing

10.1 Was ist Online-Marketing? – 192

10.2 Wann wird Online-Werbung akzeptiert? – 193

10.3 Das spezifische Potenzial von Online-Marketing – 194

10.4 Psychologische Wirkmechanismen im Online-Marketing – 197

10.5 Online-Werbung in der Praxis – 206

10.6 Der DAU im Online-Marketing – 216

10.7 Zusammenfassung: Psychologische Aspekte des Online-Marketings – 216

Lesen Sie in diesem Kapitel:
- Wann Online-Werbung akzeptiert wird,
- über welches spezifische Potenzial das Online-Marketing verfügt und welche psychologischen Wirkmechanismen dem zugrunde liegen und
- welche Online-Werbeformen aus psychologischer Sicht Erfolg versprechend sind.

10.1 Was ist Online-Marketing?

10.1.1 Online- vs. traditionelles Marketing

Das Thema Marketing umfasst eine große Bandbreite an Konzepten, Prozessen und Maßnahmen. Sie alle haben in irgendeiner Form damit zu tun, Bedürfnisse und Wünsche von Einzelpersonen oder Gruppen zu befriedigen. Marketingfachleute in Unternehmen versuchen, die Bedürfnisse potentieller Kunden zu erkennen, anhand derer entsprechende Produkte zu entwickeln und diese zu konkurrenzfähigen Preisen und mit geeigneter Werbung zu vertreiben. Der **Marketing-Mix** wird dabei als die Summe aller Marketing-Maßnahmen bezeichnet, die zusammenwirken, um diesen Prozess erfolgreich zu gestalten (Kotler et al., 2006). Sie werden in vier Bereiche aufgeteilt: **Produkt, Preis, Vertrieb, Kommunikation**.

Im virtuellen Raum entstehen neue Werbetechniken

Online-Marketing unterscheidet sich vom traditionellen Marketingverständnis nicht grundsätzlich in der Zielrichtung, die Bedürfnisse von Konsumenten zu befriedigen. Neu sind jedoch die eingesetzten Technologien und deren Rahmenbedingungen. Es findet einerseits eine Übertragung herkömmlicher Marketing-Ansätze auf das Internet statt, andererseits entstehen im virtuellen Raum neue Werbetechniken und -Prinzipien, die ihrerseits wieder eine Rückwirkung auf »Offline«-Marketingbereiche haben.

Durch die **Rückwirkung** der Online-Prozesse verschwimmen die Grenzen zwischen online und traditionell immer mehr. Das Internet ist, gerade mit seinen neuen Vertriebsmöglichkeiten, innerhalb des letzten Jahrzehnts zu einem integralen Bestandteil aller vier Marketingbereiche geworden (Kollmann, 2007).

10.1.2 Psychologische Aspekte des Online-Marketings

Es ist nicht die Absicht dieses Buches, Online-Marketing in seiner Gesamtheit abzubilden und zu erläutern. Der Fokus liegt ganz klar nur auf einem der vier oben genannten Bereiche: der Kommunikation. Insbesondere sollen die **spezifischen neuen kommunikativen Möglichkeiten** der Online-Medien in der Marketingkommunikation aufgezeigt werden.

Die technischen Rahmenbedingungen des Online-Marketings verbessern sich laufend. Jedes Jahr wird die Bandbreite an Online-Werbeformen größer – und mit ihr die Zahl der entsprechenden Ratgeber. Darum wird in diesem Buch die konkrete Umsetzung von Online-Marketing nur relativ allgemein aufgezeigt – Tipps für entsprechende Fachliteratur finden sich am Ende dieses Kapitels.

Die nun folgenden Ausführungen sollen v. a. eine **Beurteilungshilfe** bieten für die Frage, welche der zahlreichen möglichen Online-Werbeformen aus psychologischer Sicht wirksam und Erfolg versprechend sind.

Diese Themen werden näher erläutert:

- Die Wirkmechanismen aus psychologischer Sicht,
- Plausibilität über die Wirksamkeit verschiedener Online-Werbemaßnahmen,
- warum gewisse Maßnahmen weniger wirksam sind als andere,
- wie der DAU (dümmster anzunehmender User) mit Online-Marketingmaßnahmen umgeht und
- Überlegungen zur Nachhaltigkeit von Werbemaßnahmen.

Wirksamkeit von Online-Marketing aus psychologischer Sicht

Besonderes Augenmerk wird auf die **internetspezifischen Mechanismen** gelegt, die auch mit relativ geringem Aufwand auf einer einfachen Website angewendet werden können, um User zu erreichen und zu involvieren. Online-Marketing ist eine anspruchsvolle Disziplin. Es ist schwierig, User überhaupt auf sich aufmerksam zu machen – denn eine Website steht immer in Konkurrenz zu einer fast unendlichen Anzahl anderer Sites, und E-Mails können aufgrund ihrer Textbasiertheit nur beschränkt Aufmerksamkeit erregen. Auch die Anzahl der Werbekanäle hat sich vervielfacht. In traditionellen Medien überblättert man Werbung oder zappt weg, wenn man sich nicht dafür interessiert, kehrt aber dennoch mit einer höheren Wahrscheinlichkeit zum Produkt (Zeitung, TV) zurück, weil weniger Alternativen bestehen (zum TV-Zappen s. Ottler, 1998).

> **!** Im Internet ist das »Wegzappen« oft der definitive Abschluss einer Kundenbeziehung, weil der User die Wahl zwischen vielen attraktiven Angeboten hat und seine Toleranz gegenüber »Belästigung« dadurch stark sinkt.

Umso wichtiger ist es, zu analysieren, wie man innerhalb solcher Restriktionen erfolgreich agieren kann.

10.2 Wann wird Online-Werbung akzeptiert?

Es gibt verschiedene Faktoren, die die Akzeptanz von Werbung beeinflussen. Sie zu kennen, ist das A und O erfolgreicher Online-Werbemaßnahmen – denn manchmal ist es nur eine Frage des Tons und nicht des Inhalts, ob eine Online-Marketingmaßnahme auf ein positives Echo stößt oder nicht.

10.2.1 Freiwilligkeit und die Möglichkeit zur Kontrolle

Den Kunden die Wahl zu lassen, ob sie Werbung – oder überhaupt ein beliebiges Online-Angebot – anschauen wollen oder nicht, gehört zu den

Kontrolle reduziert Stress

wichtigen Grundregeln der Online-Kommunikation. Insbesondere gilt dies für E-Mail-Marketing, das immer auf Basis einer expliziten Erlaubnis des Kunden stattfinden sollte (»Permission-based-Marketing«, ▶ Kap. 9.3.6). Wer die **Wahlfreiheit** hat, kann Kontrolle ausüben und empfindet weniger Stress (▶ Kap. 5.8), dies wiederum verhindert Ärger und Abwehrhaltungen. Jemandem Werbung »aufzuzwingen« ist daher meist keine gute Lösung. Mit einer Ausnahme – siehe nächster Punkt.

10.2.2 Verständnis für die Notwendigkeit der Werbung

Sehr viele Inhalte im Internet werden durch **Werbung finanziert** und würden ohne sie gar nicht bereitgestellt. Wird dieser Umstand dem Nutzer des Angebots erläutert oder erklärt er sich gar von selbst, so steigt die Wahrscheinlichkeit, dass der User die Werbung auf dieser Site akzeptiert – v. a. dann, wenn das dadurch finanzierte Angebot für ihn wertvoll ist. Das vertiefte Verständnis über die Gründe, die zur Werbung führen, gibt ihm ebenfalls eine gewisse Kontrolle und die Möglichkeit, eine positive Einstellung zur Werbung zu gewinnen und sie nicht als »unnötigen Zwang« zu empfinden.

10.2.3 Subjektive Nützlichkeit und Relevanz

Am besten akzeptiert ist Werbung, wenn der Empfänger sie inhaltlich nützlich findet. Dies muss nichts mit einem tatsächlichen Nutzen zu tun haben, sondern ist abhängig von seinen Interessen und seiner momentanen Stimmungslage. Psychologisch ist die »Nützlichkeit« mit der Relevanz eines Inhalts verwandt (▶ Kap. 5.3.2): **Reize mit hoher Relevanz** werden eher wahrgenommen als solche, die bloß laut und schrill sind.

Die klare, möglichst knappe und für den User gut sichtbare Formulierung der Nützlichkeit eines Produkts ist im Internet besonders wichtig, da durch die Eigenheiten dieses Mediums (s. oben) eine sehr geringe Toleranz gegenüber »unnützen« Informationen besteht.

10.3 Das spezifische Potenzial von Online-Marketing

Drei spezifische Eigenschaften von Online-Marketing

Wie weiter oben erwähnt, schließt Online-Marketing teilweise an traditionelle Marketingmethoden an. Es erweitert sie aber auch und muss sich außerdem zum Teil völlig neuen Rahmenbedingungen stellen. Drei **Grundprinzipien** lassen sich herausschälen, die spezifisch im Online-Marketing zum Tragen kommen:
1. Aufmerksamkeit durch **personalisierte, interessenbezogene Ansprache**,
2. vertiefte Auseinandersetzung durch **Interaktivität** und
3. Weiterverbreitung durch **freiwillige Aktivität**.

10.3.1 Aufmerksamkeit durch personalisierte Ansprache

Erste und wichtigste Aufgabe aller Werbung ist es, die Aufmerksamkeit einer Zielgruppe zu finden. Dies soll mit möglichst wenig Streuverlust geschehen, so dass unnötige Kosten vermieden werden können. Das digitale Datenformat hat hier ein sehr großes Potenzial: Die Präferenzen und das Verhalten von Internetnutzern können detailliert aufgezeichnet und festgehalten werden. Dies ermöglicht – zumindest theoretisch – eine **gezielte Ansprache** der Nutzer, die ihren **individuellen Interessen** entspricht. Online-Communities und soziale Netzwerke lassen sich thematisch oft relativ genau eingrenzen, was gezielte Werbemaßnahmen ebenfalls erleichtert.

Die gezielte Ansprache erhöht die Wahrscheinlichkeit, dass die Werbeinhalte vom Empfänger als relevant empfunden werden. Für die Aufmerksamkeitssteuerung ist **Relevanzerzeugung** eines der wichtigsten und erfolgversprechendsten Kriterien.

Relevanzerzeugung

10.3.2 Vertiefte Auseinandersetzung durch Interaktivität

Die Möglichkeit zur **individuellen Interaktivität** ist ein **Kernmerkmal** digitaler Medien, nicht erst seit Web 2.0. Auch Computer-Anwendungen wie E-Learning oder Spiele basieren darauf. Dies kann im Marketing eingesetzt werden: Durch ein interaktiv ausgerichtetes Werbe-Angebot werden Kunden stark involviert, was sich positiv auswirkt auf die **Dauer** und die **Nachhaltigkeit** ihrer Auseinandersetzung mit dem Werbeinhalt.

Die interaktiven Möglichkeiten einer Online-Präsenz werden heutzutage noch nicht aktiv und offensiv genug genutzt. Oft entspringt ein interaktives Angebot eher dem Zufall oder einer aktuellen Modeströmung als einer gezielt gewählten Option zur Vertiefung der Kundenbeziehungen. Es gibt zudem sehr viele verschiedene Formen von Interaktivität – die je nach Anwendungsbereich **unterschiedlich geeignet** sind. Mehr über das richtige Maß und die richtige Form von Interaktivität mit Kunden ▶ Kap. 12.5.

Involvement durch Interaktivität

10.3.3 Exkurs: »Mere-exposure-Effekt« und beiläufige Informationsverarbeitung

Natürlich muss Werbung nicht unbedingt eine vertiefte Auseinandersetzung mit einer Marke zum Ziel haben. Auch die »mere exposure«, die bloße Präsentation von Werbeinhalten, fördert die Bekanntheit und Verankerung einer Marke. Aktuelle Forschung zur Werbewirkung und zum impliziten Erinnern belegt, dass Werbung tatsächlich auch »**im Vorbeigehen**« wirkt und die beiläufige Präsentation eines Produkts dessen positive Beurteilung be-

Auch beiläufige Werbung wirkt

günstigt (Perfect & Askew, 1994). Unterschwellige Reize können Motive aktivieren und unter bestimmten Bedingungen Verhaltensweisen begünstigen (Strahan, Spencer & Zanna, 2002). Bei Produkten des täglichen Gebrauchs laufen die Kaufentscheidungsprozesse oft schnell und irrational ab. Befunde zum impliziten Erinnern und zur unterschwelligen Wahrnehmung können darum gerade im Konsumgütermarketing Hinweise geben, welche Aspekte einer Marke oder eines Produkts den Verkaufserfolg beeinflussen können. Für eine Einführung in die impliziten Informationsverarbeitungsprozesse und ihr Potenzial für die Werbung sei Felser (2007, S. 213 ff) empfohlen.

Im Internet wurde für **Bannerwerbung** genau dieser Effekt nachgewiesen: Internetnutzer, denen ein Banner präsentiert wurde, hatten eine um neun Prozent bessere Produkterinnerung als die Vergleichsgruppe – unabhängig davon, ob sie die Banner auch anklickten oder nur sahen (z. B. Briggs & Hollis, 1997).

Bei Verrechnungsmodellen mit **Bezahlung pro Klick** (»Cost per click«) wird die Werbewirkung außer Acht gelassen, die unabhängig davon entsteht, ob auf ein Banner geklickt wird. Der Werbekunde bezahlt bei dieser Verrechnung also nur für einen Teil der Werbewirkung, die seine Banner effektiv erzielen.

Der Werbeeffekt der »mere exposure« ist nicht internetspezifisch, das heißt, die bloße Präsentation von Werbeinhalten findet auf die gleiche Art in Zeitungen oder auf Plakaten statt. Das Internet als Werbemedium ist aber bedeutend mehr als eine »virtuelle Plakatwand« – um Online-Werbebanner einmal so zu bezeichnen. Es wird zwar oberflächlich und flüchtig genutzt – Studien besagen, dass die durchschnittliche Verweildauer auf der Homepage einer Website nur ca. 30 Sekunden beträgt (Nielsen & Loranger, 2006) –, doch dies ist nur die eine Seite der Medaille:

> ❗ Die Interaktivität als Kerneigenschaft der digitalen Medien führt dazu, dass sich User stundenlang auf Websites aufhalten, die stark interaktiv ausgerichtet sind (z. B. Chats, Foren, Netzwerke etc.). Daraus entstehen für Marketing und Werbung ganz neue Möglichkeiten und Herausforderungen.

Es ist also die stark ausgeprägte **Interaktivität** auf individueller Basis, die Online- von traditioneller Werbung unterscheidet, weniger die bloße Präsentation von Werbeinhalten. Aus diesem Grund werden die Interaktivität und ihre Wirkung in diesem Kapitel eingehend erläutert.

10.3.4 Weiterverbreitung durch freiwillige Aktivität

Die Interaktivität hat aber nicht nur eine individuelle Seite – ebenso stark unterstützt und treibt sie den **sozialen Austausch**. Seit einigen Jahren ist dieses Phänomen unter dem Schlagwort »Web 2.0« bekannt – die Mechanismen dahinter sind allerdings schon älter. Sie basieren einerseits auf der Mund-zu-Mund-Propaganda, der Weiterempfehlung von attraktiven (oder anderweitig herausragenden) Online-Angeboten, andererseits auf der einfachen und niederschwelligen Möglichkeit, sich als Einzelpersonen in Online-Gruppen und -Netzwerken zusammenzufinden und gemeinsam Online-Inhalte zu gestalten. Beide Prozesse werden durch das digitale Datenformat unterstützt und beschleunigt.

Die Bereitschaft, sich freiwillig und langfristig online zu engagieren, ist ein Phänomen, das erstaunen mag. Sie entspricht aber offenbar einem menschlichen Grundbedürfnis (▶ Kap. 4.2.3, Online-Altruismus).

Aktivitäten von Internet-Nutzern können für Marketingaktivitäten äußerst bereichernd sein und die geplante Werbewirkung potenzieren. Sie bergen aber auch gewisse Risiken und können eine nicht beabsichtigte Eigendynamik entwickeln.

Kunden als Botschafter

10.3.5 Exkurs: Weiterverbreitung durch virtuelle Filialnetzwerke (Affiliate Marketing)

Neben der freiwilligen Werbetätigkeit von Online-Kunden gibt es natürlich auch **Beteiligungsmöglichkeiten**, die **auf finanziellen Anreizen** basieren. So kann der Anbieter eines Produkts im Internet ein virtuelles Vertriebsnetz aufbauen, in dem seine Produkte gegen Provision verkauft werden. Dieses sog. **Affiliate Marketing** wird z. B. von Amazon betrieben: Eine kleine Website kann thematisch passende Bücher aus dem Amazon-Angebot anzeigen. Wenn ein Besucher dieser Website den Link zum Buch anklickt, gelangt er automatisch zu Amazon und kann das Buch dort kaufen, und der Betreiber der Website erhält eine Verkaufsprovision. Dadurch wird für Amazon ein Multiplikatoreffekt erzielt, weil die »virtuellen Filialen« spezifische Kunden ansprechen können, die Amazon selbst weniger einfach erreicht.

Je nach Konzeption können mit Affiliate Marketing einzelne Elemente wie Banner und Links oder dynamische Applikationen und sogar ganze Webseiten in den eigenen Auftritt integriert werden. Affiliate Marketing professionell zu betreiben, ist relativ anspruchsvoll, weil die geeigneten Partner gefunden werden müssen und auch die technische Umsetzung (Identifizierung und Zuordnung der Kunden und Verrechnung) eher komplex ist. Es empfiehlt sich, mit einer **spezialisierten Firma** zusammen zu arbeiten (z. B. zanox.com, tradedoubler.com oder affilinet.de). Eine Einführung ins Thema bietet z. B. Lammenett (2006).

10.4 Psychologische Wirkmechanismen im Online-Marketing

Die drei oben geschilderten Potenziale von Online-Marketing (personalisierte Ansprache, Interaktivität, freiwillige Aktivität) werden nun anhand der darunter liegenden psychologischen Wirkmechanismen näher erläutert. Für erfolgreiche Online-Werbung sind folgende Aspekte wichtig:
1. Einfache und aussagekräftige Gestaltung,
2. Relevanzerzeugung,
3. Verarbeitungstiefe und
4. Kunden als Botschafter.

Vier psychologische Wirkmechanismen als Grundlage von Online-Marketing

10.4.1 Prozess und Inhalt einfach gestalten

> **Beispiel**
>
> »Natürlich habe ich schon Werbebanner angeklickt. Aber auch dort gilt: Wenn ich nicht rasch in wenigen, das heißt in ein zwei Klicks an einem Punkt bin, wo ich sagen muss »Aha, das will man mir jetzt zeigen, verkaufen, schmackhaft machen, mich darauf hinweisen«, dann wende ich mich sofort wieder ab, so nach dem Motto: der Banner hat mich zwar angesprochen, die Erstansprache, aber anschließend das technische Handling, sprich Zeitaufwand, um irgendwo hin zu gelangen, wo ich dann entsprechend bedient werden sollte, war ungenügend. Da bin ich relativ restriktiv. Wenn ich nicht rasch einen Schritt weiter bin, klemme ich ab.«
> M, 42, Geschäftsleitungsmitglied einer privaten Bildungsinstitution

Werbebotschaft muss schnell erfassbar sein

Im Kampf um die Aufmerksamkeit der Kunden kann nur bestehen, wer seine **Botschaft niederschwellig** und so **einfach wie möglich platziert**. Das bedeutet:
- Die Werbung muss auf der Website gut sichtbar und schnell erfassbar sein.
- Die Aussage einer Werbung oder der Anreiz, sie näher anzuschauen, sollte auf den ersten Blick erkennbar sein.
- Die Nutzerführung muss eindeutig sein: Klarheit schaffen, wo geklickt werden kann und welche Effekte das hat.
- Die Folgeseite nach dem Klick (»landing page«) muss das Thema der Werbebotschaft gut sichtbar aufgreifen und sofort klar machen, welche Aktivitäten der User ergreifen kann.
- Technische Hürden (z. B. lange Ladezeiten bei Werbebotschaft oder »landing page«, vorgeschaltete Registrierungsprozesse etc.) sind unbedingt zu vermeiden.
- Bestellformulare und Online-Shops müssen einfach und selbsterklärend sein, so dass eine Bestellung mit wenigen Klicks abgeschlossen werden kann.

Bilder sind einfacher als Text

❗ Beim Marketing steht nicht die nüchterne, detaillierte und exakte Informationsvermittlung im Vordergrund, sondern das möglichst schnelle, effiziente Vermitteln einer Grundaussage, eines Kundennutzens, einer positiven Emotion. Deshalb spielen Bilder im Marketing eine wichtige Rolle.

Bilder zu lesen und zu verstehen, ist eine »archaische« Fähigkeit des Menschen und funktioniert viel einfacher und schneller als das Verstehen von Text. Wie in ▶ Kap. 2.4 erläutert, vermitteln Bilder Emotionen und erleichtern damit die Einbettung eines Inhalts in ein größeres Ganzes. Bilder unterstützen die **Gedächtniswirkung** und die effiziente **Informationsverarbeitung**. Ihre Aussagen können aber nie sehr spezifisch sein, weil ihnen die Differenziertheit und Eindeutigkeit von Text fehlt.

Bewegte Bilder können bereits eine komplexere Botschaft transportieren und eine Geschichte erzählen – allerdings sind auch sie eingeschränkt in Bezug auf den möglichen Detaillierungsgrad ihrer Botschaft.

Dass sich viele Menschen über das »bunte« Internet beklagen, kommt daher, dass Bilder – gerade Werbebotschaften – uns eine emotionale Einordnung und Beurteilung abverlangen, ohne die gewünschte inhaltliche Differenzierung zu bieten.

10.4.2 Relevanz erzeugen und die Zielgruppe finden

Relevante Inhalte anzubieten, ist der Königsweg, um die Aufmerksamkeit einer Person zu erlangen. Es kann jedoch technisch und konzeptionell anspruchsvoll sein, Zielgruppen mit den für sie relevanten Inhalten zusammen zu bringen. Dazu muss zuerst geklärt werden, welche Reize grundsätzlich als relevant wahrgenommen werden.

Reizintensität vs. Reizrelevanz

Eine Person gibt jenen Sachverhalten ihre Aufmerksamkeit, die laut, schrill, grell, groß oder anders als bisher sind (Reizintensität) oder die für sie eine erhöhte Relevanz haben (▶ Kap. 5.3.2). Der Nachteil eines intensiven Reizes ist, dass seine Wirkung verflacht, wenn die Person ein paarmal die Erfahrung gemacht hat, dass die Zuwendung zu ihm keine für sie wichtigen Folgen hatte und es sich um Fehlalarm handelte. Sie wird dann ihre Empfänglichkeit für diese Art Reize herunterschrauben, um nicht weiterhin von unwichtigen Aspekten abgelenkt zu werden (**Wear-out-Effekt**).

> Relevante Reize sind effektiver als intensive

Relevante Reize hingegen werden auch wahrgenommen, wenn sie nicht laut, schrill oder bewegt sind, weil die Person ein besonderes Interesse daran hat, diesbezügliche Informationen nicht zu verpassen, und ihre Sensoren für diese Thematik geschärft sind.

Bewegte Bilder als intensive Reize

Alles, was sich verändert und bewegt, hat grundsätzlich die Fähigkeit, Aufmerksamkeit zu erregen. Bewegungen vor einem sonst ruhigen Hintergrund, unbekannte Geräusche oder plötzlich auftretende Gerüche helfen, potentielle Gefahren zu erkennen und ihnen auszuweichen. Wenn sich aber über längere Zeit viel bewegt oder verändert, wird die **Aufmerksamkeitsschwelle** nach oben gesetzt und es findet keine Hinwendung zum Reiz statt.

Diese Erkenntnis mag erklären, warum **Audio-** und v. a. **Videosequenzen** als Werbemittel eine erhöhte Aufmerksamkeit erhalten. Möglicherweise haben die zurzeit hohen Erfolgsquoten aber auch damit zu tun, dass diese Werbeform relativ neu ist und darum noch keine Abstumpfung stattgefunden hat.

> Bewegte Bilder erregen Aufmerksamkeit

❗ Wahrgenommene Bewegung oder Veränderung bedeutet nicht zwingend auch inhaltliche Relevanz für eine Person. Darum besteht die Gefahr, dass bewegte Bilder und Videos ihre Wirksamkeit verlieren, wenn sie nicht an Themen geknüpft werden, die für die Person inhaltlich von Bedeutung sind.

Die **Reizintensität** allein bietet also keine Erfolg versprechende Grundlage für Online-Werbung. Schlimmstenfalls ist sie sogar **kontraproduktiv**, dies insbesondere, wenn die Werbeempfänger keine Wahlfreiheit haben, ob sie intensive Reize akzeptieren wollen oder nicht, und eine Werbemaßnahme als gezielten Versuch der Beeinflussung empfinden.

Dass viele Maßnahmen zur Reizintensivierung bei den Usern offensichtlich unbeliebt sind, zeigt sich in unzähligen Studien zum Thema (z. B. Nielsen, 2004) und an der wachsenden Zahl von Hilfsprogrammen, die Werbefenster und Pop-ups im Browserfenster blockieren und ausblenden. Im E-Mail-Verkehr landen Nachrichten mit den oben genannten Merkmalen oft automatisch im Spamfilter.

Aufdringliche Werbung stumpft ab

Online-Werbeanbieter versuchen, diese Blockaden mit technischen Neuerungen zu umgehen, z. B. mit Inhalt-überlagernder Werbung (Layer ads, Floating ads) auf Websites. Dies funktioniert eine gewisse Zeit lang – bis die Werbeblocker ebenfalls aufrüsten. Die hohen Wegklick-Raten bei solchen Werbeformen (s. Studie von Fritz et al., 2007) bestehen aber trotzdem – als Ausdruck des Desinteresses der User und als Hinweis darauf, dass die Werbung mit intensiven Reizen ein Akzeptanzproblem hat. Die hohen Recall- (Erinnerungs-) Werte an Marken, die mit aufdringlichen Methoden beworben werden, müssen nicht unbedingt einen Erfolg ausdrücken: denn die Erinnerungsleistung wird nicht nur durch positive, sondern auch durch negative Emotionen verbessert.

Werbung, die ausschließlich auf intensive Reize setzt und für die Empfänger nicht relevant ist, läuft immer Gefahr, sich durch **Abstumpfungsprozesse** außer Gefecht zu setzen oder sich auf negative Art im Gedächtnis zu verankern. Falls überhaupt nötig, sollte man intensive Reize nur **ergänzend zu relevanten Reizen** einsetzen – als Unterstützung und als zusätzliche Möglichkeit, auf einen Inhalt aufmerksam zu machen.

Was sind relevante Reize?

Relevante Reize wahrzunehmen, ist für den Menschen überlebenswichtig: Die Fähigkeit, sich auf etwas zu fokussieren, das man benötigt, und Unwichtige(re)s auszublenden, half schon unseren Urahnen bei der Nahrungssuche und warnte sie rechtzeitig vor Bedrohungen. Aber nicht nur zur Sicherung von Grundbedürfnissen findet eine Fokussierung auf Relevantes statt, sie ist ein permanenter Prozess, der es ermöglicht, uns effizient in der Welt zu bewegen und die Ziele zu erreichen, die wir uns vorgenommen haben.

Daraus lassen sich zwei Perspektiven ableiten, in denen eine unterschiedliche Qualität von Relevanz zum Tragen kommt:
1. **Personenbezogene, stabile Bedürfnisse**: Relevant sind Themen und Inhalte, die mit dem persönlichen Leben einer Person und ihren elementaren Bedürfnissen zu tun haben. Diese Interessen sind im Laufe der Zeit relativ stabil.

2. **Situationsabhängige Bedürfnisse**: Relevant sind jene Dinge, die mit einer aktuellen Tätigkeit oder mit einem aktuellen Ziel der Person in Bezug stehen.

Personenbezogene stabile Bedürfnisse

Alles, was für die regelmäßige **Bedürfnisbefriedigung** eines Menschen wichtig ist, hat für ihn erhöhte Relevanz. Damit lässt sich erklären, warum Sex-Sites im Internet die höchsten Besucherzahlen haben, oder warum Bilder von weinenden Kindern hohe Spendenvolumen auslösen können. Auch Themen, die z. B. die persönliche Gesundheit oder die persönliche finanzielle Absicherung betreffen, finden grundsätzlich hohe Aufmerksamkeit. E-Mail-Spammer nutzen oft solche **existenziellen Bedürfnisse**, um auf »billige Art« an die Aufmerksamkeit von Mail-Empfängern zu appellieren. Werbung mit Sex und Erotik läuft aber Gefahr, dass der »Lockvogel« vom eigentlichen Inhalt der Werbung ablenkt und die erhöhte Aufmerksamkeit allein der erotischen Komponente geschenkt wird (der sog. **Vampireffekt**, s. Weller, Roberts & Neuhaus, 1979).

Neben der elementaren Bedürfnisbefriedigung gibt es weitere relevante Themen im Leben des Menschen, die im Laufe der Zeit relativ stabil bleiben, weil sie mit seinen Persönlichkeitseigenschaften zu tun haben (▶ Kap. 5.7.1).

Situationsabhängige Bedürfnisse

> ❗ Bedürfnisse müssen kein fester Wert sein. Sie verändern sich situativ und unser thematischer Fokus ist abhängig von unseren aktuellen Tätigkeiten und Interessenlagen.

Will man die Aufmerksamkeit einer Person in einer bestimmten Situation erhalten, muss man also wissen, welcher Tätigkeit diese gerade nachgeht und wo ihre **momentanen Interessen** liegen.

Diese Erkenntnis ist gerade für das Online-Marketing von zentraler Bedeutung. Denn das Medium Internet ermöglicht es, den User und seine Interessen relativ genau zu beobachten und zu kennen und ihm dank technologischer Hilfsmittel individuell zugeschnittene und damit tendenziell relevante Informationen zu präsentieren. Neuere Ansätze der Online-Werbung versuchen darum, Userdaten gezielt mit passenden Werbeinhalten zu koppeln. Drei Varianten stehen dabei im Vordergrund:

- **Profilbasierte Werbung**: Beim »ältesten« der drei Ansätze wird Werbung anhand der Interessen geschaltet, die der User beim Erstellen eines Online-Profils angegeben hat.
- **Verhaltensbezogene Werbung** (»behavioral targeting«) analysiert das Surf-Verhalten eines Users auf einer oder mehreren Internet-Sites und schaltet gezielt Werbung (z. B. Werbebanner), die zu den beobachteten Interessensgebieten des Users passt. Eine verwandte Form ist das »**predictive behavioral targeting**«: Angaben zum Surfverhalten werden mit Erkenntnissen aus der Marktforschung und je nachdem mit Informationen aus Nutzerprofilen gekoppelt.

Das Internet kann situative Bedürfnisse ansprechen

- **Kontextbezogene Werbung** (»contextual targeting«) wird passend zu den jeweiligen Inhalten einer Website aufgeschaltet oder zu den Suchbegriffen angezeigt, die ein User in der Suchmaschine eingibt (bekannt sind z. B. Google AdWords oder Google AdSense, s. dazu auch das Interview mit Vibrant Media im ▶ Kap. 10.5.2).

Viele dieser Werbemaßnahmen befinden sich heute – auch wenn sie bereits recht etabliert sind – noch im **Experimentierstadium**. Firmen, die auf Google AdWords buchen, müssen sich beispielsweise mit »Klickbetrug« (Click fraud) herumschlagen, der kriminellen automatischen oder manuellen Produktion von Klicks auf einen eingeblendeten Werbelink, die von der Firma dann bezahlt werden müssen. Oder die zu weite Definition von Suchbegriffen kann rechtliche Probleme mit sich bringen, z. B. wenn die Suchmaschine automatisch verwandte Suchwörter vorschlägt, die markenrechtlich geschützt sind (s. dazu die Stellungnahme von Google unter www.google.com/intl/de/adwords/learningcenter/19466.html) oder Werbung der Konkurrenz anzeigt, wenn man nach einer bestimmten Marke sucht. Auch die Treffsicherheit von kontext- und verhaltensbezogener Werbung lässt zum heutigen Zeitpunkt oft noch zu wünschen übrig.

> ❗ Beachtet man die psychologischen Grundregeln der Aufmerksamkeitssteuerung, kann man ganz eindeutig festhalten, dass die Bemühungen, Werbung anhand ihrer Relevanz für einen User bereitzustellen, einen wichtigen und folgerichtigen Trend für die Zukunft darstellen.

10.4.3 Durch Interaktivität die Verarbeitungstiefe erhöhen

Online-Lernprozesse als Voraussetzung für Werbewirkung

Werbung hat zum Ziel, auf den Empfänger einzuwirken, so dass er sein Konsumverhalten zu Gunsten der beworbenen Marke verändert. Modelle zur Werbewirkung besagen, dass zu diesem Vorgang immer **Lernprozesse**, **Einstellungs**- und **Verhaltensänderungsprozesse** gehören, die jedoch in unterschiedlicher Abfolge stattfinden können (Moser, 1997). So kann z. B. das Kaufverhalten zugunsten einer Marke geändert werden, bevor die positive Einstellungsänderung gegenüber der Marke stattgefunden hat. Dies ist v. a. bei Personen der Fall, die bei einem Werbeinhalt wenig Involvement zeigen (d. h. wenig innere Beteiligung für das Thema). Bei ihnen stehen die Lernprozesse an erster Stelle, wenn eine Werbewirkung erzielt werden soll.

Diese Lernprozesse können durch digitale Medien unterstützt werden – ihre Interaktivität ist ideal geeignet, einem Kunden die vertiefte Auseinandersetzung mit einem Thema zu ermöglichen. Im Internet findet Interaktivität entweder zwischen zwei oder mehreren Personen statt oder zwischen einer Person und einem Computerprogramm. In beiden Fällen bedeutet das, dass eine Aktion eine Reaktion auslöst und diese wiederum eine Reaktion usw.

Bezogen auf das Marketing, hat eine **interaktiv ausgerichtete Anwendung** drei entscheidende Vorteile:

- **Sie wirkt motivierend und verhaltensverstärkend**: Jede Reaktion auf eine eigene Aktivität ist schon an und für sich eine kleine Belohnung (▶ Kap. 5.5) und erhöht die Wahrscheinlichkeit, dass man weiter aktiv involviert bleibt. Außerdem kann man in interaktiven Anwendungen Belohnungen gezielt einsetzen, z. B. als Lob für den erfolgreichen Abschluss eines Spiels, indem man einem Umfrageteilnehmer interessante Ergebnisse einer Testauswertung zustellt etc. Ein User, der in eine interaktive Anwendung involviert ist, bleibt darum länger auf der entsprechenden Website.
- **Sie verbessert die Erinnerung**: Aus der Gedächtnisforschung ist bekannt, dass die intensive und vielseitige Auseinandersetzung mit einem Inhalt diesen tief und langfristig im Gedächtnis verankert (▶ Kap. 5.6). Vielseitig heißt dabei, dass man auf möglichst unterschiedliche Arten Zugang zum Inhalt suchen sollte: schreibend, lesend, spielend, singend, handwerklich etc. Interaktive Online-Anwendungen können eine größere Vielseitigkeit des Zugangs gewährleisten.
- **Sie begünstigt die Kundenbindung**: Nicht von ungefähr wird in der psychologischen Forschung die Qualität einer Beziehung an der Anzahl stattfindender Interaktionen gemessen. Ein intensiver Austausch mit dem Gegenüber vertieft die Beziehung zwischen den zwei Interaktionspartnern. Solche Prozesse können auch stattfinden, wenn das Gegenüber rein virtuell ist.

Interaktive Online-Aktivitäten, die die Verarbeitungstiefe erhöhen, sind in ▶ Kap. 5.6.3 aufgelistet (s. dazu auch die Praxisbeispiele in ▶ Kap. 10.5).

Interaktivität wirkt aber nicht nur nach innen (auf das Individuum und seine Einstellung, Motivation und Erinnerungsleistung). Auch die soziale Wirkung nach außen ist Marketing-relevant, wie der nun folgende Punkt zeigt.

10.4.4 Die Kunden als Botschafter involvieren

Personen, die sich im Internet zu ihren Erfahrungen mit einem bestimmten Produkt äußern, werden damit automatisch zu dessen Botschaftern – im positiven oder negativen Sinn. Denn grundsätzlich jeder Produkt-relevante Kommentar kann im Internet aufgefunden werden, wenn man nach dem Produktnamen sucht.

Der Prozess der Meinungsbildung über Produkte, Marken und Dienstleistungen findet im Internet also sowieso statt (▶ Kap. 11.2, Online-Meinungsbildungsprozesse). Es gibt aber auch die Möglichkeit, ihn aktiv in die eigenen Marketingaktivitäten mit einzubeziehen:

Meinungsbildungsprozesse aktiv mitgestalten

- **Verbreitung der Werbebotschaft**: Der Kunde lässt sich als »freiwilliger Mitarbeiter« im Auftrag des Unternehmens einspannen, so wie es z. B. im viralen Marketing (▶ Kap. 10.5.9) geschieht oder bei gewissen Formen des Blogging (▶ Kap. 11.3.3).
- **Aufruf zur Mitgestaltung als Marketingstrategie**: Das Thema an sich ist nicht neu. Neue Internet-Applikationen, die auf »social software« basieren (wie auch Youtube oder Wikipedia), unterstützen und erleich-

tern aber diese Art der Zusammenarbeit von Firmen mit Kunden stark (▶ Kap. 4.4.3).
- **Bestehende Prozesse unterstützen**: Werberelevante Prozesse finden oft auch ohne das Zutun der Firmen statt. Sie können in einer Marketingstrategie aufgegriffen werden und versehen diese mit einer hohen Authentizität. Dies setzt allerdings viel Feingefühl und sehr gute Kenntnisse der Online-Welt voraus.

Vorteile und Risiken der freiwilligen Mitarbeit von Kunden

Kunden als freiwillige Werbeträger oder sogar als »freie externe Mitarbeiter« in eine Marketingstrategie mit einzubeziehen, hat viele Vorteile, aber auch einige Risiken.

Vorteile
- **Mehr Publikumsverkehr**: Wer selber freiwillig und mit Freude an einem Online-»Produkt« (in irgendeiner Form) mitarbeitet, erzählt mit hoher Wahrscheinlichkeit anderen Personen davon. Einige von denen werden dann ebenfalls diese Website besuchen und vielleicht sogar ebenfalls mitarbeiten. Dies ist der zugrunde liegende Effekt der Mund-zu-Mund-Propaganda.
- **Gesteigerte Attraktivität**: Werden die Online-Aktivitäten auf der Website gut sichtbar gemacht und sieht man auch die Anzahl der Personen, die daran beteiligt sind, steigert das den subjektiven Wert dieser Website. So wie eine Menschentraube vor einem Warenhaus weitere Neugierige anlockt, ist auch eine Website, die offensichtlich von vielen Besuchern belebt wird, für Neuankömmlinge attraktiver als eine, über deren Beliebtheitsgrad man keine Angaben hat. Dies gilt auch dann, wenn die auf dieser Site mitwirkenden Personen nicht aktiv als Boten der Website auftreten – ihre bloße Präsenz ist Beweis genug, dass das Angebot offensichtlich interessant ist.

> Sichtbare Online-Aktivitäten auf der Website machen diese attraktiv

- **Kreativität**: Viele Personen sind kreativer als wenige. Die Fremdspiegelung eines Unternehmens durch Außenstehende kann wertvolle Impulse für die Entwicklung von Produkten und Dienstleistungen geben.

Risiken
- **Eigendynamik**: Wo Leute sich aktiv einbringen können, kann man den Prozess nicht mehr bis ins Letzte steuern; Kreativität beinhaltet auch destruktive, komische und schwierige Elemente. Ein Unternehmen muss dieses Risiko in Kauf nehmen, wenn es Kunden in Marketingprozesse involviert.
- **Falsche Zielgruppe**: Es ist nicht gesagt, dass man mit Mund-zu-Mund-Propaganda oder überhaupt mit sozialen Online-Aktivitäten die Personen erreicht, die zur angepeilten Zielgruppe gehören. Die Affinität der Zielgruppe zur geplanten Maßnahme muss bei der Konzeption sorgfältig abgeklärt werden.

Beispiele für Kundeninvolvierung sind im ▶ Kap. 10.5.5 ff zu finden.

10.4.5 Zusammenfassung: Psychologische Wirkmechanismen im Online-Marketing

Checkliste: Psychologische Wirkmechanismen im Online-Marketing

Eine Werbebotschaft einfach gestalten
- Die Botschaft soll möglichst einfach verständlich sein und darf keine technischen Barrieren beinhalten.
- Bilder haben Vorteile gegenüber Text, weil sie einfacher und schneller verarbeitet werden können.

Aufmerksamkeit erzeugen
- Ein intensiver Reiz ist alles, was schrill, bunt, laut oder groß ist oder sich bewegt und verändert (im Internet z. B. Ticker-Texte, Werbebanner, die sich beim Öffnen einer Seite darüber ausbreiten und den Seiteninhalt verdecken, Pop-up-Werbefenster, Video- und Audiosequenzen, Musik oder gesprochener Text).
- Relevant ist ein Reiz, wenn er mit existenziellen Bedürfnissen (Sex, Gesundheit, Finanzen, Familie etc.) oder mit situationsspezifischen Interessen und Tätigkeiten einer Person zu tun hat.
- Intensive Reize können negative Emotionen auslösen und beinhalten die Gefahr der Abstumpfung.
- Relevante Reize werden auch wahrgenommen, wenn sie nicht intensiv und schrill sind.

Die Verarbeitungstiefe erhöhen
- Interaktive Online-Angebote unterstützen Lernprozesse bei den Empfängern einer Werbebotschaft und verbessern dadurch die Werbewirkung.
- Geeignete interaktive Angebote sind z. B. thematische Online-Foren oder Beratungsangebote, Bewertungsmöglichkeiten für Inhalte, aber auch Online-Spiele, Online-Tests mit individueller Auswertung, Meinungsumfragen und Wettbewerbe, die sich auf die Inhalte der Website beziehen.

Kunden als Botschafter gewinnen
- Kunden, die eine Werbebotschaft freiwillig weitertragen, können die Attraktivität eines Produkts zusätzlich erhöhen und die Wirksamkeit einer Werbemaßnahme potenzieren.
- Gut besuchte Websites sind für neue Besucher attraktiver als menschenleere und führen daher zu weiterem Publikumsverkehr.
- Aktiv involvierte Kunden geben dem Unternehmen kreative und kritische Anstöße bezogen auf die Produkte, aber auch auf die Firma selbst. Das Unternehmen muss zu diesem Dialog bereit sein.

10.5 Online-Werbung in der Praxis

Die oben erläuterten psychologischen Wirkmechanismen der Online-Werbung sollen nun durch konkrete Beispiele und Maßnahmen veranschaulicht werden. Die Zusammenstellung ist nicht umfassend; die Beispiele wurden anhand ihrer Brauchbarkeit für das Sichtbarmachen der psychologischen Aspekte festgelegt.

10.5.1 Einfachheit: Bannerwerbung und Online-Videowerbung

Bannerwerbung

Wie in ▶ Kap. 10.3.3 erläutert, arbeitet Bannerwerbung meist mit der reinen Präsentation von Inhalten. Die Klickrate als Erfolgskriterium dieser Werbeart ist abhängig von folgenden Elementen (nach einer Übersicht in Felser, 2007):

- **Position** des Banners (idealerweise möglichst nahe an der Scroll-Leiste bzw. nahe an dem Ort, an dem sich die Maus sowieso befindet),
- **Aufforderung** zum Klicken (Click here!) und
- **Animation** (erhöht die Erinnerungsleistung *und* die Klickrate).

Dies zeigt, dass der User äußerst niederschwellig angesprochen werden muss, um dieses Werbeangebot überhaupt anzuklicken.

Videowerbung

Videowerbung arbeitet grundsätzlich mit den gleichen Mechanismen wie die Bannerwerbung, die bewegten, mit Ton und einer Geschichte hinterlegten Bilder sorgen aber für eine markant höhere Aufmerksamkeit und können auch emotionale Inhalte besser transportieren. Entscheidend ist aber nicht nur das Videoformat an und für sich, sondern auch ein relevanter Inhalt mit Bezug zum Kontext, der die Neugier der Betrachter weckt (Adler & Schmeisser, 2007). Besonders leistungsstark in Bezug auf Wahrnehmung und Erinnerung ist die **Tandem-Werbung**, das heißt in diesem Fall die kombinierte Platzierung von Video und darauf abgestimmtem Banner auf einer Webseite.

Leistungsstarke Tandem-Werbung

10.5.2 Relevanz: Kontextbasierte Werbung

Eine relativ hohe Gewissheit, dass ein Nutzer an einem Inhalt interessiert ist, hat man, wenn er eine bestimmte Website aufgesucht hat oder in einer Suchmaschine nach einem Inhalt sucht. Daraus hat sich die Idee der kontextabhängigen Werbung entwickelt (contextual targeting). Die Grundidee ist, Werbebotschaften im Internet so zu platzieren, dass sie an den jeweiligen Inhalt der Seite anknüpfen und der Nutzer auf freiwilliger Basis wählen kann, ob er diese zusätzlichen Informationen und ein entspre-

10.5 · Online-Werbung in der Praxis

chendes Angebot des Werbepartners abrufen will. Die wohl bekanntesten Anbieter sind Google AdWords und Google AdSense. Eine andere Form der kontextbasierten Werbung ist InText-Werbung, wie sie Vibrant Media anbietet.

Relevanz erzeugen durch Bezug zum Website-Inhalt

»Oberstes Ziel ist es, den User mit relevanter Werbung zu versorgen«
Interview mit Katharina Brandt, Senior Manager Media, Vibrant Media GmbH

Umschreiben Sie bitte kurz das Tätigkeitsfeld von Vibrant Media!
Vibrant Media ist Weltmarktführer im Bereich InText-Werbung und führender Anbieter von contentgesteuerten Videoformaten. Das Unternehmen wurde im Jahr 2000 in London gegründet und hat derzeit mehr als 200 Mitarbeiter in fünf Niederlassungen in Europa und den USA.

Wie funktioniert InText-Werbung?
Werbetreibende buchen bei Vibrant Media Begriffe, die ihre Marke beschreiben bzw. ihr Produkt definieren. Diese Begriffe werden von uns im Content der Partner-Websites identifiziert und dynamisch im redaktionellen Inhalt markiert. Ein zum Patent angemeldeter Algorithmus ordnet die Begriffe nach Relevanz und aktuellem Keyword-Preis.

Fährt der User mit der Maus über einen markierten Begriff, öffnet sich neben dem Begriff eine kleine Box, der Tooltip. Dieser enthält ein Logo, ein Produktbild, eine Animation oder auch einen Werbespot. Bei Interesse klickt der User auf den Begriff oder den Tooltip und wird auf die Zielseite des Werbetreibenden weitergeleitet.

Hat der User kein Interesse an der gezeigten Werbebotschaft, bewegt er die Maus wieder vom Begriff oder Tooltip weg und dieser schließt sich sofort. Mit dieser Funktionalität ist die InText-Werbung vollständig vom User gesteuert.

Welches sind die Vorzüge von InText-Werbung im Vergleich zu herkömmlicher Werbung im Internet?
Im Vergleich zur klassischen Display-Werbung handelt es sich bei InText-Werbung um eine zu 100% vom User aktivierte Werbeform. Der Tooltip mit der Werbebotschaft öffnet sich nur dann, wenn der User mit der Maus über den Begriff fährt. Der User ist also voll involviert. Dies steigert die Akzeptanz für diese Form der Onlinewerbung signifikant. Unsere Untersuchungen in den USA und in Großbritannien bestätigen entsprechende Erfahrungswerte in Deutschland.

Darüber hinaus stellt die Relevanz von InText-Werbung einen Mehrwert für den User dar. Während er z. B. einen Testbericht über das neuste Modell von BMW durchliest, wird das Wort BMW eben mit diesem neusten Modell und weiterführenden Informationen hinterlegt. Im Vergleich zur klassischen Display-Werbung werden deutlich höhere Click-through-Raten generiert.

Wie beurteilen Sie die Akzeptanz von InText-Werbung bei den Internet-Usern? Welche Belege haben Sie dafür?
InText-Werbung ist thematisch höchst relevant und unaufdringlich. Dadurch empfinden die User unsere Werbeformate nicht als störend, sondern als sinnvolle Ergänzung zum genutzten

redaktionellen Content. Dies zeigt sich zum einen in einer internen Studie, die wir in den USA durchgeführt haben. Dort hat nur einer von 100.000 Usern die Möglichkeit genutzt, Vibrant InText-Werbung abzustellen. Zum anderen erhalten wir ein durchweg positives Feedback durch unsere Partner-Websites, die bei Beschwerden der User die erste Anlaufstelle sind.

Können Sie konkrete Erfolgs-/Vergleichszahlen nennen von Vibrant InText-Werbung im Vergleich zu Bannerwerbung?
Der Erfolg einer InText-Werbekampagne ist, im Vergleich zur klassischen Display-Werbung, abhängig von ganz eigenen Kriterien: Neben dem gewählten Werbeformat (Text, Text mit Produktbild, Video etc.) sind v. a. die Qualität der Begriffsliste sowie die Auswahl der verschiedenen thematischen Channels ausschlaggebend. Dementsprechend ist es nicht möglich, konkrete Vergleichszahlen zu nennen.

Generell hat sich allerdings gezeigt, dass die durchschnittliche Click-through-Rate von InText-Werbung deutlich über der von regulärer Display-Werbung liegt. Dies ist sicherlich ein Ergebnis der deutlich höheren Relevanz.

Wie verrechnen Sie Ihre Dienstleistungen?
Die Dienstleistungen werden auf Basis eines Cost-per-Click abgerechnet. Dies bedeutet, dass der Werbetreibende erst in dem Moment zahlt, in dem der User Interesse an seinem Produkt zeigt und auf den Tooltip klickt, um auf die Zielseite des Werbetreibenden zu gelangen.

Was ist der Stellenwert von Rich Media im Vergleich zu Text in der Online-Werbung? Wie wird sich dieses Verhältnis in Zukunft ändern?
Die Werbetreibenden fragen Rich-Media-Formate, zu denen ich auch das Format Video zähle, aufgrund der erhöhten Werbewirksamkeit und der wachsenden Beliebtheit bei den Usern verstärkt nach. Dies gilt sowohl für die klassische Display-Werbung als auch für InText-Werbung. Wir gehen davon aus, dass Rich-Media-Formate zukünftig einen noch höheren Stellenwert einnehmen werden, und entwickeln deshalb unsere Werbeformate laufend weiter.

Bei welchen Online-Angeboten funktioniert InText-Werbung am besten?
Hinsichtlich der Funktionalität der verschiedenen Online-Angebote kann man keine Differenzierung vornehmen. Je nach Themengebiet und Ausrichtung des Online-Angebots, z. B. Sport, Online-Games, Automobil oder Frauen werden affine Kampagnen hinzugeschaltet. Dies bedeutet, dass beispielsweise auf einer Website, die sich vornehmlich mit Frauen-Themen beschäftigt, Kosmetik-, Mode-, Gesundheits- oder Reisekampagnen geschaltet werden. Oberstes Ziel ist es, den User mit relevanter Werbung zu versorgen.

Eines hat sich jedoch erwiesen: Frauen sind deutlich neugieriger als Männer und gehen weitaus aktiver mit InText-Werbung um.

Gibt es Knackpunkte, die man bei der Internetwerbung besonders beachten sollte?
Natürlich gibt es viele Faktoren, die Einfluss auf die Qualität einer Werbekampagne haben. Im Fall von InText-Werbung: Die Begriffsliste, das Produktbild, der Text und die Zielseite müssen so gewählt sein, dass der User die Werbung als relevant und somit als Mehrwert erachtet. Da-

rüber hinaus sollte durch die korrekte Platzierung versucht werden, Streuverluste möglichst gering zu halten. Durch die Vorauswahl von Begriffen, die in Relevanz zum beworbenen Produkt stehen, und durch die Definition der thematischen Channel kann der Streuverlust bei InText-Werbung signifikant reduziert werden.

Wie sehen Sie die Zukunft der Internetwerbung? Wohin wird es gehen?
Ich denke, wir befinden uns an einem Punkt, an dem die Akzeptanz klassischer Display-Werbung durch die User einen kritischen Grad erreicht hat. Die Attraktivität des Mediums Internet und die dadurch steigenden Werbeausgaben haben den Werbedruck immens erhöht. Kaum ein User schimpft nicht über die Fluten von Werbeeinblendungen, die ihn auf manchen Websites in Form von Flash Layers und Pop-ups überrollen. Daher gehe ich davon aus, dass es zeitnah eine Trendwende geben wird. Werbetreibende und Media-Agenturen werden ihren Fokus verstärkt auf innovative, aufmerksamkeitsstarke und gleichzeitig User-freundliche Werbeformate richten und damit effizientere und zielgerichtetere Online-Kampagnen realisieren. Die Verantwortlichen der führenden Websites werden auf ihren Objekten, meiner Meinung nach, im Gegenzug weniger und dafür qualitativ hochwertigere Werbeeinheiten schalten.

10.5.3 Relevanz: Werbung vor einem nützlichen Angebot

Relevanz muss nicht in erster Linie die Werbebotschaft selber betreffen: Man kann auch eine weniger relevante Werbung vor einen hoch relevanten Inhalt schalten und dabei hohe Erinnerungswerte für den Werbeinhalt erzeugen.

Wenn ein Inhalt für die User subjektiv einen hohen Nutzen hat, sind ihre Bereitschaft und Motivation höher, die Werbung über sich »ergehen zu lassen«, insbesondere, wenn es klar ist, dass die Werbung zur Bezahlung des Dienstes notwendig ist.

Gemäß Bressler und Martens (2007) besteht z. B. eine relativ hohe **Akzeptanz für Werbung** zur Refinanzierung von Podcasts – so lange die Werbung vom Inhalt klar getrennt ist und die redaktionelle Unabhängigkeit gewahrt bleibt.

Ein anderes Beispiel für die Werbeplatzierung vor einem nützlichen Angebot ist Peterzahlt.de (◘ Abb. 10.1). Über dieses Telefon-Portal kann man ohne Registrierung innerhalb Deutschlands und von Deutschland aus in über 20 andere Länder gratis telefonieren. Der Dienst wird über Werbung finanziert, und man kann die Wirkung verschiedener Online-Werbeformate auf dieser Website in gebündelter Form ausprobieren. Am effizientesten in seiner Wirkung ist aber sicher das Video, das unmittelbar vor dem Aktivieren des Anrufs abgespielt wird – es kann nicht weggeklickt werden und erhält unbedingte Beachtung, da man sonst den Moment des Anrufs verpasst.

> Inhalte mit subjektiv hohem Nutzen erhöhen die Bereitschaft, Werbung über sich »ergehen zu lassen«

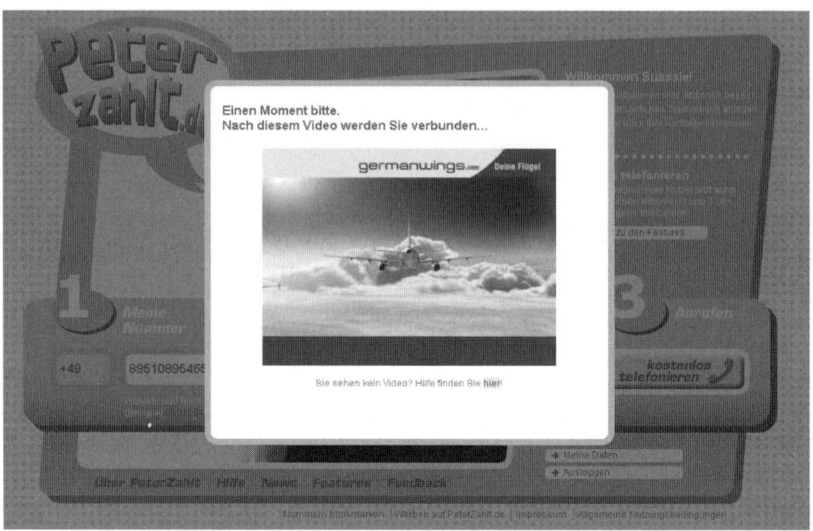

Abb. 10.1. PeterZahlt – Intro Video

10.5.4 Relevanz: Eigene Aktivitäten zur Relevanz-Erzeugung

Relevanz ist keine Frage des Agentur-Budgets

Nicht jeder Betreiber einer Website hat das Budget, um eine externe, spezialisierte Agentur für Online-Marketing-Aktivitäten zu beauftragen. Welche eigenen Maßnahmen kann man ergreifen, um seine Zielgruppe mit dem eigenen Angebot zu erreichen? Die folgende Auflistung kann dabei hilfreich sein:

> **Checkliste: Eigene Aktivitäten zur Relevanz-Erzeugung**
> 1. **Relevanz eines Produkts erarbeiten und aufzeigen:**
>   – Genaue Analyse des Produkts/der Dienstleistung und Definition der Kernmerkmale; Relevanz bzw. Nützlichkeit wird nur sichtbar, wenn die Identität des Produkts/der Dienstleistung klar herausgearbeitet ist (USP, Unique Selling Proposition).
>   – Auf der Website/im Newsletter die Kernmerkmale hervorheben und prominent kommunizieren.
>   – Eine passende Visualisierung, ein passendes Bild finden, das die Kernmerkmale veranschaulicht, und diese(s) mit dem Produkt/der Dienstleistung kommunizieren.

10.5 · Online-Werbung in der Praxis

2. **Die Zielgruppe mit dem relevanten Angebot erreichen:**
   - Suchmaschinenoptimierung in Bezug auf die erarbeiteten Kernmerkmale und Schlüsselwörter des Produkts/der Dienstleistung (Suchmaschinenoptimierung, ▶ Kap. 8.4.11; Fischer, 2006; Erlhofer, 2007).
   - Gezielt Kooperationen suchen mit gut besuchten Websites, deren Besucher das eigene Angebot wahrscheinlich relevant finden (Link- oder Bannertausch, gegenseitige Hinweise auf das Thema).
   - In themenspezifischen Newsforen oder Newsgroups auf das eigene Angebot hinweisen (aber Achtung: In Foren keine »plumpen« Werbeeinträge machen, das ist verpönt! Der Hinweis sollte mit einem längerfristigen persönlichen Engagement im Forum verbunden sein, die Absicht (Werbung zu machen) muss auf jeden Fall transparent sein – keine Undercover-Aktionen!).
   - Medienvertreter und/oder Newswebsites auf das eigene Angebot aufmerksam machen.
   - Gut beachtete Blogger auf das Thema hinweisen (unter Offenlegung der eigenen Absicht).
   - Selber einen Blog zum eigenen Angebot aufsetzen (▶ Kap. 11.3.2).
   - Die Betreiber von etablierten und gut gelesenen Newsletters anfragen, ob sie einen Hinweis auf das Angebot/die Website setzen.

10.5.5 Verarbeitungstiefe erhöhen: Interaktive Website-Gestaltung

Es gibt zahlreiche Möglichkeiten, interaktive Elemente in eine Website einzubauen. Allerdings muss man beachten, dass nicht jede Art von Interaktivität für jedes Unternehmen gleich gut geeignet ist. Mehr zur Wahl des geeigneten Interaktivitätsgrads und zu den Möglichkeiten interaktiven Austauschs im ▶ Kap. 12.5.

Interaktive Elemente können die **kontinuierliche** Auseinandersetzung über einen längeren Zeitraum bewirken, wie das z. B. in Online-Foren oder Spielen der Fall ist. Es können aber auch kleine, **punktuelle Interaktionsangebote** sein, wie z. B. Online-Abstimmungen, Meinungsumfragen oder die Möglichkeit, Services, Inhalte oder andere User zu bewerten.

> Interaktive Elemente bewirken kontinuierliche Auseinandersetzung über einen längeren Zeitraum

Ein gelungenes Beispiel für ein interaktives Online-Angebot ist die Werbekampagne »Einzeltraining.ch« der Schweizer Krankenversicherung KPT. Websitebesucher können sich dort für ein individualisiertes Fitnessprogramm mit Gesundheitsbetreuung, Sport und Ernährungstipps anmelden. Der virtuelle Trainer Max spricht sie schon auf der Einstiegsseite direkt an und begleitet sie mit Strenge während des Trainings (◘ Abb. 10.2).

Gelungen ist an der Kampagne außerdem die **Kombination verschiedener Werbemaßnahmen**: So wurden kontextbezogen an Bus- und Straßenbahnhaltestellen Plakate geschaltet mit dem Hinweis, dass Bus fahren ungesund und Trainer Max darum sehr böse (auf die Buspassagie-

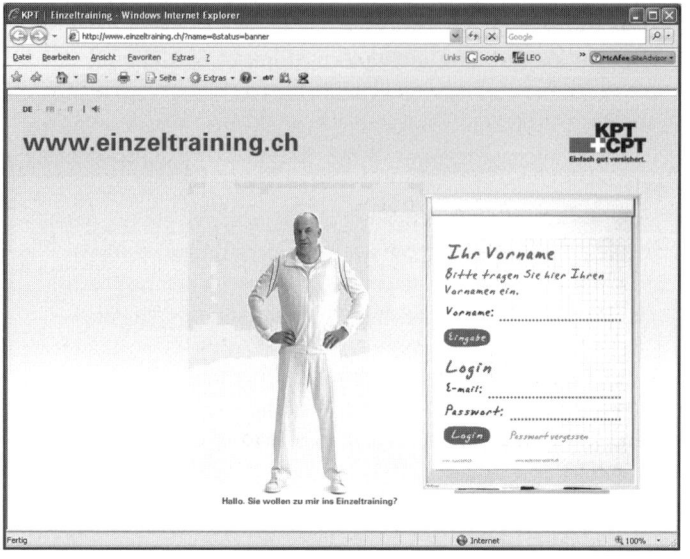

Abb. 10.2. Mit Trainer Max die Verarbeitungstiefe erhöhen

10.5 · Online-Werbung in der Praxis

re) sei. Auf verschiedenen Online-Portalen wurde die Plakatkampagne mit Werbebannern wieder aufgegriffen, um die Leute zum Besuch der Website zu bringen. Mit Erfolg – was 70.000 Unique Visitors (unterschiedliche Besucher) innerhalb eines Monats beweisen.

10.5.6 Verarbeitungstiefe erhöhen: Werbung in Online-Spielen (In-Game-Werbung)

Eine noch wenig genutzte, aber sehr interessante Werbeform ist die In-Game-Werbung. Werbebotschaften werden innerhalb eines Computer- oder Online-Spiels in Form von Bannern, Product Placement oder mit einem inhaltlichen Bezug zum Spiel geschaltet.

Noch wenig genutzt: In-Game-Werbung

Die Verarbeitungstiefe wird hier über eine **lang andauernde und wiederholte Präsentation** der Werbebotschaft erhöht. Spaß und der Ehrgeiz, das Spiel zu gewinnen oder einen guten Rang in der Highscore-Liste zu erhalten, motivieren die User, die Spielaktivität über einen langen Zeitraum aufrecht zu erhalten.

Ein anschauliches Beispiel für die wirksame Kombination von inhaltlichem Bezug und Product Placement bietet Coop Santa Run, das Weihnachtsspiel des Schweizer Einzelhändlers Coop. In Anlehnung an Pac-Man-Spiele muss hier der Weihnachtsmann unter Zeitdruck seinen Einkaufswagen mit bestimmten Produkten füllen. »Frisst« er auf seiner Einkaufstour zusätzlich die Logos von Coop-Eigenmarken, erhält er Bonuspunkte (◘ Abb. 10.3).

Spiele sind ein sehr wirksames Format zur Vertiefung eines Werbeinhalts. Es muss jedoch in der Konzeptionsphase unbedingt genau abgeklärt

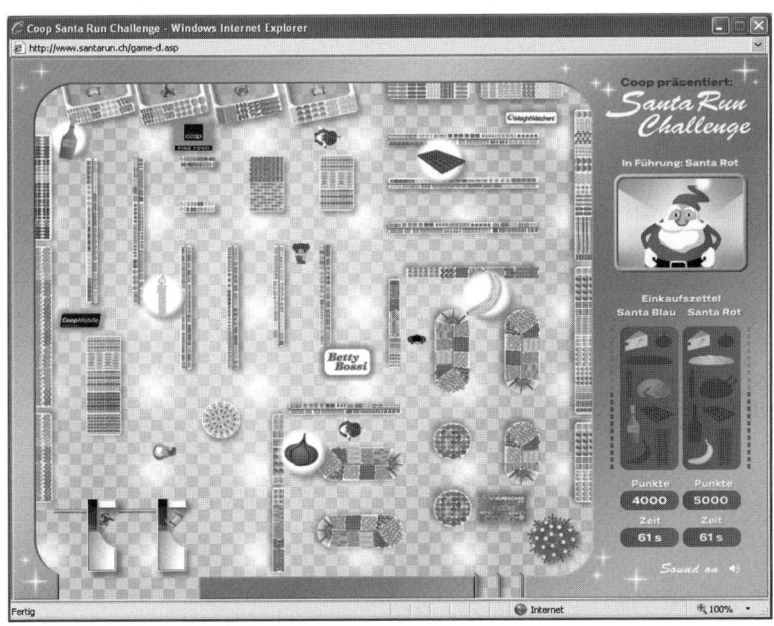

◘ **Abb. 10.3.** Coop Santa Run

werden, ob man mit dem Spiel wirklich die **Zielgruppe** erreicht, die man anvisierte.

10.5.7 Der Kunde als Botschafter: FRoSTA-Blog

Der Frosta-Blog gilt schon beinahe als Klassiker eines gelungenen **Corporate Blog** (▶ Kap. 11.3.2). Das Unternehmen begrüßt Besucher der Website mit den Worten:

»Wir möchten auf diese Weise offen, ehrlich und aus erster Hand über die Marke FRoSTA berichten und mit Ihnen über aktuelle Themen aus dem Bereich Ernährung diskutieren. FRoSTAs »Blogger« kommen aus den Abteilungen Forschung und Entwicklung, Produktion, Einkauf, Marketing, Verbraucherservice, Öffentlichkeitsarbeit und der obersten Geschäftsleitung. Alle »Blogs« sind unzensiert und ungefiltert. Die Beiträge werden weder von Agenturen vorformuliert noch vorgeschlagen. Denn wir möchten Ihnen einen ähnlich direkten Eindruck von unserer Philosophie vermitteln, als wenn Sie uns gegenüber säßen. Wir freuen uns auf Ihre Kommentare, Anregungen und Wünsche!«

Spielregeln bei interaktiven Angeboten klar definieren

Der FRoSTA-Blog erfüllt die nötigen Kriterien, um glaubwürdig und authentisch zu wirken (▶ Kap. 11.1). Die Absicht des Blogs ist offen gelegt, Besucher erhalten Einblick in den Unternehmensalltag und werden aktiv involviert, z. B. im Bereich Forschung und Entwicklung, und ihre Kommentare werden von den Mitarbeitern aufgenommen und kommentiert.

> ❗ Ein Erfolgskriterium für die Einbindung von Kunden ist, dass die Spielregeln für dieses interaktive Angebot klar kommuniziert werden. Dadurch entsteht für das Unternehmen ein gewisser Handlungsspielraum, um unerwünschte Entwicklungen zu stoppen.

Natürlich kann man damit nicht gänzlich verhindern, dass eine solche Marketingoffensive kritische oder negative Stimmen aufkommen lässt. Aber man kann auf jeden Fall an einem bestimmten Punkt eingreifen, ohne dass man sich den Vorwurf der Zensur gefallen lassen muss.

10.5.8 Der Kunde als Botschafter: Mentos und Coca-Cola

Ein Beispiel für die kreativen und beunruhigenden Folgen, die die Mitwirkung von (potentiellen) Kunden an Marketingprozessen haben kann, beschreibt Karig (2007). Es geht um ein Youtube-Video, in dem zwei Spaßvögel zeigten, dass Mentos-Bonbons, die in Cola-light-Flaschen geworfen werden, die Cola regelrecht explodieren lassen. Dieses Video schaffte es an die Spitze der Youtube-Charts und gelangte damit auch in den Fokus von Mentos und Coke. Die ursprüngliche Idee stammt in diesem Fall also nicht von diesen zwei Firmen, sondern von Privatpersonen.

Kunden fordern von Unternehmen Selbstironie

Coke und Mentos reagierten jedoch ganz unterschiedlich:

10.5 · Online-Werbung in der Praxis

»Ein Coke-Sprecher erklärte verschnupft: »Es wäre uns lieber, die Leute würden Cola Light trinken, statt damit herumzuexperimentieren.« Mentos hingegen freute sich über kostenlose Werbung im Wert von zehn Millionen Dollar und beobachtete die sich epidemisch ausbreitenden absurden Testreihen. Als die Reaktionen durchweg positiv blieben, sponserte die Firma eine Fortsetzung der Ursprungsversion und verbreitete sie im Netz. Der Lernprozess hatte eingesetzt.« (Karig, 2007, S. 16)

Dieses Beispiel zeigt ganz deutlich auf, dass die Online-Marketingprozesse nicht ohne Risiko sind – auch wenn das Unternehmen sie selber initiiert. Denn kein Unternehmen kann bestimmen, dass die Kreativität der User nur genau in die Richtung läuft, die es in seiner Strategie beabsichtigt hat. Kritische Stimmen, Skurriles und Subversives werden immer zu solchen Prozessen gehören.

> ❗ Ein Unternehmen, das Kunden im Internet als Botschafter und Mitgestalter eines Werbeinhalts aktiv involviert, muss genügend Selbstvertrauen haben, seine bestehenden Prozesse und »Best Practice« durch die externen »Mitarbeiter« in Frage stellen zu lassen.

Wenn das gelingt, entstehen kreative Prozesse mit großem positivem Potenzial. Ein Risiko bleibt aber dennoch bestehen – so wie auch im traditionellen Werbebusiness nie ganz ausgeschlossen werden kann, dass eine Kampagne der Öffentlichkeit in den falschen Hals gerät.

10.5.9 Der Kunde als Botschafter: Virales Marketing

Virales Marketing und **Mund-zu-Mund-Propaganda** spielen nicht nur als geplante Marketing-Elemente eine wichtige Rolle in der Online-Welt. Der teilweise überraschende Erfolg vieler Online-Angebote basiert oft auf der Weiterempfehlung durch bestehende Kunden. Langner (2006) definiert, wie Inhalte gestaltet sein sollten, die mit Mund-zu-Mund-Propaganda weiterverbreitet werden:

Virale Prozesse auszulösen ist anspruchsvoll

- Sie müssen unterhaltend sein,
- neu und einzigartig,
- außergewöhnlich nützlich,
- sollten kostenlos bereitgestellt werden (zumindest teilweise) und
- einfach übertragbar bzw. weiterempfehlbar sein.

Virale Prozesse sind nicht bis ins Letzte voraussehbar und berechenbar (▶ Kap. 4.4.2). Man kann sie aber sicher begünstigen, z. B. durch das »**Seeding**«, das gezielte Streuen des Kampagnenguts in der angepeilten Zielgruppe. Eine Schwierigkeit dabei ist es, beim Seeding eine genügend große Anzahl Leute zu erreichen, die die Botschaft ihrerseits weiterverbreiten. Langner (2006) nennt als effektive Gruppen Kunden, Freunde, Verwandte, Bekannte, Partner und Zielgruppenkontakte über Adressbroker, wobei er bei den bestehenden Kunden das größte Potenzial sieht.

Virale Prozesse gezielt auszulösen, kann gerade für kleine Unternehmen eine relativ aufwändige Angelegenheit sein, weil sie mit weiteren PR-Aktivitäten verbunden sein müssen (außer, man hat eine einzigartige Idee, die sich von selber den Weg durchs Netz bahnt, wie das z. B. dem Song »Schnappi, das kleine Krokodil« gelang – aber dieser Fall ist eher die Ausnahme als die Regel). Außerdem besteht auch hier – wie bei der In-Game-Werbung – das Problem, dass man nicht immer die Zielgruppe erreicht, die man wollte. Trotzdem gehört Viral-Marketing zu den wichtigen Werbekonzepten und -maßnahmen im Internet, und es lohnt sich, die Mechanismen genauer zu studieren. Für eine Vertiefung sei Langner (2006) empfohlen.

10.6 Der DAU im Online-Marketing

Der DAU im Online-Marketing
- Er versteht nur ganz einfache und klare Werbebotschaften,
- klickt nicht auf Werbebanner, außer sie befinden sich zufällig genau unter seinem Mauszeiger,
- interessiert sich nicht für Werbung, beachtet sie aber vielleicht doch, wenn sie mit dem zu tun hat, was er gerade vorhat,
- schließt nach einem Klick aufs Werbebanner die Zielseite sofort, wenn er dort keinen Bezug zur Botschaft des Werbebanners findet,
- beachtet erotische Elemente in der Werbung sofort, und zwar so ausgeprägt, dass er die Werbebotschaft selbst gar nicht mehr wahrnimmt.

10.7 Zusammenfassung: Psychologische Aspekte des Online-Marketings

Online-Marketing baut auf den Mechanismen des traditionellen Marketings auf. Es verfügt aber auch über ganz spezifische Eigenarten, die gezielt genutzt werden sollten, wenn man Online-Medien im Marketing-Mix effizient einsetzen will.

Die drei online-spezifischen Mechanismen der Werbewirkung sind:
1. **Aufmerksamkeit** durch personalisierte Ansprache,
2. vertiefte **Auseinandersetzung** durch Interaktivität und
3. **Weiterverbreitung** durch freiwillige Aktivität.

Diese drei Mechanismen werden von psychologischen Prozessen gesteuert.

Werbewirkung kann erzielt werden durch die einfache und niederschwellige Gestaltung einer Werbebotschaft, durch das Erzeugen von Relevanz für den Werbeempfänger, durch das Erreichen einer größeren Verarbeitungstiefe und durch die aktive Involvierung der Kunden als Botschafter für einen Werbeinhalt.

Online-Werbung wird akzeptiert, wenn sie dem User ein minimales Maß an Kontrolle ermöglicht, wenn er Verständnis für die Notwendigkeit der Werbung hat und wenn er die Werbung subjektiv nützlich oder unterhaltsam findet.

Weiterführende Literatur

Felser, G. (2007). Werbe- und Konsumentenpsychologie. Heidelberg: Spektrum.
Eine umfassende, theoretisch fundierte und praxisbezogene Einführung in die Werbepsychologie.

Florack, A., Scarabis, M. & Primosch, E. (2007). Psychologie der Markenführung. München: Vahlen.
Umfassende Einführung in das Thema, wissenschaftlich ausgerichtet.

Kollmann, T. (2007). Online-Marketing. Grundlagen der Absatzpolitik in der Net Economy. Stuttgart: Kohlhammer.
Eine umfassende, gut strukturierte und theoriebasierte Einführung in die Thematik des Online-Marketings.

Kotler, P., Armstrong, G., Saunders, J. & Wong, V. (2006). Grundlagen des Marketings. München: Prentice Hall.
Der Klassiker für die Einführung in das Marketing, mit starkem Praxisbezug.

Schwarz, T. & Braun, G. (2006). Leitfaden Integrierte Kommunikation. Wie Web 2.0 das Marketing revolutioniert. Waghäusel: Absolit.
Eine praxisbezogene Übersicht über Marketingmethoden im Zeitalter von Web 2.0 – mit Fallbeispielen.

Public Relations im Online-Zeitalter

11.1 Erfolgsfaktoren für die Öffentlichkeitsarbeit im virtuellen Raum – 220

11.2 Meinungsbildung und Issue Management im Internet – 223

11.3 Professionelle Online-PR-Maßnahmen – 234

11.4 Der DAU in der Online-PR – 244

11.5 Zusammenfassung: Wirksame Online-PR – 245

Lesen Sie in diesem Kapitel:
- Welche Faktoren die erfolgreiche Öffentlichkeitsarbeit im Internet bestimmen,
- wie Online-Meinungsbildungsprozesse entstehen und auf welchen Plattformen sie stattfinden,
- wie man konstruktiv mit Kritik aus dem Internet umgehen kann,
- welche Rolle Blogs in der Öffentlichkeitsarbeit von Firmen spielen können, wo ihre Grenzen und Risiken liegen und
- warum die Schulung von Mitarbeitern eine wichtige PR-Maßnahme ist.

In diesem Kapitel werden verschiedene Aspekte der Online-PR erläutert. Gerade Web 2.0 macht deutlich, wie wichtig es ist, die im Internet stattfindenden Meinungsbildungsprozesse besser zu verstehen (vertiefende Informationen hierzu ▶ Kap. 4). Wenn potentiell jeder Mensch mit Internetzugang zu jedem beliebigen Thema im Internet eine Öffentlichkeit findet, ist es für Unternehmen wichtig, dieses Phänomen genauer anzuschauen. Die Kenntnis darüber, wie Online-Communities in die reale Welt hineinwirken und unter welchen Voraussetzungen der Dialog mit ihnen erfolgreich verläuft, ermöglicht es, sich im Dschungel der vielen Online-PR-Anbieter und -Ratgeber eine eigenständige Meinung zu bilden.

11.1 Erfolgsfaktoren für die Öffentlichkeitsarbeit im virtuellen Raum

Transparenz, Authentizität und Dialogbereitschaft als Erfolgsfaktoren von Online-PR

Kommunikationsstil und Informationsfluss im Internet sind durch Merkmale geprägt, die auf den inhärenten Eigenschaften der Online-Medien basieren (▶ Kap. 2.2 und 2.3). Wer erfolgreich Öffentlichkeitsarbeit im Internet betreiben will, muss diese Merkmale beachten und als gegeben akzeptieren. Tut er das nicht, wird er früher oder später scheitern und läuft Gefahr, den Ruf seines Unternehmens zu schädigen.

Und das ist noch nicht alles: Das Internet hat als Medium eine so große **Präsenz** und **Macht** im Alltag erhalten, dass diese Eigenschaften auch für die Kommunikation außerhalb des Internets immer mehr prägend und bestimmend werden. Schnell und einfach gelangt ein unzufriedener Mitarbeiter ins Internet und beklagt sich dort in aller Öffentlichkeit über seine knauserige Firma oder über deren unethische Praktiken. Es ist daher nicht ausreichend, Online-PR als separaten Bereich anzuschauen, den man neben den traditionellen Medien ebenfalls noch mit Inhalten füttern muss. Die Online-Welt ist kein passiv empfangender Kanal, sie hat sich selbständig gemacht und wirkt als **aktiver Dialogpartner** in die reale Unternehmenswelt hinein.

> Dass es nicht mehr möglich ist, die Online- von der Offline-Welt sauber zu trennen und abzuschotten, gelangt heute immer mehr ins Bewusstsein auch von Unternehmen. Die Fälle von Managern, die im Netz wegen Fehlverhaltens öffentlich an den Pranger gestellt werden, tragen das Ihre dazu bei.

Dieses **Eigenleben der Online-Welt** führt dazu, dass Unternehmen immer mehr zu einer offensiven und proaktiven Informations- und Kommunikationspolitik gezwungen werden, wollen sie nachhaltig ein positives Firmenimage aufbauen und aufrechterhalten.

11.1.1 Transparenz

Das augenfälligste Merkmal der Online-Informationsübermittlung ist die Transparenz. Dies ist bedingt durch drei **Eigenschaften digitaler Informationen**:
- Sie können schnell und einfach an beliebig viele Empfänger weitergegeben werden.
- Sie sind in den meisten Fällen ebenso schnell und von jedem beliebigen Ort aus auffindbar.
- Digitale Spuren sind problemlos dokumentier- und archivierbar.

Gegen eine totale Durchlässigkeit sprechen zwar sowohl technische Gründe (die nicht vollständige Verfügbarkeit aller Informationen) als auch die Zensur-Aktivitäten von Staaten, Organisationen oder Einzelpersonen, die ab und zu bekannt werden.

Die digitale Kommunikation erhöht die Transparenz von Sachverhalten aber dennoch maßgeblich und damit auch das Risiko, dass Zensur und Retuschen an Online-Inhalten aufgedeckt werden. Digitale Informationen lassen sich mit wenig Aufwand weltweit verbreiten und fast genauso einfach auch wieder auffinden. Dies führt dazu, dass **Zensur im Internet** vergleichbar wird mit dem Versuch, einer Hydra alle Köpfe abzuschlagen. Man kann wohl versuchen, die Betreiber einzelner Websites an der Verbreitung von unliebsamen Informationen zu hindern, aber die Botschaft an sich kann nicht aufgehalten werden. Gerade der Versuch zur Zensur schlägt oft größere Wellen als der Inhalt der Botschaft selbst und kann sich wie ein Lauffeuer in Blogs, Newsforen und dann auch in anderen Medien verbreiten.

Auf einen kurzen Nenner gebracht: Man sollte immer damit rechnen, dass etwas, was man im Geheimen tut, irgendwann an die Öffentlichkeit kommt. Dies gilt insbesondere und fast schon absolut für alles, was mit digitalisierter Informationsverbreitung oder -ablage zu tun hat.

Auch geheime Online-Aktivitäten können leicht öffentlich werden

> **Beispiel**
>
> **Wikipedia unter Zensur?!**
> Im Spätsommer 2007 bringt der amerikanische Student Virgil Griffith ein einfaches Tool auf den Markt, das es ermöglicht, zurückzuverfolgen, woher anonyme Änderungseinträge auf Wikipedia-Seiten stammen. Das Programm namens Wikiscanner wertet dazu die Information aus der IP-Adresse aus, die bei anonymen Einträgen als Autor angegeben wird. Mit diesem Vorgehen macht er publik, dass Politiker, staatliche Organisationen und auch namhafte Großunternehmen wie Microsoft oder WalMart ihnen missliebige Einträge fälschen, löschen und zu ihren Gunsten verändern.

Das Beispiel Wikipedia zeigt, wie unwissend und fahrlässig heute noch Unternehmen mit der neuen Transparenz im Internet umgehen. Das Problem dabei sind nicht unbedingt die Änderungen an sich; das, was zum Vertrauensbruch führt, ist die **mangelnde Offenheit** über den Prozess.

11.1.2 Authentizität

»Authentizität« ist zum neuen Modewort der Internet-Kommunikationsberater geworden. Das Vorhandensein von Authentizität steht als Garantie für erfolgreiche Online-Kommunikation, für durchschlagende Werbekampagnen und für den gelungenen Dialog mit den Stakeholdern. Grund genug, diesem Wort und den damit verbundenen Erfolgsversprechen erst einmal zu misstrauen. Was bedeutet denn Authentizität? Und warum wird sie gerade im Zusammenhang mit Internet und Web 2.0 immer wieder genannt?

Authentizität kann gleichgesetzt werden mit dem unverfälschten, echten und ungeschminkten Verhalten von Personen. Als authentisch wird jemand empfunden, wenn er anderen nichts vorspielt, wenn seine **Handlungen echt** sind und er andere an seinem »wahren Leben« teilhaben lässt.

Der zentrale Stellenwert von Authentizität im Internet hat damit zu tun, dass gerade Web 2.0 genau von solch »authentischen« Personen getrieben wird. Wenn jeder problemlos sein **Privatleben im Netz veröffentlichen** kann, führt das zu einer Medienkultur, die von ungeschliffenen, ungeschminkten und holprigen Beiträgen geprägt ist. Dies stellt Unternehmen vor eine Herausforderung: denn traditionellerweise haben Marketing und PR eher mit dem **Vermitteln einer »idealen« Welt** zu tun.

Authentizität im Internet ist für Firmen oft ein nicht auflösbarer Widerspruch

Nun sind die Firmen aufgerufen, sich in dieser neuen Medienwelt genau anders als bisher zu verhalten, nämlich nicht perfekt, dafür echt, nicht ideal, dafür kantig und unverwechselbar, nicht als »globaler Player«, sondern persönlich und privat. Dies ist ein Widerspruch, der nur teilweise aufgelöst werden kann – und soll! Denn Authentizität kann für ein Unternehmen auch heißen, sich genau hier nicht um jeden Preis anzubiedern, sondern seinen **eigenen Stil** und Auftritt auch in den neuen Medien zu pflegen. Dies hat schließlich die größere und bessere Wirkung als eine nur halbwegs gelungene Imitation von »authentischem Leben«.

11.1.3 Dialogbereitschaft

Dem Internet inhärent ist die Möglichkeit, einfach und schnell Feedback und Kritik abzugeben und dies öffentlich sichtbar zu tun. Dies verlangt von den Unternehmen **Kritikfähigkeit** und einen offensiven Umgang mit den Stakeholdern, auch über bestehende Hierarchien hinweg.

Berechtigte Kritik macht nicht vor der Tür der Kommunikationsabteilung halt, sondern kann Auswirkungen haben bis hinein in die strategische Planung oder die Gestaltung von Produktionsprozessen auf höchster Management-Ebene.

So kann es geschehen, dass der CEO öffentlich zur Anfrage einer »unbedeutenden« Einzelperson aus dem anonymen virtuellen Raum Stellung nehmen muss, weil die Themen von der Öffentlichkeit als relevant erachtet werden.

Die drei oben genannten **Kommunikationsregeln** Transparenz, Authentizität und Dialogbereitschaft sind keine neuen Erfindungen. Die Psychologie postuliert diese Eigenschaften seit (spätestens) den 60er-Jahren als Grundvoraussetzung für gelungene Kommunikation (z. B. Rogers, 1961).

Kritik wird im Internet rasch sichtbar

> Das Internet ist keine Welt, in der ganz neue Regeln gelten – vielleicht aber eine, in der sich das Nichtbefolgen dieser Grundregeln, aufgrund der sehr raschen Weiterverbreitung von Informationen, noch unmittelbarer negativ auswirkt als bisher.

11.2 Meinungsbildung und Issue Management im Internet

11.2.1 Eigenschaften von Online-Meinungsbildungsprozessen

Nachdem die wichtigsten Kommunikationsregeln festgelegt sind, folgt nun ein Blick auf die Meinungsbildungsprozesse im Internet. Worin unterscheiden sie sich von den bisher in den Medien bekannten Prozessen?

Eigenschaften von Meinungsbildungsprozessen im Internet
- **Die Prozesse sind schnell und weitläufig**: Informationen können sich binnen Minuten rund um den Globus ausbreiten.
- **Sie sind selektiv verstärkend**: Viel beachtete Themen werden auf Plattformen und in Suchmaschinen automatisch prominenter platziert. Dadurch erhalten sie noch mehr Aufmerksamkeit.
- **Sie sind demokratisch** (oder zumindest demokratischer als bisher): Anders als bei TV, Radio oder Zeitungen kann sich potentiell jeder Mensch aktiv und von der Öffentlichkeit wahrnehmbar äußern.
- **Sie haben Rückwirkung auf die traditionellen Medien**: Themen, die auf große Aufmerksamkeit der Netz-Community stoßen, werden mit hoher Wahrscheinlichkeit von den traditionellen Medien aufgenommen. Dadurch erhalten sie eine zusätzliche Dynamik.
- **Sie sind »auf ewig« dokumentiert**: Alle Informationen zu einem bestimmten Thema können noch Jahre später jederzeit von Interessierten abgerufen werden.

11.2.2 Psychologische Grundlagen der Meinungsbildung

Will man die Meinung einer anderen Person beeinflussen oder diese Person zu einer Meinungsänderung bringen, sind v. a. zwei Faktoren maßgebend: die Glaubwürdigkeit der Person, die eine andere überzeugen will, und die dieser Person unterstellte Absicht, eine Beeinflussung herbeiführen zu wollen (Hovland & Janis, 1953).

Die **Glaubwürdigkeit** setzt sich zusammen aus dem (unterstellten oder realen) Fachwissen des Senders, seiner Vertrauenswürdigkeit und der Bedeutsamkeit seiner Person. Sind letztere zwei Aspekte stark ausgeprägt (hoch vertrauenswürdig und berühmt, bekannt, angesehen), wird dem fachlichen Inhalt der Botschaft am wenigsten Widerstand entgegen gebracht.

Manipulationsversuche untergraben die Überzeugungskraft

Wenn der Empfänger einer Botschaft weiß oder zu spüren meint, dass der Sender **die feste Absicht hat, ihn zu überzeugen**, löst das mehr Widerstand aus als wenn er die Freiheit hat, mit der Botschaft anzufangen, was er will.

Aus diesen Erkenntnissen ergeben sich **zwei zentrale Grundregeln für die erfolgreiche PR** (nicht nur) im Internet:

> ❗ Wer durch Falschaussagen oder Mauscheleien seine Glaubwürdigkeit verliert, kann keinen positiven Einfluss auf einen Meinungsbildungsprozess nehmen.
> Wer überzeugen will, darf den Empfänger nicht in Richtung seiner Ziele manipulieren.

Daraus wird klar, warum es so gravierend ist, wenn Unternehmensvertreter im Internet Daten und Informationen fälschen, unerkannt Blogs mit Werbeinhalten platzieren oder unter verdecktem Namen Meinungen abgeben. Sie schaden damit ihrer Firma nicht nur durch die Falsch- oder Fehlinformation an sich, sondern v. a. dadurch, dass sie die zukünftigen Möglichkeiten ihres Unternehmens zur Einflussnahme in Krisenfällen massiv torpedieren.

Der beste PR-Ratgeber nützt nichts, wenn diese Grundregeln aufgrund einer anders verstandenen Unternehmensethik nicht eingehalten werden. Im Internet verschärfend wirkt einerseits die größere Transparenz (und damit das zunehmende Risiko, als »Falschspieler« entlarvt zu werden) und andererseits die weite Verbreitung und Dokumentierbarkeit von Informationen, die einen Online-Pranger über Jahre bestehen lässt (◘ Abb. 11.1).

11.2.3 Wo im Internet findet Meinungsbildung statt?

Grundsätzlich kann die Meinungsbildung überall im Internet ihren Anfang nehmen, d. h. auf jeder beliebigen Website. Es gibt aber Plattformen, die solche Prozesse begünstigen: Wenn an einem fest definierten Ort und für die Öffentlichkeit zugänglich viele Personen an einer Diskussion teilnehmen. Dazu gehören die **Newsgroups** und **Newsforen**, aber insbesondere auch **Web 2.0-Applikationen**, die auf »social software« basieren. Sie sind als Kernmerkmal auf die Partizipation mehrerer Personen ausgerichtet.

Neben der Möglichkeit, Themen zu präsentieren und zu diskutieren, verfügen viele Web 2.0-Plattformen über **Bewertungssysteme** und einge-

11.2 · Meinungsbildung und Issue Management im Internet

Abb. 11.1. Das Internet als moderner Pranger

baute **Rankings**, die ein Thema, das viel beachtet wird, automatisch besser positionieren und ihm zu noch mehr Aufmerksamkeit verhelfen. Dadurch erhalten Meinungsbildungsprozesse eine zusätzliche Dynamik.

Je nach Art und Aufbau der Plattform finden verschiedene **Arten von Diskussionen** statt, wie ◘ Tab. 11.1 zeigt.

Es ist anzunehmen, dass sich Blogs und andere »Social Networks« in ihren Funktionalitäten immer mehr annähern werden. Blogging-Plattformen wie www.xanga.com bieten schon heute Zusatzfeatures, die z. B. den Zusammenschluss mit Gleichgesinnten in sog. **Blogrings** oder die Organisation von **Real-life-Treffen** in der näheren Umgebung ermöglichen.

Wie Meinungsbildungsprozesse im Internet beobachtet werden können, zeigt das unten stehende Interview auf.

Meinungsbildungsplattformen im Internet

◘ Tab. 11.1. Themenbereiche und Spezifität verschiedener Online-Plattformen

Name der Plattform	Themenbereiche
Newsgroup (z. B. de.sci.psychologie)	Sehr spezifische Diskussionen mit scharf eingegrenztem Thema – »Spezialistentreff«. Der breiten Öffentlichkeit wenig zugänglich → gewisse technische Kenntnisse nötig
Newsforum (z. B. http://forum.spiegel.de)	Spezifische, thematisch etwas weniger eingegrenzte Diskussionen als in Newsgroups, aber bessere Zugänglichkeit (WWW-basiert). Relativ hohe Beitragsqualität durch thematische Gliederung, Registrierungsprozess und Moderation
Message Board (z. B. das Siemens Message Board auf Yahoo: http://messages.finance.yahoo.com/mb/SI)	Unmoderierte Sammlung von Beiträgen zu einem bestimmten Thema. Chronologische, nicht thematische Auflistung, daher sehr unterschiedliche Beitragsqualität. Message Boards bewerten und kommentieren z. B. eine spezifische Firma. Beitragsqualität unterschiedlich, interessant aber trotzdem, weil Aussagen zur Firma gemacht werden
Blog (z. B. www.blogger.de)	Breite Themenpalette, die von persönlichen Tagebucheinträgen über Know-how-Transfer bis zu wirtschafts- oder gesellschaftskritischen Artikeln reicht. Viele Blogs nehmen Themen auf, die in der Öffentlichkeit bereits diskutiert werden. Es gibt aber auch sehr profilierte Blogger, die als kritische Beobachter neue Themen setzen oder Insiderwissen an die Öffentlichkeit bringen
Social-Networking-Plattform (z. B. www.youtube.com)	Wie beim Blog sehr breite Themenpalette. Texte werden durch Audio- und/oder Videobeiträge ergänzt oder substituiert

»Das Internet ist als Frühwarnsystem sehr gut geeignet«

Interview mit Leo Keller, Mitinhaber Netbreeze

Was ist die Firmenidee von Netbreeze?
Netbreeze analysiert das Internet, um die amorphen Daten mit Hilfe von »Knowledge Generators« – einem System aus Webtechnologie und künstlicher Intelligenz – für Unternehmen zu Wissen für spezifische Geschäftsprozesse auffindbar und nutzbar zu machen.

Was kann man sich konkret darunter vorstellen?
Wir bauen spezielle Knowledge-Generatoren, die für spezifische Fragestellungen unserer Kunden vollautomatisch das Web gezielt nach Informationen durchsuchen und sie für diese aufbereiten. Die Informationssuche ist ein dreistufiger Prozess: Zuerst erfolgt die traditionelle Suche nach Daten, das sog. data mining. Damit kann man relevante Internetadressen systematisch absuchen und Informationen anhand gewisser Stichworte auffindbar machen. In einem zweiten Schritt werden die gefundenen Inhalte mit einer regelbasierten Sprachanalyse (»natural language processing«, NLP) weiter ausgewertet, so dass man die einzelnen Satzteile und deren Inhalte voneinander unterscheiden kann. Im einem dritten Schritt erfolgt die »sentiments detection«,

d. h., man versucht, die Bewertung von Inhalten zu identifizieren: Hat der Text eine positive oder negative Konnotation? Wie viele Personen/Meldungen auf Websites sind gegenüber einem Thema aufgeschlossen, welche eher kritisch und ablehnend? Dies kann man mit entsprechender Technologie über beliebig viele Websites erheben, so dass man ein Bild davon erhält, wie die »Stimmungslage« im Netz gegenüber einem gegebenen Thema ist.

Data mining hat man ja schon in den 90er-Jahren betrieben. Die Ergebnisse waren damals jedoch eher unbefriedigend, weil man keine Information über den Kontext der erhaltenen Suchergebnisse hatte. Dieses Verhältnis von Inhalten zu ihrem Umfeld kann man mit der Vertiefung durch NLP und speziell der »sentiments detection« feststellen und auswerten, was zu interessanteren Ergebnissen führt.

Was können Sie genau herausfinden, in welchem Detaillierungsgrad? Wie werten Sie die Suchergebnisse aus?
Der Ansatz ist: Welche Frage sollen wir beantworten? Pharma-Auftraggeber fragen uns z. B.: Wie groß ist das Risiko, dass wir mit Produkthaftungsklagen angegriffen werden? Oder im Marktforschungsbereich: Wo im Internet findet die Diskussion über die neusten Snowboarding-Trends statt, und welche Trends sind das? Je nach Ausprägung der Fragestellung gestalten wir dann unsere Produkte. Beachtung hat unlängst unser »Hedge Fond Knowledge Generator« gefunden, der in der Lage ist, 10.000 Hedge Fonds weltweit zu beobachten und z. B. automatisch wichtige Ereignisse wie Management-Changes oder Wechsel der Anlagestrategie zu identifizieren und zu melden. Solche Informationen sind ja auf offiziellem Weg kaum oder viel zu spät erhältlich, da die Hedge Fonds nicht der Börsenaufsicht unterstellt sind. Mit zunehmender Beliebtheit von Hedge Fonds wird das Bedürfnis nach transparenter und rascher Information auf Seiten der Anleger aber immer größer, und das Internet kann solche Informationen liefern. Die Research-Abteilung einer Bank kann mit vertretbarem Aufwand nur ca. 300 Hedge Fonds und deren komplexes Umfeld kontinuierlich beobachten.

Nach welchen Gesetzmäßigkeiten verbreiten sich Online-Informationen weiter? Kann man das irgendwie voraussehen? Kann man »Brennpunkte« frühzeitig erkennen?
Es gibt verschiedene Phänomene. Einerseits kann man im Internet sehen, inwiefern ein öffentliches Thema die Menschen beschäftigt. Es gibt Fälle, da war ein Thema in den klassischen Medien gar nicht so präsent, hat aber z. B. in der Bloggerszene große Wellen geworfen. Solche Sachen entdeckt man in einem klassischen Media-Monitoring nicht.

Interessant ist auch, wie das Internet als Frühindikator wirken kann. Wir können das anhand eines Produkthaftpflichtfalls in der Pharmaindustrie aufzeigen:

— Im September 2003 beschrieben erste Patienten in Newsgroups, dass Herz-Kreislauf-Beschwerden bei der Einnahme eines gewissen Medikaments auftraten.
— Im November 2004 publizierten US-Anwälte entsprechende Daten auf ihren Websites und riefen zu Sammelklagen gegen das Pharmaunternehmen auf.
— Im Herbst 2006 forderte das amerikanische FDA dieses Pharmaunternehmen auf, das besagte Medikament (das ursprünglich ein Blockbuster war) vom Markt zu nehmen. Das Unternehmen erlitt einen spürbaren Kursrückgang an der Börse und musste mittlerweile die Sammelklagen mit ca. 5 Mrd. $ über einen Vergleich abwenden.

Hätte man die ersten Warnsignale im Internet gekannt und ernst genommen, wäre eine frühe und proaktive Reaktion möglich gewesen. Das Internet ist als Frühwarnsystem sehr gut geeignet, weil auch einzelne Stimmen und schwache Signale sichtbar gemacht und wahrgenommen werden können.

Welche Arten von Informationen fragen die Unternehmen bei Ihnen nach? Welche Sektoren sind v. a. interessiert?
Etwa die Hälfte unserer Produkte sind derzeit im Finanzsektor im Einsatz. Dort ist der Informationsvorsprung entscheidend, und Finanzunternehmen sind bereit, für »weiche« und qualitative Daten Geld auszugeben, weil sie deren Wert kennen. Einen relativ großen Anteil unserer Projekte machen außerdem Fragestellungen im »Issues Management« aus. Zum Beispiel die Beobachtung von neuen oder großen Trends oder Risiken im Internet, die Analyse und Beobachtung von Diskussionen zur Gesetzgebung und Veränderungen in diesem Bereich oder die Akzeptanz neuer Produkte bei der Kundschaft, die im Internet rege über solche Themen diskutiert.

In welchen Branchen besteht momentan noch kein Interesse? Warum nicht?
Interessanterweise ist es uns bis heute nicht gelungen, eine Analyse im Bereich Reputation Management zu verkaufen. Wir haben beispielsweise Unternehmen angeboten, neben der Untersuchung zur möglichen Rufschädigung durch Produkte auch Suchanfragen zu den Mitgliedern ihrer Geschäftsleitung aufzusetzen, denn diese stellen ja das größte Reputationsrisiko für eine Firma dar. Einmal war ein Kunde nahe dran, dies zu verwirklichen. Als die Geschäftsleitung aber realisierte, was das wirklich bedeutet, ist sie im entscheidenden Moment zurückgetreten. Wahrscheinlich hatte man Angst davor, sich auf diese Art den Spiegel vorhalten zu lassen.

Außerdem fällt mir im Gespräch mit Marketing- und Kommunikationsleuten immer wieder auf, dass sie noch sehr stark mit den traditionellen Methoden der Markt- und Reputationsforschung verhaftet sind. Sie vertrauen den traditionellen Kanälen und führen dann z. B. lieber eine klassische Umfrage unter 500 Personen durch, als das Internet nach Frühindikatoren und Meinungsbildungsprozessen zu durchforschen. Oft begegnet mir auch die folgende Haltung, gerade im Topmanagement: Wir nehmen nur das ernst, was auch in den 20 wichtigsten Wirtschaftszeitungen erscheint, nur das ist relevant und muss von uns ernst genommen werden. Diese Generation hält das Internet oft noch für etwas Schmuddeliges und Unseriöses, das man nur in Ausnahmefällen ernst nehmen muss.

Wie sollen Firmen mit dem Dilemma umgehen, dass sie im Internet Daten erheben, die zwar frei zugänglich sind, auf deren Erhebung die Internet-Community aber je nach Thema empfindlich reagieren könnte?
Ich stelle fest, dass die Diskussion darüber, ob das »Ausspionieren« des Internets ethisch vertretbar ist, heute nicht mehr stattfindet. Vor zwei Jahren war das noch anders. Aber heute ist einfach klar, dass das gemacht wird. Interessanterweise haben Firmen aber dennoch große Hemmungen, solche Aktivitäten nach außen zuzugeben. Man fürchtet sich offenbar immer noch davor, dass die Akzeptanz in der Öffentlichkeit für solche Tätigkeiten doch nicht ganz so groß sein könnte.

11.2.4 Warum erhalten Blogs so viel öffentliche Aufmerksamkeit?

Wenn man heute von Kritik aus dem Internet spricht, meint man damit implizit oft Kritik von Bloggern. Dies müsste nicht zwingend so sein; ◘ Tab. 11.1 zeigt deutlich, dass die Meinungsbildung nicht nur in Blogs stattfindet. Trotzdem sind sie in aller Munde: sie werden verunglimpft, hochstilisiert, kommerzialisiert, instrumentalisiert – nur ignorieren kann man sie kaum. Dies hat zuerst einmal ganz simple technische Gründe. Blogs werden sehr häufig aktualisiert, teilweise mehrmals täglich. Dieses große Textvolumen wirkt an und für sich positiv auf das **Ranking in den Suchmaschinen** (▶ Kap. 8.3.11, Suchmaschinenoptimierung). Suchroboter werden zudem darauf programmiert, Blogs oft aufzusuchen, weil dort typischerweise aktuelle Informationen zu finden sind. Gewisse Suchmaschinen suchen explizit nur Blogs ab (die bekannteste: www.technorati.com).

Die wichtigste Blog-Suchmaschine: www.technorati.com

Dann gibt es aber auch inhaltliche Gründe für die Aufmerksamkeit: Blogs waren in ihrer ursprünglichen Form Web-Tagebucheinträge. Diese Prägung haben viele Blogs noch immer, auch wenn sie nicht übers Privatleben berichten, und der **persönliche Stil** verleiht ihnen Glaubwürdigkeit und Authentizität.

Der dritte Punkt ist, dass Blogger **inhaltlich unabhängig** sind und ihre eigene Meinung, nicht die Interessen einer bestimmten Firma vertreten (sofern es sich um private Blogger handelt). Dadurch können sie einen wichtigen Aspekt zur Meinungsvielfalt beitragen, und entsprechend recherchieren auch Journalisten der traditionellen Medien in Blogs, wenn sie »unabhängige« Meinungen zu gewissen Themen suchen.

Zum Beispiel »The BooCompany«: Online den Ruf verlieren

Blogger können einen nicht zu unterschätzenden Einfluss auf das Image einer Firma haben. Boocompany.com hat sich als Plattform etabliert, auf der kritikwürdige und zweifelhafte Machenschaften von Firmen öffentlich angeprangert werden. Dies funktioniert dank dem Engagement der Bloggerin Lanu, die diese Plattform betreibt, und auf Beiträgen, die ihr von anderen Usern (nicht nur Blogger) zugetragen werden.

»Unternehmen nehmen Blogger meist erst in Krisensituationen wahr«

Interview mit der Bloggerin Lanu, CEO von The BooCompany

Zuerst zwei allgemeine Fragen. Wie kann man sich als Neuling in der Blogosphere orientieren, d. h. die »relevanten« Blogger finden?
Neulingen würde ich technorati.com empfehlen. Oder einfach mal Freunde oder Bekannte fragen, was die so lesen. Im realen Leben kann niemand das Gesamtangebot eines Zeitungsladens erfassen. Das ist bei Blogs nicht anders.

Warum werden die einen Blogs gut gelesen, die anderen nicht?
Der Erfolg eines Blogs misst sich nicht allein an Zugriffszahlen. Das brauchen nur die Medien, um sich die Protagonisten der Szene rausgreifen zu können. Die Medienvertreter sind nämlich auch oft zu faul, interessante Blogs zu suchen und zu finden.

Nun zu Ihnen. Warum nimmt man das auf sich, eine Online-»Aufsichtsbehörde« zu etablieren?
Sie meinen BooCompany? In den Zeiten des New-Economy-Hypes gab es niemanden, der sich ausführlich um negative Unternehmensmeldungen gekümmert hat. Eine Aufsichtsbehörde ist daraus nie geworden, eher das digitale schlechte Gewissen der Unternehmen.

Kann man von so was leben?
Nein, kann man nicht.

Warum wollen Sie anonym bleiben?
Ich trenne mein Online-Leben von meiner realen Existenz. Das erspart mir und einigen anderen jede Menge Ärger.

Wie stellen Sie sicher, dass die Kritik gerechtfertigt ist, die auf Ihrer Website geäußert wird? Woher beziehen Sie die Informationen?
Die meisten unserer Meldungen basieren auf Informationen, die öffentlich zugänglich sind. Insiderinformationen werden beim Autor nachgefragt. Reagiert er nicht innerhalb von 24 Stunden, dann erscheint diese Meldung nicht.

Wie viele der kritisierten Firmen sind wirklich in die Medien gelangt bzw. öffentlich angeprangert worden?
Mir geht es nicht primär darum, mit Meldungen in die alten Medien zu gelangen. Mir ist es wichtig, dass sie überhaupt veröffentlicht bzw. zentral erfasst werden.

Wie reagieren Firmen darauf, wenn sie auf Ihrer Website unschöne Dinge über sich lesen?
Hmm, was ist denn »unschön«? Auf Negativmeldungen reagieren die Unternehmen unterschiedlich. Ein Großteil reagiert gar nicht, die wenigsten stellen sich einer Diskussion und es gibt immer wieder Firmen, die zuerst ihre Anwälte losschicken.

Wie wirksam sind diese Abwehrstrategien bzw. was erreichen Firmen, die mit Anwälten auf Sie losgehen?
BooCompany ließ sich auf Dauer nicht in Deutschland betreiben. Die permanenten Angriffe von außen haben damals schon Dotcomtod zermürbt. Nach dem Serverumzug und dem damit verbundenen Weggang aus Deutschland ist es ruhiger geworden und es werden maximal Leute von Anwälten angegriffen, von denen man glaubt, dass sie mit BooCompany zu tun haben. Bisher haben die Staatsanwälte die Verfahren immer eingestellt. Doch auch darauf kann man sich ja in Deutschland nicht wirklich verlassen.

Glauben Sie, dass das Internet zu mehr Transparenz in Unternehmen führen kann?
Natürlich glaube ich das. Pressesprecher haben schon vor Jahren von ihrem Elfenbeinturm klettern müssen. Und das ist ein Verdienst des Internets.

Gibt es in fünf Jahren auch noch Blogs?
In fünf Jahren werden immer noch Inhalte im Internet publiziert werden. Ob es die Schublade Blogs noch geben wird, kann ich nicht sagen. Wie man es dann nennt, ist ja auch mehr oder weniger egal.

Wird man sich irgendwann an Kritik aus dem Internet gewöhnen?
Mit Kritik muss im Leben jeder umgehen können. Warum sollten Unternehmen davon ausgenommen sein?

Wird Ihre Site irgendwann verboten?
Nein.

Was halten Sie von gesponserten Blogs?
Die wenigsten von uns werden mit einem goldenen Löffel im Mund geboren. Jeder muss für sich entscheiden, welchen Teil er von sich verkaufen mag und welchen nicht.

Was von Corporate Blogs?
Warum sollten es Firmen nicht ebenfalls versuchen? Wenn sie sich das allerdings von Leuten einreden lassen, die das Bloggen selbst nicht begriffen haben, dann wird das nichts.

Wie soll ein Unternehmen mit Bloggern kommunizieren, damit es gut ankommt?
Unternehmen nehmen Blogger meist erst in Krisensituationen wahr. Dann hilft nur vernünftige Krisen-PR. Von offener Kommunikation sind die meisten Firmen dann meilenweit entfernt. Deshalb eskalieren diese Situationen meist.

Werden Sie oft von Journalisten kontaktiert oder frequentiert, die bei Ihnen neuen »Stoff« für vertiefte Recherche suchen?
Journalisten klauen Inhalte meist heimlich und fragen nicht. Auf Blogs als Quelle zu verweisen, ist noch nicht Alltag in den Redaktionen.

11.2.5 Issue Management in der »Blogosphere«

Wie findet man heraus, welche Blogger im Internet ernst zu nehmen sind? »Traditionellerweise« sagt man, dass die sog. **A-Blogger** diejenigen sind, die den größten Einfluss haben: sie verfügen über einen großen regelmäßigen Leserkreis, ihre Artikel enthalten viele Kommentare und werden von anderen Blogs oft verlinkt, was ihr Ranking in den Suchmaschinen zusätzlich erhöht.

Eine gewisse Aussagekraft über die Wichtigkeit von Bloggern gibt z. B. das »Authority-Ranking« der Blog-Suchmaschine Technorati.com. Die Zahl steht für die Anzahl Blogs, die im letzen halben Jahr einen Link auf den entsprechenden Blog gesetzt haben. Wenn die Zahl sehr hoch ist, kann man davon ausgehen, dass es sich um einen gut etablierten und viel beachteten Blog handelt.

Es reicht aber nicht, einfach die wichtigsten A-Blogger ausfindig zu machen, deren Blogs regelmäßig zu besuchen und dann zu denken, man habe nun fürs Blog-Monitoring genug getan.

> Grundsätzlich kann jeder noch so kleine Blog ein wichtiges Thema aufbringen.

Relevante Themen, die im Internet präsent sind, finden auch den Weg zur Öffentlichkeit – sei es via Suchmaschinen, sei es, weil andere Blogger auf die leiseren Stimmen aufmerksam werden und einem Thema »Geburtshilfe« leisten. Die Regel: »Erst was einen bestimmten Bekanntheitsgrad erreicht hat, ist wichtig« gilt fürs Internet nur bedingt, denn jede Online-Information kann sich im Nu weiterverbreiten.

Kritik nach Relevanz beurteilen, nicht nach Häufigkeit

Issue Management im Internet heißt also, aufkommende Themen und Kritik zuerst nach ihrer Relevanz zu beurteilen und erst in zweiter Linie nach der Häufigkeit ihres Vorkommens. Das setzt voraus, dass das Unternehmen, welches Blog-Monitoring betreibt, die nötige **Fähigkeit zur Selbstkritik** besitzt und bereit ist, die von der Internet-Öffentlichkeit zurückgespiegelten Themen aktiv anzuschauen. In so einem Fall kann Blog-Monitoring nützliche Dienste leisten. Die Auseinandersetzung mit der Kritik muss nicht zwingend kommunikative Maßnahmen nach sich ziehen. Aber sie kann dem Unternehmen die Möglichkeit geben, verschiedene Optionen frühzeitig zu prüfen und nicht unvorbereitet in die Krise zu schlittern.

11.2.6 Auf Kritik aus dem Internet richtig reagieren

Wie kann sich das Unternehmen, das im Internet kritisiert wird, auf gute Art Gehör verschaffen? Wie auf Meinungsbildungsprozesse Einfluss nehmen? In welchen Fällen soll man besser gar nicht einschreiten? Diese Fragen lassen sich nicht allgemein beantworten, sondern müssen in jeder spezifischen Situation neu gestellt werden. Man kann aber ein paar Faustregeln aufstellen.

11.2 · Meinungsbildung und Issue Management im Internet

Regeln für die Intervention in Online-Meinungsbildungsprozessen

- **Die Relevanz der Kritik feststellen:** Wie qualifiziert eine Kritik ist, hängt primär von ihrer *inhaltlichen Relevanz* ab und nicht davon, welche Personen sie äußern (viele Online-Kritiker bleiben sowieso anonym) und wie zahlreich sie sind. Es ist wahrscheinlich, dass sich berechtigte Kritik im Internet über die Zeit Gehör verschafft, auch wenn sie zuerst vielleicht nur von einer Person oder einer kleinen Gruppe geäußert wird.
- **Handlungsoptionen prüfen:** Anhand der Relevanz und evtl. der Analyse, woher die Kritik kommt, können die nächsten Schritte festgelegt werden. Das heißt nicht unbedingt, dass man gleich aktiv kommunizieren muss. Je nachdem reicht es, das Thema weiterhin genau zu beobachten und Argumente für eine Stellungnahme zu erarbeiten. Wenn sich die Kritik auf ein Handlungsfeld des Unternehmens bezieht, können Schritte eingeleitet werden, um in diesem Bereich Verbesserungen zu erzielen. Ein einzelner Kritiker kann in diesem Stadium je nachdem persönlich angesprochen und sein Fall individuell gelöst werden. Damit kann man evtl. verhindern, dass sich die Kritik weiter ausbreitet.
- **Zuhören und Kritik ernst nehmen:** Ist man zur Überzeugung gelangt, dass man mit den Kritikern das Gespräch suchen sollte, hat die Art der Gesprächsführung großen Einfluss auf den erfolgreichen Verlauf (▶ Kap. 7.6.2, virtuelle Konflikte deeskalieren.) Aktives Zuhören verhindert zudem, dass man sich im Ton vergreift oder an den Kritikern »vorbeiredet«.

> Aktives Zuhören ermöglicht ein konstruktives Gespräch

- **Authentisch kommunizieren:** Es macht wenig Sinn, wenn ein konservatives Unternehmen, das mit neuen Medien nicht viel am Hut hat, plötzlich in der Krise einen Unternehmensblog eröffnet, um damit »näher an die Kritiker« zu kommen. Das kann als anbiedernd empfunden werden, und außerdem müssen die Exponenten auch mit dem neuen Medium umzugehen wissen. Vielleicht ist in so einem Fall z. B. eine offizielle Stellungnahme auf der Unternehmenswebsite eher angebracht. Authentische Kommunikation wird von der Gegenpartei auch dann geschätzt, wenn sie nicht in der gleichen Sprache daherkommt wie die eigene.
Wer mit seiner Firmenkultur nahe an der Internetkultur ist, darf sich aber durchaus der gleichen Kommunikationskanäle bedienen (Beispiel: Starbucks reagierte auf ein Youtube-Video, das seine Kaffeepreispolitik kritisierte, mit einer Stellungnahme ebenfalls per Youtube-Video).
- **Eigene Identität und Absichten offen legen:** Ausgesprochen wichtig ist es, nicht verdeckt (also unter falschem Namen oder anonym) zu kommunizieren, sondern immer unter Bekanntgabe der eigenen Identität und Firma. Man sollte kein Geheimnis machen über die Beweggründe, die zu einer geäußerten Meinung führen. Es ist nur

▼

> legitim, wenn ein Unternehmen seine Position verteidigt. Wenn dies aber verdeckt geschieht (und mit hoher Wahrscheinlichkeit aufliegt), erweckt das den Eindruck eines Manipulationsversuchs, und das macht den Nutzen solcher Aktionen sofort hinfällig (▶ Kap. 11.2.2).
> - **Die Wahrheit sagen**: Einen wahren Sachverhalt zu verleugnen, ist Gift. Fehler zugeben, sich dafür entschuldigen und zeigen, inwiefern man sich verbessern wird, kann eine schwierige Situation entschärfen.

Die oben stehenden Hinweise können hilfreich sein, wenn ein Unternehmen in der öffentlichen Kritik steht oder in die Dynamik eines Meinungsbildungsprozesses im Internet eingreifen will. Für die vertiefte Auseinandersetzung mit dem Thema Krisen-PR im Internet gibt Wolff (2006) weitere Hinweise.

Professionelle PR-Arbeit besteht aber zu einem großen Teil nicht aus reaktiven, sondern aus aktiven Maßnahmen und bereitgestellten Informationsangeboten. Um sie geht es im Kap. 11.3.

11.3 Professionelle Online-PR-Maßnahmen

Web 2.0 als Herausforderung für Online-PR

Es gibt verschiedene Möglichkeiten, Öffentlichkeitsarbeit im Netz zu betreiben. Im Folgenden werden sie näher beleuchtet und auf ihren jeweiligen Nutzen analysiert. Die »klassische« Online-PR in Form von professionell aufbereiteten Informationen für Medienschaffende und andere Zielgruppen ist dabei nur eine von mehreren Erscheinungsformen. Durch Web 2.0 ist der **interaktive Charakter** von Kommunikationsarbeit stark in den Vordergrund gerückt.

11.3.1 Der klassische »Media Corner« auf der Website

Ein eigener Bereich auf der Website für PR- und/oder Investor-Relations-Themen ist ein Muss für jedes größere Unternehmen. Bei der Gestaltung des Media Corners gelten grundsätzlich die gleichen Regeln wie bei der Website-Gestaltung allgemein (▶ Kap. 8) und bei der Kundenkommunikation (▶ Kap. 12). Besonders wichtig sind hier aber die folgenden Punkte:

> **Checkliste: Eckpunkte für die Gestaltung eines Media Corners**
> - **Schnell und proaktiv informieren**
>   - Wichtige Unternehmensinfos möglichst ohne Verzögerung auch im Intranet aufschalten.
>   - Einen Newsletter anbieten, damit Medienschaffende die wichtigen Infos frei Haus geliefert erhalten.

11.3 · Professionelle Online-PR-Maßnahmen

- Wichtigste Fragen und Antworten, häufig gestellte Fragen online verfügbar machen.
- Agenda kommender Veranstaltungen und wichtiger Unternehmenstermine (Jahresbericht etc.) aufschalten, damit Medienschaffende diese Termine frühzeitig einplanen können.

■ **Wahlfreiheit bieten**
- Auch Medienschaffende schätzen es, wenn sie selber entscheiden dürfen, in welcher Form sie Firmeninfos zur Verfügung erhalten. So können sie sie für ihre Zwecke ideal weiterverwenden.
- Pressemitteilungen in ausführlicher und in Kurzform, Bildmaterial, Videosequenzen, Podcasts mit Zusammenfassungen von Pressemeldungen etc. einander ergänzend anbieten.

■ **Zusatznutzen bieten**
- Der Medienbereich kann genutzt werden, um Firmen-Know-how zur Verfügung zu stellen und bekannt zu machen, z. B. in Form von Studien oder Berichten (resp. Zusammenfassungen von diesen).
- Ein Archiv früherer Medienmitteilungen für Recherchearbeiten anbieten.

■ **Vertrauen schaffen**
- Die Wahrheit sagen, keine Unwahrheiten verbreiten.
- Defensive Kommunikation vermeiden (kein »no comment«, sondern beschreiben, wo man im Prozess steht und wann nächste Informationen erhalten werden können).
- Die Ansprechpersonen beim Unternehmen benennen, mit genauer Funktion und evtl. Foto versehen.
- Bei Kontaktaufnahme rasche Rückmeldung oder Weiterleitung zur gesuchten internen Person bei Anfragen (nach Möglichkeit am gleichen Tag).

Neben dieser eher unidirektionalen Unternehmenskommunikation (1:n, vom Unternehmen zu den Stakeholdern) bietet das Internet zunehmend auch interaktive Kommunikationskanäle. Sie erschließen für die Öffentlichkeitsarbeit neue Möglichkeiten, haben aber auch Risiken und Nachteile. Einige dieser Gefäße werden im Folgenden dargestellt, eine eingehende Analyse ist im ▶ Kap. 12.5 (das richtige Maß an Interaktivität im Kundendialog) zu finden.

11.3.2 Unternehmensblog (Corporate Blog) – Chancen und Risiken

In Literatur und Praxisratgebern wird zurzeit den Unternehmen oft vorgeschwärmt, welch preisgünstige und moderne Form der Unternehmenskommunikation der Blog darstellt. Dies soll im Folgenden kritisch beleuchtet werden. Denn: Blogs haben neben ihrem Potenzial auch einige Tücken, und es gibt klare Bedingungen, wann sie besser nicht eingesetzt werden sollten.

Corporate Blogs als Hype

Kampf um die Aufmerksamkeit

> ❗ Blogs stehen, genauso wie Unternehmens-Newsletters, in einem immens harten Wettbewerb um die Aufmerksamkeit.

Niemand ist gezwungen, sie zu lesen, und im Unterschied zu den Newsletters landen sie nicht mal in der Mailbox, sondern müssen aktiv im Netz aufgesucht werden. Dazu ist ein hohes Maß an **Motivation erforderlich**, das vom Durchschnitts-User (DAU) nicht erwartet werden kann. In Anbetracht dieser Thematik (Wettbewerb um die Aufmerksamkeit) muss darum zuerst diese Frage beantwortet werden: Welche Blogs werden von den Leuten überhaupt gelesen?

Bedingungen für gut gelesene Blogs: inhaltlicher Mehrwert, persönlicher Stil, regelmäßiges Erscheinen

Um **regelmäßige Aufmerksamkeit** zu erhalten, sind drei Bedingungen wichtig:
- Sie müssen einen inhaltlichen Mehrwert bieten (exklusive News, Fachwissen etc.).
- Sie müssen authentisch, persönlich und lebensnah sein.
- Sie müssen in einer gewissen Regelmäßigkeit aktualisiert werden.

Nur Blogs, die diese Bedingungen erfüllen, haben die Chance, überhaupt eine breitere Leserschaft zu finden.

Eine elegante Lösung hierzu kann z. B. sein, das eigene Firmen-Know-how oder andere Firmen-Interna (aber nur wirklich interessante, z. B. **Test-Versionen neuer Produkte**) den Blog-Lesern zur Verfügung zu stellen. Dies ist einerseits eine Serviceleistung für die Kunden, andererseits ein Leistungsausweis für die Firma. Gleichzeitig kann man dadurch den Aufwand fürs Blog-Schreiben etwas eindämmen, weil die Themen bereits firmenintern aufgearbeitet sind.

Vermeiden Sie es aber auf jeden Fall, Marketing-Hochglanzprospekte eins zu eins in einem Blog abzubilden – das interessiert dort niemanden und ist aus dem Fenster geworfenes Geld.

Mehr Aufmerksamkeit durch Microblogs: twitter.com (textbasiert), seesmic.com (Video)

Eine durchaus zukunftsträchtige Entwicklung bezüglich Aufmerksamkeitssteuerung stellen die sog. **Microblogs** dar: Sie erlauben dem Blog-Inhaber das Erstellen von Kleinst-Beiträgen (140 Textzeichen, »**Tweets**« genannt, oder Kürzest-Videosequenzen), die via Internet oder SMS publiziert werden (zugänglich für die Öffentlichkeit oder für eine vordefinierte Gruppe). Interessierte können diese Kurznachrichten per SMS, E-Mail oder Instant Messenger empfangen oder im Internet nachlesen. Zurzeit werden Microblogs v. a. von Privaten genutzt, die damit einen »Real-Time«-Einblick in ihr Leben geben (»Ich esse gerade mein Frühstück und bin furchtbar verkatert«). Die Verbindung mit E-Mail und Mobilkommunikation könnte diese schlanke Anwendung aber auch für geschäftliche Zwecke nützlich machen: Zum Beispiel, um via Tweet auf einen längeren Blog-Eintrag aufmerksam zu machen oder auf ein Sonderangebot hinzuweisen. Die Microblogs haben eine ähnlich

Der schriftliche Dialog mit dem Publikum ist anspruchsvoll

aufmerksamkeitsfördernde Wirkung wie Newsletters, da sie kurz und bündig sind und als Push-Service via SMS und E-Mail an Kommunikationsschnittstellen geliefert werden, die sowieso in Gebrauch sind. Dies setzt aber voraus, dass die angepeilten Kunden den Microblog auf der Corporate Blog-Website einfach auffinden und abonnieren können (▶ Kap. 9.2.7).

Unberechenbare Interaktivität

Die zweite Tücke des Blogs liegt in seiner Interaktivität begründet.

> Wenn ein Unternehmen plant, einen Blog aufzusetzen, muss es von Anfang an als Risiko mit einbeziehen, in diesem Blog zur Zielscheibe von beliebigen Attacken zu werden.

Die **Kommentarfunktion** im Blog bietet z. B. Kunden die Möglichkeit, ihren Frust oder ihre schlechten Erfahrungen mit der Firma oder ihren Produkten für alle öffentlich einsehbar zu platzieren. Das Unternehmen muss mit diesen negativen Kommentaren umgehen, es kann sie nicht einfach zensieren (das würde im Internet noch mehr Wellen schlagen), sondern muss bereit sein, sich auf solche Kritik einzulassen und darauf zu antworten. Man muss sich darum gut überlegen, ob man diese Plattform freiwillig bietet – auch aus Ressourcengründen. Es nicht zu tun, heißt nicht, dass man feige ist – aber es gibt in manchen Fällen bessere Wege als den Blog, unzufriedene Kunden abzuholen und ihre Anliegen zu behandeln (nämlich den direkten 1:1-Kontakt ohne »Zuschauer«).

Imageproblem durch fehlende Kommentare

Blogs beziehen ihr Ansehen u. a. durch die Anzahl Kommentare und Links, die sie auf sich vereinen können. Fehlen diese, kann der Besucher leicht den Eindruck erhalten (auch fälschlicherweise), der Inhalt dieses Blogs sei langweilig. Besonders peinlich sind die fehlenden Kommentare, wenn es sich um einen **CEO-Blog** handelt, denn dies stellt den Chef implizit als »**irrelevante**« **Person** dar, die keine Aufmerksamkeit erhält. Mit der Realität muss das nicht übereinstimmen, aber die Botschaft des Blogs kann ein falsches Bild vermitteln. Außerdem ist es für den Blogger u. U. ernüchternd und demotivierend, mit der regelmäßigen Aktualisierung des Blogs viel Aufwand zu haben und dann doch keine Beachtung zu finden.

Ein Unternehmensblogger sollte auf jeden Fall nur ein Thema bearbeiten, das ihm »von Natur aus« große Freude macht und ihn mit einer hohen **Eigenmotivation** ausstattet. Dann wird er auch Phasen der Wenigbeachtung durchstehen und dem Thema so viel Farbe und Nachdruck verleihen, dass andere Leser es (zumindest mittelfristig) für sich entdecken.

Ressourcenplanung

Der vierte Aspekt, den es zu beachten gibt, ist der Aufwand, den ein Blog generiert. Gewisse Autoren preisen den Blog als »preisgünstige Alternative« zu einer Standard-Website an. Dies gilt aber nur bedingt; denn eine (vorwiegend statische) Website ist einmal erstellt und die Aktualisierungsintervalle müssen nicht allzu hoch sein. Der Blog hingegen muss regelmäßig mit neuen Inhalten versorgt werden.

Blogs sind zeitaufwändig

> Neben der Bereitstellung eigener Inhalte entsteht zusätzlicher Zeitaufwand durch das Lesen der Kommentare und v. a. durch die Notwendigkeit, zeitnah auf Kommentare zu reagieren.

Vor dem Eröffnen eines Blogs Aufwand und Nutzen genau prüfen

Die regelmäßige Aktualisierung des Blogs (idealerweise mindestens **wöchentlich**) ist zwingende Voraussetzung dafür, dass der Blog als professionell wahrgenommen wird. Dies gilt auch dann, wenn keine Kommentare erfolgen – viele Leute lesen, ohne zu kommentieren.

Wer die Bedingungen und Ressourcen für die oben erläuterte Konzeption, Pflege und Aktualisierung des Blogs nicht bereitstellen kann oder will, sollte keinen Blog eröffnen, sondern sich besser auf traditionellere (und statischere) Online-Kommunikationswege verlegen. Wie in ▶ Kap. 11.2.6 erläutert, ist der Blog weder die einzige noch zwingend die beste Möglichkeit, mit Kunden und anderen Anspruchsgruppen ins Gespräch zu kommen.

Checkliste: Corporate Blog richtig eingesetzt

Potenzial von Corporate Blogging
- Produkte und Dienstleistungen transparent machen und öffentlich zur Diskussion stellen.
- Der Firma ein menschliches Gesicht verleihen, Unternehmenskultur zeigen.
- Know-how zur Verfügung stellen.
- Die Meinungsbildung zur eigenen Firma im Web aktiv mitgestalten.
- Nähe zu den Stakeholdern suchen (Stakeholder erhalten eine Plattform für direkte öffentliche Ansprache).

Risiken von Corporate Blogging
- Relativ hoher Ressourcenaufwand (Aktualisierung der Inhalte, Beantwortung der Kommentare).
- Blogs sind auf Langfristigkeit angelegt (der »Honeymoon« der Schreibenden hat hingegen vielleicht bald ein Ende!).
- Blogs, die in der Krise geschlossen werden, senden ein sehr schlechtes Signal an die Dialogpartner (Abbruch der Kommunikation, Rückzug, Feigheit?!).
- Notwendigkeit, immer wieder neue Themen und Inhalte zu finden.
- Falls nur eine Person bloggt, prägt diese maßgeblich das Firmenimage mit (kann ein Problem sein, falls sie das Unternehmen verlässt).
- Öffentlich einsehbare Angriffe und Kritik (Plattform für Kritik an der Firma).

→ Wer diesen Risiken nichts entgegenhalten kann oder will, sollte auf Corporate Blogging verzichten!

Einen Corporate Blog richtig aufsetzen
- Festlegen, welche Zielgruppen mit dem Blog angesprochen werden sollen und ob diese tatsächlich mit dem Medium Blog am besten erreicht werden können.
- Zuvor klar definieren, welche Ziele der Blog erreichen soll und welche
▼ Inhalte publiziert werden sollen.

11.3 · Professionelle Online-PR-Maßnahmen

- Die Regeln, die im Blog gelten sowie die Ziele, die der Blog verfolgt, auch nach außen klar kommunizieren.
- Am besten geeignet sind Inhalte, die nahe an den Kernkompetenzen des Unternehmens liegen (z. B. fachliches Know-how, das eine breitere Öffentlichkeit interessiert, neue Produkte, persönliche Erlebnisberichte aus dem Berufsalltag etc.).
- Die Möglichkeit zur Mitgestaltung durch die Besucher erhöht die Attraktivität des Blogs (z. B.: neue Produkte evaluieren, Entwicklungsprozesse mitgestalten, strategische Ausrichtung diskutieren etc.). Dies muss aber vom Unternehmen ernst gemeint sein und entsprechend müssen die Anregungen in die Firmenaktivitäten einfließen!
- Der Blogger muss langfristig Ressourcen fürs Betreiben zur Verfügung haben.
- Der Stil des Blogs sollte eine persönliche Note haben: Jemanden als Blogger wählen, der aus Freude am Inhalt bloggt und weil es ihn persönlich betrifft (nicht, weil er muss oder weil es zum Marketingkonzept gehört).
- Falls mehrere Personen bloggen: Klare Definition, welche Ziele verfolgt werden, welche Inhalte (nicht) publiziert werden, welche Tonalität die Beiträge haben sollen, wie man mit Kommentaren umgeht.
- Auf Kommentare der Besucher eingehen (ermutigt sie, weiterhin Kommentare abzugeben und zeigt ihnen, dass sie ernst genommen werden).

Eine Zusammenstellung der erfolgreichsten deutschen Corporate Blogs ist im Internet zu finden (www.top100-business-blogs.de/top100/tops).

Wichtige deutsche Corporate Blogs: www.top100-business-blogs.de/top100/tops

11.3.3 Sponsored Blogposts (Fremdfinanzierte Blogeinträge)

Die nun folgenden Ausführungen gelten nicht nur für Blogs, sondern auch für alle anderen PR-Aktivitäten auf Web 2.0-Plattformen, die zum Ziel haben, verdeckt oder offen die eigene Firma in ein besseres Licht zu rücken oder Dritte als Werbeträger einzuspannen (▶ Kap. 10.5.7). Am Fallbeispiel der Sponsored Blogposts können Potenzial und Risiken gut aufgezeigt werden.

Unter Sponsored Blogposts versteht man **von Drittfirmen** oder in der »freien« Bloggerszene **publizierte PR-Blogeinträge**, die das finanzierende Unternehmen oder seine Produkte positiv präsentieren sollen.

> **Ein mögliches Problem von Sponsored Blogposts wird rasch deutlich: Wer als Unternehmen verdeckt agiert, Beiträge platziert und dann auffliegt, gefährdet die eigene Glaubwürdigkeit.**

Wer PR oder Werbung in unternehmensfremden Blogs machen will, muss dies darum immer auch entsprechend kennzeichnen. Sind die Absichten offen gelegt, ist die **Akzeptanz** gegenüber dieser Werbeform **größer**.

Das Verhältnis vieler Blogger zu Werbung ist aber grundsätzlich nicht einfach. Sie verstehen sich oft als Subkultur, als Gegenkultur zur Unternehmenswelt. Ihre **Glaubwürdigkeit** hängt in hohem Maße mit ihrer Unbestechlichkeit zusammen. Gehen sie mit den »falschen« Firmen Allianzen ein, haben sie Ruf und Einfluss in der Szene schnell verspielt und verlieren damit je nachdem auch ihren Status als A-Blogger (und damit wiederum ihre Attraktivität als Werbeträger). Gerade wenn man sich zum Ziel gesetzt hat, mit einer PR-Maßnahme in Blogs andere Blogger positiv zu stimmen, erreicht man unter Umständen ungewollt genau das Gegenteil, weil viele Blogger »Blog und Werbung« für unvereinbare Themen halten.

Firmenexterne Blogger als Werbeträger einzusetzen, ist inhaltlich gesehen oft eine **Gratwanderung**. Außerdem ist das Verhältnis zwischen Aufwand und Ertrag nicht immer günstig, da Blogger (v. a. jene, die sich als PR-Blogger im Auftrag einer Firma zur Verfügung stellen) oft keine ausgesprochen hohe Reichweite haben oder deren Blog-Leser nur bedingt zur gewünschten Zielgruppe gehören.

Transparente Blog-PR: Trigami (www.trigami.com)

Professionelle Anbieter von Sponsored Blogposts sind PayPerPost in den USA und Trigami für den europäischen Raum. Das **Konzept von Trigami** macht den PR-Prozess transparent:

- Jeder kann sich als PR-Blogger bewerben, um auf seinem bestehenden privaten Blog beispielsweise Produktrezensionen zu machen.
- Die Blogger sind nicht gezwungen, nur Positives über ein getestetes Produkt oder eine Dienstleistung des bezahlenden Unternehmens zu schreiben. Dadurch wird die Authentizität und somit die Glaubwürdigkeit des Blogs (und der PR-Initiative) erhöht.
- Alle fremdfinanzierten Blogbeiträge sind oberhalb des Texteintrags als solche gekennzeichnet, mit Link zur PR-Firma (Trigami).
- Die Regeln, nach denen Beiträge gesponsert werden, sind für alle Besucher der Trigami-Website klar ersichtlich.

Allerdings hat Google im Herbst 2007 beide Firmen abgestraft: Blogs mit als Sponsored Blogposts gekennzeichneten Einträgen wurden im Page-Ranking herabgestuft und werden somit in der Suchmaschine weniger prominent platziert (mehr zur Suchmaschinenoptimierung ▶ Kap. 8.4.11). Sponsored Blogposts allein zum Zweck der besseren Platzierung in Suchmaschinen in Auftrag zu geben, ist also kein sicherer Weg zum Erfolg.

> **Checkliste: Sponsored Blogposts richtig eingesetzt**
>
> **Potenzial von Sponsored Blogposts**
> - Spiegelung des Unternehmens und/oder seiner Produkte von (halb) »unabhängiger« Seite.
> - Breite Streuung von Beiträgen außerhalb der Firma und in privaten Blogs, dadurch bessere Auffindbarkeit der Firma und ihrer Produkte in Suchmaschinen (Vorsicht: Suchmaschinen reagieren auf die kommerzielle Beeinflussung des Page-Rankings regelmäßig mit neuen Suchalgorithmen).

- Bessere Vernetzung in der bestehenden Blogger-Community (je nach Platzierung des PR-Blogs, ist nicht mit Sicherheit gegeben).

Risiken von Sponsored Blogposts
- Grundsätzlicher Widerspruch: Authentizität lässt sich nicht in Auftrag geben!
- Kritik durch die Blogger-Community, insbesondere bei fehlender Transparenz über die Urheber des Blogs – oder auch ganz grundsätzlich, weil die Form der PR nicht goutiert wird.
- Geringere Kontrolle über die Inhalte als beim Corporate Blog.
- Kosten für die Erstellung durch externe Blogger.
- Reichweite und Erfolg der Werbeform nicht immer genau abschätzbar.
- Motivation der Zielgruppe, einen Blog zu lesen, ist bei externen Blogs geringer als bei Corporate Blogs (denn dort gehen die Leute gezielt hin, wenn sie Infos über das Unternehmen abholen wollen).

Sponsored Blogposts richtig aufsetzen
- Wie beim Corporate Blog ist in erster Linie wichtig, dass man etwas zu sagen hat (Relevanz der Inhalte).
- Transparenz gewährleisten: fremdfinanzierte Beiträge immer als solchen kennzeichnen.
- Authentizität: Die externen Blogger sollen die Wahrheit sagen dürfen – innerhalb definierter Rahmenbedingungen (die ebenfalls transparent nach außen kommuniziert werden müssen).
- Überprüfen, ob die Blogger mit der PR-/Werbebotschaft gegenüber ihrer Community in Clinch geraten könnten. Falls ja, auf PR- oder Werbe-Aufträge an diese Blogger verzichten (bringt beiden Seiten keinen Gewinn).
- Für Sponsored Blogposts idealerweise mit einer externen Agentur zusammenarbeiten, die sich auf das Thema spezialisiert hat. Die Analyse (Welche Blogs werden gut gelesen? Welche kommen als PR-Gefäß überhaupt in Frage? Wie werden die Beiträge verrechnet? etc.) ist relativ aufwändig.

11.3.4 PR auf Social-Networking-Plattformen

Für diese Form der Öffentlichkeitsarbeit (z. B. in Form eines Videos auf myvideo.de oder Youtube) gelten die gleichen Regeln wie für Corporate Blogs und Sponsored Blogposts. Es ist durchaus möglich, erfolgreich PR-Botschaften oder Werbung in solchen Gefäßen zu platzieren. Allerdings ist auch hier Voraussetzung, dass mit offenen Karten gespielt und der Beitrag als PR oder Werbung erkennbar ist. Gerade Firmen, die von ihrer Kultur her nahe an dieser Kommunikationsform stehen (z. B. IT-Firmen, Produkte der Jugendkultur), können hier auf Akzeptanz stoßen.

Social-Networking-Plattformen haben einen erhöhten Fun- und Unterhaltungsfaktor

> Auf Social-Networking-Plattformen ist der erwartete Fun- und Unterhaltungsfaktor um einiges höher als in den (textbasierten) Blogs, die Empfindlichkeit gegenüber Werbebotschaften hingegen geringer.

Darum kann man hier mit gut gestalteten (Video-/Audio-) Beiträgen durchaus ein positiv eingestelltes Publikum finden.

11.3.5 Mitarbeiterschulung und Firmen-Leitlinien als PR-Maßnahme

Beispiel

»Vertraulich« an die Öffentlichkeit
»In einem etwas tragischen Fall war ich am Rande mitbetroffen: Interne Dokumente waren für sechs Monate nur für die Projektpartner zugänglich. Danach wurden diese öffentlich gemacht, aber die Kennzeichnung als intern/vertraulich (versehentlich) nicht entfernt. Inhaltlich ging es unter anderem um strategische Aspekte im Umgang mit kritischer Öffentlichkeit. Exponenten dieser kritischen Öffentlichkeit haben diese Dokumente dann in ihrem Blog veröffentlicht – und als Heldentat angepriesen, dass sie die geheime Strategie des »bösen« Unternehmens entdeckt hatten! Die Dokumente wären sonst wohl weitgehend unbeachtet geblieben, aber der Vermerk intern/vertraulich hat ihnen eine große Popularität gegeben. Großer Imageschaden für das Unternehmen, viel Aufregung, Ärger und Zeit hat das gekostet!«
M, 52, Projektleiter

Eine der wichtigsten PR-Maßnahmen findet nicht außerhalb, sondern innerhalb der Firma statt. **Mitarbeiter** tragen das Unternehmensklima nach außen, sie erzählen von negativen und positiven Erlebnissen und sind so die wichtigsten und glaubwürdigsten **Botschafter der Firma**. Für ein gutes Klima zu sorgen, in dem Mitarbeiter sich einbringen und auch Kritik offen anbringen können, ist eine wichtige Aufgabe des Managements. Gerade im Hinblick auf die neuen Medien sind aber auch Regeln und Leitlinien nötig, die auf mögliche Gefahren bei falscher Nutzung hinweisen. Denn was nützt es, wenn der offizielle Auftritt einer Firma topprofessionell ist, die eigenen Mitarbeiter diesen aber – gewollt oder ungewollt – torpedieren?

Mitarbeiter machen täglich PR für die Firma

Sie schreiben in Online-Foren Gutes und Schlechtes über ihre Firma, sie platzieren auf ihrer privaten Homepage gleich unter dem Namen ihrer derzeitigen Firma einen Link zu einer schmuddeligen Website, sie vermischen im Internet Privat- und Berufsleben und stellen dadurch Verbindungen her, die für eine Firma unangenehm oder schädlich sein können.

> Das Fehlverhalten von Mitarbeitern im Internet stellt ein nicht zu unterschätzendes Risiko für das Ansehen eines Unternehmens dar.

11.3 · Professionelle Online-PR-Maßnahmen

Zur professionellen Öffentlichkeitsarbeit im Online-Zeitalter gehört daher auch die **Sensibilisierung von Mitarbeitenden** für solche Themen. Dies umfasst klare **Regeln**, wie private Online-Aktivitäten von berufsbezogenen zu trennen sind, wie man sich als Mitarbeiter seiner Firma im Internet äußern soll (oder eben nicht) und ein Verständnis dafür, welche Risiken die Aufbewahrung und Weiterleitung von Informationen in digitaler Form in sich tragen.

Regel: Beruf von Privatleben trennen, auch online

Checkliste: Leitlinien für Mitarbeitende im Umgang mit Online-Risiken

Trennung von Berufs- und Privatleben
- Bei persönlichen Internetaktivitäten Beruf und Arbeitgeber nicht erwähnen.
- Nicht während der Arbeitszeit in privaten Online-Foren und Blogs mitschreiben, auch nicht anonym (IP-Adresse des Absenders kann zurückverfolgt werden).
- Keine geschäftlichen Interna im Internet äußern, auch nicht anonym.
- Berufliche E-Mail-Adressen nicht für private Aktivitäten verwenden.
- Passwörter aus dem geschäftlichen Bereich nicht für private Anwendungen brauchen.
- Verantwortungsvoller Umgang mit der Bekanntgabe von berufsbezogenen und persönlichen Informationen in Business-Online-Netzwerken – sie könnten missbraucht werden (Betriebsspionage, ▶ Kap. 4.3.2).

Umgang mit digitalen Informationen
- Jegliche Inhalte, die in digitaler Form vorhanden sind, können in unbefugte Hände geraten.
- Besonders groß ist das Risiko bei E-Mails, weil diese einfach weitergeleitet werden können.
- Geheime, heikle, vertrauliche Themen darum entweder mündlich/telefonisch besprechen oder nur mit größter Zurückhaltung in einem Bereich mit limitiertem Zugriff in digitaler Form ablegen.
- Die Kennzeichnung »vertraulich« bei vertraulichen Dokumenten kann kontraproduktiv sein: manchmal werden solche Dokumente versehentlich so abgelegt, dass sie von außen zugänglich sind – und mit Suchmaschinen nach solchen Stichworten zu suchen, ist einfach. Weitere Infos dazu unter [http://en.wikipedia.org/wiki/Google_hacking] oder Long (2005).
- Immer davon ausgehen, dass der Empfänger eine Nachricht trotz vertraulicher Kennzeichnung weiterleitet (▶ Kap. 6, der DAU).

Regeln für Corporate Blogging – Interne und externe Online-Foren von Firmen
- Jeder bloggende Mitarbeiter soll sich bewusst sein, dass er ein »offizieller« Vertreter seiner Firma ist und dass das, was er im
▼

> Unternehmensblog von sich gibt, von der Öffentlichkeit nicht als seine persönliche, sondern als Teil der Firmenmeinung angesehen wird.
> - Kritik, die in internen Unternehmensforen geäußert wird, bleibt nicht intern, sondern erreicht mit hoher Wahrscheinlichkeit die Öffentlichkeit.
> - Es ist sehr schwierig und anspruchsvoll, in Online-Foren Konflikte konstruktiv auszutragen (▶ Kap. 7.6.2). Mit Kritik in öffentlich einsehbaren Foren/Blogs darum zurückhaltend sein – nach Möglichkeit zuerst andere, direkte Kommunikationskanäle suchen (falls man den konstruktiven Dialog mit der Unternehmensleitung sucht).

Diese Auflistung stellt den »**Idealfall**« dar, nämlich erwünschte Verhaltensweisen des 100% loyalen Mitarbeiters. In Realität sieht das aber anders aus, denn viele Mitarbeiter sind nicht ausgeprägt loyal, sondern vergesslich, nachlässig oder sie missachten Regeln sogar absichtlich.

Leitlinien ≠ Zensur!

Leitlinien für Mitarbeiter dürfen auch nicht als Zensur missverstanden werden. Es geht nicht darum, Kritik grundsätzlich zu unterbinden – aber öffentlich einsehbare Online-Gefäße sind nicht der geeignete Ort, Kritik anzubringen (▶ Kap. 12.5.2). Sie haben ein destruktives Potenzial und Unternehmen haben das Recht, sich vor solchen Risiken mit klaren Richtlinien zu schützen.

11.4 Der DAU in der Online-PR

Es ist wenig ergiebig, beim Thema Online-PR den Enduser (bzw. den Stakeholder) als DAU (dümmster anzunehmender User) zu analysieren. Im Zusammenhang mit Öffentlichkeitsarbeit gibt es kein Verhalten, das eindeutig als »dumm« oder »klug« bezeichnet werden kann. Ist eine Kritik am Unternehmen angebracht, ist es wichtig, dass sie auch ihren Weg an die Öffentlichkeit findet. Solchen Prozessen, die zu mehr Transparenz führen, würde man Unrecht tun, wenn man z. B. grundsätzlich die öffentliche Kritik an Unternehmen als DAU-Verhalten titulieren würde. In diesem Fall interessanter (und besser beeinflussbar) ist der PR-Verantwortliche selber, der in der Interaktion mit Stakeholdern mehr oder weniger geeignete Reaktionsweisen an den Tag legen kann.

> **Der DAU als Online-PR-Verantwortlicher**
> - Er ist überzeugt, dass er vertrauliche Informationen, im Speziellen solche, die einen ungünstigen Einfluss auf das Unternehmensimage haben, problemlos geheim halten kann,
> - verändert oder zensiert im Internet ungünstige Informationen, die
> ▼ Dritte über seine Firma publiziert haben,

- äußert sich öffentlich herablassend und verächtlich über firmenbezogene Kritik und Themen, die von einer Online-Community aufgebracht werden,
- löscht auf dem Online-Diskussionsforum seiner Unternehmens-Website willkürlich Beiträge, die ihm nicht in den Kram passen,
- eröffnet begeistert einen Unternehmensblog und schreibt nach zwei Monaten keine weiteren Beiträge,
- ignoriert Kommentare auf seine Blog-Artikel, wenn sie nicht von angesehenen Persönlichkeiten geschrieben werden,
- hält berechtigte Kritik aus dem Internet für vernachlässigbar, wenn sie nur von wenigen Personen geäußert wird,
- schreibt in Diskussionsforen unter falschem Namen Lobeshymnen auf seine Firma und
- bezahlt »unabhängige« Blogger dafür, dass sie heimlich in Diskussionsforen und Blogs positiv über seine Firma reden.

11.5 Zusammenfassung: Wirksame Online-PR

Checkliste: Wirksame Online-PR
- Erfolgreiche Online-PR zeichnet sich aus durch Transparenz, Authentizität und Dialogbereitschaft.
- Auf den verschiedenen Online-Plattformen (Newsgroups, Newsforen, Message Boards, Blogs, Social-Networking-Plattformen) finden unterschiedliche Arten von Meinungsbildungsprozessen statt.
- Internet-Monitoring kann helfen, gewisse Themen und Trends frühzeitig aufzuspüren, aber nicht verhindern, dass Krisen dennoch überraschend eintreten.
- Um Online-Meinungsbildungsprozesse zu beeinflussen, sind Falschaussagen, verdeckte PR-Aktionen und gezielte Manipulation der Stakeholder schlechte Hilfsmittel.
- Auf Kritik aus dem Internet richtig zu reagieren, beinhaltet die Überprüfung der Relevanz der Kritik und der Handlungsoptionen, die authentische Kommunikation mit den Stakeholdern und die Offenlegung eigener Absichten.
- Nicht die Anzahl Personen, die Kritik im Internet äußern, ist das wichtigste Kriterium, um Maßnahmen zu ergreifen, sondern die Relevanz der Kritik. Je nach Sachlage macht es Sinn, schon einen einzelnen Kritiker gezielt persönlich anzusprechen und somit zu verhindern, dass sich die Kritik ausbreitet.
- Blogs stehen in einem starken Wettbewerb um die Aufmerksamkeit. Es muss daher immer genau abgeklärt werden, ob sich der Aufwand für das Betreiben eines Blogs lohnt. Microblogs können die Aufmerksamkeit für einen Blog erhöhen.

▼

- Corporate Blogging bietet die Möglichkeit, sich als Unternehmen authentisch(er) zu präsentieren, den direkten Kontakt mit Stakeholdern zu suchen und Know-how zur Verfügung zu stellen. Zu den Risiken gehört der nicht zu unterschätzende Ressourceneinsatz (häufige Aktualisierung) und die öffentlich einsehbare Angriffsfläche für Kritik.
- Sponsored Blogposts sollten unbedingt als solche gekennzeichnet werden. Sponsoring von Blogbeiträgen ist immer eine Gratwanderung, weil viele Blogger der Werbung grundsätzlich eher skeptisch gegenüberstehen.
- Die Schulung von Mitarbeitern im Umgang mit Online-Medien ist eine wichtige Maßnahme, um zu verhindern, dass falsche oder schädliche Informationen über die Firma in Umlauf geraten.

Weiterführende Literatur

Bernet, M. (2006). Medienarbeit im Netz. Von E-Mail bis Weblog: mehr Erfolg mit Online-PR. Zürich: Orell Füssli.
Eine praxisbezogene, übersichtliche Einführung ins Online-PR-Handwerk.

Schwarz, T. & Braun, G. (2006). Leitfaden Integrierte Kommunikation. Wie Web 2.0 das Marketing revolutioniert. Waghäusel: Absolit.
Viele praktische Hinweise zu PR und Marketing im Web 2.0 – mit anschaulichen Praxisbeispielen. Risiken und mögliche Nachteile werden eher wenig thematisiert.

Wolff, P. (2006). Die Macht der Blogs – Chancen und Risiken von Corporate Blogs und Podcasting in Unternehmen. Frechen: Datakontext.
Interessanter als die Beschreibung verschiedener Blog-Arten sind Wolffs Ausführungen darüber, wie unterschiedlich Unternehmen mit Online-Krisenkommunikation umgehen.

Professionelle Kundenkommunikation

12.1 Kundenkommunikation in der Online-Welt – 248

12.2 Kundenkontakt via E-Mail – 251

12.3 Kundenkontakt auf Websites – 254

12.4 Kundenkontakt pflegen und aufrecht erhalten – 257

12.5 Das richtige Maß an Interaktivität im Online-Kundenkontakt – 261

12.6 Beispiele für Kundenkommunikation – 265

12.7 Der DAU als Kunde – 272

12.8 Zusammenfassung: Professionelle Kundenkommunikation – 273

Lesen Sie in diesem Kapitel:
- Welche spezifischen Merkmale die Kundenkommunikation im Internet hat,
- wie Sie den Kundenkontakt via E-Mail und Website professionell gestalten können,
- wie Sie das richtige Maß an Interaktivität für Ihren Online-Kundendialog finden und
- wie man der Online-Kundenkommunikation das gewisse Etwas verleihen kann.

12.1 Kundenkommunikation in der Online-Welt

So klein und unbedeutend die einzelnen Schnittstellen im Kontakt mit den Kunden auch scheinen mögen – sie sind ein zentraler Aspekt erfolgreicher Online-Kommunikation. Die zuvorkommende und auch im Detail gepflegte Ansprache der Zielgruppen entscheidet letztlich darüber, ob ein Angebot Erfolg hat oder – trotz interessanten und brauchbaren Inhalten – als unsympathisch oder nicht vertrauenerweckend wahrgenommen und gemieden wird. Darum wird diesem Thema hier ein eigenes Kapitel gewidmet.

Die gepflegte Ansprache entscheidet über den Erfolg

12.1.1 Eigenschaften der Kundenkommunikation im Internet

Die Chancen und Schwierigkeiten der Online-Kundenkommunikation lassen sich aus den **Kerneigenschaften** der Online-Medien (▶ Kap. 2) ableiten.

Individualisierte Ansprache
Von den Nutzern selber angelegte Online-Profile sowie Aufzeichnungen über ihr Surf-, Kauf- oder Suchverhalten auf Websites ermöglichen eine immer gezieltere Ansprache der Kunden, die auf ihre Präferenzen und Bedürfnisse zugeschnitten ist.

Niederschwellige Kontaktaufnahme
Die Schwelle, einen Kunden erstmals anzusprechen, ist im Internet sehr niedrig. Umgekehrt kann auch der Kunde selbst ohne großen Aufwand mit einem Unternehmen Kontakt aufnehmen. Die Kunst hierbei ist, aus einem flüchtigen ersten Online-Kontakt eine dauerhafte Kundenbindung herzustellen.

Sorgfaltspflicht
Kundendaten zu pflegen, zu unterhalten und den Kontakt mit Kunden sorgfältig zu gestalten, ist im virtuellen Raum eine zusätzliche Herausforderung. Die Digitalisierung als »billige Form« der Informationsverbreitung führt mit höherer Wahrscheinlichkeit zu Nachlässigkeiten (»Man kann es ja spä-

ter wieder ändern«) und Fehlern. Kunden wollen aber auch im Internet mit der gleichen Sorgfalt angesprochen werden wie bisher, und sie empfinden Tippfehler in E-Mails, tote Links in Newsletters oder nicht funktionierende Kontaktangebote auf Websites als mangelnde Wertschätzung.

Konfliktpotenzial
Wie Kanalreduktions- und Filtermodell aufzeigen (► Kap. 2.2 und 2.3), besteht im schriftbasierten Online-Kundenkontakt ein erhöhtes Potenzial für Missverständnisse und Konflikte. Diese Tücken zu kennen und zu vermeiden, ist gerade für einen professionell agierenden Kundendienst von zentraler Bedeutung.

12.1.2 Was will man mit der Kundenkommunikation erreichen?

Diese Frage gehört zu den Grundkonzeptionsfragen bei der Gestaltung eines Online-Angebots. Es gibt ein paar grundlegende Punkte, die bei **professioneller Kundenkommunikation** zu beachten sind. Je nach Zielvorgabe aus der Konzeption wird die eine oder andere stärker gewichtet.

- **Positives Erlebnis und gute Erinnerung**: Der Kunde soll nach dem Kontakt ein gutes Gefühl haben: der Kontakt verlief ohne (technische oder andere) Zwischenfälle, sein Anliegen wurde ernst genommen, es ist beim Unternehmen angekommen, man war freundlich zu ihm, er wurde nicht »abgefertigt«, er kennt seine Rechte und weiß jederzeit, wohin er sich bei Fragen wenden kann.
- **Abgrenzung gegenüber anderen Anbietern**: Sich als Firma mit seinen Produkten und Dienstleistungen hervorzuheben, ist aus zwei Gründen wichtig: Einerseits, weil der Kampf um die Aufmerksamkeit allgemein sehr hart ist und es darum grundsätzlich von Vorteil ist, wenn man sich unverwechselbar macht. Andererseits, weil es bei vielen ähnlichen Anbietern gerade die Kleinigkeiten sind, die den Ausschlag dafür geben, dass man sich für den einen oder anderen entscheidet (► Kap. 5.7.5). Die Kundenkommunikation ist hier nicht selten der zentrale Erfolgsfaktor.
- **Kontaktintensivierung**: Nicht in jedem Fall ist die Intensivierung des Kundenkontakts angebracht – es kann sein, dass ein spezifisches Angebot für einen Kunden nur ein einziges Mal aktuell ist oder dass er aufgrund gewisser Merkmale (z. B. in anderem Land wohnhaft) nicht zu den angepeilten Zielgruppen gehört. Bei vielen Online-Angeboten ist aber ein erneuter Besuch des Kunden erwünscht. Es kann auch sein, dass man z. B. über einen Registrierungsprozess die E-Mail-Adresse einer Person erhalten hat und daraus eine Kundenbeziehung aufbauen will. Diese Intensivierung kann man mit gewissen Maßnahmen fördern.
- **Weiterempfehlung**: Zufriedene Kunden sagen es weiter. Sie tun dies von selbst, man kann sie aber auch mit bestimmten Maßnahmen dazu ermutigen.

Das positive Kundenerlebnis steht im Vordergrund

Die oben genannten Punkte werden im Folgenden anhand der verschiedenen Kontakt-Schnittstellen im Online-Dialog behandelt.

12.1.3 Was macht Online-Kunden glücklich?

Versprechen erfüllen und den Kunden Sicherheit geben

Es gibt zwei Perspektiven bei der Frage nach zufriedenen Kunden: die inhaltliche und die prozessbezogene. **Inhaltlich** sind Kunden dann glücklich, wenn sie ein Produkt erhalten, das ihren Erwartungen entspricht und die **Versprechen** des Anbieters **einlöst**. Noch zufriedener sind sie, wenn die erhaltene Qualität dieses Versprechen sogar **übersteigt** (◘ Abb. 12.1). Diese inhaltliche Qualität zu bieten, ist eine zentrale Anforderung an das Management des Anbieters. Wenn sie fehlt, nützen auch noch so optimierte Prozesse wenig, denn die inhaltliche Leistungserfüllung ist Grundvoraussetzung für die Kundenzufriedenheit.

Der **Prozess**, der den Kundenkontakt steuert, muss ebenfalls beachtet werden: Er muss dem Kunden die **Sicherheit** geben, dass sein Anliegen, seine Anfrage etc. beim Anbieter **in guten Händen** ist. Im Online-Bereich heißt das:

> ❗ Der Kunde sollte eine angemessene Kontrolle über den gesamten Prozess der Geschäftsabwicklung haben. Das bedeutet, dass man die Prozessschritte im Online-Kundenkontakt dokumentiert, über wichtige Punkte Transparenz bietet und ein ständiges Dialogangebot aufrechterhält.

◘ Abb. 12.1. Eine Überraschung kann die Kunden glücklich machen

12.2 · Kundenkontakt via E-Mail

Dadurch kann man vielen verärgerten und verunsicherten Reaktionen vorbeugen. Der Aufwand dafür ist nicht allzu groß, und er lohnt sich (▶ Kap. 12.3.2).

12.1.4 Bereiche der Online-Kundenkommunikation

Im Folgenden werden drei große Bereiche behandelt, die für die Online-Kommunikation mit Kunden relevant sind:
- Der **E-Mail-Verkehr** mit Kunden,
- relevante Elemente für die **Website-Gestaltung** (inkl. Prozessgestaltung) und
- die **Pflege von Kundendaten**.

Natürlich sind diese Bereiche meist in komplexere Offline-Prozesse eingebunden. Diese Einbindung wird teilweise ebenfalls erläutert, sei es bei der Steuerung von E-Mail-Anfragen oder bei der Ressourcenplanung im Umgang mit Kundendaten. Es ist wichtig, diese Abhängigkeiten bei der Konzeption des Online-Kundenkontakts zu berücksichtigen.

12.2 Kundenkontakt via E-Mail

12.2.1 Die Rolle der E-Mail-Kommunikation im Kundendialog

E-Mails gehören zu den »Wegwerfprodukten« der Online-Kommunikation. Wir senden und erhalten täglich Dutzende und haben eine gewisse Toleranz gegenüber nachlässig gestalteten Mails entwickelt. Gerade im Kundenkontakt ist die Sorgfalt bei Stil und Rechtschreibung aber Pflicht. E-Mails können außerdem die wichtige Rolle einnehmen, dem Kunden Sicherheit über laufende Prozesse (einer Bestellung, eines Kundendialogs) zu geben.

Das Wegwerfprodukt E-Mail sorgfältig gestalten

> ❗ E-Mails haben als Medium einen flüchtigen Charakter, sind aber zu einer der bedeutendsten Schnittstellen im Kundendialog geworden. Professionelle Gestaltung und die Beachtung wichtiger Kommunikationsregeln stellen sicher, dass sie erfolgreich eingesetzt werden können.

Grundsätzliches zur Gestaltung professioneller E-Mails ist in ▶ Kap. 7.3 zu finden. Im Folgenden werden jene Punkte eingehender erläutert, die spezifisch im Kundenkontakt wichtig sind.

12.2.2 Der Erstkontakt

Ein Kunde, der per E-Mail an ein Unternehmen gelangt, hat spezifische Wünsche, Bedürfnisse und je nachdem auch gewisse Vorstellungen von oder sogar Vorurteile gegenüber der Firma. Die kanalreduzierte Kommunikationsform (▶ Kap. 2.2) gibt ihm nur wenige Hinweise, um das Unternehmen realistisch einzuschätzen. Umso wichtiger ist es, professionell,

E-Mail-Ansprache so formell wie beim Brief gestalten

schnell und freundlich zu antworten. Die Ansprache sollte immer **formell** sein und bezüglich Floskeln, aber auch Informationsgehalt (Kontaktangaben am Ende der E-Mail) derjenigen eines **Briefes auf Papier entsprechen**. Im Unterschied zum geschriebenen Brief sollte sie aber knapper und **stärker gegliedert** sein, um den Leser am Bildschirm nicht zu überfordern.

12.2.3 Bearbeitungsgeschwindigkeit

Auf eine Anfrage per E-Mail sollte idealerweise innerhalb von **24 Stunden** reagiert werden. Falls das aus Ressourcengründen nicht möglich ist, muss man dem Kunden mindestens den Zeithorizont für die Bearbeitung angeben. Dies kann direkt auf der Website geschehen als Hinweis beim Kontaktformular oder in einer kurzen **Bestätigungs-E-Mail**. Der Vorteil des Hinweises auf der Website ist, dass der Kunde von möglichen Wartezeiten weiß, bevor er die Anfrage gestartet hat, der Vorteil der E-Mail ist die etwas höhere Verbindlichkeit dieser Aussage dadurch, dass der Kunde die Mail in seine Inbox erhält und auch später zur Verfügung hat.

12.2.4 Gestaltung von E-Mails

E-Mails müssen so geschrieben sein, dass dem Empfänger auf den ersten Blick klar ist, worum es geht, und dass er mit möglichst wenig Aufwand Antwort geben kann. Tippfehler und saloppe Ansprache sind, gerade in Kunden-E-Mails, unbedingt zu vermeiden.

Zur Perfektion treibt es der Online-Shop BLACKSOCKS (▶ Kap. 12.7.3): Er schult seinen Kundendienst darauf, E-Mail-Antworten so zu verfassen, dass mit nur einer weiteren E-Mail des Kunden die Anfrage erledigt werden kann und kein längerer Mailverkehr hin und her nötig wird.

12.2.5 Steuerung von E-Mail-Anfragen

Websites mit potentiell großem Nutzerkreis, aber auch der Versand von Angeboten per E-Mail können einen beträchtlichen E-Mail-Verkehr verursachen. Gerade größere Unternehmen sollten Kontaktanfragen darum vorstrukturieren, die Möglichkeiten für **automatisierte Beantwortung** oder die Verwendung von **Textbausteinen** überprüfen.

> **Beispiel**
>
> **Arbeitsbeschaffung durch Massenmails**
> Die Research-Abteilung einer global tätigen Versicherung hat seit einiger Zeit verschiedene E-Mail-Newsletters im Angebot, die im Tages- oder Wochenrhythmus Nachrichten aus der Wirtschaftswelt oder zu bestimmten
> ▼

Sachthemen an ihre Abonnenten versenden. Die Abteilungsleitung entscheidet nun, eine unternehmensweite Marketing-E-Mail zu versenden, in der die Angebote ohne Aufwand mit nur einem Mausklick ausgewählt werden können. Dies ist kostengünstig und hat zudem den Vorteil, dass man alle 12.000 Mitarbeitenden bequem und direkt am Arbeitsplatz erreicht, auch diejenigen an kleinen Zweigstellen in Südostasien oder Nordamerika.

Weil man schon dabei ist, bewirbt man in der gleichen Marketing-E-Mail auch die anderen Services der Abteilung, die Recherche- und Bibliotheksdienste. Man will die Gelegenheit nutzen, die Abteilung innerhalb des Unternehmens als wichtigen und zuverlässigen Dienstleister zu positionieren.

Der Mailversand ist ein voller Erfolg: Der Mailserver, der die Newsletter-Anmeldungen verarbeitet, bricht am Tag des Versands unter dem Antwortverkehr zusammen, die Abonnentenzahlen steigen um 400% und etwa die Hälfte aller Mitarbeiter weltweit sind nun für mindestens ein News-Angebot eingeschrieben. Die zwei Produzenten der Newsletters freut es, denn ihre Arbeit erhält dadurch viel mehr Aufmerksamkeit als bisher und kann sich innerhalb der Firma als zentrale Dienstleistung etablieren. Ein Mehraufwand entsteht ihnen dadurch nicht, denn ob sie ihre Newsletter an 200 oder 6.000 Abonnenten schicken, macht für sie keinen Unterschied.

Die sechs Mitarbeiter der Recherche- und Bibliotheksdienste sind allerdings weniger begeistert: Sie werden binnen zweier Tage mit so vielen Buchbestellungen und Rechercheanfragen eingedeckt, dass sie Spät- und Frühschichten einlegen und kurzfristig zusätzliche Hilfskräfte einstellen müssen. Außerdem erhalten sie viele Buchbestellungen von Mitarbeitenden aus Übersee, obwohl sie in der E-Mail explizit darauf hingewiesen hatten, dass Buchbestellungen nur innerhalb Europas möglich sind. Diese Personen müssen nun alle aussortiert und separat kontaktiert werden, damit man ihnen noch einmal erklären kann, warum sie von dieser Dienstleistung ausgeschlossen sind.

Dank des persönlichen Engagements der Mitarbeiter und vieler Überstunden kann der drohende Rückgang der Kundenzufriedenheit bei den Recherche- und Bibliotheksdiensten glücklicherweise verhindert werden. Die Aktion wird als Erfolg gewertet – auch wenn die Mitarbeiter insgeheim über das Management schimpfen, das ihnen so unbedacht so viel Zusatzarbeit aufgehalst hat.

Wie das Beispiel der Marketing-Offensive für Newsletters und Bücher zeigt, kann es eine große Arbeitslast auslösen, wenn der Empfängerkreis in der Online-Kommunikation erweitert wird. In den Verteiler eingefügt werden zusätzliche Adressaten ohne großen Aufwand. Man ist darum immer gut beraten, die möglichen Konsequenzen einer Massenmail im Voraus durchzuspielen und anhand der Szenarien die benötigten mit den effektiv vorhandenen Ressourcen zur Bewältigung zu vergleichen.

Der Adressatenkreis ist schnell erweitert – aber nicht gleich schnell bedient

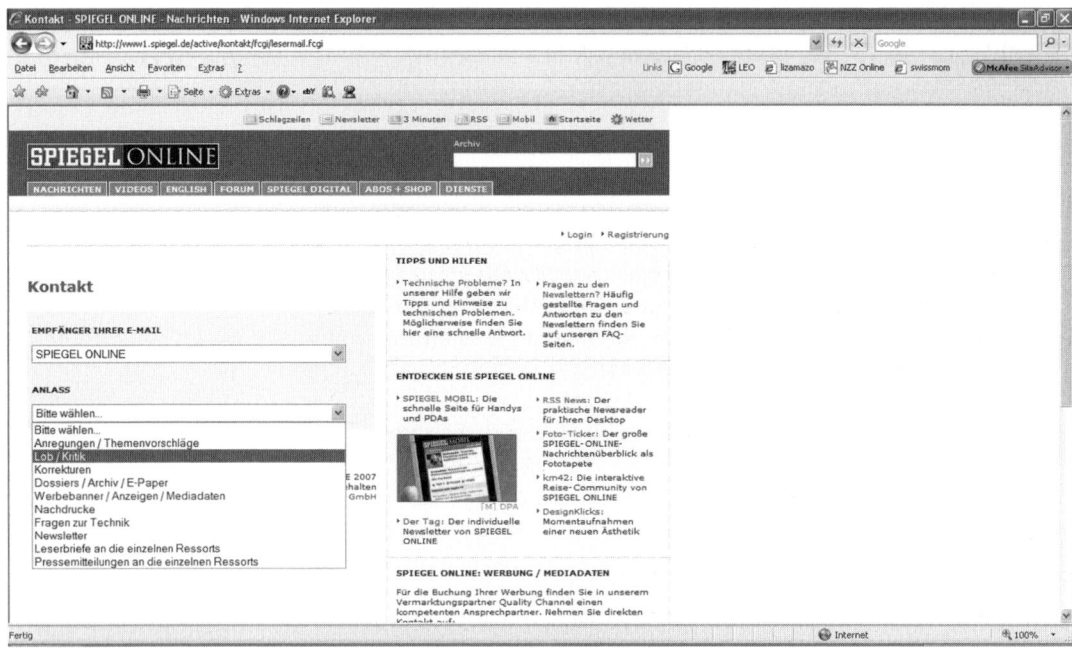

◘ Abb. 12.2. Steuerung des E-Mail-Verkehrs bei Spiegel Online

> **Als Faustregel:** Je größer der Adressatenkreis einer Massenmail, desto zwingender sollte man vor dem Versand die möglichen Konsequenzen durchspielen.

Für die Bewältigung großer Mailvolumen ist es hilfreich, thematische Vorsortierungen vorzunehmen und E-Mails mit automatischen Filtern oder spezifischen Mailadressen an den gewünschten Ort zu leiten (z. B. zur Beantwortung, zur gebündelten Weiterverarbeitung). Wie das aussehen kann, zeigt ◘ Abb. 12.2.

12.3 Kundenkontakt auf Websites

12.3.1 Funktionale Gestaltungselemente

Kontaktinformationen

Kontaktinformationen müssen immer sichtbar sein

Der Online-Erstkontakt mit Kunden findet oft via Website statt. Viele User besuchen diese genau aus dem Grund, nämlich um den Kontakt zur Firma ohne Aufwand (Telefonbuch konsultieren, Visitenkarte hervorsuchen etc.) herzustellen. Daraus ergibt sich eine Grundregel, die leider oft nicht eingehalten wird: Kontaktinformationen müssen bei jeder Website auf der **Einstiegsseite** eindeutig und mit höchstens **einem Klick** auffindbar sein. Sie sollen außerdem immer sichtbar bleiben, wenn man innerhalb der Website navigiert. Der oberste Bereich oder obere Seitenrand der Website ist dazu besser geeignet als das Seitenende, weil man dadurch ohne Scrollen zu den gewünschten Kontaktangaben kommt.

Kontakt via Webformular

Der Kontakt via Webformular hat für den Anbieter den Vorteil, dass Antworten vorstrukturiert werden können und dass er gleichzeitig den Missbrauch seiner Mailadressen durch Spammer verhindern kann (▶ Kap. 7.7).

Für die Kunden ergibt sich daraus ein geringer Mehraufwand, weil sie ihre Kontaktdaten manuell eingeben müssen. Dies ist grundsätzlich nicht so schlimm, wenn ein paar Grundregeln eingehalten werden. Ein Nachteil des Kontakts über Formular ist nämlich, dass die Kunden den Inhalt der gesendeten Nachricht nicht automatisch in ihrer Mailbox haben und oft **unsicher** sind, ob die **Übertragung überhaupt funktioniert** hat. Darum ist es sehr wichtig, diesen Prozess transparent zu gestalten und ihnen die nötige Sicherheit über den Ablauf zu geben.

❗ **Der Kunde sollte unbedingt und unmittelbar per E-Mail bestätigt erhalten, dass die Anfrage angekommen ist.**

Idealerweise macht man das, indem man den Inhalt des Formulars per Mail auch dem Sender zustellt und mit Infos zum weiteren Vorgehen (Bearbeitungszeitraum, Kontaktinformationen für Nachfragen etc.) ergänzt.

Auf der Website sollte die Bestätigungs-E-Mail vorangekündigt werden (z. B.:»Vielen Dank, Ihre Anfrage wurde gesendet. Sie erhalten in Kürze eine Bestätigung per E-Mail.«). Dadurch weiß der Kunde, dass etwas nicht geklappt hat, wenn er die E-Mail nicht erhält. Die bloße Meldung »Ihre Anfrage wurde gesendet« ist ein minimaler, aber eigentlich unzureichender Ersatz, da sie zu wenig Kontrolle über den Prozess gibt.

Webformulargestaltung allgemein

Man sollte sich nicht dazu verleiten lassen, zu glauben, Webformulare seien »nur« ein Daten-Eingabefeld. Genau dort findet die **Interaktion mit den Kunden** statt, und wenn man sie unsorgfältig und unästhetisch gestaltet, ist das eine schlechte Visitenkarte für den Website-Besitzer.

Zur Formulargestaltung gehört darum:

Sorgfältige Formulargestaltung ist die Visitenkarte einer Website

> **Checkliste: Formulargestaltung**
> - Optische **Gestaltung** und Textformat entsprechen dem visuellen Design der übrigen Website.
> - Das Formular enthält einen aussagekräftigen (kurzen) und freundlichen Begleittext und weitere **Kontaktangaben** (z. B. telefonischer Kundendienst, Postadresse – außer, man verzichtet aus Kapazitätsgründen bewusst darauf und will den Kundenkontakt auf E-Mail-Verkehr beschränken. Das muss allerdings gut überlegt sein, denn

> Kunden möchten grundsätzlich frei entscheiden können, wie sie in Kontakt treten wollen. Die Einschränkung auf E-Mail kann negative Gefühle auslösen).
> - Die Formularfelder sind so bezeichnet, dass sofort klar wird, was hineingeschrieben werden muss.
> - Nur jene Felder müssen zwingend ausgefüllt werden, die aus Sicht des Anbieters auch wirklich zwingend sind und die von allen Kunden sinnvoll ausgefüllt werden können.
> - **Fehlermeldungen** sind **aussagekräftig, freundlich** (nicht Befehlston, sondern Bitte) und enthalten alle nötigen Informationen, damit der Kunde den Fehler beheben kann.
> - Auch die übrigen Systemmeldungen (Sendebestätigung, Zwischenschritte) sind in **höflichem Ton in direkter Kundenansprache** formuliert.
> - Der **Todesstoß** für die Kundenzufriedenheit ist es, wenn nach einer Fehlermeldung der bisher im Formular eingegebene Text verschwunden ist und **neu eingegeben** werden muss.
> - Ein kleiner, aber netter **Service am Kunden** ist es, auf einer Formularseite den Cursor gleich ins erste Feld zu programmieren, so dass man einmal weniger klicken muss, um seine Daten einzugeben.

12.3.2 Transparenz über wichtige Punkte

Sehr wichtig ist, dass der Kunde Elemente des Kundenkontakts, die für ihn von Relevanz sind, nicht aktiv suchen muss, sondern dass sie ihm auf dem »Silbertablett« präsentiert werden. Dazu gehört:

Ein transparenter Prozess erhöht das Kontrollgefühl beim Kunden

- **Rechtliche Bestimmungen, Vertragsbedingungen**: Sie müssen so in einen Einkaufsprozess eingebaut werden, dass sie nicht übersehen werden und dass sie gelesen werden können, ohne dass dadurch z. B. das Bestellformular wieder gelöscht wird, weil die Seite im gleichen Fenster aufgebaut wird.
- **Verwendung der E-Mail-Adresse**: Seine E-Mail-Adresse auf einer Website anzugeben, ist immer ein Vertrauensbeweis! Das Risiko für Spam ist allgegenwärtig und sehr lästig; nicht jeder hält sich an die Regel, dass man eine separate Mailadresse benutzen sollte für Online-Transaktionen. Der Kunde muss darum unbedingt informiert werden, wofür seine E-Mail-Adresse verwendet wird.
- **Keine automatischen Newsletter-Abos**: So verlockend es ist, jemandem einen Newsletter »anzuhängen«, wenn er eine Bestellung macht – es ist schlechter Stil und kann beim Empfänger negative Gefühle auslösen. Die Bestellmöglichkeit für ein Newsletter-Abo darf darum nicht automatisch aktiviert sein (da dies oft übersehen wird und dadurch unfreiwillig eine Bestellung ausgelöst wird), man darf aber durchaus deutlich auf dieses Angebot aufmerksam machen. Wichtig ist bei Newsletter-Abos außerdem, dass man eine Double-opt-in-Variante

wählt (die Bestätigung der Anmeldung via Link in einer Bestätigungs-E-Mail, ▶ Kap. 9.3.6).
- **Kontaktmöglichkeit bei Fragen**: Wenn während des Kontakt-/Bestellprozesses oder danach Fragen entstehen, sollte der Kunde immer wissen, wohin er sich wenden kann. Sehr kundenunfreundlich sind z. B. Login-Bereiche ohne Hinweis, wie ein neues Passwort bestellt oder wie eine Hotline-/Supportseite aufgerufen werden kann.
- **Dokumentation wichtiger Prozessschritte**: Die wichtigsten Teile des Bestellvorgangs sollten dem Kunden per E-Mail dokumentiert werden und/oder auf einer Website einsehbar sein: z. B. der Eingang der Bestellung und dann der Versand der bestellten Ware. Man kann das Dokumentieren allerdings auch übertreiben und damit eine unnötige E-Mail-Flut auslösen. Darum sollte man beim Aufsetzen des Prozesses abklären, welche Teilschritte für den Kunden relevant sind und welche Informationen er dabei genau benötigt.

12.4 Kundenkontakt pflegen und aufrecht erhalten

Die Kontaktaufnahme im virtuellen Raum findet meist einfach und niederschwellig statt. Nicht jeder Online-Kontakt soll aber zu einer längerfristigen Kundenbeziehung führen. Ob diese Anforderung zutrifft und zu welchem Zweck man mit den Kunden in Kontakt bleiben will, sollte man sich darum überlegen, bevor man sich überhaupt daran macht, Kundendaten zu sammeln.

12.4.1 Kundendaten gewinnen: Konzeption

Die Zieldefinition sollte der erste Schritt sein, wenn man den Kundenkontakt auf der Website sinnvoll gestalten will. Sehr wichtig ist es auch, sich schon zu Beginn über die eigenen Ressourcen Gedanken zu machen. Denn nicht das Ansammeln von Kundendaten ist ein Problem, sondern die Pflege der Daten, so dass die professionelle Ansprache der Kunden gewährleistet ist.

Erster Schritt: Ziel und Zweck der Datengewinnung festlegen

- **Ziele**: Was will man bei und mit den Kunden erreichen? Sollen sie wieder einkaufen, ans Unternehmen gebunden werden, sich langfristig und vertieft mit den Inhalten der Website auseinandersetzen?
- **Datengewinnung**: Welche Angaben über den Kunden braucht man, um die definierten Ziele zu erreichen (E-Mail-Adresse, Interessengebiete, Postadresse, bisherige Kaufgewohnheiten etc.)? Welche Daten sind momentan nicht von Interesse, könnten es aber zu einem späteren Zeitpunkt sein und sollten darum jetzt schon erhoben werden?
- **Datenvernetzung**: Will man das Kontaktprofil des Kunden über verschiedene Medien erstellen (z. B. telefonische Anfragen, Reklamationen, Besuche im Geschäft, Käufe etc.)? Dies setzt eine etwas komplexere Infrastruktur voraus, ermöglicht aber, dass man auf Kundenanfragen langfristig besser eingehen kann und dass das Wissen über den Kunden auch bei wechselndem Personal im Kundendienst sichergestellt ist.

- **Ressourcenplanung**: Wie wird sichergestellt, dass die Kundenanfragen rasch und professionell behandelt werden können? Wer ist innerhalb des Unternehmens zuständig für welche Arten von Anfragen? Was passiert, wenn das Volumen der Anfragen rasch ansteigen sollte?
- **Datenpflege**: Wie stellt man sicher, dass die Kundendaten korrekt und aktuell sind? Geschieht das durch die Kunden selbst (individuelles Nutzerprofil) oder durch den Kundendienst des Unternehmens? Was passiert mit Fehlermeldungen (inkorrekte E-Mail-Adressen), werden sie ignoriert oder korrigiert?

12.4.2 Möglichkeiten für längerfristigen Online-Kundenkontakt

Wenn eine längerfristige Kundenbeziehung angebracht ist, ergeben sich verschiedene Möglichkeiten für einen regelmäßigen Kontakt:

- **Newsletter**: Dies ist die bekannteste Methode, um sich beim Kunden immer wieder in Erinnerung zu rufen (▶ Kap. 9).
- **RSS-Feeds**: Dazu gehören z. B. Podcasts, News- oder Blog-Abonnemente, die den Kunden regelmäßig mit den von ihm gewünschten Infos versorgen. RSS-Feeds sind zurzeit allerdings noch nicht sehr weit verbreitet, da ihre Einrichtung ein Minimum an technischen Kenntnissen voraussetzt. Je nach Zielgruppe können sie für die Kundenbindung aber durchaus ihren Zweck erfüllen.
- **Mobile Services**: Das Handy kann ergänzend zur Online-Kundenbeziehung eingesetzt werden. Zum Beispiel, indem der Kunde auf der Website seiner Autowerkstatt seine Nummer angibt und immer dann eine SMS bekommt, wenn der nächste Auto-Check fällig ist.
- **Einbindung in soziale Online-Aktivitäten**: Wenn die Website Online-Foren oder andere Beteiligungsmöglichkeiten (Netzwerke, Blog, Wiki) enthält, die für den Kunden relevant sind, kommt er von selbst regelmäßig dahin zurück. Man kann außerdem das Forum so einrichten, dass der User regelmäßig einen Statusbericht erhält (wie das z. B. beim Netzwerk Xing.com der Fall ist) und/oder bei neuen, ihn betreffenden Einträgen informiert wird.
- **Verbindung mit Offline-Aktivitäten**: z. B. Online-Kontakte zu Events einladen, Wettbewerbe, Print-Produkte zustellen (nur auf Wunsch!).

12.4.3 Reklamationsmanagement

Jede Reklamation ist eine Chance

Ein wichtiger Aspekt der Kundenpflege ist der Umgang mit Reklamationen. Grundsätzlich ist jede Reklamation eine Chance, denn der Kunde gibt dem Anbieter die Möglichkeit, mit ihm direkt in Kontakt zu treten und einen Fehler wieder gut zu machen.

Im Umgang mit Online-Reklamationen ist zu beachten, dass die digitale Kommunikation ein zusätzliches Konfliktpotenzial beinhaltet, weil sie die Übermittlung und korrekte Interpretation von Emotionen erschwert

(▶ Kap. 2 und 2.3). Es ist darum wichtig, dass Kundendienst-Mitarbeitende, die Reklamationen entgegen nehmen, für dieses Problem speziell geschult werden.

> **!** Im schriftlichen Online-Verkehr mit wütenden und enttäuschten Kunden ist es besonders wichtig, höflich, zuvorkommend und großzügig zu sein und klar und deutlich zu vermitteln, dass man den Fehler bedauert und für den Kunden rasch eine gute Lösung finden will.

In persönlichen Konfliktsituationen ist es immer zu empfehlen, von der schriftlichen zur telefonischen oder **Face-to-face-Kommunikation** zu wechseln (zum Umgang mit Online-Konflikten ▶ Kap. 7.6). Für den Kundendienst ist der Griff zum Telefon aber nicht unbedingt angesagt – der Kunde kann dies als unangemessenes Eindringen in seine Privatsphäre empfinden. Man kann einem enttäuschten Kunden aber durchaus anbieten, dass man ihn auf Wunsch auch zurückruft, oder seine direkte Telefonnummer angeben, die er bei Bedarf anrufen kann.

Je nach Konzeption der Kundendatenverwaltung können die Reklamationen dem Kundenprofil hinzugefügt werden. Dadurch kann man schneller und besser reagieren, falls zu einem späteren Zeitpunkt beim gleichen Kunden erneut Probleme auftauchen sollten.

Die grundsätzlichen Regeln des Reklamationsmanagements gelten natürlich auch im Online-Bereich: Es gibt keine falschen oder unwichtigen Reklamationen, es hilft nicht, Schuldige zu suchen, die Reaktion soll großzügig und freundlich sein und schnell erfolgen etc.

Eine Beschwerde, die zur Zufriedenheit des Kunden gelöst wurde, trägt nicht nur zur Intensivierung dieser Kundenbeziehung bei, sie kann auch **Multiplikatorwirkung** haben, weil ein zufriedener Kunde sein positives Erlebnis weitererzählt (▶ Kap. 12.6.1).

12.4.4 Die Tücken des viralen Marketings

Viral-Marketing ist eine bekannte und effiziente Methode, an neue Kunden heranzukommen. Da es auf Mund-zu-Mund-Propaganda basiert, besteht eine gewisse Wahrscheinlichkeit, dass die neu angeworbenen Kunden zu einer ähnlichen Zielgruppe gehören wie die Person, die sie angeworben hat (und die offenbar an einem Angebot so sehr Gefallen gefunden hat, dass sie es weiterempfiehlt).

Virales Marketing beinhaltet allerdings auch einige Risiken, die gerade für die professionelle Kundenkommunikation von Bedeutung sind:

Virales Marketing beinhaltet auch Risiken

- **Schneeballeffekte sind schwer kontrollierbar:** Wenn eine virale Kampagne richtig losrollt, kann sie lawinenartig Mehrverkehr auf einer Website und damit auch im Kundenkontakt auslösen, der vom Kundendienst bewältigt werden muss. Schwer kontrollierbar ist außerdem, wenn aus irgendeinem Grund die Stimmung kippt und in der Folge z. B. unzählige Reklamationen zu bearbeiten sind.
- **Unsichere Qualität der Kundendaten:** Die erhaltenen Kontaktdaten in einem viralen Prozess haben nicht unbedingt die Qualität, die für eine

professionelle Ansprache dieser Neukunden erforderlich ist (s. dazu das unten stehende Fallbeispiel »Herr Frosch«). Auch ist nicht unbedingt sichergestellt, dass die effektiv erreichte Zielgruppe der erwünschten entspricht (treffsicherer sind je nachdem gezielte Angebote in themenspezifischen Newsforen).

Nachhaltigkeit von viralen Aktivitäten im Voraus sicherstellen

- **Nachhaltigkeit ist nicht gewährleistet**: Eine virale Kampagne an und für sich ist schnelllebig. Sie sollte mit einem längerfristigen Konzept verbunden sein, das schon zu Beginn die Ziele für die neuen Kundenbeziehungen festlegt.

> **Beispiel**
>
> **Hallo Herr Frosch! Wie man Kunden richtig anspricht**
> Eine Internet-Agentur will neue Adressen für ihre Kundendatenbank gewinnen. Sie beschließt, ein Online-Spiel mit einem Frosch-Tamagotchi als Sympathieträger zu schaffen. Der Frosch ist glücklich, wenn man sich mit Username und Passwort registriert, schrittchenweise seine persönlichen Daten (Name, E-Mail, Postadresse, Interessen etc.) preisgibt und möglichst viele Freunde zum Mitspielen einlädt. Wenn man sich längere Zeit nicht einloggt, beginnt der Frosch zu leiden, wird mager und kümmerlich und sendet Hilferufe per E-Mail, dass man ihn wieder einmal besuchen soll. Startpunkt der Kampagne sind bestehende Kunden und Mitarbeiter der Firma, und über diese verbreitet sich die Nachricht vom Frosch mittels Viral-Marketing rasch weiter.
> Das Spiel ist ein Erfolg, denn zur Zeit der Lancierung dieser Kampagne waren Tamagotchis allgemein sehr »in«, und der Frosch kommt offenbar gut an. Es gibt jedenfalls gegen 5.000 neue Registrierungen. Die PR-Abteilung ist zufrieden, denn man kann relativ sicher sein, dass man auch die richtige Zielgruppe erreicht und ein anschauliches Beispiel seiner Fähigkeiten im Bereich Online-Marketing gegeben hat.
> Einige Zeit später beschließt man, die vorhandenen Adressen in der Kundendatenbank als Basis für den Versand eines vierteljährlichen personalisierten Newsletter zu verwenden, in dem Projekte und Kompetenzen der Firma präsentiert werden.
> Bald nach dem Absenden des ersten Newsletters treffen bei der Agentur verständnislose Antwort-Mails ein: Warum man soeben eine Mail mit der Begrüßung »Hallo Flitzer Frosch« oder »Hallo Frau Quaaak« erhalten habe, fragen gestandene Projektleiter und Geschäftsleitungsmitglieder der Kundenfirmen. Die PR-Abteilung stellt fest, dass sich zahlreiche User zwar mit einer gültigen E-Mail-Adresse, aber ohne Angabe ihres richtigen Namens registriert hatten. Verständlich: Nicht jeder will seine persönlichen Daten online bekannt geben, und so wählt man statt des eigenen Nachnamens einen, der einem spontan in den Sinn kommt. Was liegt bei diesem Spiel näher als Frösche und Froschlaute in allen Variationen. Dass es nicht gerade vorteilhaft ist, nachher effektiv als Frosch angesprochen zu werden, ist ebenso klar, aber das störte die Tamagotchi-Pfleger

> im Spiel nicht – und sie wussten ja nicht, dass ihre persönlichen Daten später einem anderen Zweck dienen sollten. Die Agentur ihrerseits hatte es versäumt, die Einträge in der Adressdatenbank vor der Weiterverwendung auf ihre Korrektheit zu überprüfen.
>
> **Fazit**
> Es ist anspruchsvoll, Kundendaten in einem Spiel so zu gewinnen, dass sie nachher für andere Zwecke weiterverwendet werden können.
> Die Diskrepanz zwischen der saloppen Ansprache und dem seriösen Inhalt des Kunden-Newsletters hat dem Image der Kreativfirma wohl nicht wirklich geschadet. Um ihre Kompetenzen im Bereich Customer Relationship Management herauszustreichen, musste sie die aufwendige Pflege der Kundendatenbank dann aber doch zügig in Angriff nehmen.

Wenn man eine virale Kampagne erfolgreich durchgeführt hat, kann man sich noch nicht auf den Lorbeeren ausruhen. Die eigentliche Arbeit beginnt erst jetzt: nämlich die **Überprüfung und Pflege der Kundendaten** und die gezielte Ansprache der vordefinierten Zielgruppen. Wenn man die benötigten personellen Ressourcen für die Pflege der erhaltenen Kundendaten nicht bereitstellen kann oder will, ist die Frage berechtigt, ob sich eine teure und aufwändige Viral-Marketing-Aktion überhaupt lohnt.

Die eigentliche Arbeit beginnt erst nach der viralen Kampagne

> Ein einmaliger punktueller Kontakt mit einem Unternehmen führt noch nicht zu einer dauerhaften Kundenbindung. Diese setzt ein Konzept voraus, das definiert, wie die gewonnenen Kontakte vertieft und gefestigt werden.

12.5 Das richtige Maß an Interaktivität im Online-Kundenkontakt

In der aktuellen Marktforschung zur Verwendung von Online-Medien in Unternehmen wird immer wieder erwähnt, dass die meisten Firmen die interaktiven Möglichkeiten noch viel zu wenig ausnützten. Impliziert wird damit, dass mehr Interaktivität im Online-Bereich zwingend besser ist als wenig, weil sie zukunftsorientiert, benutzerfreundlich, innovationsfördernd etc. sei. Viele Unternehmen hören diese Appelle und beginnen dann, entsprechend den aktuellen Modeströmungen interaktive Elemente in ihre Websites einzubauen. Nicht selten mit dem Erfolg, dass sie nach ein paar Monaten davon zurücktreten müssen, weil sich kein Mehrwert ergeben oder – schlimmer – ein Problem daraus entstanden ist. Darum ist es sehr wichtig, die unterschiedlichen interaktiven Möglichkeiten gut zu kennen und genau zu prüfen, bevor man eine solche Option in seinen Kommunikationsmix aufnimmt.

Mehr Interaktivität im Online-Bereich ist nicht zwingend besser

Unbestritten ist, dass Interaktion grundsätzlich ein wichtiges Element für Online-Werbeaktivitäten und Kundenbindungsmaßnahmen ist (s. dazu die Ausführungen in ▶ Kap. 10.4.3, Interaktivität im Online-Marketing).

12.5.1 Welche Formen von Online-Interaktivität gibt es?

Es gibt fast unzählige Möglichkeiten, Interaktivität auf einer Website einzubauen. Ihre Funktionalitäten sind unterschiedlich komplex. Dadurch entsteht auch variabler Aufwand in der Bewirtschaftung und in den möglichen Auswirkungen auf kommunikative und damit Image-relevante Prozesse.
◘ Tabelle 12.1 listet mögliche Formen auf.

Klar definierte Interaktionsangebote sind einfacher in der Handhabung

Die einfachste Form (**Punkt 1**, Einmalige Service- und Unterhaltungs-Angebote für Kunden) beinhaltet eine klar vorgegebene wechselseitige Interaktion zwischen User und Online-Anwendung ohne sozialen Austausch zwischen Menschen und ohne Verbindlichkeit. Das heißt, wenn die Person die Interaktion abschließt, ist kein Bezug mehr zum Angebot vorhanden.

Punkt 2 beinhaltet klar vorgegebene, automatisierte Interaktionen, die den längerfristigen Kontakt mit einem Kunden zum Ziel haben und ihn auf eine bestimmte Art an die Applikation oder Website binden.

Am komplexesten ist **Punkt 3**: Er umfasst Interaktionen, die auf sozialem Austausch zwischen zwei oder mehr Menschen basieren. Sobald Menschen interagieren, ist ein Kommunikationsprozess nie vollständig kontrollierbar. Man kann gewisse Regeln und Verhaltensanweisungen vorgeben (**3a**), halbstrukturierter Dialog), es besteht jedoch immer ein gewis-

◘ **Tab. 12.1.** Formen von Online-Interaktivität im geschäftlichen Kontext, mit nach unten zunehmendem Komplexitätsgrad

1. Einmalige Service- und Unterhaltungs-Angebote für Kunden Spiele, Gewinnspiele, Wettbewerbe, Download-Angebote, Online-Videos, Online-Services (wie Umfragen, Berechnungen oder Onlinetests), Online-Shops, E-Learning-Angebote, Mashups (interaktive Verknüpfung von Elementen auf einer Website, z. B. bei Google Maps), vertiefende thematische Informationen und Services, »Tell-a-friend« (Weitersagen-Funktion)
2. Längerfristige Service- und Informations-Angebote für Kunden Kundenbindung: Newsletters, personalisierbare Websites mit Registrierung, Bonusprogramme, SMS-Informationsdienste, RSS-Feeds, Podcasts
3. Kommunikations-Angebote mit Kundenbeteiligung (Offener Dialog) a. **Halb strukturierter Dialog** Thematischer E-Mail-Verkehr (z. B. kanalisierte Anfragen oder Mailinglisten), thematische Newsforen und Diskussionsgruppen mit festgelegten Themen und Moderation, Live-Chats mit Moderation, thematische Wikis, Online-Bewertungssysteme, Themenblogs, thematische Online-Netzwerke, Business-Online-Netzwerke, Alumni-Vereinigungen, teilweise auch SecondLife (da thematische Struktur in Teilen vorhanden), themenspezifische Unternehmensblogs, Sponsored Blogposts b. **(Vorwiegend) unstrukturierter Dialog** E-Mail-Verkehr mit Kunden, Newsforen und Newsboards ohne thematische Einschränkung und ohne Moderation, nicht thematische Online-Communities (wie Youtube, Flickr), Live-Chats ohne Moderation, Instant Messaging, private oder thematisch nicht fest definierte Blogs, unspezifische Unternehmensblogs, Online-Gästebücher

Anmerkung zum E-Mail-Verkehr mit Kunden: Er ist zwar unstrukturiert, aber da er nicht öffentlich sichtbar ist, weniger problematisch als die unstrukturierte Kommunikation auf Websites. Die Komplexität steigt maßgeblich durch die Anzahl der Mitleser und Teilnehmer.

ses Risiko, dass sich nicht alle Teilnehmer daran halten. Bei teilweise oder ganz unstrukturierten Formen (**3b**) fallen Verhaltensregeln als Orientierungspunkte für die involvierten Personen weg. Die Entwicklung und das Resultat einer Interaktion sind also in hohem Maß der aktuellen Dynamik einer sozialen Gruppe überlassen. Somit kann man als Faustregel sagen:

> **Der Komplexitätsgrad von interaktiven Anwendungen wird größer, je weniger klar die Verhaltensweisen der Kommunikationspartner vorgegeben sind und je einfacher Dritte diese Interaktionen mitverfolgen und sich selber daran beteiligen können.**

Je komplexer die Interaktivitätsform, desto größer ist der damit verbundene Arbeitsaufwand für Pflege und Betreuung und desto höher ist auch das Risiko, dass einem die Kontrolle über das Angebot entgleitet.

12.5.2 Das geeignete interaktive Angebot finden

Wie können die Erkenntnisse über den Komplexitätsgrad von interaktiven Anwendungen im geschäftlichen Kontext angewendet werden?

Zuerst einmal müssen sich Unternehmen bewusst werden: Im Internet-Zeitalter können sie grundsätzlich immer mit **unstrukturiertem Dialog** konfrontiert werden, weil das Medium die Voraussetzungen dazu bietet und die Kontrollmöglichkeiten eingeschränkt sind.

Das bedeutet, Unternehmen sind heute gezwungen, ihre eigene Dialogbereitschaft und ihren Umgang mit Kritik zu überprüfen. Nur wenn sie geeignete Strategien für den Umgang mit ihren Online-Stakeholdern entwickeln, können sie im virtuellen Raum erfolgreich kommunizieren (s. dazu die Ausführungen in ▶ Kap. 11, Online-PR und ▶ Kap. 10.5.8, der Kunde als Botschafter).

Im Folgenden werden die interaktiven Möglichkeiten aus ◨ Tab. 12.1 auf ihre Anwendbarkeit überprüft.

Der offene, unstrukturierte Kundendialog ist arbeitsintensiv und schwer kontrollierbar

Einmalige Service- und Unterhaltungs-Angebote für Kunden

Unproblematisch und immer **empfehlenswert** sind einfache interaktive Anwendungen. Sie machen eine Website attraktiv und vertiefen die Auseinandersetzung der Kunden mit dem Anbieter. Das heißt nun aber nicht, dass all diese Formen auf jeder Website angeboten werden müssen. Man sollte jedoch bei der (Neu-) Konzeption eines Online-Auftritts analysieren, welche Inhalte des Unternehmens interaktive Möglichkeiten bieten, die bisher nicht genutzt wurden, und welche Arten von Interaktivität überhaupt zum eigenen **Firmenimage** passen.

Längerfristige Service- und Informations-Angebote für Kunden

Auch diese Form kann relativ problemlos verwendet werden. Die Kontinuität der interaktiven Auseinandersetzung bedingt aber eine regelmäßige Aktualisierung von Inhalten und ist darum **relativ ressourcenintensiv**. Sie sollte nur gewählt werden, wenn die entsprechenden Ressourcen langfristig zur Verfügung gestellt werden können (▶ Kap. 8.5, Ressourcenplanung bei Websites).

Kommunikations-Angebote mit Kundenbeteiligung

Der offene und öffentlich sichtbare Dialog mit Kunden bietet eigentlich **viele Vorteile** für ein Unternehmen. Wer offen kommuniziert und sich mit Fragen und Kritik auseinandersetzt, wirkt glaubhaft und wird als selbstbewusst wahrgenommen. Kritikfähigkeit hat auch mit **Innovationsfähigkeit** zu tun, denn wer zuhört und seine bisherige Meinung auch mal revidiert, kann sich verbessern und neue Ideen integrieren. Dennoch ist der offene Online-Austausch **nicht ohne Gefahren**. Diese beruhen auf den Eigenschaften der Online-Medien (▶ Kap. 2).

> ❗ **Schriftbasierte Online-Kommunikation beinhaltet ein erhöhtes Konfliktpotenzial, weil die Möglichkeiten, komplexe und emotionale Sachverhalte richtig zu vermitteln, stark eingeschränkt sind. Dieses Risiko gilt auch für Online-Plattformen.**

Konflikte sollten nach Möglichkeit nicht schriftlich ausgetragen werden (▶ Kap. 7.6.2) – genau dies ist aber im Dialog auf Online-Plattformen kaum zu umgehen. Darum gibt es Themen, für die der unstrukturierte, schriftliche Online-Dialog nicht den geeigneten Kommunikationskanal darstellt. **Problematisch** sind sehr stark **emotional geladene Umgebungen**, z. B. bei Umstrukturierungen oder Stellenabbau oder bei **stark polarisierenden Inhalten**. Das heißt nicht, dass der Dialog in solchen Situationen überhaupt nicht stattfinden soll, im Gegenteil. Aber man muss ihn aktiv gestalten und strukturieren und sollte nach Möglichkeit einen anderen Kommunikations-Kanal dafür finden, der der Komplexität der Situation angemessen ist (vgl. ▶ Kap. 3.1.2). Je nach Größe der Gruppe und lokalen Gegebenheiten sind das z. B. reale Treffen mit der Möglichkeit zur direkten Konfrontation, Fernsehauftritte, die gezielt beide (gegnerischen) Sichtweisen integrieren, oder schriftliche Stellungnahmen, basierend auf möglichst ungefilterten Fragen von Betroffenen.

Emotional geladene Themen sind für den Online-Dialog nicht geeignet

Wenn man als Unternehmen aktiv in den **offenen Dialog mit Kunden** treten will, gilt es also folgende Punkte zu beachten:

- **Halb strukturierte Angebote bevorzugen**: Im offenen Dialog mit Kunden und Stakeholders sind strukturierte Angebote besser geeignet als unstrukturierte. Die geltenden Regeln müssen von Beginn an klar definiert und kommuniziert werden. Sie sollten umfassen, welche Themen Inhalt des Forums, Blogs etc. sind, wie man sich gegenüber anderen Teilnehmern zu verhalten hat und welche Beiträge aus welchen (plausiblen) Gründen ausgeschlossen werden. Wer erst dann Regeln einführt (und Beiträge löscht), wenn er gerade dabei ist, eine schlechte Erfahrung zu machen, läuft Gefahr, dass dies als Zensur aufgefasst wird.

> ❗ **Welche Inhalte zum halbstrukturierten Online-Dialog gehören und welches Verhalten der Teilnehmer zulässig ist, wird beim Aufschalten des Angebots definiert. Nachträgliche Änderungen im Krisenfall sind schwierig.**

- **Ausreichend Ressourcen bereitstellen:** Die Betreuung eines Dialog-Angebots ist äußerst zeitintensiv. Dies gilt schon für den »Normalfall« (ohne Krise), weil alle Beiträge gelesen und gegebenenfalls beantwortet werden müssen. Auch die Einhaltung der Regeln muss überprüft werden. Je nach Umfang des Angebots ist das von einer Person allein nicht zu machen. Im Krisenfall akzentuiert sich die Ressourcenfrage zusätzlich; man sollte daher in der Aufwandschätzung eher von diesem »worst case« ausgehen.
- **Nur der ernst gemeinte Dialog zählt:** Einen Blog oder ein Forum aufzusetzen mit dem Hinweis, dies sei für den offenen Austausch mit den Kunden gedacht, ist das eine. Diesen Worten muss man jedoch Taten folgen lassen, um seine Glaubwürdigkeit nicht zu verlieren. Kommentare der Leser müssen beachtet und beantwortet werden, sie sollten in die Themenwahl einfließen und den Blog mitbestimmen. Wer nur schreibt, aber nicht auf Antworten reagiert, befindet sich in einem Monolog – und dafür braucht man keine interaktive Anwendung.

Offener Dialog in der internen Kommunikation

Aktuelle Umfragen zeigen, dass Unternehmen in der internen Kommunikation offensiver mit den interaktiven Möglichkeiten des Internets arbeiten als in der externen. Dies hat den Grund, dass intern Kommunikationsregeln besser durchgesetzt werden können. Auch das Wissen der Mitarbeiter um drohende Sanktionen, wenn sie sich unangemessen verhalten sollten, fördert die »Disziplin« bei der Nutzung.

Interne Kommunikation bietet mehr Raum für Experimente

Man darf aber auch bei internen Gefäßen nicht aus den Augen verlieren, dass der Zeitaufwand für die Teilnahme an interaktiven Angeboten beträchtlich ist. Bevor man eine solche Option realisiert, ist daher eine **Bedarfsanalyse** wichtig. Man kann auch mal einen Versuchsballon starten (intern ist das weniger problematisch als extern) und muss dann einfach gegebenenfalls bereit sein, ein Angebot wieder zu schließen, wenn es aus Zeitgründen oder mangelnder Relevanz für die Mitarbeiter nicht genügend genutzt wird.

Auch firmenintern können aber Online-Konflikte entstehen. Dies darf man nicht aus den Augen verlieren und sollte rechtzeitig mit anderen (nicht schriftbasierten) Kommunikationsmaßnahmen eingreifen, bevor die Situation eskaliert.

12.6 Beispiele für Kundenkommunikation

12.6.1 Online Shopping als Einkaufserlebnis: BLACKSOCKS

Der Gründer des Socken-Onlineshops BLACKSOCKS hat von Beginn an großen Wert auf eine bis ins kleinste Detail professionelle Kundenkommunikation gelegt.

»Erlebnisse sind wichtiger als Versprechen«

Die Bildung einer erfolgreichen Online-Marke – Interview mit Samy Liechti, lic. oec HSG, Gründer und Inhaber von BLACKSOCKS.

Firmenportrait BLACKSOCKS

BLACKSOCKS vertreibt als reiner Online-Shop qualitativ hoch stehende Socken für Männer und seit 2007 auch eine Auswahl an T-Shirts und Unterwäsche im Abo.

Bei BLACKSOCKS in Zürich sind vier Mitarbeiter fest angestellt für den Bereich Vermarktung, Kundenbetreuung und die Koordination mit den Outsourcing-Partnern. Alles, was möglich ist, wurde ausgelagert (IT, Verpackung, Lager, Personal, Buchhaltung).

Samy Liechti, warum kamen Sie auf die Idee, Socken via Internet zu verkaufen?

Die Idee für ein Socken-Abo hatte ich schon 1994, als ich selber peinliche Erfahrungen mit löchrigen Socken machte (das können Sie auf unserer Website nachlesen). Mich interessierte die Idee eines regelmäßigen Sockenversands. Damals waren aber Telefon und Katalog die einzigen Vertriebsmöglichkeiten, und das hat mich als Geschäftsmodell nicht interessiert. 1998 begann ich mich im Rahmen meiner damaligen Tätigkeit als Berater vertieft mit dem Internet zu beschäftigen. Dieses Medium faszinierte mich sofort: Man kann so genial einfach kommunizieren, alle Infos online zur Verfügung stellen, und die asynchrone Bestellmöglichkeit ist im Vergleich zum Telefon viel bequemer.

Daraufhin beschloss ich, meine Sockenidee als Online-Shop aufzuziehen. Ein Kollege baute für mich eine einfache Website, das Bestellformular war E-Mail-basiert, und im Sommer 1999 startete unser Geschäft.

Heute haben wir 35.000 Kunden, der Exportanteil (außerhalb der Schweiz) ist zurzeit 20%, wir liefern in 73 verschiedene Länder weltweit. »Globalisiert« sind wir aber nicht wirklich, die meisten internationalen Kunden finden uns selber im Internet oder haben Zeitungsberichte über uns gelesen. Oder es gibt z. B. Schweizer, die in China arbeiten und auch dort nicht auf unsere Socken verzichten wollen. Marketinggelder geben wir aber nur in der Schweiz aus.

Wie lange behalten Sie Ihre Kunden?

80% unserer Abo-Kunden bleiben länger als ein Jahr. Grund für die Kündigung des Abos ist oft, dass jemand »zu viele Socken« hat. Oft kommen solche Kunden aber später wieder zu uns zurück.

Wie haben Sie die Zielgruppe definiert? Und warum bieten Sie keine Socken für Frauen?

Als ich mit BLACKSOCKS startete, war der durchschnittliche Internet-User genau meine Zielgruppe, nämlich zwischen 28 und 40 Jahren, männlich und Akademiker. Daher bot sich das Internet ideal an, um diese Gruppe anzusprechen.

Die Männer, die zu meiner Zielgruppe gehören, sind im Durchschnitt treue Kunden, weil sie keine Zeit haben, sich um Socken zu kümmern, und sie sind wenig preissensibel, d. h. keine Schnäppchenjäger.

Frauen sind in Sachen Kleider eine schwierigere Klientel: das Sortiment an angebotenen Socken oder Strümpfen müsste für sie viel größer sein, und aus dem Kataloggeschäft weiß man außerdem, dass die Retourenquote bei Frauen sehr viel höher ist als bei Männern. Darum geht unsere Strategie eher dahin, das Angebot für die bestehende Zielgruppe zu erweitern.

Wie machen Sie Ihre Marke bei der Zielgruppe bekannt?
In den ersten Jahren profitierte BLACKSOCKS vom allgemeinen Internet-Hype: Da wir ein sehr plakatives Geschäftsmodell haben, wurden wir oft in den Medien zitiert und konnten im Bereich E-Commerce in der Schweiz eine Vorreiterrolle einnehmen. Im Marketing für BLACKSOCKS haben wir immer wieder versucht, neue Strategien als Erste auszuprobieren und damit Aufmerksamkeit zu erregen, ohne das Werbebudget zu sehr zu strapazieren. So haben wir z. B. als Erste in der Schweiz Handylogos zum Download angeboten und das erste Radiosponsoring für das öffentlich-rechtliche Schweizer Radio gemacht. Die Aufmerksamkeit war entsprechend groß, und für uns haben diese Maßnahmen binnen kurzer Zeit zu einer Bekanntheit von 65% innerhalb der Zielgruppe geführt.

Online haben wir natürlich auch sehr viel ausprobiert, das war Ende der 90er-Jahre noch für wenig Geld möglich. Wir boten uns oft freiwillig als Versuchskaninchen an, z. B., um die Effizienz von Bannerwerbung zu testen, als Promotionspartner für Zeitschriften oder andere Unternehmen oder in der Pilotphase von Google Adwords.

Wichtig ist für uns nach wie vor das »story telling«, nämlich dass unsere bestehenden Kunden uns weiterempfehlen. Ca. 15% unserer Neukunden generieren wir über diesen Weg.

Welche Kundenbindungs-Maßnahmen setzen Sie ein?
„Das Kundenerlebnis ist für die Markenbildung wichtiger als das Leistungsversprechen." Danach handeln wir, und der Kundenservice ist unser größtes Anliegen. Ich investiere sehr viel Zeit, um nicht nur meine Mitarbeiter entsprechend zu schulen, sondern auch unseren Outsourcing-Partnern immer wieder klar zu machen, dass auch sie einen sehr wertvollen Beitrag zur Kundenzufriedenheit leisten. In der Praxis sieht das so aus, dass wir sehr kulant sind, wenn Kunden bei uns reklamieren, und dass wir uns bemühen, bis in die Details unsere Schnittstellen zu den Kunden so zu gestalten, dass wir schnellen und bestmöglichen Service bieten. Dieses »Kundenerlebnis« beschreiben wir aber nirgends auf der Website, d. h., wir machen keine Versprechen, die wir dann vielleicht im Einzelfall nicht einhalten könnten, aber wir überraschen unsere Kunden mit dem hohen Standard, den wir ihnen unangekündigt bieten. Darauf erhalten wir viele positive Reaktionen, und 2005 wurden wir dafür sogar mit dem amerikanischen Copernican Award ausgezeichnet, weil ein Kunde nach einer Beanstandung ein so positives Erlebnis mit uns hatte, dass er uns da empfohlen hat. Der Umgang mit den Kunden ist für uns ganz klar Bestandteil der Marketingstrategie.

An unsere bestehenden Kunden versenden wir 4- bis 8-mal pro Jahr einen Newsletter (aber nur an die, die ihn wirklich wollen). Da können wir auf Neuerungen in unserem Sortiment hinweisen oder je nach Einkaufsverhalten der Kundschaft spezifische Erinnerungen setzen. Vierteljährlich erhalten unsere Kunden ein Print-Kundenmagazin, und häufig legen wir dem Sockenversand eine kleine Überraschung bei – auch das, um den Kunden zu einem positiven Erlebnis mit uns zu verhelfen.

Was tun Sie zur Vertrauensbildung, und wie stellen Sie die Glaubwürdigkeit Ihres Angebots bei der Kundschaft sicher?
Unsere Überzeugung ist wie gesagt, das Leistungsversprechen nicht zu hoch zu machen und dafür umso mehr mit dem Kundenservice unsere hohen Standards zu zeigen.

Was wir auch merken, ist, dass die Leute nicht nur das Produkt sehen wollen, das wir verkaufen, sie wollen auch wissen, wer dahinter steht. Darum erweiterten wir die Website um diesen Bereich. Ich habe meine persönliche Präsenz im Netz dazu genutzt, auch mir selbst ein »Markenzeichen« zu geben, indem ich auf den Online-Fotos immer einen Maßanzug mit Shorts und Socken trage. Das ziehe ich auch knallhart im realen Leben durch, d. h. wenn ich zu einer Talkshow geladen bin oder einen Vortrag halte, dann ebenfalls immer mit kurzer Hose und Socken. Das gibt zu reden, die Leute erinnern sich daran, und damit auch an unsere schwarzen Socken.

Hatten Sie schon mit negativem Feedback in Blogs oder Online-Foren zu tun? Falls ja, wie haben Sie darauf reagiert?
Es gibt Spammer, die unser Angebot kopieren und ebenfalls Socken – in viel schlechterer Qualität – per E-Mail zum Verkauf anbieten. Das ist lästig, aber man kann leider wenig dagegen tun. Wir haben oft Reklamationen von Kunden erhalten, die uns mit diesen Spammern verwechselten, und auch in Blogs gab es schon negative Einträge. Wichtig ist jeweils, klar Stellung zu beziehen und darauf hinzuweisen, dass wir keine Adressen missbrauchen und niemandem ungefragt Mails zustellen.

Welches sind die besonderen Vorzüge und Schwierigkeiten einer reinen Online-Marke? Wie kann man sich online als Marke etablieren?
Ich denke nicht, dass sich eine Online-Marke von einer Marke in der »realen« Welt unterscheidet. Die Kunst ist doch: mit einer Marke eine Welt im Kopf zu schaffen. Da geht es »Offline«-Marken genau gleich wie uns, denn alle Unternehmen, die Dienstleistungen anbieten, sind mit dem Problem konfrontiert, dass ihr Produkt virtuell ist.

Viele Leute denken, das Internet ist praktisch, da kann man 50.000 Leute auf einmal ansprechen und im Nu eine Marke bei einer großen Zielgruppe etablieren. Es gibt aber nicht »die Masse«, sondern nur 50.000-mal jeden Einzelnen. Das bedeutet, 50.000-mal Knochenarbeit, 50.000-mal Vertrauen aufbauen über verschiedene Kanäle, nicht nur über die Werbung, sondern eben auch über den Kundenservice. Alles, was für den Kunden sichtbar ist, ist für die Markenbildung wichtig. Erlebnisse sind stärker als Versprechen.

12.6.2 Professionelles Online-Beratungsangebot: Qualimedic

Die Anonymität des günstigt Online-Beratungen

Die Anonymität des virtuellen Raumes und seine niederschwellige, ortsunabhängige Erreichbarkeit machen das Internet zum idealen Ort für Online-Beratungen (vgl. ▶ Kap. 2.3.1). Solche Zusatzservices verursachen einem Unternehmen Kosten, aber sie können erfolgreich zur Kundenbindung und zum Erreichen einer bestimmten Zielgruppe eingesetzt werden. Ein

12.6 · Beispiele für Kundenkommunikation

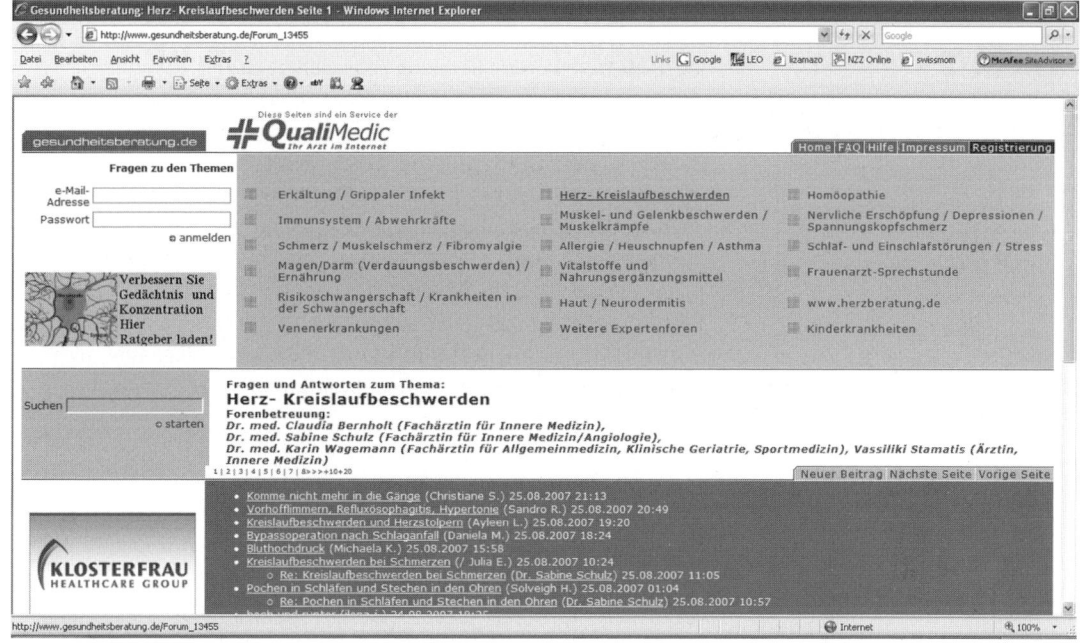

◘ **Abb. 12.3.** Das Online-Beratungsangebot von QualiMedic

erfolgreiches Beispiel dafür ist QualiMedic (◘ Abb. 12.3), ein fachärztliches Beratungsportal mit großer Reichweitenstärke (rund 10.000 Patienten pro Monat), das mit Werbung finanziert wird.

Neben den Beratungsangeboten (»Sprechzimmer«) bietet das Portal auch Foren für den Austausch der Patienten untereinander (»Wartezimmer«).

12.6.3 Praxistipps für Online-Beratungsangebote

Es gibt einige Punkte, die zu beachten sind, wenn man selber eine Online-Beratung aufbauen will.

Online-Beratung setzt Vertrauensbildung voraus

> **Checkliste: Praxistipps für Online-Beratungsangebote**
> — Beachten Sie bei einer Beratungswebsite unbedingt die **vertrauensbildenden Elemente** (► Kap. 8.3).
> — Stellen Sie sicher, dass Sie genügend Budget und **Ressourcen** haben oder nötigenfalls bereitstellen können, um mit wachsender Nachfrage umzugehen.
> — Treffen Sie die nötigen Vorkehrungen (technisch, rechtlich), um den Benutzern die **vertrauliche Behandlung** ihrer Anfrage zuzusichern.

- Klären Sie, ob in Ihrem Fall eine synchrone (Chat) oder eine asynchrone (E-Mail, Webforum) Beratung vorzuziehen ist.
- **Synchrone Beratung** ist geeignet, um Themen von allgemeinem Interesse innerhalb eines bestimmten Zeitraums mit relativ wenig Budget zu behandeln (z. B. eine Stunde Live-Chat mit Professor XY).
- **Asynchrone Beratung** eignet sich für längerfristige Angebote mit breiterer Themenstreuung, für detailliertere Antworten, für zeitunabhängige Beratungen.
- Geben Sie den Personen, die Beratung anbieten, ein **Profil**: mit Foto und Leistungsausweis. Dadurch erhöhen Sie das Vertrauen der Ratsuchenden in Ihr Angebot (Ausnahme: In gewissen Fällen ist es nicht erwünscht, dass der Berater erkannt werden kann).
- Legen Sie die **Trägerschaft** des Angebots **offen**. Ein Sponsoring für Beratungsdienste stößt auf Verständnis und Akzeptanz, nicht aber, wenn Kunden auf eigene Faust herausfinden, dass es sich gar nicht um ein unabhängiges Angebot handelt.
- Weisen Sie auf der Website unübersehbar darauf hin, wie lange auf eine Antwort gewartet werden muss.
- Publizieren Sie standardisierte Antworten auf häufig gestellte Fragen online. So können Sie regelmäßig wiederkehrende Fragen (**FAQ**) teilweise auffangen.
- Alternative: Veröffentlichen Sie alle gestellten Fragen und Antworten thematisch in einem Forum, und ergänzen Sie dieses mit einer Suchfunktion. So können Interessierte selber nach Antworten suchen (die Anonymität des Fragenden ist so aber nicht in jedem Fall gewährleistet, weil er selber evtl. nicht merkt, dass er sich in einem öffentlich sichtbaren Bereich befindet, und Details über sein Privatleben bekannt gibt).
- Verbinden Sie Ihr Beratungsangebot mit spezifischen **Newsletters**, die vom Ratsuchenden abonniert werden können (aber nicht müssen!) und die ihn auf passende Angebote hinweisen.

12.6.4 Offener Online-Dialog mit Kunden: Microsoft Technical Communities

Offener Kundendialog:
www.microsoft.com/communities

Wie man professionell einen halb strukturierten offenen Dialog pflegen kann, zeigt Microsoft mit seinen »Technical Communities« (zu finden unter www.microsoft.com/communities). Eine große Bandbreite an Kommunikationsformen (Blogs, Newsgroups, Foren und Chats) wird eingesetzt, um mit Kunden über Microsoft-Produkte und die dazugehörigen Technologien im Austausch zu stehen.

Schon die Bezeichnung als »Technical Communities« und der Begrüßungstext geben klar an, welches die Inhalte dieses Dialogangebots sind. Gut sichtbar sind auf der Einstiegsseite außerdem Bedienungsanleitungen, Verhaltensregeln und Datenschutzbestimmungen aufgeführt.

Wenn man selber ein solches interaktives Dialogangebot plant, kann das Beispiel dieser Community-Seiten wertvolle Hinweise geben.

12.6.5 E-Mails mit individueller Note: CD Baby

> **Beispiel**
>
> **Das gewisse Etwas in der E-Mail-Kommunikation: Lieferbestätigung der Firma CD Baby**
> Annette – Thanks for your order with CD Baby!
> Shipping Address   Description   Price   Total
> ===============   ==========   ====   ====
> Your CDs have been gently taken from our CD Baby shelves with sterilized contamination-free gloves and placed onto a satin pillow.
> A team of 50 employees inspected your CDs and polished them to make sure they were in the best possible condition before mailing.
> Our packing specialist from Japan lit a candle and a hush fell over the crowd as he put your CDs into the finest gold-lined box that money can buy.
> We all had a wonderful celebration afterwards and the whole party marched down the street to the post office where the entire town of Portland waved »Bon Voyage!« to your package, on its way to you, in our private CD Baby jet on this day, Tuesday, August 28th.
> I hope you had a wonderful time shopping at CD Baby. We sure did.
> Your picture is on our wall as »Customer of the Year.« We're all exhausted but can't wait for you to come back to CDBABY.COM!!
> Thank you, thank you, thank you!
> Sigh...
> Derek Sivers, president, CD Baby
> the little store with the best new independent music

Das Beispiel CD Baby zeigt, dass man die Wegwerfware E-Mail dazu verwenden kann, sich das gewisse Etwas zu verleihen, das den Erinnerungswert an die eigene Firma erhöht. Nicht in jedem Fall kann und muss das eine solch blumige und humorvoll-ironische »Kurzgeschichte« sein, wie sie hier erzählt wird. Aber das Prinzip funktioniert: Dem Kunden wird – mit einem überraschenden Detail in einem bekannten Standardprozess – auf fantasievolle Weise neu erzählt, dass er bei dieser Firma König ist.

Es gibt verschiedene Möglichkeiten, wie ein Unternehmen sich im E-Mail-Verkehr eine individuelle Note verleihen kann. Im Folgenden ein paar Ansatzpunkte, die aber gezwungenermaßen allgemein bleiben müssen:

- **Zitate, die als Fußnote in E-Mails eingefügt werden**: Diese sind aber eher für den privaten Gebrauch geeignet – oder bei kleinen, personenorientierten Firmen. Die Originalität ist aber nicht mehr sehr groß, da

Der Wegwerfware E-Mail das gewisse Etwas verleihen

diese Fußnoten schon seit mehr als 10 Jahren von Netzbürgern verwendet werden.

- **Ein kleines, sperriges oder originelles Detail innerhalb des Texts**, das sich im gesamten E-Mail-Verkehr mit Kunden wiederfindet, einen Wiedererkennenseffekt und somit Vertrautheit auslöst.
- **Die komplett andere Gestaltung des E-Mail-Texts** – entgegen allen geltenden Normen (z. B. sehr karg und knapp oder mit einer ungewöhnlichen Anrede der Kunden). Dies ist je nach Ausmaß aber eine relativ riskante Angelegenheit – zwar sehr markant, aber mit dem Risiko, Kunden abzuschrecken.
- **Eher abzuraten ist von der standardmäßigen Verwendung von Bildern in E-Mails**: Dies, weil nicht alle E-Mail-Programme die Anzeige von Bildern unterstützen oder so eingestellt werden können, dass Bildmaterial unterdrückt wird, was zu unnötiger Verwirrung beim Kunden führen kann oder den Eindruck von Unprofessionalität vermittelt (dies gilt nicht für Newsletters ▶ Kap. 9.3.5).

E-Mails gezielt als Mittel der Kundenkommunikation einsetzen

Wie nötig und angebracht eine individuelle Note im E-Mail-Verkehr ist, hängt von der Unternehmenskultur und der Firmengröße ab. Ein international tätiges Großunternehmen hat zudem durch strenge Corporate-Identity-Vorschriften weniger Gestaltungsfreiheit als eine kleine Zweipersonen-Firma.

> ❗ Die individuelle Note ist kein Muss im Kundenverkehr per E-Mail, kann aber eine zusätzliche Möglichkeit sein, sich in der Erinnerung der Kunden zu verankern (▶ Kap. 5.6.3).

12.7 Der DAU als Kunde

> **Der DAU als Online-Kunde**
> - Er empfindet es als persönliche Beleidigung, wenn er nicht höflich und formell angesprochen wird oder wenn ein Kontaktformular auf der Website nicht funktioniert,
> - beschwert sich gern über alles Mögliche und Unmögliche, weil das übers Internet so einfach ist,
> - ist rasch und langfristig beleidigt, wenn seine Beschwerde nicht schnell und großzügig behandelt wird und
> - leitet eine unfreundliche Antwort des Kundendienstes an all seine Freunde weiter oder veröffentlicht sie in seinem Blog.

12.8 Zusammenfassung: Professionelle Kundenkommunikation

> **Checkliste: Professionelle Kundenkommunikation**
> - Der Dialog mit dem Kunden findet an den interaktiven Schnittstellen (E-Mail, Webformulare, Download-Angebote etc.) statt. Darum müssen diese mit großer Sorgfalt gestaltet werden, auch wenn sie einem »unwichtig« erscheinen mögen.
> - Professionelle Kundenkommunikation bedeutet, dem Kunden maximale Kontrolle und Transparenz über den Kommunikationsprozess zu geben.
> - Das Dialog-Angebot mit dem Kunden (Kontaktmöglichkeit) muss zu jedem Zeitpunkt aufrechterhalten werden.
> - Beschwerden des Kunden schnell und kulant behandeln.
> - Stark interaktiv ausgerichtete Angebote wie Online-Foren und Blogs sind komplex und auch zeitlich anspruchsvoll. Man sollte den Nutzen solcher Dialogformen genau prüfen, um das für die eigene Firma geeignete Angebot zu finden. Mehr Interaktion ist nicht immer besser!

Weiterführende Literatur

Hippner, H. & Wilde, K. (2006). Grundlagen des CRM. Konzepte und Gestaltung. Wiesbaden: Gabler.
Eine Sammlung von Fachbeiträgen zu zahlreichen Aspekten des Customer Relationship Management.

Der digitalisierte Arbeitsplatz

13.1 Informationsflut am Arbeitsplatz – 276

13.2 Stressursachen bei digitaler Arbeit – 276

13.3 Digitalen Stress bekämpfen – 279

13.4 Informationsmanagement als Unternehmensaufgabe – 286

13.5 Der DAU am digitalen Arbeitsplatz – 290

13.6 Zusammenfassung: Strategien im Umgang mit digitalem Stress – 290

> Lesen Sie in diesem Kapitel:
> - Wie digitaler Stress entsteht und was man dagegen tun kann,
> - warum die E-Mail-Kommunikation besonders stark zum Stress am Arbeitsplatz beiträgt und
> - wie man verschiedene Informationsquellen im Internet einschätzen und bewerten kann.

13.1 Informationsflut am Arbeitsplatz

Beispiel

»Die neuen Medien empfinde ich als zusätzlichen Arbeitsaufwand. Das Outlook ist immer offen und du hast das Gefühl, du musst jede Mail innerhalb der nächsten fünf Minuten zumindest gelesen, am besten auch noch beantwortet und weitergeleitet haben. Es führt zu ständigen Unterbrechungen.
Es kommt ab und zu vor, dass ein Computer ausfällt, man kann keine E-Mails senden, und in aller Regel habe ich am Ende von dem Tag das Gefühl, ich war wahnsinnig produktiv. Ich kann einfach wieder einmal lesen und ich kann mal wieder eine Stunde ungestört an einer Sache arbeiten. Es muss hier wahrscheinlich mal jemand ganz kreativ sein, um da eine gute Lösung zu finden, wie man der Informationsflut Herr werden könnte. Der Computer sollte uns ja die Arbeit erleichtern, und für uns ist vielfach der Computer oder das Mailprogramm Anlass für Stress.«
W, 43, Mittleres Management, global tätiges Pharmaunternehmen

Informationsflut als Folge der digitalen Kommunikation

Natürlich ist »Informationsflut« nicht das einzige Thema, worüber man beim digitalisierten Arbeitsplatz schreiben könnte. Aber die fast unbeschränkt einfache und günstige **Vervielfältigung von Information** ist das zentrale Merkmal digitaler Kommunikation. Und mit diesem Phänomen hat man als logische Folge auch am Arbeitsplatz zu kämpfen. In diesem Kapitel geht es darum, die Informationsüberlastung zu analysieren und mögliche Wege der Bewältigung aufzuzeigen. Eine wichtige Grundlage für das Verständnis der hier erläuterten Zusammenhänge bietet ▶ Kap. 2.5, das sich mit den ambivalenten Eigenschaften digitaler Informationen befasst.

13.2 Stressursachen bei digitaler Arbeit

Stress am Arbeitsplatz ist ein Allerweltsthema geworden. Viele Menschen beklagen sich, oft relativ unspezifisch, über wachsende Anforderungen und die Schwierigkeit, ihr Aufgabenpensum zu priorisieren und zu bewältigen. Die Digitalisierung trägt in nicht unerheblichem Maß dazu bei, dass diese Stressgefühle zunehmen. Warum ist das so? Welche spezifischen Eigenschaften der Online-Medien verursachen Stress? Welche Anforderungen stellt der digitalisierte Arbeitsprozess an die Mitarbeiter, und wie können sie damit kompetent umgehen? Antworten auf diese Fragen sind ein wichtiger Schritt zur erfolgreichen Verwendung neuer Medien im Berufsalltag. Im Folgenden werden drei wichtige Stressfaktoren digitaler Arbeit erläutert. Eine Einführung ins Thema Stress aus psychologischer Sicht ist in ▶ Kap. 5.8 zu finden.

13.2.1 Permanente Veränderungsprozesse

Der erste Stress auslösende Faktor ist begründet in der fast kostenlosen Verbreitung und Veränderbarkeit von digitalen Informationen. Dies führt zu einer Art **Dauerprovisorium** in Arbeitsprozessen, die digitale Daten zum Inhalt haben oder mit digitaler (E-Mail-) Kommunikation vorangetrieben werden:
- Eine Website ist nie fertig, sie kann immer wieder erweitert oder verändert werden.
- Im Wissen darum, dass Anpassungen immer gemacht werden können und müssen, wird eine »endgültige« Fassung von Dokumenten oft gar nicht angestrebt.
- Einzelne Projektschritte werden per E-Mail laufend angepasst und erneuert.
- Termine werden provisorisch vereinbart, weil man ja auch kurzfristig erreichbar ist.

Gleichzeitig steigt auch die **Erwartungshaltung**: Da man z. B. weiß, wie »einfach« es ist, Websites anzupassen, ist man nicht mehr bereit zu akzeptieren, dass veraltete Informationen erst zu einem späteren Zeitpunkt ersetzt werden. Wer mit digitalen Informationen arbeitet, muss mit diesem Erwartungsdruck an die **laufende Anpassung** also täglich umgehen.

> **Das Fehlen von klaren Grenzen oder »Abschlussmöglichkeiten« in Projekten erschwert es, eine Pause einzulegen und sich für das Erreichte zu belohnen. Man könnte es ja immer noch besser machen.**

Klare Grenzen oder »Abschlussmöglichkeiten« in Projekten fehlen

13.2.2 Druck zur ständigen Erreichbarkeit

Beispiel

»Dieses Blackberry. Die Vorteile sind, es ist recht schnell, ich kann schnell weiterleiten und antworten. Auch wenn ich nicht im Büro bin. Das ist dann quasi auch eine Dienstleistung an die Firma: Du bist immer erreichbar. Und das ist dann auch der Nachteil: Du bist nie richtig weg. Du bist immer noch mit einem Ohr und einem Auge in der Firma.«
W, 43 Jahre, Mittleres Management, global tätiges Pharmaunternehmen

Der Druck zur ständigen Erreichbarkeit ist eigentlich ein Paradoxon: Denn gerade die asynchrone E-Mail-Kommunikation (oder auch SMS) versprach uns ja ursprünglich, wir könnten unsere Nachrichten lesen, wann immer wir wollen, und würden dadurch mehr Freiheit und Unabhängigkeit gewinnen. Interessanterweise entwickelt sich heute aber zunehmend der Anspruch, dass man E-Mails lesen muss, wann immer sie eintreffen. Eine Ursache davon ist im **1. Axiom von Watzlawick** (▶ Kap. 2.2.2) zu finden: Man kann nicht nicht kommunizieren.

Bezogen auf die asynchrone Kommunikation heißt das: Sowohl Sender als auch Empfänger wissen, dass die asynchrone Botschaft beim Empfänger angekommen ist. Der Sender kennt aber die genauen Arbeitsumstände des Empfängers nicht (im Unterschied zu einer Face-to-face-Situation, in der man sieht und versteht, dass jemand nicht alles gleichzeitig tun kann, wenn er von allen Seiten bestürmt wird).

In der Mailbox verbinden sich sozialer und sachbezogener Stress

Wenn der Empfänger nicht in angemessener Frist reagiert, entsteht ein **Interpretationsspielraum** beim Sender, der sich negativ auf das Verhältnis der beiden auswirken kann. Darum versucht der Empfänger, den Antwortzeitraum möglichst kurz zu halten, was ihm aber wegen der großen Menge an E-Mail-Nachrichten nicht gelingt. Dadurch gerät er in **sozialen Stress**, zusätzlich zur sowieso bestehenden Anforderung, die Nachricht inhaltlich zu bearbeiten (◘ Abb. 13.1).

Die **Koppelung von sozialem und sachbezogenem Stress** führt dazu, dass man unter der vollen Mail-Box mehr leidet als unter dem Informationsüberschuss im Internet.

Verstärkt wird dieser Effekt durch die **immer stärkere Durchdringung von asynchroner mit Mobilkommunikation** (z. B. über Personal Digital Assistants/PDA, Handys mit Internetzugang oder mobile Computer mit Wireless-Anschluss). Asynchron bedeutet zwar Wahlfreiheit über den Zeitpunkt des Sendens und Empfangens, mobil jedoch heißt: »immer erreichbar«. Dadurch entsteht eine implizite Erwartungshaltung, wann die Reaktion zu erfolgen hat.

> ❗ Besitzer von mobilen Kommunikationsgeräten sind in erhöhtem Ausmaß dem sozialen Stress zum raschen Antworten ausgesetzt. Eine entsprechende Unternehmenskultur, die permanente Erreichbarkeit als wichtigen Wert setzt, leistet dem zusätzlich Vorschub.

◘ **Abb. 13.1.** Sozialer Stress: Das Kommunikationsangebot von E-Mails kann oft nicht erwidert werden

13.2.3 Laufende Priorisierung von Informationen

In der digitalen Informationsübermittlung werden auch kleine, wenig relevante Dinge einzeln und tröpfchenweise kommuniziert. Außerdem kommt eine neue Art von Informationen hinzu, die es früher gar nicht gab, z. B. »nutzlose« automatische Bestätigungsmails, unerwünschte Newsletters, E-Mail-Petitionen, Spam etc. Nutzlose, bedingt nützliche und gehaltvolle Informationen müssen laufend voneinander unterschieden und priorisiert werden.

Auch »nutzlose« Informationen müssen gesichtet werden

Früher erhöhten räumliche Filter (d. h. eine räumliche Entfernung als natürliche Barriere) den Aufwand und die Kosten für die Kommunikation. Zeitliche Filter erlaubten, die ein- oder zweimal täglich zugestellten neuen Informationen zu sichten und in den Arbeitsprozess zu integrieren (Moser, Preising, Göritz & Paul, 2002). Heute muss man **ständig auf neue Aufgaben gefasst sein**.

Auch bei der Recherche im Internet ist die **Priorisierung von Informationen** permanent gefragt. Für Research-Aufgaben im Finanzbereich gilt es z. B. unzählige Finanzdatenbanken, Newsdatenbanken und andere Informationsquellen zu sichten. Eine Schwierigkeit besteht darin, dass man selber die Grenze ziehen muss zwischen dem, was man wählt, und dem (Unzähligen), was man auslässt. Dies kann Unsicherheit auslösen, da man nie sicher sein kann, dass man wirklich alles Relevante gefunden hat.

Stressbekämpfung ist eine anspruchsvolle Angelegenheit, und es gibt keine Patentrezepte. Außerdem ist Stress hartnäckig und hat die Eigenschaft, durch die Hintertür wiederzukehren, wenn man meint, ihn besiegt zu haben. Die nun folgenden Hinweise können Lösungsansätze aufzeigen, nicht aber die effektiv für eine Person in einer Situation geeignete Strategie. Denn diese hat sehr viel mit individuellen Präferenzen zu tun.

13.3 Digitalen Stress bekämpfen

Will man Stress erfolgreich bekämpfen, ist die persönliche Kontrolle oder nur schon das Gefühl der Kontrolle über die Stress auslösenden Faktoren von zentraler Bedeutung (▶ Kap. 5.8). Wie sieht das nun konkret aus im Umgang mit digitalen Medien?

13.3.1 Kontrollmöglichkeiten bei sozialem Stress in der E-Mail-Kommunikation

Immer wieder hört man, die Lösung für den E-Mail-Stress liege darin, sie nur noch zweimal täglich abzurufen und zu beantworten. Weiter oben wurde erläutert, dass das gar nicht so einfach ist, weil dadurch sozialer Stress droht.

Wer innerhalb des Unternehmens mit einem **Instant Messenger** arbeitet, kann dieses Problem elegant lösen, indem er die »Bitte-nicht-stören«-Funktion aktiviert. Dadurch zeigt er auch E-Mail-Sendern an, dass er zwar am Platz ist, aber konzentriert arbeiten will. Der soziale Stress fällt weg, weil man sich **erklären** kann, **ohne aktiv zu kommunizieren**. Bedingung ist allerdings, dass alle Mitarbeiter den Messenger aktiviert haben. Diese Möglichkeit zur Selbsterklärung ist sicherlich ein Grund dafür, warum der Messenger im Unternehmen erwiesenermaßen oft eingeschaltet bleibt, auch wenn er nicht benutzt wird (▶ Kap. 3.3.1).

Wer keinen Messenger hat, kann versuchen, der Umwelt durch sein **konsequentes Verhalten** seine Gewohnheiten klarzumachen. Zum Beispiel, indem man aus Prinzip nie über Mittag, vor 8 Uhr morgens oder nach 18 Uhr abends auf E-Mails oder Telefonanrufe antwortet. Oder indem man in seinem öffentlich einsehbaren digitalen Arbeitskalender gewisse **Zeiten für ungestörtes Arbeiten** einträgt und die dann auch konsequent durchzieht.

Mit der Zeit gewöhnen sich die Kollegen daran, dass die Person konsequent nur zu gewissen Zeiten auf Empfang geschaltet ist. Dadurch beschränkt sich auch der soziale Stress für diese Person auf die klar definierten Zeiten. Dies ist aber leider nicht immer realistisch oder einfach umzusetzen, denn nicht alle Mitarbeiter können es sich leisten, nicht auf Empfang zu sein. Zur Stressregulation ist es aber erstrebenswert, sich mindestens zu gewissen Zeiten der Arbeitswoche **Inseln zu schaffen**, während derer man ungestört arbeiten kann.

Keine permanente Erreichbarkeit erwarten

Auch das Management kann gegensteuern, indem es von den Mitarbeitern **nicht** erwartet, **permanent erreichbar** zu sein. Es kann Sanktionen erteilen, wenn sich Mitarbeiter nicht entsprechend verhalten, z. B. wenn sie nachts E-Mails schicken oder sich dauernd aus den Ferien melden. Längerfristig zahlt sich eine »Rund-um-die-Uhr-Präsenz-Kultur« nicht aus, da die **Leute verheizt werden**, wenn sie keine qualitativ hoch stehenden Ruhepausen einschalten können. Gerade Unternehmen, die ihren Mitarbeitern mobile Geräte wie PDAs zur Verfügung stellen, sollten sich dieser Problematik bewusst sein.

> ❗ Sozialer Stress in der E-Mail-Kommunikation lässt sich am ehesten verhindern, wenn der Empfänger dem Sender ohne Aufwand mitteilen kann, dass er nicht auf Empfangsstatus ist.

13.3.2 Stressbekämpfung bei großem E-Mail-Volumen

Wie soll man seine Mails bearbeiten, wenn die Mailbox überfüllt ist? Dafür gibt es viele verschiedene Strategien, und die eigenen Vorlieben entscheiden, welche man bevorzugt. Hier eine Auswahl:

- **Chronologisches Abarbeiten**: Hier empfiehlt sich, bei den neusten E-Mails zu beginnen, da sich ältere Mails vielleicht in der Zwischenzeit von selbst erledigt haben (bei den ältesten zu beginnen, vermindert dafür das Risiko, dass ältere Mails vergessen werden, weil sie im Tagesgeschäft untergehen).
- **Zuerst die Mails von wichtigen Personen/Projekten oder mit Kennzeichnung »hohe Priorität« bearbeiten**: Wenn die Wichtigsten abgearbeitet sind, kann man sich für die Übrigen etwas mehr Zeit lassen.
- **E-Mails nach Absender sortieren**: Gewisse Personen können dann in der Prioritätenliste nach hinten verschoben werden.

13.3 · Digitalen Stress bekämpfen

- **Nach Betreffzeile sortieren**: Dies hilft, projektbezogene Informationen zu bündeln und sich darüber einen Überblick zu verschaffen. Auch dort die neueren Mails zuerst lesen.
- **E-Mails in thematische Folder verschieben**: Projektbezogen und/oder nach Dringlichkeit geordnet, und sie erst dann abarbeiten.
- **Nur unbearbeitete E-Mails in der Inbox belassen**: Erfordert hohe Disziplin und ein konstantes Zeitbudget, um E-Mails laufend abzuarbeiten.
- **Cc- und Bcc-Mails und Newsletters durch automatischen Filter verschieben**: Diese Mails können zu einem späteren Zeitpunkt gelesen werden, da sie keine unmittelbare Handlung erfordern.
- **Mails in Abwesenheit bearbeiten lassen**: Während längerer Abwesenheiten einem Stellvertreter Zugriff auf die eigene Mailbox geben. Der sortiert die E-Mails laufend in verschiedene Folder, z. B. Dringend, Zu erledigen, Beantwortet, Zur Kenntnis, Zum Löschen etc. Dies ist eine sehr hilfreiche Variante, um z. B. den Einstieg nach den Ferien zu erleichtern und die Effizienz der Bearbeitung zu erhöhen. Setzt aber voraus, dass ein Mitarbeiter dafür freie Ressourcen hat.

Cc-Mails ausfiltern und später lesen

Genauso wichtig wie die effiziente Bearbeitung der Mailbox ist es, die Mailflut schon **beim Senden einzudämmen**. Man sollte sich selber sensibilisieren dafür, welche Mails an wie viele Personen gesandt werden müssen, und beim Festlegen der **Verteilerlisten restriktiv** sein. Manchmal erfordert das, dass man für gewisse Arbeitsbereiche selber die Verantwortung übernimmt und nicht immer per Cc-Mail eine Absicherung an Vorgesetzte sendet (▶ Kap. 7.2.3, **Verantwortungsdiffusion** bei Cc-Mails). Auch **aussagekräftige Betreffzeilen** helfen dem Empfänger, E-Mails effizienter zu bearbeiten. Welche weiteren Punkte beim Senden zu beachten sind, wird in ▶ Kap. 7.3 ausführlich behandelt.

13.3.3 Kontrollmöglichkeiten im digitalen Arbeitsprozess

Neu im digitalen Arbeitsprozess ist (wie oben erläutert), dass sich Projekte ständig verändern können und dass es schwieriger ist als bisher, Projektphasen definitiv abzuschließen. Dieses auf der vereinfachten und schnellen Kommunikation basierende Phänomen lässt sich nicht rückgängig machen. **Zeitmanagement-Techniken** können helfen, diese erhöhte Beanspruchung zu bewältigen. Mitarbeiter können für diese Problematik sensibilisiert werden, z. B. dahingehend, dass sie Prozessschritte und Änderungsanträge sorgfältiger planen und zurückhaltender sind mit dem Versenden unausgegorener Aufträge per E-Mail. Gegensteuern kann man auch mit **verbindlichen Terminen und Deadlines**, die klar als solche kommuniziert und nicht nachträglich wieder verschoben werden, oder mit der Klarstellung, dass **Änderungen nur zu gewissen Zeitpunkten** vorgenommen werden. Außerdem ist es wohl notwendig, dass Mitarbeiter eine gewisse Toleranz entwickeln gegenüber der nie vollständig erreichbaren Perfektion. **Projektabschlüsse** und Erfolge sollten **gefeiert** werden, um den Mitarbeitern zu vermitteln, dass ein Ziel auch wirklich erreicht ist.

13.3.4 Kontrollmöglichkeiten bei Internet-Recherchen und Informationssuche

Wie kann man gute von schlechten Informationen unterscheiden?

Informationssuche im Internet und Internet-Recherchen erfordern, gute von schlechten Quellen zu unterscheiden und die guten Quellen auf ihre wichtigsten Inhalte zu kondensieren. Die Unterscheidung kann man lernen. Es würde aber zu weit führen, in diesem Kapitel effiziente Such- und Recherchestrategien umfassend abzuhandeln – das wäre Stoff für ein eigenes Buch. Im Folgenden werden ein paar Grundregeln angeführt, die die Kontrolle bei der inhaltlichen Selektion erhöhen (Abb. 13.2).

> **Grundsätzlich darf man bei der Informationssuche nie vergessen, dass gerade das Internet eine hohe Anfälligkeit hat für falsche oder manipulierte Informationen.**

Weil potentiell jedermann publizieren kann, ist die **Qualität der einzelnen Beiträge** nur so gut wie das Sachverständnis oder die Absichten derer, die publizieren.

Qualitativ hoch stehende Informationen

Etablierte kommerzielle Anbieter (oft aus dem Offline-Geschäft bekannt). Dies sind zum Beispiel Verlagshäuser, breit abgestützte und

Abb. 13.2. Produktiv arbeiten dank Kontrolle über die Infoflut

bekannte News- und Informationsdienste, Lieferanten von Finanzdaten etc.

Universitäten und öffentliche Institutionen. Sie sind teilweise an ihren Domainnamen erkennbar (z. B. .gov, .org oder .edu in den USA, uni-…de oder www.stadtname.de) oder entsprechend auf der Einstiegsseite als »offizielle Website von …« gekennzeichnet. Bei Universitäten ist die Qualität jedoch unterschiedlich, je nachdem, ob es sich um offiziell »abgesegnete« Publikationen von Lehrpersonen handelt oder um Beiträge von Studierenden (Semesterarbeiten etc.). Die Unterscheidung ist aber meist anhand des Kontexts und der Erscheinungsform des Beitrags möglich.

Mittlere/schwankende Qualität von Informationen

Konsumentenorganisationen/Vergleichsdienste. Die Qualität kann hier sehr schwanken, je nachdem, wie professionell das Angebot aufgezogen ist und ob der Anbieter effektiv inhaltlich unabhängig ist. Die Prüfkriterien für Produkte und das Finanzierungsmodell der Organisation sollten auf jeden Fall ersichtlich sein.

Corporate Blogs, kleinere kommerzielle Websites. Die Qualität hängt hier von der Professionalität der Firma ab. Bei großen, bekannten Unternehmen ist sie besser, bei kleineren ist je nachdem Vorsicht angebracht, da sie weniger als die großen einer öffentlichen Kontrolle unterstehen (durch weniger zahlreiche Website-Besuche etc.). Sobald eine persönliche Note (die Selbstdarstellung der Firma) mitspielt, muss man zudem mit PR-Anteilen in den angebotenen Inhalten rechnen.

Fachspezifische, moderierte Foren. Für die Qualität der Inhalte stehen die Trägerschaft eines Forums und die Kompetenz der Autoren. Es ist wichtig, dass diese Punkte auf der Website geklärt sind.

Wikipedia. Die bekannte Online-Enzyklopädie ist zwar nach eigener Aussage ähnlich verlässlich wie ein Nachschlagewerk in Buchform. Der hohe Bekanntheitsgrad (Aufsicht durch die Öffentlichkeit) und Anstrengungen zur Sicherstellung der Qualität führen bei vielen Themen zu einem guten Niveau, v. a. bei Artikeln, die auf bekannten Fakten oder gesicherten, nachprüfbaren Erkenntnissen beruhen. Trotzdem sollte Wikipedia nicht als »gültige Wahrheit« herangezogen werden, sondern eher als Schnittstelle zu anderen Quellen, als Vergleichsmöglichkeit oder für den Einstieg in ein Thema. Problematisch ist die Aussagekraft bei umstrittenen oder ideologischen Themen: dort kann es zu Manipulationsversuchen in die eine oder andere Richtung kommen.

Problematische Aussagekraft von Wikipedia bei umstrittenen oder ideologischen Themen

Sehr unsichere Informationen

Private Websites und Blogs. Sie dienen der persönlichen Meinungsäußerung. Das heißt nicht, dass sich keine qualitativ guten Inhalte finden lassen. Es muss aber mit viel Vorsicht recherchiert werden. Das Ranking in Blog-Suchmaschinen (wie Technorati.com) kann bei diesen helfen, die Beachtung abzuschätzen, die ein Beitrag erhalten hat (das heißt aber immer noch nicht, dass der Inhalt eine hohe Qualität hat).

Öffentlich zugängliche Newsgroups, Newsforen oder Message Boards. Die Fachkompetenz der Autoren ist nicht immer ersichtlich. Je tiefer die Hemmschwelle, als Autor zugelassen zu werden, desto heterogener ist die Qualität.

> Je besser besucht die Plattform, desto eher besteht ein gewisses Qualitätsniveau

Web 2.0-Plattformen. Die Qualität hängt von der Anzahl Teilnehmer ab (eine gewisse Kontrolle durch die Öffentlichkeit) und von der Möglichkeit, die Autoren von Beiträgen als seriös zu erkennen. Trotzdem ist wegen der Öffnung für beliebige Beiträge bezüglich der inhaltlichen Qualität Zurückhaltung geboten. Oft ist es aber auch gar nicht die Absicht solcher Communities, »fachliche« Informationen zu verbreiten, sondern die persönliche Meinungsäußerung oder Unterhaltungswerte stehen im Vordergrund.

Wie geht man grundsätzlich mit stark schwankender Qualität von Online-Inhalten um?

> ❗ Wichtig sind die Referenzen: Vergleichbare Informationen von anderen Quellen, Angaben über die Autorschaft und über Kooperationen mit anderen Organisationen oder auch das Ranking in Suchmaschinen (das u. a. auf der Anzahl Verlinkungen zu einer Site basiert) ermöglichen die bessere Einbettung des Inhalts in ein größeres Ganzes.

Falls dies nicht möglich ist, sollte man bei einer Recherche eine »wichtige« zweifelhafte Information zwar erwähnen, aber mit Kennzeichnung der Beurteilungsschwierigkeit.

Die Rolle von Suchmaschinen bei der Informationsselektion

Durch die Verwendung von Suchmaschinen entsteht immer eine Vorselektion, oft ohne dass dies den Suchenden bewusst ist (▶ Kap. 8.4.11, Suchmaschinenoptimierung). Oft findet sie aber im Interesse der User statt.

- **Relevanz**: Suchmaschinen versuchen, die Relevanz von Seiten zu ermitteln und gehaltvolle Seiten am Anfang der Suchergebnisse zu platzieren.
- **Annahmen über den User**: Suchmaschinen stellen anhand der IP-Adresse des Nutzers gewisse Vermutungen an (über die Sprache des Users und den Ort, an dem er sich befindet) und liefern bevorzugt Dokumente, die zu diesen Annahmen passen. Ein Google-Nutzer einer Firma in Zürich erhält so z. B. bevorzugt Dokumente aus Zürich, aus der Schweiz und von der eigenen Firma (wer nach seiner eigenen Firma googelt und sich über das Top-Ranking freut, muss also davon ausgehen, dass dies ganz anders aussehen könnte, wenn er nicht von seinem Firmensitz aus suchte, sondern von einem anderen Land aus).
- **Modifikation**: Kleinere Suchmaschinen auf Portalen kooperieren oft mit größeren wie Google, modifizieren aber das Ranking, um ihr eigenes Angebot oder Produkt in den Vordergrund zu stellen.

13.3 · Digitalen Stress bekämpfen

- **Filter**: Diverse Filter erlauben es, unerwünschte Inhalte (z. B. Sex, Rassismus) von den Suchergebnissen auszunehmen.
- **Reihenfolge**: Auf jeden Fall müssen Suchergebnisse in irgendeiner Reihenfolge dargestellt werden; die Resultatliste ist immer begrenzt (bei Google können maximal 1.000 Resultate effektiv angeschaut werden).

Man darf also nicht der Illusion verfallen, eine Suche könne **unvoreingenommen** und unter Berücksichtigung aller möglichen Quellen geschehen. Es gibt aber Nachschlagewerke, die die Recherche ohne Suchmaschinen unterstützen (s. dazu z. B. Goemann-Singer, Graschi & Weissenberger, 2004).

Die Verdichtung auf die zentralen Aussagen von Dokumenten oder anderen Informationseinheiten ist eine Aufgabe, die aus der Offline-Welt bereits bekannt ist (z. B. beim wissenschaftlichen Arbeiten oder im Journalismus). Im Internet existieren zudem unzählige (halbautomatische, automatische und manuelle) Dienstleistungsangebote, die einem diese Arbeit erleichtern oder abnehmen (z. B. getabstract.com für Buchzusammenfassungen, themenspezifische Newsletters, Informationsportale etc.).

Suchmaschinen treffen eine Vorselektion

13.3.5 Veränderung als Chance – Die stressresistente Persönlichkeit

Wer alle oben beschriebenen Varianten der Stressreduktion ausgetestet hat und sich trotzdem noch immer gestresst fühlt, kann auch bei der eigenen Einstellung ansetzen. Die Psychologie hat nämlich herausgefunden, dass es Personen gibt, die durch die persönliche Einstellung zu ihren Lebensumständen gegen Stress besser geschützt sind als andere. Drei Faktoren sind dabei v. a. von Bedeutung (Kobasa, Maddi & Kahn, 1982):

1. **Commitment**: Eine Person ist aktiv involviert ins Arbeitsleben und in ihren Freundeskreis.
2. **Control**: Die Person hat ein Gefühl der Kontrolle über das eigene Leben und ihre Lebensumstände.
3. **Challenge**: Die Person nimmt Veränderungen als Herausforderung und Chance wahr statt als Bedrohung.

Der letzte Faktor scheint für die Entwicklung von Stressresistenz der wichtigste zu sein. Diese wird auch als **Hardiness** bezeichnet und wirkt sich u. a. darin aus, dass solche Personen weniger krank werden als andere in vergleichbaren Stress auslösenden Situationen.

> ❗ Stressprävention im Umgang mit den neuen Medien bedeutet also: Verstehen, warum sie überhaupt ein Stress auslösendes Potenzial haben. Nach Möglichkeit Kontrollstrategien entwickeln, um die verschiedenen Herausforderungen kompetenter zu meistern.

Und zu guter Letzt: Sich darüber freuen, dass die digitalen Medien immer wieder Neues zu bieten haben, und dies als Lernchance ansehen.

13.4 Informationsmanagement als Unternehmensaufgabe

Halbautomatische Prozesse unterstützen das Informationsmanagement großer Firmen

Die Fragestellung, wie Informationen und Wissen für ein Unternehmen verfügbar gemacht werden können, ist von zentraler Bedeutung. Lösungen für diese Problematik sind je nach Anspruch hoch komplex und führen nicht immer zum erhofften Ergebnis. Trotzdem kommen Unternehmen nicht umhin, sich mit dieser Thematik zu befassen. Wie stellt man sicher, dass die Mitarbeiter Zugang zu den relevanten Informationen haben? Nach welchem System archiviert man firmenbezogene Daten, und wie lange? Dies sind nur einige der Fragen aus den Bereichen **Informations- und Wissensmanagement** und **Archivierung**, die sich Unternehmen im digitalen Zeitalter mit großer Dringlichkeit stellen. Im vorliegenden Buch wird dieser Bereich nur angerissen. Wer sich mit dem Thema Wissensmanagement näher befassen will, dem sei z. B. Reinmann und Mandl (2004) empfohlen.

Die Verfügbarkeit von Daten und Informationen über das ganze Unternehmen hinweg zu gewährleisten, ist auch technisch hoch anspruchsvoll, gerade in Großunternehmen, die oft eine große Bandbreite verschiedener Betriebssysteme, Datenbanken und Datenformate im Einsatz haben. Das unten stehende Interview zeigt auf, wie man versucht, mit **halbautomatischen Prozessen** diese Problemstellungen zu bewältigen.

»Es ist enorm schwierig, über heterogene Strukturen hinweg einen Überblick zu erhalten«

Wie können Informationen für den Gebrauch im Unternehmen verfügbar gemacht werden?
Ein Interview mit Dr. Cathrin Senn, Taxonomy Consultant, Factiva/Dow Jones

Umschreiben Sie bitte kurz das Tätigkeitsfeld von Factiva.
Factiva, ein Unternehmen von Dow Jones, ist der größte News-Aggregator der Welt und bearbeitet jeden Tag mehr als 185.000 Nachrichten und Wirtschaftsinformationen aus rund 7.000 aktiven Quellen in 22 Sprachen und Dutzenden Formaten. Um den weltweit 1,6 Mio. Kunden eine nutzerfreundliche Abfrage der insgesamt 470 Mio. Dokumente anzubieten, haben wir über die letzten 25 Jahre eine eigene patentierte Taxonomie entwickelt und 2001 ein Taxonomy Services Team gegründet, das Kunden bei Projekten in den Bereichen »Metadaten«, »Information Retrieval« und »Information Architecture« beratend zur Seite steht.

Was versteht man eigentlich unter Wissensmanagement?
Wissensmanagement oder Knowledge Management befasst sich mit der Verwaltung von Inhalten in Form von Daten, Informationen und Wissen, wobei Wissen in expliziter oder impliziter Form (tacit knowledge) vorhanden sein kann. Eine der wichtigen Fragen des Wissensmanagements im Bereich von explizitem Wissen ist: Wie kann ich Inhalte greifbar, auffindbar, mitteilbar machen, so dass sie dem Unternehmen zeitgerecht und in effektiver Form zur Verfügung stehen und dabei die Informationsflut eindämmen?

Wie hat sich der Fokus beim Wissensmanagement mit den Jahren verändert?
Aus der Sicht expliziter Inhalte wurde das Verwalten von Information und Wissen früher v. a. mit Archiven, Bibliotheken und papierenen Ablagen in Verbindung gebracht. Inhalte wurden v. a. manuell erschlossen und abgelegt. Das explosionsartige Anwachsen elektronischer Inhalte erschwert oder verunmöglicht diese manuelle Pflege. Um der Informationsflut Herr zu werden, braucht es gewisse Automatismen, die jedoch durch menschliches Eingreifen gesteuert und angepasst werden sollten.

Besonderes Gewicht liegt heute auf den semi- und unstrukturierten Inhalten, die in der Vergangenheit gegenüber den strukturierten Daten in Datenbanken eher vernachlässigt wurden – auch weil die entsprechenden Werkzeuge fehlten, um sie zu erfassen. Zu diesen semi- und unstrukturierten Inhalten gehören z. B. E-Mails, Textdateien und textbasierte Informationen in Datenbanken, aber auch Bilder oder Videodateien. Viele dieser Inhalte werden in »Silos« getrennt aufbewahrt, das heißt in unterschiedlichsten technischen wie auch inhaltlichen Speichermedien (Mailboxen, persönliche und gemeinsam genutzte Ordnerablagen, Intranets, kollaborative Plattformen, Lotus Notes Datenbanken, Sharepoint-Seiten etc.). Es ist enorm schwierig, über diese heterogene Struktur hinweg einen Überblick zu erhalten und geeignete Zugriffsmechanismen zu schaffen, um diese Informationen gezielt aufzufinden.

Wie löst man das Problem der Isolation von Inhalten?
In gewissen Bereichen macht es durchaus Sinn, Informationen getrennt von anderen aufzubewahren und abzufragen. Es kann aber auch Inhalte geben, die isoliert vorliegen und mit einem übergreifenden Abfragesystem einfacher verfügbar gemacht werden können. Der Endanwender braucht so nicht mehrere Suchen in verschiedenen Systemen abzusetzen, sondern kann sich mit einer Abfrage zu einem bestimmten Thema einen Überblick über die vorhandenen Informationen verschaffen. Oft werden solche Abfragesysteme über das firmeneigene Intranet zur Verfügung gestellt.

Die Abfragefunktion selbst sollte den Bedürfnissen der Endanwender gerecht werden und damit nach Möglichkeit verschiedene Retrieval-Vorgehensweisen zulassen. Die Suchfunktion erlaubt die Eingabe von gezielten Stichworten, während eine Navigationsstruktur ein Durchstöbern und Erforschen von Inhalten ermöglicht und auch in komplementärer Weise zur Suche verwendet werden kann, um Suchresultate zu gliedern und leichter überschaubar zu machen. Eine weitere Möglichkeit, Inhalte auffindbar zu machen, besteht in der Kanalisierung von Informationen basierend auf den Präferenzen und Rollen der Endanwender (Personalisierung). Das strukturierende Konzept, das diese drei Retrieval-Arten unterstützt oder erst ermöglicht, sind intelligent verknüpfte Metadaten, z. B. in der Form von Taxonomien (hierarchisch organisierte kontrollierte Begriffe) oder auch Ontologien (kontrollierte Begriffe organisiert in definierten semantischen Beziehungen). Diese Metadaten und ihre Beziehungen untereinander sollten insbesondere auf die Unternehmensziele, die entsprechenden Inhalte und die Bedürfnisse der Anwender abgestimmt sein und dabei kontinuierlich angepasst werden. Die Verknüpfung der Metadaten mit dem Inhalt (Kategorisierung der Information) kann dabei auf manuelle oder automatisierte Weise erfolgen, je nach Kontext des Projekts.

Einfach gesagt, ist die Aufgabe von intelligent verknüpften Metadaten, z. B. in Form einer Taxonomie oder Ontologie, die relevanten Themen und Inhalte des zu durchsuchenden Contents abzudecken und intelligent zu gruppieren. Dies ermöglicht, Informationen gezielt und einheitlich auffindbar zu machen und User-gerecht aufzubereiten.

Wie geht man bei der Erstellung einer Taxonomie in einem Retrieval-Projekt konkret vor?
Vereinfacht gesagt, sind drei Schritte wichtig:
1. **Die Analyse**: Zu allererst steht die Frage, welche Ziele das Unternehmen verfolgt und wie ein konkretes Retrieval-Projekt in einem bestimmten Bereich diese Ziele unterstützen kann. Ganz wichtig ist es dann, den konkreten Benutzer in den Vordergrund zu stellen und zu verstehen, welche Informationsbedürfnisse vorhanden sind und wie diese abgedeckt werden können. Welches sind also die geschäftskritischen und -relevanten Inhalte, wo werden diese gespeichert und in welchem Schritt des Arbeitsprozesses abgerufen, mit welchen Metadaten sind die Inhalte bereits versehen? Welche Abfragebedürfnisse haben die Anwender?
2. **Das Design**: Anhand der erhobenen Analysedaten wird dann die Taxonomie erstellt. Eine Taxonomie aufzubauen, kann aufwändig sein, deshalb sollte man keine perfekte Struktur anstreben, sondern einen pragmatischen Ansatz verfolgen. Wichtig ist, den richtigen Detaillierungsgrad der Struktur zu finden. Die wichtigsten Inhalte müssen abgedeckt werden können, aber ist die Taxonomie zu detailliert, führt das dazu, dass zu wenige Inhalte mit einer Kategorie assoziiert werden können; umgekehrt produziert eine zu oberflächliche Taxonomie zu viele Treffer. Neben vielen anderen Aspekten ist auch wichtig, die Taxonomie endanwendergerecht ins Benutzerinterface zu integrieren, damit diese die Abfrage möglichst effizient und effektiv unterstützt, ohne dem Endanwender bei der Abfrage hinderlich zu sein.
3. **Die Pflege**: Diesen Schritt sollte man von Anfang an im Auge behalten. Eine Taxonomie muss immer wieder den sich wandelnden Bedürfnissen des Unternehmens und der verwendeten Sprache angepasst werden. Dafür müssen die benötigten Ressourcen schon in der Anfangsphase des Projektes sichergestellt werden.

In welche Richtung werden sich Metadaten und die Strukturierung von Information weiterentwickeln?
Einen interessanten Trend stellen die sog. Folksonomies dar. Dies sind vom User (= »Folk«) erstellte Metadaten, mit denen Inhalte versehen werden, ohne dass die zu Grunde liegende Begriffswelt zentral verwaltet wird, wie dies bei kontrollierten Vokabularen, also z. B. Taxonomien, der Fall ist. Solche vom User verwendeten Schlagwörter finden v. a. im Internet Verwendung, z. B. auf www.del.icio.us, einer Plattform zur Verwaltung von Weblinks. Solche Initiativen, die auf dem Web 2.0-Gedanken basieren, bringen auch Lerneffekte für das Wissensmanagement in Unternehmen, weil sie aufzeigen, wie Inhalte von Endanwendern miteinander verknüpft und welche Begriffe dafür verwendet werden. Vom User generierte Metadaten gibt es auch in Unternehmen, z. B. in Form von persönlichen E-Mail-Ablageordnern. Beim Aufbau einer Taxonomie kann es durchaus sinnvoll sein, sich diese Strukturen bei den Endanwendern anzusehen und bestehende Begriffe oder Strukturen für die Taxonomie weiter zu verwenden.

Sicher ist, dass die Strukturierung und Filterung von Information in Zukunft nicht weniger wichtig wird. Ob dabei Maschinen oder Menschen im Vordergrund stehen, lässt sich schwer abschätzen, wahrscheinlich ist aber, dass es eine Kombination von beidem sein wird. Menschen erkennen inhaltliche Zusammenhänge besser, Maschinen sind objektiver und schneller, wenn es darum geht, vorgegebene Strukturen und die damit verknüpften Inhalte aus einem Informationspool herauszufiltern. Immer wichtiger wird beim zunehmenden Informationsvolumen die Aufbereitung und Visualisierung von Inhalten und den damit verbundenen inhaltlichen Verknüpfungen. ◘ Abbildung 13.3 zeigt, wie die Resultate einer News-Suche graphisch aufbereitet und strukturiert dargestellt werden können. Es werden dabei einerseits ad hoc wichtige Begriffe aus

13.4 · Informationsmanagement als Unternehmensaufgabe

der Nähe des Suchbegriffs in den Dokumenten herausgefiltert (1 in ◘ Abb. 13.3), aber auch basierend auf bereits bestehenden Unternehmens-, Branchen- und Thementaxonomien die Suchresultate nach den wichtigsten Verknüpfungen aufgegliedert (2 in ◘ Abb. 13.3). Im letzteren Fall wird nicht der ganze Taxonomiebaum angezeigt, sondern es werden nur die wichtigsten Taxonomiebegriffe in Bezug auf die konkrete Suche dynamisch angezeigt, so dass der End-User nicht mit Informationen überflutet wird und doch eine Möglichkeit erhält, die große Menge an Suchresultaten mit einem Klick auf einen der Taxonomiebalken (3 in ◘ Abb. 13.3) weiter einzuschränken.

Welche Strategien kann man persönlich anwenden, um die Informationsstrukturierung des eigenen Arbeitsplatzes zu verbessern?
Eine klar umrissene Struktur zum Ablegen von z. B. E-Mails und elektronischen Dokumenten unterstützt klar die Wiederauffindbarkeit. Diese Ordnerstrukturen sollten in regelmäßigen Abständen überprüft und den Bedürfnissen entsprechend angepasst werden. Ein regelmäßiger Clean-up der entsprechenden Inhalte in den Ordnern ist dabei natürlich genauso wichtig. Wie auch bei den Taxonomien sollten die Begriffe selbst klar und eindeutig sein und nicht zu viele Zeichen enthalten. Von Sonderzeichen ist eher abzuraten. Insbesondere sollte darauf geachtet werden, dass nicht zu große Listen von Ordnern entstehen. Nach Möglichkeit sollten weitere Ebenen in der Struktur eingeführt werden, sobald eine Ebene mehr als einen Bildschirm ausfüllt oder die Anzahl von 7–14 Foldern überschreitet. Was dabei als akzeptabel empfunden wird, hängt natürlich auch von den persönlichen Präferenzen des Users ab.

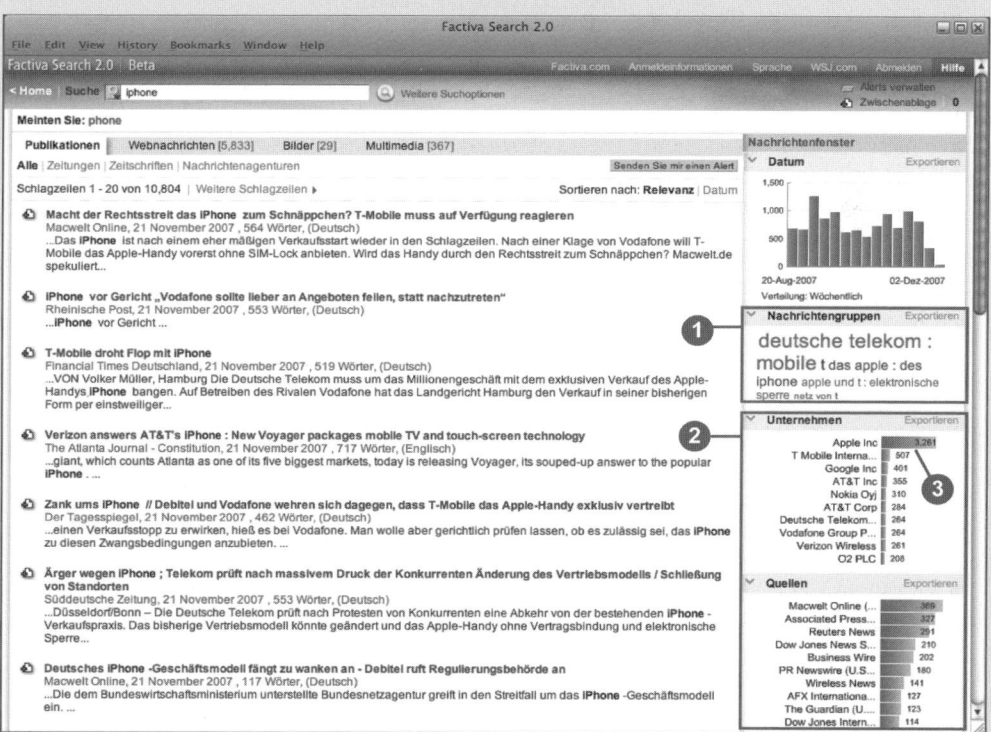

◘ **Abb. 13.3.** Beispiel für die strukturierte Visualisierung von Suchergebnissen

13.5 Der DAU am digitalen Arbeitsplatz

Der DAU am digitalen Arbeitsplatz
- Er fühlt sich durch große Mengen Information bedroht, gestresst und überfordert,
- klickt sich völlig konzeptlos durch eine überfüllte Mailbox und vergisst dann doch, die Mails zu beantworten,
- bleibt etwa fünf Minuten konzentriert an einem Thema und wendet sich dann dem nächsten zu,
- versendet verschiedene Versionen des gleichen Dokuments an unterschiedliche Projektmitarbeiter und unnütze und provisorische Informationen an alle Teammitglieder,
- wählt den einfachst möglichen Weg zum Auffinden von Informationen, auch wenn die erhaltenen Resultate minderwertig sind und
- glaubt alles, was er im Internet liest, wenn es nur genug überzeugend präsentiert wird.

13.6 Zusammenfassung: Strategien im Umgang mit digitalem Stress

Checkliste: Strategien gegen digitalen Stress

Persönlich
- Sozialen Stress verhindern, indem man anderen klare und längerfristig gültige Regeln über die eigene Erreichbarkeit kommuniziert.
- E-Mails systematisch nach bevorzugten Regeln bearbeiten (Beispiele ▶ Kap. 13.3.2) und dafür Zeit einplanen.
- Sorgfältige Planung von Prozessschritten und Änderungsanträgen in Projekten, kein voreiliges Versenden unausgereifter Ideen und Informationen per E-Mail.
- Adressatenkreis von E-Mails beschränken.
- Erarbeiten von Know-how über qualitativ hoch stehende Online-Recherchemöglichkeiten und Kriterien für die Beurteilung von Internet-Informationen.

Auf Unternehmensebene
- Unternehmensweit geltende Regeln (evtl. Schulungen) für E-Mail-Kommunikation etablieren (▶ Kap. 7.8): Reaktionszeiten, Verwendung von Cc, Bcc und Attachments, Weitergabe von Adressen etc.
- »Allzeit-erreichbar-Kultur« vermeiden, klare Trennung von Beruf und Privatleben ermöglichen. Dies sollte besonders bei der Abgabe von mobilen Geräten an Mitarbeiter beachtet und geregelt werden.

13.6 · Zusammenfassung: Strategien im Umgang mit digitalem Stress

— Projekt-Meilensteine klar definieren. Klare Kriterien für Zielerreichung. Projektabschluss feiern.
— Schulungen anbieten für gezielte Recherchen innerhalb der Firma (Intranet, interne Datenbanken, Verfügbarkeit internen Wissens und Wissenstransfer) und für Suchstrategien im Internet.

Weiterführende Literatur

Goemann-Singer, A., Graschi, P. & Weissenberger, R. (2004). Recherchehandbuch Wirtschaftsinformationen. Vorgehen, Quellen und Praxisbeispiele. Berlin: Springer.
Eine umfassende Zusammenstellung zum Thema Online-Recherche.
Mattern, F. (Hrsg.). (2008). Wie arbeiten Suchmaschinen von morgen? Informationstechnische, politische und ökonomische Perspektiven. Stuttgart: Fraunhofer IRB.
Einblick und Ausblick zum wegweisenden Thema Suchmaschinen.
Reinmann, G. & Eppler, M. (2007). Wissenswege. Bern: Hans Huber.
Methoden für das persönliche Wissensmanagement.

Neun Thesen zur Online-Kommunikation

14.1 These 1: Weniger ist mehr – 294

14.2 These 2: Ein kleines Detail kann den Erfolg verhindern – 294

14.3 These 3: Der Kontext wird für die Präsentation von Internet-Inhalten von zentraler Bedeutung – 295

14.4 These 4: Online kommunizieren heißt, dem Empfänger Wahlfreiheit zu geben – 296

14.5 These 5: Die Online-Welt fordert Firmen zur einer neuen Art Dialog heraus – 297

14.6 These 6: Der gläserne Mensch ist erst am Anfang – 298

14.7 These 7: Neue Technologie führt nicht zwingend zu Verbesserung – 299

14.8 These 8: Das Internet und die »reale« Welt werden sich immer mehr vermischen – 303

14.9 These 9: (Online-)Kommunikation ist nicht bis ins Letzte kontrollierbar – 304

Das Internet ist – neben allen kurzfristigen Strömungen – von Grundprinzipien getrieben, die die Online-Kommunikation langfristig prägen und beeinflussen. Mit diesem Buch habe ich es mir zur Aufgabe gemacht, diese Grundprinzipien herauszuschälen und ihre Relevanz und Anwendbarkeit auf den geschäftlichen Kommunikationsalltag aufzuzeigen. Dies ist ein hoher Anspruch, und erst die Zukunft wird zeigen, welche dieser Prinzipien überleben und welche eher früher als später einer Überarbeitung bedürfen. Nichtsdestotrotz werden hier die wichtigsten Grundsätze, die im Buch beschrieben werden, noch einmal in neun Thesen zusammengefasst. Es liegt an Ihnen als Leserin oder Leser, diejenigen auszuwählen, die Ihnen für den Kommunikationsalltag oder für die Weiterentwicklung Ihrer eigenen Thesen und Strategien zur Kommunikation im und mit dem Internet hilfreich sind.

14.1 These 1: Weniger ist mehr

Dieses altbekannte geflügelte Wort gilt selbstverständlich auch für das Internet. Bei der persönlichen Nutzung der neuen Medien und auch bei der Konzeption von Firmen-Online-Auftritten: Die Kunst besteht immer darin, sich auf das Wesentliche zu beschränken.

Auf der Firmenwebsite werden dann nicht mehr alle teuren neuen Technologien und interaktiven Anwendungen eingesetzt, nur weil sie gerade »en vogue« sind und alle darüber sprechen. Die Zielvorgabe der Website und eine genaue Zielgruppenanalyse geben Auskunft darüber, was wirklich von den Kunden gewünscht wird. Das führt möglicherweise zu einem »kleinen, aber feinen« Angebot, das dafür die Zielgruppen **klarer und verbindlicher** anspricht. Der Aufwand für Pflege und Aktualisierung wird dadurch kleiner, bestehende Ressourcen können gezielter eingesetzt werden.

Ein »kleines, feines« Angebot spricht Kunden verbindlicher an

Im persönlichen Mailverkehr dämmt man damit z. B. die Mailflut ein, weil man Cc-Mails nicht mehr wahllos verschickt. Die eigenen E-Mails werden schneller gelesen und beantwortet, weil sie keine langen Prosatexte enthalten, sondern sofort zum Punkt kommen. Die Kommunikation in Projekten verbessert sich, es entstehen klarere Verantwortlichkeiten und weniger Leerläufe. Das kann sich auch in einer höheren Kosteneffizienz auswirken.

> ❗ Die Kunst, sich auf das Wesentliche zu beschränken, ist nicht nur eine angenehme kommunikative Fähigkeit – sie bringt auch klare finanzielle Vorteile.

14.2 These 2: Ein kleines Detail kann den Erfolg verhindern

Manchmal ist es nicht die bessere oder schlechtere Idee dahinter, die über den Erfolg eines Online-Angebots entscheidet. Der Teufel steckt – wie so oft – im Detail. Die Ausführungen zur Motivationslage von Internetnut-

14.3 · These 3: Der Kontext für die Präsentation von Internet-Inhalten

zern (▶ Kap. 5.7) haben gezeigt, dass oft Kleinigkeiten die tiefere Auseinandersetzung mit einer Website oder einem Newsletter verhindern. Vor allem, wenn die Grundmotivation, ein solches Angebot anzuschauen, nicht besonders hoch ist. **Kleine Störfaktoren** wie ein vorgeschalteter Registrierungsprozess, eine Flash-Animation, die nicht weggeklickt werden kann oder ein nicht funktionierender Link an entscheidender Stelle können dann dazu führen, dass man in Konkurrenz zu anderen Websites oder sonstigen alternativen Tätigkeiten **im Nu unterliegt**. Wer zwischen zwei gleichwertigen Eiswaffeln wählen kann, braucht nicht lange zu überlegen, wenn auf der einen eine Fliege sitzt (◘ Abb. 5.4).

Das bedeutet, dass man insbesondere diesen kleinen, lästigen Details bei der Gestaltung von Online-Angeboten Aufmerksamkeit schenken sollte. Vor allem, wenn man weiß, dass man (wie die meisten Online-Anbieter) nicht zu den Privilegierten gehört, deren Inhalte begeistert aufgerufen und konsumiert werden, auch wenn sie alle Usability-Grundsätze außer Acht lassen.

Besondere Sorgfalt gebührt allen interaktiven Elementen der Online-Kommunikation:

> Formulare, Downloadmöglichkeiten, Online-Tests, Forum-Einträge oder E-Mail-Bestätigungen sind die Schnittstellen zwischen Kunde und Anbieter. Dort nachlässig zu sein, ist vergleichbar mit einer unfreundlichen Begrüßung am Telefon oder einer Imagebroschüre mit Schreibfehlern.

Bei Online-Angeboten auch kleine Details sorgfältig gestalten

14.3 These 3: Der Kontext wird für die Präsentation von Internet-Inhalten von zentraler Bedeutung

Die psychologische Forschung zeigt, dass relevante Reize mit größerer Wahrscheinlichkeit Aufmerksamkeit erregen als intensive (schrille) Reize. Dies ist eine nützliche Erkenntnis, wenn man mit wachsender Informationsflut, aber konstanter Wahrnehmungsfähigkeit des Menschen rechnen muss. Aus Sicht des Empfängers können kontextbasierte Informationen einen Effizienzzuwachs bringen, weil er **passend zu seinem momentanen Verhalten** oder seinen Interessen weitere Anregungen erhält.

Wer im Internet wirbt oder Inhalte anbietet, tut daher gut daran, sich mit dem Thema Kontextbasiertheit auseinander zu setzen. Noch sind die Technologien hierzu **nicht ausgereift**. Es spricht aber vieles dafür, dass sich das in den nächsten Jahren ändern wird. Kontextrelevante Informationen machen Online-Angebote einfacher bedienbar und führen zu mehr Benutzerkomfort. Auf der anderen Seite wird das Internet dadurch aber immer mehr den Nimbus des »nach allen Seiten offenen Informations-Topfs« verlieren. Der Wettbewerb um unsere Aufmerksamkeit wird zunehmend automatisch geführt, ohne dass wir es überhaupt merken. In diesem Zusammenhang entstehen auch **Datenschutzfragen**, denn der Kontext kann mir nur in passender Form präsentiert werden, wenn meine Interessen und mein Benutzerprofil ausreichend bekannt sind. Trotz dieser Vorbehalte

Kontextbasierte Informationen bringen einen Effizienzzuwachs

wird die gezielte Filterung von Informationen in Zukunft wohl mehrheitlich als Vorteil empfunden.

> **❗ Der Trend zu mehr Kontext wird sich durchsetzen, denn die selbständige Suche nach jeglicher Art von Informationen entspricht nicht dem Bedürfnis und den Möglichkeiten der Mehrheit der Internetnutzer.**

Zur Relativierung dieser These ein kleines Gedankenexperiment: Wenn der Trend also dahingeht, dass die Zielgruppen immer präziser angesprochen werden können, dann wird sich irgendwann die Frage stellen, ob kontextbasierte Werbung immer noch den gewünschten Effekt erzielt. Weil wir dann vor dem gleichen Wettbewerb um die Aufmerksamkeit stehen wie heute, einfach auf einem höheren Niveau. Bumerang-Effekte sind bei steigender Effizienz kaum zu verhindern (s. dazu auch das Interview im ▶ Kap. 14.7). Bis zur Perfektionierung der Kontextwerbung ist es allerdings noch ein weiter Weg, und für die nähere Zukunft wird die Abstumpfung ihr gegenüber wohl nicht im Vordergrund stehen.

14.4 These 4: Online kommunizieren heißt, dem Empfänger Wahlfreiheit zu geben

Wahlfreiheit ist eine Gesetzmäßigkeit des Internets

Wahlfreiheit in der Online-Kommunikation hat verschiedene Aspekte. Sie alle haben in einer Form damit zu tun, dass der User einen **hohen Grad an Entscheidungsfreiheit** hat, welche Online-Kommunikationskanäle er auf welche Art nutzen will.

Das Internet lässt dem User schon per se maximale Wahlfreiheit:
- bezüglich der Angebote, die er aufsuchen will,
- bezüglich der bevorzugten Zeit,
- bezüglich der gewählten Kommunikationskanäle und
- grundsätzlich, ob er ein Kommunikationsangebot überhaupt annehmen will.

Dieser Tatsache kann man in der Konzeption von Online-Angeboten gezielt entsprechen – natürlich immer unter Berücksichtigung der dafür benötigten Ressourcen.
Konkret heißt das z. B., dass man keine Newsletters ungefragt sendet, sondern durch das Abo-Verfahren sicherstellt, dass diese wirklich und **explizit erwünscht** sind. Bei der Bereitstellung von Informationen bedeutet es, den **gleichen Inhalt über verschiedene Kanäle** anzubieten, wenn der Aufwand hierfür vertretbar ist. Dadurch kann man eine höhere Bandbreite an Nutzern zufrieden stellen. Die Möglichkeiten sind vielfältig:
- Textbasierte Informationen durch Bilder und Videos ergänzen.
- Newsletter in HTML und Plain Text zur Verfügung stellen.
- Internet-News auch als Podcast anbieten.
- TV-Inhalte im Internet zur Verfügung stellen.
- Videoclips mit schriftlichen Kurzzusammenfassungen versehen.
- Neben Online-Infos auch Print-Broschüren mit dem gleichen Inhalt anbieten.

Der Trend läuft momentan zur immer stärkeren Verwendung von **Rich Media**. Dennoch sollte man nicht vergessen, dass es nach wie vor Leute gibt und weiterhin geben wird, die aus bestimmten Gründen (Effizienz, Gewohnheit, mangelnde Erfahrung, technische Einschränkungen) die kanalreduzierte Kommunikationsform Text bevorzugen.

Die Wahlfreiheit im Internet geht aber noch weiter und beinhaltet auch die **Transparenz über Online-Aktivitäten**. Indem man z. B. offen legt, dass ein Blog oder eine Website gesponsert wird, haben die Leser die Möglichkeit, diesen Sachverhalt in ihre Entscheidungswege mit einzubeziehen. Wenn offen gelegt ist, warum ein Unternehmen Leute dazu auffordert, sich an einer Online-Aktivität zu beteiligen, können diese frei entscheiden, ob sie sich darauf einlassen wollen.

> Wer seinen Kunden Wahlfreiheit gibt, entspricht der Gesetzmäßigkeit des Internets, dass die Empfänger die »Marktmacht« haben. Die Kunden werden dies schätzen, weil sie sich als mündige Partner ernst genommen fühlen.

14.5 These 5: Die Online-Welt fordert Firmen zur einer neuen Art Dialog heraus

Internetnutzer sind ein großes **PR-Potenzial** – in beide Richtungen. Sie können begeistert eine Website weiterempfehlen und dadurch eine Lawine von Neuinteressenten auslösen. Ihre Bewertung von Inhalten oder ihre bloße Nutzung derselben kann ein Angebot in kürzester Zeit berühmt machen.

Genauso können sie aber als **kritische Partner oder Gegenspieler einer Firma** auftreten, indem sie (aus ihrer Sicht bestehende oder tatsächliche) Missstände aufzeigen und einer breiten Öffentlichkeit bekannt machen, oder indem sie sich sogar in einer organisierten Gruppe zu Wort melden.

Meinungsbildungsprozesse werden im Internet stark beschleunigt. Unternehmen sind darum auf neue Art gefordert, sich mit solchen Entwicklungen auseinanderzusetzen. Sie müssen ein Gespür dafür entwickeln, was Kritik aus dem Internet bedeutet und wie sie damit umgehen sollen.

Firmen müssen ein Gespür für Online-Meinungsbildungsprozesse entwickeln

> Es gibt unqualifizierte Kritik, aber auch solche, die ein Unternehmen zu besseren, qualitativ hoch stehenderen Produkten und Services anleiten kann. Diese Kritik nicht zu hören, bedeutet immer eine verpasste Chance und ist manchmal der Anfang einer Krise.

Firmen können und sollen einen selbstbewussten Umgang mit diesen neuen Stimmen aus dem Internet lernen. Sie können diese neuen »**externen Mitarbeiter**« als Dialogpartner in gewisse Geschäftsprozesse mit einbeziehen und dadurch das eigene Ideenspektrum erweitern. Der erste Schritt dazu ist die Bereitschaft, sich auf diese neue und oftmals undurchsichtig scheinende soziale Online-Welt einzulassen.

14.6 These 6: Der gläserne Mensch ist erst am Anfang

Persönliche Daten über einen Menschen können immer besser miteinander verknüpft werden

Die schon heute bestehende **Transparenz bezüglich personen- oder firmenbezogenen Informationen** im Internet wird sich weiter beschleunigen. Es handelt sich hier, wie bei der Kontextbasiertheit, um eine **langfristige Grundtendenz** im Internet. Daten nicht nur über Firmen, sondern auch über Einzelpersonen, deren Kaufverhalten und Lebensumstände, über Gegenstände und Orte werden in Zukunft immer umfassender und immer einfacher abrufbar im Netz abgebildet sein und können beliebig verknüpft werden. Der Mensch wird dadurch – zumindest theoretisch – zu jeder Zeit fast punktgenau lokalisierbar, inklusive seiner momentanen Tätigkeiten und Interessen (Mattern, 2007b). Dies hat durchaus beängstigende Aspekte, und wir können heute noch nicht abschätzen, wie sich das auf unser Zusammenleben im Detail auswirken wird.

Noch in den 90er-Jahren war es gang und gäbe, dass man aus Angst vor Datenmissbrauch keine privaten Daten für eine Volkszählung zur Verfügung stellte. Der gläserne Mensch war ein Schreckgespenst. Diese Einstellung hat sich in den letzten Jahren rasant verändert, es hat sich Gewöhnung eingestellt, nicht zuletzt auch durch die parallele Entwicklung am Fernsehen. Wer würde sich heute noch über die TV-Sendung Big Brother ereifern? Auch Jenni, die in den 90ern mit ihrer intimen Webcam die Welt in Atem hielt, hat ihre Site jennicam.org im Jahr 2003 geschlossen und wurde seither von noch verrückteren Selbstdarstellern überrundet. Web 2.0-Plattformen wie YouTube, MySpace, Online-Netzwerke und Blogs funktionieren in hohem Maße genau deshalb so gut, weil sie vielseitige und immer wieder neue Möglichkeiten zur Selbstpräsentation bieten.

Es entspricht offenbar einem **Bedürfnis** der Menschen, immer mehr Informationen von sich selbst im Netz zur Verfügung zu stellen. Gleichzeitig scheint auch die **Empfindlichkeit** gegen das Eindringen in die Privatsphäre **abzunehmen**.

Dass Unternehmen auf Websites ein »**Usertracking**« durchführen und diese Daten verwenden, um zukünftige Angebote auf unsere Person zuzuschneiden, wissen wir teilweise und empfinden es als normal und sogar nützlich. Den wenigsten ist aber bewusst, dass dadurch z. B. auch die **Preisgestaltung individuell** unseren finanziellen Möglichkeiten angeglichen werden kann (wie es bereits heute bei einigen Online-Anbietern geschieht). Die Gefahr scheint uns offenbar eher gering zu sein, dass unsere persönlichen Daten missbraucht werden oder in falsche Hände geraten könnten. Dies hängt sicher auch damit zusammen, dass wir in einer **offenen Gesellschaft** leben, in der wir als »normale« gläserne Bürger nicht viel zu befürchten haben. Kann man diesen Umstand langfristig als gegeben annehmen?

In diesem Zusammenhang gibt es mindestens zwei Dinge zu sagen. Einerseits, dass auch hier mehr Transparenz von Nöten ist (s. These 4): Die Möglichkeiten und Wege, wie Daten im Internet gesammelt, zusammengeführt und ausgewertet werden können, sollten möglichst weit offen gelegt sein. Dies allein nützt aber noch wenig, wenn die Bereitschaft der

User nicht da ist, sich mit dieser Thematik auseinanderzusetzen und das eigene Online-Verhalten in diesem Bewusstsein zu gestalten. Darum brauchen wir auch **Datenschutzgesetze**, die **den neuen Verhältnissen angepasst** sind.

Andererseits ist ein Teil dieses Kulturschocks wohl auch historisch bedingt. Nämlich dadurch, dass die meisten von uns mehr Zeit ihres Lebens ohne Internet verbracht haben. Die **Skepsis gegenüber neuen Entwicklungen** war seit je typisch für die ältere Generation, die die junge beobachtet. Nur dass im Internet-Zeitalter alles noch ein bisschen schneller geht.

> Es ist anzunehmen und zu hoffen, dass die heutigen jungen Erwachsenen, die das Internet seit ihrer Kindheit kennen, kreative Wege finden werden, mit dieser neuen Art von Transparenz konstruktiv und klug umzugehen.

14.7 These 7: Neue Technologie führt nicht zwingend zu Verbesserung

Das Internet scheint ideal geeignet für Heils- und **Erlösungsversprechungen** aller Art. Wenn wir erst diese und jene Technologie eingeführt haben, wenn wir endlich eine bestimmte Marketingtechnik einsetzen und Kunden auf die eine oder andere Art einbinden, dann werden wir endlich am Ziel unserer Anstrengungen sein. Allein die Tatsache, dass solche Aussagen schon seit der Gründerzeit des Internets regelmäßig erklingen, sollte uns mit einem gesunden Misstrauen erfüllen.

Wahrscheinlich hat die manchmal fast schon **kritiklose Begeisterung** mit unserer mangelnden Erfahrung mit dem Internet zu tun. Wir hatten erst ein Jahrzehnt Zeit, das neue Medium kennen zu lernen, und immer noch überrascht es uns mit neuen Phänomenen, die wir erst einordnen und verstehen müssen, um sie richtig zu nutzen und auch ihre Gefahren zu erkennen.

Der technologische Wandel lässt auch die Ansprüche steigen

> Vielleicht neigen wir auch dazu, Technologie zu viel zuzutrauen und zu meinen, dass man mit Technologie jedes Problem lösen kann.

Viele technologisch hoch stehende und interessante Lösungen scheitern z. B.
- an der **Trägheit der Anwender**,
- an ihren **mangelnden technischen Kenntnissen** oder
- ihrem **knappen Zeit- und Aufmerksamkeitsbudget**.

Dies soll nicht heißen, dass man nicht in neue Internet-Technologien investieren und mit ihnen experimentieren sollte. Aber man darf dabei **den Menschen als entscheidenden Faktor** nicht vergessen, der sich oft entgegen unserer Wunschvorstellungen und Prognosen verhält.

Dass auch die Wissenschaft – wenn überhaupt – nur bedingt die Zukunft voraussagen kann, ist gerade denjenigen bewusst, die am Puls der neuen technologischen Möglichkeiten forschen.

»Bei jedem Effizienzzuwachs droht ein Bumerang-Effekt«

Prof. Dr. Friedemann Mattern vom Institut für Pervasive Computing der ETH Zürich über das Internet der Zukunft und die Möglichkeiten, uns von neuen Technologien den Alltag erleichtern zu lassen.

Herr Mattern, Sie forschen an den Computertechnologien der Zukunft und befassen sich »nebenamtlich« mit der Geschichte des technologischen Fortschritts und der IT-Zukunftsforschung. Vor 50 Jahren sagte man voraus, dass der Computer unser Leben einfacher gestalten und uns mehr Freizeit bescheren werde. Warum sind wir denn nun eigentlich trotzdem noch so gestresst?
Nicht der Computer allein sollte damals unser Leben vereinfachen, sondern die durch ihn ermöglichte zunehmende Automatisierung von Produktions- und Arbeitsprozessen. Ein kleines Stück weit ist das vielleicht sogar wahr geworden. Zum Beispiel, indem die Arbeitszeit auf fünf Tage verkürzt wurde. Oder indem viele Hausarbeiten heute von Maschinen erledigt werden. Aber wir haben auch einen Bumerang-Effekt erlebt: Gleichzeitig mit der Automatisierung wurde Raum geschaffen für eine komplexer ausgestaltete und schnellere Produktion. Das bedeutet, dass mit zunehmender Effizienz auch die Erwartung steigt, dass die gewonnene Zeit sinnvoll genutzt wird, z. B. für Qualitätssteigerung, für ein komplexeres Produkt oder für mehr Varianten eines Produkts. Die Firmen konnten und können sich dem nicht entziehen, da sie im Wettbewerb mit anderen Firmen stehen. Das hatte man damals vor 50 Jahren nicht so deutlich vorhergesehen.

Welche Wünsche vergangener Generationen erfüllt das Internet?
Eigentlich hat man sich früher nicht einmal das Internet selber gewünscht, weil man es sich schlicht nicht vorstellen konnte! Anfangs war der einzige Antrieb für den Zusammenschluss von Computern, dass man Datenaustausch zwischen einzelnen Geräten herstellen wollte, weiter nichts. Es gibt aber schon gewisse Visionen, die gerade in den 30er- bis 50er-Jahren des letzten Jahrhunderts entstanden und die heute durch das Internet erfüllt werden können. Damals war es beispielsweise ein Traum, Wissen von außen, z. B. die Informationen ganzer Bibliotheken, auf ein Gerät zu Hause laden zu können. Oder via Fernsehgerät einzukaufen. Auch Ideen für ein Bildtelefon kamen in regelmäßigen Abständen auf, diese Projekte konnten sich aber nie richtig etablieren, u. a. weil die Technik hierfür noch nicht ausgereift war (wenige Leute wissen etwa, dass es in Deutschland schon 1936 einen funktionierenden öffentlichen »Bildfernsprechdienst« zwischen einigen Städten gab: Ein Ortsfernsehgespräch innerhalb von Berlin kostete eine halbe Reichsmark, eine dreiminütige Fernverbindung ca. drei Reichsmark). Ein weiteres Bedürfnis war es schon damals, Bildung oder Allgemeinwissen über die Welt nach Hause zu holen, z. B. Informationen über fremde Länder, in die man reisen wollte. Dieser Wunsch nach fast unbeschränktem Informationszugriff auf die Welt von zu Hause aus kann durch das Internet heute befriedigt werden.

Werden wir in Zukunft endlich technische Hilfsmittel zur Hand haben, die uns einen effizienteren Umgang mit der Informationsflut im Internet ermöglichen?
Ich glaube, wir haben schon heute relativ gute Hilfsmittel zur Verfügung. Problemlösungen werden nur geschaffen, wenn tatsächlich ein Problem vorhanden ist. Leidet man wirklich unter zu viel Information? Wenn jemand vor 500 Jahren an einen heutigen Bahnhofkiosk gekommen

wäre, hätte er sich sicher auch entsetzt gefragt, wie man mit dieser Menge an verfügbaren Informationen umgehen soll! Heute findet man das normal.

Suchmaschinen sind aus dem Online-Alltag nicht mehr wegzudenken. Haben die eigentlich auch Risiken?
Wir sind heute für die Internetnutzung von den Suchmaschinen abhängig. Genauer gesagt eigentlich v. a. von Google und Yahoo, denn nur diese Unternehmen verfügen über die nötige Infrastruktur, um trotz des immensen Zuwachses an immer neuen Informationen weiterhin große Teile des Webs zu erfassen und sie Millionen gleichzeitiger Nutzer effizient verfügbar zu machen. Es ist heute aus technischen Gründen nicht mehr so einfach möglich, eine echte Alternative dazu aufzubauen, schon alleine, weil die Infrastrukturkosten immens sind. Das führt zu Monopolbildung, und das ist auch eine Gefahr dieses Zustands. Prinzipiell hätte Google damit beispielsweise die Macht, die Art von Informationen zu beeinflussen, die wir erhalten; das Unternehmen hat auch mehr als alle anderen sehr umfassende Datenmengen über die Internetnutzung und -nutzer zur Verfügung.

Welche Möglichkeiten gibt es, der Flut in unserer Mailbox entgegen zu wirken? Welche davon halten Sie für die aussichtsreichste?
Es gibt ja einige persönliche Möglichkeiten, sich gegen die Mailflut zu wehren: Ignorieren, E-Mail-Adresse nicht weitergeben, per Mail nicht erreichbar sein, Mails von anderen Personen filtern lassen etc. Aber auch auf technischer Ebene wird geforscht, wie man der Flut entgegenwirken könnte. Eine Möglichkeit wäre z. B., das Verursacherprinzip einzuführen: Der Sender muss für jede Mail, die er schickt, einen bestimmten Betrag bezahlen. Wenn ein Empfänger die Mail von ihm zu erhalten wünscht, kann er ihm mit einem einzigen Mausklick die Kosten zurückerstatten, ansonsten werden sie dem Sender verrechnet. Dadurch fragt sich der Sender eher, ob sich das Senden der Mail wirklich lohnt. An technischen Systemen, die solche Bezahlungsvorgänge verwalten, wird bereits geforscht. Es ist aber noch unklar, ob sie Akzeptanz in der Öffentlichkeit und damit einen Anbieter finden.

Eine weitere Möglichkeit wäre, eine künstliche Hürde einzubauen, z. B. in Form eines Dialogfelds, mit der die Mailbox des Empfängers automatisch beim Sender zurückfragt, ob der Sender die Nachricht wirklich senden will, und ob er bitte, um dies zu beweisen, noch eine kleine Aufgabe bearbeiten würde. Dadurch könnte man auf jeden Fall alle automatischen Mails ausschließen, und Leute mit geringer Motivation würden vom Senden von Nachrichten ebenfalls ablassen. Auch diese Methode ist aber nicht unbedingt mehrheitsfähig.

Es sieht danach aus, dass sich wohl eine Art Premium-Service für die E-Mail-Kommunikation entwickelt, wo der Empfänger dafür bezahlt, nur relevante Mails zu bekommen, vielleicht eben kombiniert mit der Methode, dass auch der Sender für seine Nachricht bezahlen muss.

Man muss sich aber im Klaren sein, dass auch hier ein **Bumerang-Effekt** droht (◘ Abb. 14.1): Wenn ich nur noch relevante Mails erhalte, ist die Gefahr groß, dass ich diese auch schneller beantworten muss. Das sieht man bereits heute: Es gibt Unternehmen, die von ihren Angestellten verlangen, dass sie alle E-Mails innerhalb eines Tages bearbeiten. Die Technologie dazu wird ihnen zur Verfügung gestellt (in Form von mobilen Geräten mit Netzzugang), aber der Effizienzzuwachs wirkt sich nicht unbedingt zu Gunsten der Mitarbeiter aus!

◘ Abb. 14.1. Automatisierung und der Bumerang-Effekt

Was hat Sie in den letzten Jahren am Internet am meisten überrascht?
Ich staune darüber, wie stark Dienste wie Youtube, flickr und das Blogging genutzt werden. Wie leicht Leute damit bereit sind, Dinge aus ihrem Privatleben öffentlich zu machen, auch wenn man davon ausgehen muss, dass das alles ja auch in zehn Jahren noch nachlesbar ist, wenn sich die Lebensumstände vielleicht stark geändert haben. Dass diese Dienste existieren, dass sie kostenlos in guter Qualität angeboten werden können, sogar einen hohen wirtschaftlichen Wert haben und teuer verkauft werden können – das hätte ich so vor einigen Jahren nicht erwartet.

▼

Auch dass die Suchmaschinen so eine gute Qualität haben, dass sie so umfassend genutzt werden und schnelle Antwortzeiten haben, und dass sie mit dem Wachstum des Internets mithalten können, das ist eine große Leistung.

Wie wird das Internet der Zukunft aussehen? Gibt es bereits heute Anzeichen und Trends, in welche Richtung die Entwicklung geht?
Die mobile Nutzung wird besser und stärker werden, und man wird in Zukunft immer häufiger online sein, ohne es überhaupt zu merken. Nur wenn der Internetzugang einmal unterbrochen ist, wird einem auffallen, dass man ja keinen Zugriff mehr auf seine eigene Fotosammlung hat oder dass gewisse Programme am PC nicht mehr funktionieren. Die implizite Internetnutzung wird damit zunehmen.

Ferner wird das Fernsehen mit dem Internet zusammenwachsen. Wir sind heute technologisch schon nahe daran, dass wir die nötigen Kapazitäten bereitstellen können, um eine einwandfreie Bildqualität zu gewährleisten. Bis diese Technologie dann aber allgemein etabliert ist, dauert es noch einige Jahre.

Ein weiterer Aspekt dürfte sein, dass das Internet in Zukunft nicht mehr nur von Menschen mit Informationen versorgt wird, sondern zunehmend auch von Webcams, Mikrochips oder Sensoren, die Informationen aus der realen Welt automatisch ins Internet speisen. Meldungen über Staus in Innenstädten, große Menschenansammlungen, die aktuellen Wassertemperaturen in Seen etc. könnte man auf diese Weise relativ einfach automatisiert zur Verfügung stellen, und das in einem hohen Detaillierungsgrad. An einem solchen »Internet der Dinge« forschen wir auch hier an der ETH Zürich. Die Technologie hierzu ist bald vorhanden – aber ob es je gewünscht und genutzt wird, darüber kann man heute nur spekulieren.

14.8 These 8: Das Internet und die »reale« Welt werden sich immer mehr vermischen

Vor etwas mehr als einem Jahrzehnt hat man das Internet noch als eine exotische, ferne virtuelle Welt betrachtet, die zwar schon irgendwie mit unserem Leben zu tun hat, aber doch sehr stark abgekoppelt ist von den realen Gegebenheiten. Man empfand das Internet in erster Linie als einen Ort, der von uns gestaltet werden muss und ein Abbild unserer Offline-Welt darstellt.

Das Internet ist keine ferne Welt mehr

❗ Nun hat sich seit einiger Zeit aber eine neue, faszinierende und manchmal auch beunruhigende Tendenz ergeben: Das Internet gestaltet die Offline-Welt um und bestimmt, was in der realen Welt Aufmerksamkeit erhält.

Zum Beispiel in Form von Youtube-»Helden«, die aufgrund ihrer **Berühmtheit im Netz** eine eigene TV-Show erhalten. Oder wenn Firmenchefs öffentlich eine Stellungnahme zu ihrer Managementstrategie abgeben müssen, weil sie **im Internet kritisiert** wurden.

Winzig kleine reale Dinge können mit einer beliebigen Informationsmenge verknüpft werden

Dies ist aber nur ein Aspekt der immer stärkeren Vermischung von Offline- und Online-Welt. Auf technischer Seite ist z. B. das »**Mobile Tagging**« zu nennen: Dabei kann mit einem Handy ein Strichcode gelesen werden, der automatisch an eine Online-Adresse weiterleitet. Dadurch entstehen praktisch unbeschränkte Möglichkeiten, sogar winzig kleine Dinge in der Offline-Welt mit einer beliebigen (virtuell zugeordneten) Informationsmenge zu verknüpfen. So wird sich das Internet immer mehr auch in die reale Welt hinein erstrecken und zu einem »Internet der Dinge« werden (Mattern, 2007a).

Vielleicht wird die Vernetzung dieses Wissens in Zukunft dazu führen, dass Werbebotschaften anhand der bekannten Online-Präferenzen einer Person in deren physischem Umfeld platziert werden können. Zum Beispiel in Form von **kontextbasierter Werbung im Supermarkt** an der Stelle, an der ich mich befinde und basierend auf den Dingen, die ich neulich im Online-Shop angeschaut habe.

Ob dies genau so geschehen wird, ist heute noch Spekulation. Tatsache ist aber, dass wir immer einfacher auf Online-Informationen zugreifen können, ohne uns dafür am Heimcomputer oder Arbeitsplatz ins Internet einloggen zu müssen. Internet und Offline-Welt durchdringen sich immer stärker gegenseitig, sowohl inhaltlich als auch technisch. Das Internet ist damit zu einer prägenden Kraft für gesellschaftliche Prozesse geworden.

14.9 These 9: (Online-)Kommunikation ist nicht bis ins Letzte kontrollierbar

Kommunikationsprozesse haben immer eine Eigendynamik

Es ist sicher nützlich, sich mit den Chancen und Risiken der Online-Kommunikation auseinanderzusetzen. Vielleicht kann dieses Buch ein Stück weit dazu beitragen. Dennoch sollte man sich bewusst sein, dass auch mit noch so hoher Medien- und Kommunikationskompetenz Missverständnisse, Fehler und Krisen unvermeidlich sind. Man kann zwar als Firma den offenen Dialog mit Kunden suchen und pflegen oder sich als Privatperson Mühe geben, die eigene Privatsphäre online zu schützen. Ganz verhindern kann man aber nicht, dass genau das eintritt, was man verhindern wollte.

> **Kommunikation entsteht immer zwischen zwei Personen, und der Empfänger hat – gerade online – unzählige Möglichkeiten, eine Botschaft falsch oder neu zu interpretieren, zu verändern oder weiterzuverbreiten.**

Manchmal führt ein dummer Zufall dazu, dass die falsche Information an die falschen Leute gerät und eine Lawine auslöst. So wie das Amir T. passierte, der einen möglicherweise defekten Laptop online versteigerte und dem erbosten Käufer das Geld dafür nicht zurückerstatten wollte. Dieser holte zum Online-Rachefeldzug aus: Er veröffentlichte auf seinem Blog pornographische Bilder und anderes persönliches Material, das sich noch auf Amirs Laptop befand, und machte seinen Blog (http://amirtofangsa-zan.blogspot.com) damit zum Online-Pranger für Millionen von Online-Schaulustigen.

14.9 · These 9: (Online-)Kommunikation ist nicht bis ins Letzte kontrollierbar

Kommunikationsfehler passieren immer wieder und überall. Das liegt am DAU, dem »dümmsten anzunehmenden User«, der immer zur falschen Zeit am falschen Ort ist und unvorhersehbare Zwischenfälle produziert. Gerade Fehler von bekannten und exponierten Persönlichkeiten werden gern online aufgegriffen und der Öffentlichkeit preisgegeben.

Wer immer im Internet oder in der realen Welt Spuren hinterlässt, muss damit rechnen, dass auch seine **Fehler für andere online sichtbar** werden. Eine **»virtuelle« Identität** kann man zwar aktiv pflegen, manchmal entwickelt sie aber auch ein **Eigenleben**, das man für sie nicht vorgesehen hat.

Mit dieser Unsicherheit – und in diesem faszinierenden Neuland – leben Unternehmen und Privatpersonen im Online-Zeitalter.

Weiterführende Literatur

Mattern, F. (2007a). Allgegenwärtige Informationsverarbeitung – Technologietrends und Auswirkungen des Ubiquitous Computing. Erhältlich unter [www.vs.inf.ethz.ch/publ/papers/AllgegenwInfoverarb.pdf].
Die Vision vom »Internet der Dinge«.

Mattern, F. (2007b). Die Informatisierung des Alltags – Leben in smarten Umgebungen. Berlin: Springer.
Ein praxisbezogener Blick in die Zukunft aus Sicht der Informatik. Besonders lesenswert: »100 Jahre Zukunft« – ein Artikel über Prognosen zum Computer- und Informationszeitalter aus den letzten 100 Jahren.

Literaturverzeichnis

Adler, M. & Schmeisser, D. (2007). Werbe-Vorspiel. Studie zur Werbewirkung von VideoAds im Internet. Erhältlich unter [http://www.phaydon.de/content/phaydon_VideoAds.pdf].

Anderson, C. (2006). The Long Tail: Why the Future of Business Is Selling Less of More. Hyperion.

Arndt, H. (2006). Integrierte Informationsarchitektur. Die erfolgreiche Konzeption professioneller Websites. Berlin: Springer.

Asch, S. E. (1946). Forming impressions of personality. Journal of Abnormal and Social Psychology, 41, 258–290.

Aschoff, M. (2005). Professionelles Direkt- und Dialogmarketing per E-Mail. München: Hanser.

Atkinson, J. W. (1957). Motivational determinants of risk-taking behavior. Psychological Review, 64, 359–372.

Atkinson, R. C. & Shiffrin, R. M. (1968). Human memory: A proposed system and its control processes. In K. W. Spence (Ed.), The psychology of learning and motivation: Advances in research and theory, (pp. 89–195). New York: Academic Press.

Bem, S. L. (1981). Gender schema theory: A cognitive account of sex typing. Psychological Review, 4, 354–364.

Bem, S. L. (1993). The lenses of gender: Transforming the debate on sexual inequality. New Haven, CT: Yale University Press.

Bernet, M. (2006). Medienarbeit im Netz. Von E-Mail bis Weblog: mehr Erfolg mit Online-PR. Zürich: Orell Füssli.

Billings, A. G. & Moos, R. H. (1984). Coping, stress, and social resources among adults with unipolar depression. Journal of personality and social psychology, 46, 887–891.

Bourne, L. E. & Ekstrand, B. R. (2005). Einführung in die Psychologie. Eschborn: Dietmar Klotz.

Bressler, S. & Martens, D. (2007). Podcast in Deutschland 2007 – Nutzung und Chancen von Podcast in Deutschland. House of Research GmbH, Berlin. [http://www.house-of-research.de].

Briggs, R. & Hollis, N. (1997). Advertising on the web: Is there response before click-through? Journal of Advertising Research, 37, 33–45.

Brown, R. & Kulik, J. (1977). Flashbulb memories. Cognition, 5, 73–99.

Bundesamt für Sicherheit in der Informationstechnik. (2007). Die Lage der IT-Sicherheit in Deutschland 2007. Erhältlich unter [http://www.bsi.bund.de/literat/lagebericht/lagebericht2007.pdf].

Chau, M. & Xu, J. (2007). Mining communities and their relationships in blogs: A study of online hate groups. Int. J. Human-Computer Studies, 65, 57–70.

Christmann, U. (2006). Satz- und Textlernen. In J. Funke & P. A. Frensch (Hrsg.), Handbuch der Allgemeinen Psychologie – Kognition (S. 254–259). Göttingen: Hogrefe.

Craik, F. I. M. & Lockhart, R. S. (1972). Levels of processing: A framework for memory research. Journal of Verbal Learning and Verbal Behavior, 11, 671–684.

Darley, J. M. & Latané, B. (1968). Bystander intervention in emergencies: Diffusion of responsibility. Journal of Personality and Social Psychology, 8, 377–383.

De Vries, J. (2006). E-Mail-Guide. München: Gräfe & Unzer.

Döring, N. (2003). Sozialpsychologie des Internet. Die Bedeutung des Internet für Kommunikationsprozesse, Identitäten, soziale Beziehungen und Gruppen. Göttingen: Hogrefe.

Dubrovsky V. J., Kiesler, S. & Sethna, B. (1991). The Equalization Phenomenon: Status Effects in Computer-Mediated and Face-to-Face Decision-Making Groups. Human-Computer-Interaction, vol. 6, pp. 116–146.

Eberspächer, J. & Holtel, St. (Hrsg.). (2007). Suchen und Finden im Internet. Berlin: Springer.

Edward, E., Smith, E. E., Nolen-Hoeksema, S., Fredrichson, B. L. & Loftus, G. R. (2007). Atkinson und Hilgards Einführung in die Psychologie. Heidelberg: Spektrum.

Eggendorfer, T. (2005). No Spam! Besser vorbeugen als heilen. Frankfurt: Software & Support Verlag.

Erlhofer, S. (2007). Suchmaschinen-Optimierung für Webentwickler. Bonn: Galileo Press.

Felser, G. (2007). Werbe- und Konsumentenpsychologie. Heidelberg: Spektrum.

Festinger, L. (1957). A theory of cognitive dissonance. Evanston: Ill Row Peterson.

Festinger, L. (1964). Conflict, decision, and dissonance. Stanford: Stanford University Press.

Fischer, M. (2006). Website Boosting. Suchmaschinen-Optimierung, Usability, Webseiten-Marketing. Heidelberg: Mitp Redline

Literaturverzeichnis

Fittkau & Maas (2006). Networking via Internet zahlt sich finanziell aus. Zweite internationale openBC-Studie »Kommunikation & Networking im Internet«. Erhältlich unter [http://www.fittkaumaass.com/download/openBC-Studie_PM_03-2006.pdf].

Florack, A., Scarabis, M. & Primosch, E. (2007). Psychologie der Markenführung. München: Vahlen.

Fritz, W., Kempe, M. & Hauser, A. (2007). Werbewirkung von Layer-Ads – Ergebnisse eines Online-Experiments. In T. Bayón, A. Herrmann, & F. Huber (Hrsg.), Vielfalt und Einheit in der Marketingwissenschaft – Ein Spannungsverhältnis (S. 279–303). Wiesbaden: Gabler.

Funke, J. & Frensch, P. A., (Hrsg.). (2006). Handbuch der Allgemeinen Psychologie – Kognition. Göttingen: Hogrefe.

Gladwell, M. (2000). The Tipping Point. How Little Things Can Make a Big Difference. Boston: Little, Brown and Company.

Glanzer, M. & Cunitz, A. R. (1966). Two storage mechanisms in free recall. Journal of Verbal Learning and Verbal Behavior, 5, 351–360.

Goemann-Singer, A., Graschi, P. & Weissenberger, R. (2004). Recherchehandbuch Wirtschaftsinformationen – Vorgehen, Quellen und Praxisbeispiele. Berlin: Springer.

Green, D. M. & Swets J. A. (1966). Signal Detection Theory and Psychophysics. New York: Wiley.

Guski, R. (2000). Wahrnehmung. Eine Einführung in die Psychologie der menschlichen Informationsaufnahme. Stuttgart: Kohlhammer.

Hacker, W. (2005). Allgemeine Arbeitspsychologie. Psychische Regulation von Wissens-, Denk- und körperlicher Arbeit. Bern: Hans Huber.

Hagel, J. & Armstrong, A. G. (1997). Net Gain. Profit im Netz. Märkte erobern mit virtuellen Communities. Wiesbaden: Gabler.

Haider, M. (1969). Elektrophysiologische Indikatioren der Aktiviertheit. In W. Schönpflug (Hrsg.), Psychologisches Kolloquium (BD. VI). Berlin: Springer.

Heckhausen, J. & Heckhausen, H. (Hrsg.). (2006). Motivation und Handeln. Heidelberg: Springer.

Hippner, H. & Wilde, K. (2006). Grundlagen des CRM. Konzepte und Gestaltung. Wiesbaden: Gabler.

Hovland, C. I. & Janis, I. L. (Eds.). (1953). Personality and persuasibility. New Haven: Yale University Press.

Hubel, D. H. & Wiesel, T. N. (1959). Receptive fields of single neurons in the cat's striate cortex. Journal of Physiology, 148, 574–591.

Jones, Q. (1997). Virtual-communities, virtual settlements & cyber-archaeology: A theoretical outline. Journal of Computer-mediated Communication, 3 (3). Erhältlich unter [http://jcmc.indiana.edu/vol3/issue3/jones.html]

Josang, A., Roslan, I. & Boyd, C. (2007). A survey of trust and reputation systems for online service provision. Decision Support Systems, 43, 618–644.

Karig, F. (2007). Jeder kann Werbung. Seit es das Web 2.0 gibt, sind die Kunden auch als Partner gefragt. Erhältlich unter [http://www.brandeins.de/home/inhalt_detail.asp?id=2330&MenuID=8&MagID=88].

Kiesler, S., Siegel, J. & McGuire, T. W. (1984). Social psychological aspects of computer-mediated communication. American Psychologist, 39 (10), 1123–1134.

Knoll, K. (1995). Practical Advice for Global Teamwork [http://www.nicola-doering.de/Hogrefe/knoll_95.htm].

Kobasa, S. C., Maddi, S. R. & Kahn, S. (1982). Hardiness and health: A prospective study. Journal of personality and social psychology, 42, 168–177.

Kollmann, T. (2007). Online-Marketing. Grundlagen der Absatzpolitik in der Net Economy. Stuttgart: Kohlhammer.

Kosala, R. & Blockeel, H. (2000). Web mining research: a survey. ACM SIGKDD Explorations, 2 (1), 1–15.

Kotler, P., Armstrong, G., Saunders, J. & Wong, V. (2006). Grundlagen des Marketing. München: Prentice Hall.

Lammenett, E. (2006). Praxiswissen Online-Marketing. Wiesbaden: Gabler.

Langner, S. (2006). Viral Marketing – Wie Sie Mundpropaganda gezielt auslösen und Gewinn bringend nutzen. Wiesbaden: Gabler.

Lazarus, R. S. (1968). Emotion and adaption: Conceptual and empirical relations. In W. J. Arnold (Ed.), Nebraska Symposium on Motivation (pp. 175–270). Lincoln: University of Nebraska Press.

Lazarus, R. S. & Folkman, S. (1984). Stress, appraisal, and coping. New York: Springer.

Lewin, K. (1942). Field theory of learning. Yearbook of National Social Studies of Education, 41, 215–242.

Long, J. (2005). Google Hacking. Bonn: Mitp.

Maslow, A. (1954/1970). Motivation and Personality (2nd Edition). New York: Harper & Row.

Mattern, F. (2007a). Allgegenwärtige Informationsverarbeitung – Technologietrends und Auswirkungen des Ubiquitous Computing. Erhältlich unter [www.vs.inf.ethz.ch/publ/papers/AllgegenwInfoverarb.pdf].

Mattern, F. (2007b). Die Informatisierung des Alltags – Leben in smarten Umgebungen. Berlin: Springer.

McClelland, D. C. (1953). The achievement motive. New York: Appleton-Century-Crofts (Irvington/Wiley).

Meier, C. (2000). Videokonferenzen – Beobachtungen zu Struktur, Dynamik und Folgen einer neuen Kommunikationssituation. In M. Boos, K. J. Jonas & K. Sassenberg (Hrsg.), Computervermittelte Kommunikation in Organisationen. Göttingen: Hogrefe.

Mettler-von Meibom, B. (1994). Kommunikation in der Mediengesellschaft. Tendenzen – Gefährdungen – Orientierungen. Berlin: Edition Sigma.

Moser, K. (1997). Modelle der Werbewirkung. Jahrbuch der Absatz- und Verbrauchsforschung, 43, 270–284.

Moser, K., Preising, K., Göritz, A. S. & Paul, K. (2002). Steigende Informationsflut am Arbeitsplatz: belastungsgünstiger Umgang mit elektronischen Medien (E-Mail, Internet). Schriftenreihe der Bundesanstalt für Arbeitsschutz und Arbeitsmedizin, Fb 967. Dortmund: Wirtschaftsverlag NW.

Mühlenbeck, F. & Skibicki, K. (2007). Community Marketing Management. Wie man Online-Communities im Internet-Zeitalter des Web 2.0 zum Erfolg führt. Norderstedt: Books on Demand.

Neisser, U. (Ed.). (1982). Memory observed: Remembering in natural contexts. San Francisco: Freeman.

NetworkWorld (2007). Taxis are a black hole for mobile phones, laptops and digital assistants. Erhältlich unter [http://www.networkworld.com/community/node/21014].

Neumann, O. (1992). Theorien der Aufmerksamkeit: Von Metaphern zu Mechanismen. Psychologische Rundschau, 43, 83–101.

Nielsen, J. (2004). The Most Hated Advertising Techniques. Erhältlich unter [http://www.useit.com/alertbox/20041206.html].

Nielsen, J. (2006). Email Newsletters: Surviving Inbox Congestion. Erhältlich unter [http://www.useit.com/alertbox/newsletters.html].

Nielsen, J. & Loranger, H. (2006). Prioritizing Web Usability. Berkeley: New Riders.

Ottler, S. (1998). Zapping. Zum selektiven Umgang mit Fernsehwerbung und dessen Bedeutung für die Vermarktung von Fernsehwerbezeit. München: Reinhard Fischer.

Pavlov, I. P. (1927). Conditioned reflexes. New York: Oxford University Press.

Perfect, T. J. & Askew, C. (1994). Print advertes: Not remembered but memorable. Applied Cognitive Psychology, 8, 693–703.

Perfect, T. J. & Edwards, A. (1998). Implicit memory for radio advertising. Psychological Reports, 38, 1091–1094.

Rabbie, J. M. & Horwitz, M. (1969). Arousal of ingroup-outgroup bias by a chance win or loss. Journal of Personality and Social Psychology, 13, 269–277.

Rapaport, D. (1942). Emotions and memory. Baltimore: Williams & Wilkins.

Reichwald, R., Möslein, K., Sachenbacher, H., Englberger, H. & Oldenburg, S. (2000). Telekooperation – Verteilte Arbeits- und Organisationsformen. Heidelberg: Springer.

Reinmann, G. & Eppler, M. (2007). Wissenswege. Bern: Hans Huber.

Reinmann, G. & Mandl, H. (Hrsg.). (2004). Psychologie des Wissensmanagements. Göttingen: Hogrefe.

Resnick, P. & Zeckhauser, R. (2002). Trust among strangers in internet transactions: empirical analysis of eBay's reputation system. In M. R. Baye (Ed.), The Economics of the Internet and ECommerce. Advances in Applied Microeconomics, vol. 11, Elsevier Science.

Rice, R. E. (1993). Media Appropriateness. Using Social Presence Theory to Compare Traditional and New Organizational Media. Communication Research, 19 (4), 451–484.
Rogers, C. R. (1961). On becoming a person: A therapist's view of psychotherapy. Boston: Houghton Mifflin.
Rössler, P. & Beck, K. (2001). Aufmerksamkeitskalküle bei verschiedenen Modi der Online-Kommunikation. In K. Beck & W. Schweiger (Hrsg.), Attention Please! Online-Kommunikation und Aufmerksamkeit (S. 141–158). München: R. Fischer.
Rotter, J. B. (1967). A new scale for the measurement of interpersonal trust. Journal of Personality, 35, 651–665.
Schneider, D., Sperling, S., Schell, G., Hemmer, K., Glauer, R. & Silberhorn, D. (2005). Instant Messaging – neue Räume im Cyberspace. München: R. Fischer.
Schwarz, T. & Braun, G. (2006). Leitfaden Integrierte Kommunikation. Wie Web 2.0 das Marketing revolutioniert. Waghäusel: Absolit.
Schweiger, W. (2001). Aufmerksamkeitseffekte der Hypermediengestaltung. Befunde zur Scrollgrenze und anderen Phänomenen. In K. Beck & W. Schweiger (Hrsg.), Attention Please! Online-Kommunikation und Aufmerksamkeit (S. 175–196). München: R. Fischer.
Selye, H. (1979). The stress of life (rev. ed.). New York: Van Nostrand Reinhold.
Skinner, B. F. (1938). The behavior of organisms. New York: Appleton-Century-Crofts.
Smith, E. E., Nolen-Hoeksema, S. & Fredrickson B. L. (2007). Atkinson und Hilgards Einführung in die Psychologie. Heidelberg: Spektrum.
Stegbauer, Ch. (2001). Aufmerksamkeitssteuerung durch Schließung am Beispiel von Mailinglisten. In K. Beck & W. Schweiger (Hrsg.), Attention Please! Online-Kommunikation und Aufmerksamkeit (S. 159–174). München: R. Fischer.
Strahan, E. J., Spencer, S. J. & Zanna, M. P. (2002). Subliminal priming and persuasion: Striking while the iron is hot. Journal of Experimental Social Psychology, 38, 556–568.
Styles, E. A. (2005). Attention, Perception and Memory – An Integrated Introduction (Taylor & Francis Group). New York: Psychology Press.
Tajfel, H., Nemeth, C., Jahoda, G., Campbell, J. D. & Johnson, N. B. (1970). The development of children's preference for their own country: a cross-national study. International Journal of Psychology, 6, 245–253.
Thorndike, E. L. (1898). Animal intelligence: An experimental study of the associative processes in animals. Psychological monographs, 2 (No. 8).
Thorndike, E. L. (1920). A constant error on psychological rating. Journal of Applied Psychology, IV, 25–29.
Vicary, J. (1957). Subliminal svengali? Sponsor, 11, (30. Nov.), 38–42.
Vogel, L. (2007). Potentiale, Formen und Grenzen des Einsatzes von Social Networking Applications in Unternehmen. Erhältlich unter [http://www.wi1.uni-erlangen.de/fileadmin/user_upload/downloads/OrgComm/Praesentation_Larissa_Vogel.pdf].
Wang, Y. D. & Emurian, H. H. (2005). An overview of online trust: Concepts, elements, and implications. Computers in Human Behavior, 21, 105–125.
Watzlawick, P., Beavin, J. H. & Jackson, Don D. (1969/2000). Menschliche Kommunikation – Formen, Störungen, Paradoxien. Bern: Hans Huber.
Weller, B. R., Roberts, C. R. & Neuhaus, C. (1979). A longitudinal study of the effect of erotic content upon advertising brand recall. In L. H. Leigh & C. K. Martin (Hrsg.), Current issues and research in advertising (Bd. 2, S. 145–161).
Westermann, A. (2004). Unternehmenskommunikation im Internet. Bestandsaufnahme und Analyse am Beispiel nationaler und internationaler Unternehmen. Berlin: VISTAS.
Winterhoff-Spurk, P. & Vitouch, P. (1989). Mediale Individualkommunikation. In J. Groebel & P. Winterhoff-Spurk (Hrsg.), Empirische Medienpsychologie. München: PVU.
Wirschum, N. (2006). Informationssuche im Internet. Der Suchprozess aus psychologischer und informationstechnologischer Sicht. Saarbrücken: VDM-Verlag Dr. Müller.
Wolff, P. (2006). Die Macht der Blogs – Chancen und Risiken von Corporate Blogs und Podcasting in Unternehmen. Frechen: Datakontext.
Wunschel, A. (2006). 2. Podcastumfrage, August 2006. [http://www.podcastumfrage.de]. [http://www.podhost.de]. [alex.wunschel@markendreiklang.de].

Quellenverzeichnis

Abbildungen

Seite	Abb.	Quelle
43	3.1	Reichwald, R., Möslein, K., Sachenbacher, H., Englberger, H. & Oldenburg, S. (2000) Telekooperation – Verteilte Arbeits- und Organisationsformen. Heidelberg: Springer Döring, N. (2003) Sozialpsychologie des Internet. Die Bedeutung des Internet für Kommunikationsprozesse, Identitäten, soziale Beziehungen und Gruppen. Hogrefe, Göttingen
70	4.2	© Last.fm Ltd., www.lastfm.de
154	8.2	Arndt H. (2006) Integrierte Informationsarchitektur. Die erfolgreiche Konzeption professioneller Websites. Springer, Berlin
163	8.3	© Stadt Frankfurt am Main, www.frankfurt.de
164	8.4	© Bertelsmann AG, www.bertelsmann.de
164	8.5	© Schweizerische Bundesbahnen SBB, www.sbb.ch
186	9.3	© Schweiz Tourismus, www.myswitzerland.com
186	9.4	© Denner AG, www.denner.ch
187	9.5	© Heise Zeitschriftenverlag GmbH & Co. KG, www.heise.de
187	9.6	© Nielsen Norman Group, www.useit.com
210	10.1	© PeterZahlt GmbH, www.peterzahlt.de
212	10.2	© KPT/CPT, www.kpt.ch, www.einzeltrainig.ch
213	10.3	© Coop, www.santarun.ch
254	12.2	© SPIEGEL ONLINE GmbH, www.spiegelonline.de
269	12.3	© QualiMedic AG – Ihr Arzt im Internet, www.qualimedic.de
289	13.3	© Dow Jones News GmbH, www.factiva.com

Tabellen

Seite	Tab.	Quelle
13	2.1	Döring, N. (2003) Sozialpsychologie des Internet. Die Bedeutung des Internet für Kommunikationsprozesse, Identitäten, soziale Beziehungen und Gruppen. Hogrefe, Göttingen

Illustrationen

Daniel Frick, Zürich, www.danielfrick.ch

Stichwortverzeichnis

A

A-Blogger 232
Abstumpfung (bei Werbung) 200
Affiliate Marketing (Filialnetzwerke) 197
Akquisition 167
Aktualität (bei Websites) 157
Altruismus, Online- 61f, 197
An- und Abmeldung bei Newsletters 182–184
Anmeldebestätigung (Double-opt-in) bei Newsletters 183
Anonymität 18
Ansprache, personalisierte 195
Antwortzeit bei E-Mails s. Reaktionszeit
Archivierung 286
Attachments (bei E-Mails) 123
Aufmerksamkeit (psychologische Prozesse) 6, 77ff
Authentizität im Internet 61, 141, 204, 222, 229, 233, 236, 239–241
Authority-Ranking 232
Avatar (virtuelle Spielfigur) 63

Axiome von Watzlawick 15f, 19ff, 278
 – Inhalts- und eine Beziehungsebene einer Nachricht 15f

B

Bannerwerbung 196
Barrierefreiheit (bei Websites) 153
Bcc-Mail (Blindkopie) 126
Bearbeitungsgeschwindigkeit von E-Mails 128, 252
Bedürfnishierarchie nach Maslow 98f
Behavioral targeting (Online-Werbung) 201
Bekanntmachung
 – von Newsletters 177f
 – von Websites 158f
Belohnung 91f, s. auch Konditionierung
Beratung, Online- 18, 168, 268–270
Best Practice und der DAU 111
Besucherfrequenz auf Websites 141–143

Bewertungssysteme s. Reputationssysteme
Bezahlung pro Klick (Cost per click) 196
Bilder (ihre Rolle in der Online-Kommunikation) 19–21
Bildstrecken (auf Websites) 20
Bildtelefon 300
Blogs und Blogging 229ff
 – A-Blogger 232
 – Authority-Ranking 232
 – Blogosphere 232
 – Blogring 225
 – Blogs und Ressourcenplanung 237f
 – Microblog 236
 – Sponsored Blogposts 239–241
 – Tweet 236
 – Unternehmensblog (Corporate Blog) 235–239
Bottom-up-Informationsverarbeitung 87–89
Bumerang-Effekt beim technologischen Fortschritt 300–303
Businessnetzwerke, Nutzen und Risiken von 64f
Business-TV, Corporate TV 17

C

Cc-Mail (Kopie)   123–126
CEO-Chat, Chancen und Risiken   53–55
Chat in der Unternehmenskommunikation   53–55
Click fraud (Klickbetrug bei Online-Werbung)   202
Click-through-Raten (bei Online-Werbung)   207
Cognitive Overhead (bei Hypertextnutzung)   156
Communities   58ff
– Analyse von   72
– Community selber aufbauen   70f
– Erfolgsfaktoren und Hindernisse   71
– kommerzielle   71
– Kooperation als Firma mit externen   67, 196f, 203f, 214–216, 222ff, 239–242, 262–265, 270f, 297
– Zukunft von   67
Computerspiele   91f
Contextual targeting (Online-Werbung)   202
Coping (Stressbewältigung)   104f, s. auch Stress
Corporate Blog   214, 235–239
Corporate Website, Unternehmenswebsite   163f, 165f
Cost per click (Bezahlung pro Klick bei Bannerwerbung)   196

D

DAU (dümmster anzunehmender User)   110ff
– und »Best Practice«   111
Dialogangebot und Interaktivität   157f, 261–265
– Spielregeln bei interaktiven Angeboten   214, 263–265
Dialogbereitschaft in der Online-PR   222f
Digitalisierter Arbeitsplatz   276ff
– Dauerprovisorium in Arbeitsprozessen   277
– digitalen Stress bekämpfen   279–285
– Informationsmanagement   286–289
– Kontrollmöglichkeiten bei Internet-Recherchen und Informationssuche   282–285
– sozialer vs. sachbezogener Stress   277f
– Stressursachen bei digitaler Arbeit   276–279
Digitalisierung
– Ambivalenz der   21–28
– digitales Datenformat   21–28
Digital oder print kommunizieren   45–47
Double-opt-in (Anmeldebestätigung bei Newsletters)   183

E

E-Mail   116ff
– Attachment (E-Mail-Anhang)   123
– Aufbau einer idealen   119–127
– Bcc-Mail (Blindkopie)   126f
– Cc-Mail (Kopie)   123–126
– empfängerzentriertes Senden   134f
– Empfangsbestätigung   23f
– Konfliktpotential und Konfliktbewältigung im E-Mail-Verkehr   129–131
– Projektkommunikation via   135
– Reaktionszeit für E-Mails   128, 252
– rechtliche Aspekte   129, 135f
– Schreibstil und Sorgfaltspflicht   121f
– Spam   132
– Steuerung von E-Mail-Anfragen   252–254
– Textgestaltung   120–122
– Verantwortungsdiffusion bei E-Mails   118
– Vertraulichkeit von E-Mails   128f
– Wegwerf-Mailadressen   133
– Weiterleiten von E-Mails   126f
E-Mail-Schulung   133–136
Emoticons   61
Emotionen
– und Bilder   20
– im Online-Dialog, Risiken durch   264
Empfangsbestätigung (bei E-Mails)   23f
Enjoyment (als Website-Qualitätskriterium)   140ff
Entscheidungskonflikte nach Lewin (Motivationspsychologie) (s. auch Motivation)   99–102
Epidemien und Verbreitung von Inhalten   68f
Erinnerung (s. auch Gedächtnis)   95–97, 203
– implizites Erinnern   96
– Erinnerungstechniken bei Newsletters   97
– Erinnerungstechniken bei Websites   96f
– E-Shop   168, 265–268
Face-to-face-Kontakt   42–44
Feldtheorie nach Lewin   99–102
Filialnetzwerke (im Online-Marketing)   197
Filtertheorien (Eigenschaften der Online-Medien)   17ff
Formulare auf Websites, Gestaltung   255f
Freiwilligkeit bei Online-Werbung   193f
Frühwarnsystem, Internet als   226–228
Führungskräfte und Hierarchie online   28–32

G

Gedächtnis (Gedächtnis-
  psychologie) 92ff
– Emotionen und Erinnerung
  94f
– Kurzzeit- und Langzeit-
  gedächtnis 94
– Mehrspeichermodell 93f
– Positionseffekt 95f
– sensorisches Gedächtnis 93
– Verarbeitungstiefe 94, 202f,
  211
Gemeinschaftsgefühl, virtuelles
  49
Gläserner Mensch 25, 298f, 302
Glaubwürdigkeit 224
Globale Teams 33–35
Goldfarming 63
Gruppenmerkmale, allgemein
  59f
Gruppen, Online- 59ff
– Eigenschaften von 60–62
– Gruppengefühl 60
– Konsumentenorganisationen
  66f
– Mitgliedschaft 63f

H

Halo-Effekt (Wahrnehmungs-
  psychologie) 86
Hierarchien im Internet 28–32
HTML- und Plain-Text-Newsletter
  185–187
Hyperlinks 155f
Hypertext 155f

I

Identität, virtuelle 63
Implizites Erinnern 96, s. auch
  Gedächtnis

Individualisierung 5f, 78,
  s. auch User-Profile
Informationsflut 6, 22f, 77,
  105f, 276
Informationsmanagement
  286–289
Informationsqualität 282–285
Informationsstrukturierung
– bei Websites 153f
– im Wissensmanagement
  286–289
Informationssuche 282–285
Informationsverarbeitung 84ff
– beiläufige (Mere-exposure-
  Effekt) 195f
– Bottom-up- und Top-down
  87
In-Game-Werbung 213f
Instant Messenger 49f, 279f
Interaktivität 195, 202f, 211–213
– Erinnerungsleistung und 203
– Kundenbindung und 203
– richtiges Maß an 261–265
– Verarbeitungstiefe und
  211–214
Interkulturelle Kommunikation
  33, 34, 35
Interne Kommunikation 166,
  265
Internet
– der Dinge 303
– der Zukunft 300–303
Internet-Recherchen 282–285
InText-Werbung 207–209
Intrinsische Motivation 61f,
  s. auch Motivation
Intranet (als Kommunikations-
  kanal) 166, 265
Issue Management im Internet
  223–234

J

Just noticeable difference
  (Wahrnehmungspsychologie)
  80

K

Kanalreduktion (Eigenschaften der
  Online-Medien) 14ff
Klassische Konditionierung
  s. Konditionierung
Klickbetrug 202
Knowledge Management s.
  Wissensmanagement
Kommunikation, Online-
– synchron vs. asynchron 12f
– Erscheinungsformen 13
– individuelle, Gruppen- und
  Massenkommunikation 13
Kommunikationsinhalt 14ff
– Interpretation und reduzierte
  Ausdrucksfähigkeit 14ff
– Interpretationsfehler 47, 304f
Kommunikationskanäle, verbal,
  paraverbal und nonverbal 14
Kommunikationskultur in Unter-
  nehmen 40
Komplexe Kommunikations-
  aufgaben 42–44
Konditionierung (Lernpsychologie)
  90ff
– Belohnung und Verhaltens-
  verstärkung 91f
– digitale Medien und operante
  Konditionierung 91f
– klassische Konditionierung 90
– operante Konditionierung
  90–92
Konflikte bei E-Mails 129–131
Kontextbezogene Werbung 202,
  295f, 304
Kontrolle, Kontrollverlust 22–25
Kritik aus dem Internet (richtig
  reagieren) 232–234, 297
Kunden als Botschafter 203f,
  214–216
– Chancen und Risiken 204
Kundenbindung 203
– auf Websites 144
Kundenkommunikation 248ff
– Bearbeitungsgeschwindigkeit
  von E-Mails 128, 252

- geeignete interaktive Angebote im Kundenkontakt 263–265
- Interaktivität (richtiges Maß) 261–265
- Kundendaten gewinnen 257f
- Kundenkontakt via E-Mail 251–254
- Kundenkontakt auf Websites 254–257
- längerfristiger Kundenkontakt 258
- Online-Beratung 268–270
- Online-Shop 266–268
- Prozessgestaltung im Kundenkontakt 256
- Reklamationsmanagement 258f
- virales Marketing 259–261
- Webformulargestaltung 255f
- Ziele der 249f

L

Leistungsfähigkeit s. Stress
Lesen von Online-Texten 89
Lewins Feldtheorie 99–102
Links s. Hyperlinks
Livechat 53–55
Logfile-Analyse (bei Websites) 152
Lost in Hypertext 156

M

Manipulierte/unzuverlässige Online-Informationen 221f, 282–285
Markentransfer 145
Marketing, Online- 192ff
- Abstumpfung bei Werbung 200
- Akzeptanz von Online-Werbung 209f
- Bannerwerbung 196
- Bezahlung pro Klick 196
- Bilder 198–200
- Chancen und Risiken der Kunden als Botschafter 204
- Einfachheit 198f, 206, 294
- Freiwilligkeit/Wahlfreiheit bei Online-Werbung 193f, 296f
- Interaktivität 195, 202f, 211–214
- kontext- und verhaltensbezogene Online-Werbung 201
- Kunden als Botschafter 203f, 214–216
- Marketing-Mix 192
- profilbasierte Werbung 201
- Relevanz vs. Reizintensität 199–202, 206ff
- Vampireffekt 201
- Verarbeitungstiefe 211–214
- Weiterverbreitung von Online-Werbung 196
- Werbung in Online-Spielen 213f

Mashups (auf Websites) 262
Media Corner 234f
Media-Richness-Modell (Medienwahl) 42–44
Medienanalyse 45ff
Medientraining, Online- 12
Medienwahl 37ff
- Chat als Kommunikationsmedium 53, 55
- digital oder print 45ff
- Face-to-face-Kontakt 42–44
- inadäquate 43
- Instant Messenger als Kommunikationsmedium 49f, 279f
- interpersonale, normative und rationale Medienwahl 40
- Kommunikation von Vorgesetzten 47–49
- mündlich oder per E-Mail 47ff
- Podcast als Kommunikationsmedium 50–52
- Reichhaltigkeit von Medien 42–44
- SMS als Kommunikationsmedium 43
- Video- und Telefonkonferenz 52–54

Meinungsbildungsprozesse im Internet 66ff, 223–234
- Meinungsbildungs-Plattformen 224–226

Mere-exposure (beiläufige Informationsverarbeitung) 195f
Metadaten (Informationsmanagement) 287
Microblog 236
Mitarbeiter-Schulung s. Schulung von Mitarbeitern
Monopolstellung bei Online-Anbietern 113
Motivation 98ff
- Bedürfnishierarchie nach Maslow 98–99
- Erwartungs-Wert-Theorien 99
- intrinsische 61–62
- motivationale Entscheidungskonflikte nach Lewin 99–102
- Motivationskiller für Websites 162
- Motive und Internet-Nutzung 102f, 294f
- Stabilität von Motiven 100–103
- Valenz, positive oder negative 99–102

Multimedia s. Rich Media
Mund-zu-Mund-Propaganda 68f, 196f, 215f

N

Navigationsstruktur (bei Websites) 153f
Netiquette 16f
Netzwerke, Online- 59ff
Neuromarketing 82
New Economy und Ernüchterung 7, 299

Stichwortverzeichnis

Newsbereiche (von Websites)   167
Newsfeed s. RSS-Feed
Newsletter   170ff
− Bekanntmachung   177f
− Chancen und Risiken von Newsletters   174–175
− Erwartungen an einen   173
− Inhalte   17–177
− Motive für Newsletter-Abo   170–172
− Ressourcenplanung   177
− Spamfilter umgehen   184f
− Überlebenschancen eines Newsletters   172f
Newsletter-Gestaltung
− An- und Abmeldung   182
− Double-opt-in (Anmeldebestätigung)   183
− häufige Fehler   178ff
− HTML und Plain-Text-Newsletter   185–187
− idealtypischer Aufbau   188f
− personalisierte Ansprache   181
Nutzungspräferenzen bei Medien, individuelle   45–46

O

Online-Altruismus s. Altruismus
Online-Beratung s. Beratung
Online-Bewertungssysteme s. Reputationssysteme
Online-Communities s. Communities
Online-Gruppen s. Gruppen
Online-Kommunikation s. Kommunikation
Online-Marketing s. Marketing
Online-Medientraining s. Medientraining
Online-Netzwerke s. Social Networks
Online-PR s. Public Relations
Online-Reputation s. Reputation
Online-Reputationssysteme s. Reputationssysteme

Online-Shop s. E-Shop
Online-Sprache s. Sprache
Online-Verhalten s. Verhalten im Internet
Online-Vertrauen s. Vertrauen
Online-Werbung s. Marketing
Ontologie   69f, 287
Operante Konditionierung s. Konditionierung
Overcomplication (bei Kommunikationsaufgaben)   43
Oversimplification (bei Kommunikationsaufgaben)   43

P

Personalisierte Ansprache   195
Personalrekrutierung (auf Websites)   167
Plattformen, Online-   64, 224–226, 241f, 284
Podcast in der Firmenkommunikation   50–52
Positionseffekt (Lernpsychologie)   95–96
PR s. Public Relations
Predictive behavioral targeting (Online-Werbung)   201
Print oder digital kommunizieren   45–47
Profilbasierte Werbung   201
Projektarbeit   50, 135
Projektkommunikation via E-Mail   135
Prosoziales Verhalten im virtuellen Raum   61–62
Public Relations, Online-   219, 220ff
− Authentizität   222
− Blogs   229–234
− Dialogbereitschaft   222f, 297
− Grundregeln für die erfolgreiche PR   224
− Media Corner   234
− Meinungsbildungs-Plattformen   224–226

− Meinungsbildungsprozesse im Internet   66ff, 223–234
− Mitarbeiterschulung und Firmen-Leitlinien als PR-Maßnahme   242–244
− PR auf Social-Networking-Plattformen   241f
− PR auf Websites/Kommunikationsziele   166
− Sponsored Blogposts   239–241
− Transparenz   221f
− Unternehmensblog   235

Q

Qualitätskontrolle
− durch Online-Gruppen   66f
− bei Online-Informationen   282–285
Quasi-Monopol s. Monopolstellung bei Online-Anbietern

R

Reaktionszeit bei E-Mails   128, 252
Real-life-Treffen   225
Reichhaltigkeit von Medien   42–44
Reiz   77, 81f
− relevanter vs. intensiver   81–84
− Reizintensität vs. Reizrelevanz bei Online-Werbung   199–202
− Reizschwelle, absolute (Wahrnehmungspsychologie)   79f
− Reizstärke   81f
− Unterschiedsschwelle (just noticeable difference)   80
Reklamationsmanagement   258f
Relevanz   81–84, 199–202
− der Online-Werbung   199–202, 206–211
Reputation   65, 220ff

Reputationssysteme 147f
Ressourcenintensive Bereiche und Aspekte von Websites 160–162
Ressourcenplanung
– bei Newsletters 177
– bei Websites 159–162
Retrieval (Informationsmanagement) 286–289
Rich Media
– und komplexe Kommunikationsaufgaben 42–44
– und Online-Communities 67
– Rolle von Bildern (im Vergleich zu Text) 19–21, 198–200
– auf Websites 152f, 208
RSS-Feed, Newsfeed 50

S

Schema, Schemadenken 84–87
Schreibstil, Online- 27f, 120–122
Schulung von Mitarbeitern
– für E-Mail-Gebrauch 133–136
– für Umgang mit Online-Risiken 242–244
Seeding (beim viralen Marketing) 215
Selbstdarstellung im Internet 61, 69f, 298f, 302
SEO (Search Engine Optimisation) 158f, 229
Signalentdeckungstheorie (Wahrnehmungspsychologie) 79–82
Smileys s. Emoticons
SMS als Kommunikationsmedium 43
Social Networks 59ff
– Social Network Analysis 72
Social Software 4f
Soziale Schließung (bei E-Mails) 119
Sozialer Stress 278
Spam 132f
Spamfilter 184f

Spielregeln bei interaktiven Angeboten 214, 263–265
Sponsored Blogposts 69, 239–241
Sprache, Online- 61
Status und Hierarchie online 28–32
Stress 103ff
– guter und schlechter 103f
– Stressauslöser bei der Internetnutzung 105f, 276ff
– Stressbekämpfung in der Online-Kommunikation 106, 279ff
– Stressbewältigung, Coping (Psychologie) 104f
– Stressmodell von Lazarus 104
– Stressresistenz 285
Strukturierung von Informationen 286–289
Suchmaschinen 21, 65, 223, 229, 243, 282–285, 301
– Personensuchmaschinen 65
Suchmaschinenoptimierung (SEO) 158f, 229

T

Targeting (Online-Marketing)
– behavioral und predictive behavioral 200
– contextual 201f
– InText-Werbung 206–209
Taxonomie (Informationsmanagement) 21, 286–289
Telefonkonferenz 52–54
Texte, Online- 27–28
Textverständlichkeit 89
Tipping Point, Gesetz der Wenigen, Verankerungsfaktor, Macht der Umstände 68
Top-down-Informationsverarbeitung 88f
Transparenz im Internet 30–32, 221f
Tweet 236

U

Unterhaltung/Entertainment als Kommunikationsziel (auf Websites) 167f
Unternehmensblog 235–239
Unternehmenskommunikation im Web 2.0 67, 196f, 203f, 214–216, 222ff, 239–242, 262–265, 270f, 297
– interne Kommunikation 166, 265
Unterschiedsschwelle (Wahrnehmungspsychologie) 80
Usability (als Website-Qualitätskriterium) 140ff
Usenet-Groups 66, 67
User-Profile
– in Communities 67, 69–70
– im Online-Marketing 195, 211
Utility (als Website-Qualitätskriterium) 140ff

V

Valenz, positive oder negative 99–102
Vampireffekt (bei Werbung) 201
Verantwortungsdiffusion (bei E-Mails) 118
Verarbeitungstiefe 94, 202f, 211, s. auch Gedächtnis
Verhalten im Internet 17–19
– Aggression 18f
– antisoziales Benehmen im Netz 19
– Enthemmung 18
Verhaltensbezogene Werbung 201
Verhaltensverstärker 91f, s. auch Konditionierung
Verstehen von Online-Texten 89
Vertrauen, Online- 145–148
Vertraulichkeit von E-Mails 128f
Videokonferenz 38f, 52–54

Virales Marketing 203f, 215f, 259–261
Virtuelle Konflikte 130f
Voyeurismus 61

W

Wahlfreiheit
- in der Kundenkommunikation 296f
- beim Newsletter-Abo 182f
- bezüglich Online-Präsentationsformen 152f, 234, 296f
- bei Online-Werbung 193f

Wahrnehmung 78–84
- von Änderungen 79
- beiläufige und unterschwellige 82f
- Erwartungshaltung und 86
- Wahrnehmungsfehler 86f
- Reizwahrnehmung 79ff
- selektive 85–87
- selektive, bei Online-Newsletters 86f

Watzlawicks Axiome 15f, 19ff, 278
Web Mining (Social Network Analysis) 72
Web 2.0 4, 58ff
Webblogs s. Blogs
Webformulargestaltung 255f
Website 140ff, s. auch Website-Konzeption
- Aktualität bei Websites 157
- Besucherfrequenz 141–143
- Corporate, Unternehmens- 163f
- »ideale« 140–144
- Kundenbindung 144
- Marketing-Website 210–213
- Motivationskiller auf Websites 162
- Suchmaschinenoptimierung 158f
- visuelle Gestaltung 143
- Zielgruppenorientierung 150

Website-Konzeption 149–159, s. auch Website
- Analyse von Zugriffsstatistiken 152
- Barrierefreiheit 153
- Einstiegsseite 154f
- Informationsstruktur 153f
- Inhaltskonzeption 151f
- Interaktivität und Dialogangebot 157f, 261–265
- mögliche Kommunikationsziele von Websites (Übersicht) 165–168
- Navigationsstruktur 153f
- Newsbereiche 167
- Ressourcenplanung 159–162
- Spamgefahr auf Websites 159
- Textgestaltung 157f
- Unterhaltung/Entertainment 167f

Weiterverbreitung der Werbebotschaft 196
Werbung s. Marketing
Wissensmanagement 286–289

Z

Zappen (TV-) 193
Zensur im Internet 71, 214, 221, 244, 264
Zielgruppenorientierung 150f
Zugriffsstatistiken bei Websites 152
Zukunft des Internets 300–303

Druck: Krips bv, Meppel, Niederlande
Verarbeitung: Stürtz, Würzburg, Deutschland